Carlo Cremona
Augustinus

CARLO CREMONA

AUGUSTINUS

EINE BIOGRAPHIE

Aus dem Italienischen
übersetzt von Martin Haag

BENZIGER

Die Originalausgabe erschien unter dem Titel
Agostino d'Ippona bei Rusconi S.p.A. Milano

ISBN 3 545 25073 3

INHALT

EINFÜHRUNG

Die Gestalt des Augustinus, eine der reichsten und wirkungsmächtigsten Persönlichkeiten der Kirchengeschichte, erhellt und begleitet seit sechzehn Jahrhunderten den Weg der Menschen, die fasziniert sind von der Präzision und Klarheit seiner Schriften und bezaubert von der humanistischen Weite, der leidenschaftlichen Wärme seines Denkens.

Eine Reihe von Umständen und Erinnerungsfeiern empfiehlt ihn heute auch in persönlicher und biographischer Hinsicht unserer besonderen Aufmerksamkeit: seine persönlichen Erlebnisse durchliefen einen gewaltigen Kreis menschlicher, existentieller Erfahrung und gipfelten in der geistigen Erleuchtung, die ihn zu einem neuen Menschen machte.

Jene tränenreiche «Bekehrung» geschah hier in Mailand im Jahre 386 – seit diesem historischen Ereignis sind eintausendsechshundert Jahre verstrichen. Wir aber vollziehen es in der Erinnerung als lebendiges Geschehen nach, als sei es uns ganz nahe – so gewaltig ist sein aktueller Widerhall, von dem wir uns umgeben fühlen: Augustinus in Mailand, Augustinus und Ambrosius, Augustinus und das Baptisterium, in dem er das Wasser der Taufe empfing und dessen Fundamente nun endlich freigelegt und wiederhergestellt wurden, offen für die Blicke und die Verehrung der Besucher, die ihren Schritt in die Unterkirche des Domes lenken. Und schließlich steht unsere Kathedrale seit sechshundert Jahren.

Ihre Grundsteinlegung geht auf das Jubiläum der Bekehrung des Augustinus zurück, das 1386 gefeiert wurde.

Der Dichter von *De civitate Dei*, des Buches über den Gottesstaat, wäre gewiß in Begeisterung geraten, hätte er diese Fügungen der Vorsehung nachvollzogen und wiederverknüpft, aus denen die menschliche Geschichte gewoben ist. Auch aus diesem Grund wird seine Gestalt gewiß in besonders intensiver Weise bei unseren Gedenkfeiern anwesend sein; denn seine Bekehrung wurde gleichsam zum Tragstein, den Gott durch den Dienst des Ambrosius den Fundamenten der mailändischen Kirche einfügte.

Das vorliegende Buch sieht das besondere Licht, das von diesen Erinnerungen ausgeht; es möchte daher dem heutigen Leser – mögen ihn auch andere Gedanken und Sorgen gefangenhalten – eine erzählerisch anschauliche Rekonstruktion vom Leben des Augustinus als Mensch, Denker und Bischof bieten.

Feder und Stimme Pater Carlo Cremonas sind in weiten Kreisen bekannt dank seiner fast täglichen Beiträge für Zeitschriften und Rundfunk.

Aus diesem Grunde nimmt seine Erzählung den Ton eines Dialogs zwischen Personen an, die es gewohnt sind, sich mitzuteilen. Unverhohlen läßt sie die Bewunderung für eine so außergewöhnliche Persönlichkeit durchscheinen, der es aufgegeben war, eine Vielzahl höchst menschlicher Erfahrungen zu erleiden, in denen jeder von uns leicht ein Stück seiner selbst wiedererkennen wird.

Der Autor, der auf so anschauliche und engagierte Weise die Menschen von heute über die Geschehnisse in unserer Zeit zu unterrichten versteht, läßt hier weit zurückliegende Ereignisse wiederauferstehen, indem er zugleich einen Weg zu ihrem Verständnis aufzeigt.

Ich hege den Wunsch und die Zuversicht, daß die leidenschaftliche Mühe des Erzählers zur Wiederbegegnung mit dem Werk des großen Kirchenlehrers anregen möge, wie auch zur Besinnung über die Wege seines Erdendaseins.

† Kardinal CARLO MARIA MARTINI
Erzbischof von Mailand

Verschmähe nicht, o Herr, diesen Deinen dürstenden Grashalm!

(*Conf.* XI,23)

Spät habe ich Dich geliebt, Du immer alte, immer neue Schönheit, spät habe ich Dich geliebt! . . . Du riefst mich, und Dein Schrei brach meine Taubheit; Du leuchtetest mir, und Dein Blitz vertrieb meine Blindheit; Du strömtest Deinen Duft aus, und ich sog ihn ein in mich und lechze nun nach Dir; ich habe Dich gekostet, und seither hungre ich und dürste ich; Du rührtest mich an, und da entbrannte ich für Deinen Frieden.

(*Conf.* X,27,38)

DIE NACHT VON HIPPO

In jener Nacht des 13. November 398 stießen im Hafen von Hippo – heute Annaba in Algerien –, einer Stadt an der Nordküste Afrikas, die Fischerboote, schaukelnd im Wind, eins gegen das andere.

In seinem Zimmer (wir befinden uns im Hause des Bischofs, einem geräumigen Gebäude mit klösterlich karger Ausstattung) füllte ein Mönch von etwa vierzig Jahren die Ampel über seinem Schreibpult mit frischem Öl. Er war von wenig eindrucksvoller Statur, seine Mönchsgewänder schienen zu groß für seinen Körper. Gerade in jener Nacht aber – es war die seines Geburtstags – wollte er die Arbeit an einer Schrift fortsetzen, die ihm sehr am Herzen lag. Er war gewohnt, bei Nacht zu schreiben. In einem Regal waren Pergamentrollen aufgereiht, andere lagen auf seinem Schreibpult verstreut; neu und noch nicht rissig vom Alter, wiesen sie doch schon eine elfenbeinfarbene Patina auf.

Dieser Mönch war ein Schriftsteller von unerschöpflicher Kraft, rasch in der Wahl seiner Gedanken und gewandt in der Kunst, sie in Worte zu fassen, dabei aber stets bemüht, die Bewegungen seines Geistes ohne unnütze Künsteleien mitzuteilen. Manchmal ähnelte ein Satz einem raschen Pfeil, der vom Bogen schnellt («Liebe, und tu, was du willst») – wenige, glühende Worte, denen keine Zeit vergönnt ist, zu erkalten.

Tatsächlich drängten ihn zahllose Verpflichtungen und zwangen ihn, die Minuten zu nutzen wie ein kostbares Gut. Ein langsames, mühseliges Komponieren seines Textes hätte ihn um kostbare Stunden gebracht. Er schrieb, um sich Rechenschaft abzulegen, über sehr persönliche Dinge, die seiner Scham als Mensch unterworfen waren – als ein Mensch, der nun anders war als einst, der ein neues, aus Demut gewachsenes, Gefühl der Scham besaß. Wer über sich selbst schreibt – sei es, um sich abzuwenden von seinen Taten, um seine Reue kundzutun oder um alle wissen zu lassen, daß er sein Leben ändern will –, mag gelegentlich doch von einer Art Vergnügen an seiner Vergangenheit überwältigt werden.

Das Buch, das dieser Mönch gerade niederschrieb, war ein Bekenntnis im wahrsten Sinne des Wortes. Er war zutiefst überzeugt, daß man sich nicht vor den Menschen bekennen könne, ohne sich zuvor Gott selbst ausgeliefert zu haben, um so den Lesern zu bezeugen, daß die vor ihnen ausgebreiteten Bekenntnisse bereits ohne Rückhalt vor Gott selbst offenbart sind. Erst so sei die Wahrhaftigkeit auch des geschriebenen Wortes verbürgt, so wie nur jene Reue aufrichtig ist, die aus der Erinnerung Taten ans Licht holt, die dem Vergessen anheimgefallen waren: eine Wahrhaftigkeit, die in der Verborgenheit des eigenen Ich nicht allein Taten aufdeckt, sondern auch Absichten, die oft noch beschämender sein können als Taten.

Hier entstand die Art innere Biographie eines Mannes, der plötzlich bekannt geworden und in den Blick der Öffentlichkeit getreten war. Bekannt war er auch unter den Leuten des einfachen, neugierigen und redefreudigen Volkes, in deren Mitte er begonnen hatte zu leben und zu arbeiten.

Und ohne Zweifel war er ein faszinierender Mann, jener Mönch, der nun die Seelen hütete. In Fällen dieser Art neigt die Menge leicht zu Fanatismus oder giert nach Sensationen: nach Dingen von der Art, die man «pikant» zu nennen pflegt. Tatsächlich waren zahllose Gerüchte über jenen Bischof im Umlauf (denn unser Mönch war der junge Bischof von Hippo Regius, der berühmte Augustinus, Sohn der Monika) – mißgünstige, übelwollende Stimmen, die seine jetzigen Feinde und früheren Freunde verbreiteten. Er besaß davon eine ganze Menge. Sie sagten, jene religiösen Glaubensvorstellungen, die er heute leidenschaftlich als

«Häresien» bekämpfte, habe er einst mit eifernder Hingabe vertreten, dann aber verraten und sich unglaublich behende von der einen Partei zur anderen geschlagen. War er nicht früher selbst ein fanatischer Manichäer gewesen, ein Fürsprecher jener Sekte, der er selbst so viele Anhänger zugeführt hatte? Gewiß, in der Sekte hatte er einer der «Hörenden» bleiben wollen und der Versuchung seitens der Hierarchen widerstanden, ihn in den Kreis der «Erwählten» aufzunehmen. Die Hörenden durften eine Frau haben, was den Erwählten zumindest nach außen hin verwehrt war; und der Mann, der nun das Bischofsamt bekleidete, war in jungen Jahren so leidenschaftlich, daß er nicht einschlafen konnte ohne die Umarmung einer Frau.

Es ging die Rede, mit dreißig sei jener unverbesserliche Weiberheld seiner Konkubine überdrüssig geworden und habe sie fortgeschickt, um einem Mädchen, nein: einem Kind von kaum zwölf Jahren hinterherzulaufen, mutmaßlich ihres Geldes wegen. Und seine Mutter – hatte sie nicht der Kummer um ihn ins Grab gebracht?

Andere versicherten, er sei ein großer Mann, und ihre Stimmen waren in der Mehrzahl.

«Und jetzt ist er katholisch geworden!» rief ein von Neugierigen umringter Mann aus der Ecke eines Platzes. «Und Mönch obendrein! Und das soll man glauben? Erfolgsgier und Ruhmsucht haben ihn auf diesen Stuhl gehoben! Wie man sieht, hat er den direkten Weg zum Erfolg gesucht! Katholik sein ist heute modern, die Regierung schützt die Kirche und zwingt alle, katholisch zu werden: wenn nötig, mit Gewalt. Erst Katholik, dann Priester und schließlich im Handumdrehen Bischof: eine Bilderbuchlaufbahn! In der Politik hätte es ihm zu lange gedauert! Und sein Fanatismus – bürgt er dafür, daß er auch als Bischof stirbt? Dem ist zuzutrauen, daß er wieder Manichäer wird. Was soll man von einem so ehrgeizigen Menschen noch erwarten? Vielleicht eine neue Überraschung? Vielleicht reicht ihm der Stuhl von Hippo nicht, und er hofft auf die Kathedra in Rom?»

Viele dieser Ansichten wurzelten in unleugbaren Tatsachen, und Augustinus selbst hätte sie nicht bestritten. Was er schrieb, war alles andere als eine Verteidigungsschrift! Im Gegenteil: er verschlimmerte seine Fehler bis hin zur Übertreibung. Aus einem harmlosen Jungenstreich (er hatte zusammen mit ein paar Kameraden von der Straße einen Apfelbaum geplündert) machte er ein Meisterstück der Seelendeutung. Er war sich bewußt, daß Gott ihn, den verlorenen Sohn, auf geheimnisvollen Wegen zur Wahrheit geführt hatte. Er hatte sich entschlossen, dieses Buch zu schreiben – das so einzig ist in seiner Art, so ohne Beispiel in seiner Gattung –, um in seiner Seele zu wühlen, wie ein Chirurg mit dem Messer in den Körper schneidet, der von einer schlimmen Krankheit befallen ist. Er war strenger und unerbittlicher gegen sich selbst als seine Feinde und seine zahlreichen Kritiker, weil er jene richtende Selbststrenge besaß, die Quell aller Rechtschaffenheit sein kann und vor tausend Gefahren der Hohlheit und Oberflächlichkeit bewahrt.

Wie auf eine plötzliche Eingebung hin hatte er zwölf Monate zuvor, im Jahr 397, damit begonnen, seine Erinnerungen in einem Zuge niederzuschreiben, wie es mit allen Büchern geschieht, die aus dem Herzen selber fließen.

Was sich die Leute von ihm erzählten, entsprach zu großen Teilen der Wahrheit. Und doch waren die Wechselfälle seines Lebens, das Pilgern von Sekte zu Sekte und von Philosophie zu Philosophie, nicht Folge kalter Berechnung, sondern Ausdruck qualvollen Suchens nach Wahrheit. Eine lang unterdrückte Sehnsucht war urplötzlich zum Ausbruch gekommen und hatte ihn mit aller Macht Gott entgegengeschleudert. Er wußte nicht, warum all dies mit ihm geschah, doch er hatte gelitten bis zur Verzweiflung. Erst jetzt bemerkte er diese geheimnisvolle Anziehungskraft. Wie sehr er auch grübelte, er vermochte keine andere Erklärung zu finden. Er erinnerte sich an die Ziege, von der Vergil, sein Lieblingsdichter, sprach, eine Ziege, angelockt von einem jungen Hirten, der unter ihr Maul einen mild duftenden Kräuterzweig hielt: «Ein jeder wird angezogen von seiner geheimen Leidenschaft.» Eine sublime Lust oder Schwerkraft hatte ihn angezogen: wie der Stein unwiderstehlich zur Erde fällt und die Flamme zur Höhe strebt: «O Liebe, mein Gesetz der Schwere, die mich zieht, wohin sie will!»

Confessiones lautete der Titel, Bekenntnisse, das Bekenntnis der

Sünden und das Bekenntnis des Lobes. So können Sünden der Vergangenheit zum Lobpreis der Gnade werden.

Als Knabe hatte er in Tagaste gelebt, einem kleinen Marktflecken mit kurialen Ambitionen. Weil ihn das Lernen begeisterte, war er dann nach Madaura gezogen, einer Kleinstadt mit einer höheren Schule; zuletzt studierte er in Karthago, der Universitätsstadt des prokonsularischen Afrika. Dort legte er seine akademischen Prüfungen ab, um am selben Ort zu lehren. Doch vor allem in Italien, in Rom und Mailand, erwarb er sich seinen Ruhm. Von Mailand aus war er nach Afrika zurückgekehrt, wo er seit nunmehr zehn Jahren lebte. Zunächst in Tagaste, fast wie ein Einsiedler, in klösterlicher Abgeschiedenheit. In Hippo aber hatten sie ihm trotz seines demütigen Widerstrebens die priesterliche Würde angetragen; und nun war er der Bischof dieser Stadt. Was man in Gutem und Schlimmem über ihn erzählte, erregte die Neugier des Volkes. Gerüchte, die über einen Mann kursieren, dem man den Ring küßt und der die bischöfliche Mitra auf dem Haupt trägt, erregen immer Aufmerksamkeit. Über Persönlichkeiten des öffentlichen Lebens redet man gern, Lob und Tadel wechseln dabei einander ab. Die, die ihn lobten, waren zahlreich. Und schließlich sind in Hippo Regius, in Karthago und in den anderen afrikanischen Städten, die Augustins Wirken sahen, die Menschen so wie anderswo – auch wenn es sich um Häretiker, Heiden, Schismatiker und Gegner des institutionalisierten Katholizismus handelt. Und diese Leute lebten Wand an Wand mit den Katholiken, deren Verhalten mitunter auch zu wünschen übrig ließ. So vereinten sich alle in jener Art von Neugier, die heute bewundert, morgen verzeiht und übermorgen schon mit geheuchelter moralischer Entrüstung verurteilt.

Nicht um dem Lager der Kritiker zu begegnen, sind die *Confessiones* geschrieben worden, sondern gerade Lob, Popularität und die Begeisterung für seine Person trieben Augustinus dazu, sich mitzuteilen. Diese Demut war nicht Bescheidenheit im konventionellen Sinn. Er wußte sehr wohl um seine Genialität, seine tiefe theologische und literarische Bildung wie auch um seine Hingabe an Gott, dem er als Christ wie als Bischof diente. Mit seiner

Bekehrung hatte er nur das eigene Herz in Gottes Hände gelegt, um nicht in Verzweiflung zu sterben. So konnte er die Anerkennung, die ihm widerfuhr, annehmen und Gott weitergeben, dem allein alles Lob gebührt. Mochten sich außerordentliche Gaben in ihm vereinigt haben – niemals jedoch durfte ihr Ansehen auch nur für einen Augenblick auf seiner Person verweilen. Wenn er je sein eigenes Leben als außerordentlich empfand, dann nur, weil Gott auf so gnädige Weise eingegriffen hatte. In all seiner theologischen Lehre, seinem unermüdlichen Predigen wurde vor allem deutlich: daß Gott selbst frei ist und das Gute im Menschen allein in Ihm seinen Grund hat, daß aber auch der Mensch selber ohne Einschränkung frei ist.

Das Problem von Freiheit und Gnade war Augustins Leitmotiv in all seinen theologischen Erörterungen und in aller mystischen Beschauung: *Gott allein ist Quell und Ursprung alles Guten im Menschen.* Es zählt nicht, ob du intelligent bist, gebildet oder heilig. Was zählt, ist allein die Gnade – die Gnade, die zuerst nur wie ein Funke wirkt. Schürst du aber diesen Funken – und selbst das wiederum ist Frucht der Gnade –, so wird er zum Feuer, und du selbst wirst Flamme, die anderen leuchtet, ohne sich selbst zu verzehren, wie es das Bild vom Dornbusch des Mose zeigt. Zweierlei Freiheit, ungeschaffen die eine, erschaffen die andere, entzünden den Funken der Liebe.

Seit er zur Leuchte der Kirche in Afrika geworden war, litt Augustinus nur unter einer Furcht: in den Augen des Volkes zum Mythos zu werden, zu einem Helden ohne Gott. Er wollte nicht bewundert werden wie ein Turm, der hoch über den Dächern der Stadt dem Himmel zustrebte. Er wünschte, daß sie in ihm nur das Werk der göttlichen Gnade sähen. Die Wirklichkeit und die Wahrheit.

In dieser Nacht also ließ er sich auf dem Schemel vor dem Schreibpult nieder, befreite es von dem wenigen, das darauf lag, füllte die Lampe mit Öl und griff zur Feder. Vier Bücher der *Confessiones* hatte er bereits vollendet; das fünfte begann er nun.

Die Erinnerung an das, was er sich nun ins Gedächtnis zurückrief, erfüllte ihn mit solchem Schmerz, daß er sich der Tränen nicht erwehren konnte. Was war schmerzlicher als das Andenken des Sohnes an seine zärtliche, ihn über alles liebende Mutter und an das Unrecht, das er ihr angetan hatte? Und dennoch bezeichnete jene grausame und schimpfliche Unternehmung nicht nur den Gipfel seiner moralischen und religiösen Krise, sondern zugleich auch den Beginn der Gesundung. Nun, da Gott ihm die Gewißheit von Wahrheit und Friede geschenkt hatte, erkannte er: ohne jene herzlose, heimliche Flucht von Karthago, in jener Septembernacht des Jahres 383, die ihn nach Rom und hinein in das Unbekannte geführt hatte, hätte er vielleicht sein Heil verfehlt. Ein Plan der Vorsehung erschloß sich nun seinem inneren Auge: Rom, Mailand, Kirche, Christus, Gott ... Nun erschien ihm alles wie eine vollendete Stickerei, wie ein geheimnisvoller, wunderbarer Entwurf; lohnte dieser nicht all die Leiden, die Tränen seiner Mutter, seinen eigenen Schmerz? Wie aber sollte er die Erinnerung ertragen an jenen grausamen Riß, an jene Flucht, von ihm selbst herbeigesehnt trotz aller Liebe, die ihn an seine Mutter band? Ein verstohlener, mit List und Betrug erkaufter Aufbruch, wie er gewöhnlich nur Verbrechen begleitet.

Einige Tage zuvor hatte er bereits versucht, über dieses Ereignis zu schreiben, doch Rührung und Scham hatten ihn überwältigt. In dieser Woche aber, in der größten Geschäftigkeit, vernahm er eine innere Stimme, mahnend und tröstend zugleich, die ihm zurief: «Schreib, schreib! Vollende rasch das Werk, das du in Händen hältst. Die Welt eilt dem Untergang zu: also schreib ... Die menschlichste deiner Schriften wird es sein, gelesen von Unzähligen: ein Testament, ein *Brief an Gott.* Noch in fernsten Zeiten soll er zu den Menschen sprechen ...» War es die Stimme seiner Mutter gewesen, deren Nähe er stets fühlte? Heute war der dreizehnte November: an diesem Tage – es war ein Sonntag – hatte Monika ihm das Leben geschenkt.

Das Haus des Bischofs war in mystisches Schweigen gehüllt, als wäre es ein Kloster. Und das sollte es nach Augustins Willen auch sein: eine klösterliche Gemeinschaft von Priestern.

Obwohl ergriffen vom Ideal des Mönchtums (auch Antonius der Eremit hatte Anteil an seiner Bekehrung), hätte er es nie vermocht, allein zu leben und isoliert die Überlegenheit seines Geistes auszukosten, ohne Freunde, nur von einer Dienstmagd versorgt.

Seltsam! Das Ideal des Mönchtums und seine Neigung zur Kontemplation, die ihm das priesterliche Amt zur Bürde und die Mühsal des Bischofsamts zur täglichen Prüfung werden ließen, verhinderten nicht, daß dieser Mann unfähig war, allein zu leben.

Als er sich in dieser Nacht anschickte, seine Bekenntnisse an einem schmerzlichen Punkt wiederaufzunehmen, spürte er die Macht der Gnade über sich kommen: jene geheimnisvolle Kraft, die auf sanfte Weise den Willen des Menschen lenkt.

Nächtliche Stille lag über dem klösterlichen Haus, Stille über der ganzen Stadt Hippo; verklungen waren die Stimmen der im Hafen arbeitenden Menschen, geschlossen die Gitter des Amphitheaters. Bis in die tiefe Nacht hinein schrieb Augustinus an diesem 13. November des Jahres 398; sein Herz war erfüllt von Erinnerungen, als er Gott, der alles weiß, jenen Kummer anvertraute, den er einst seiner Mutter zugefügt hatte.

In der Stille der afrikanischen Nacht, während an der Mole die Boote aneinander stießen, strich kratzend der Gänsekiel über das Pergament der *Confessiones.*

DIE UNRAST DES VERSTANDES

Augustinus war nun an dem Ausgangspunkt seiner langen Reise angelangt. Er hatte sie aus Ehrgeiz und Ruhmsucht unternommen, gegen den ausdrücklichen Willen seiner Mutter, die sich bereits damals heftige Sorgen wegen seiner moralischen Verirrungen machte.

«Meine Mutter weinte heftig über meine Abreise und folgte mir bis zum Meer. Aber ich täuschte sie, als sie mich mit Macht festhielt, um entweder meinen Entschluß zu ändern oder mit mir zu gehen, und gab vor, ich wolle einen Freund nicht allein lassen, der auf günstigen Wind zur Abfahrt wartete. Ich belog meine Mutter – eine solche Mutter – und entging ihr so . . . Denn als sie sich dennoch weigerte, ohne mich zurückzukehren, konnte ich sie nur mit Mühe überreden, in einer dem Andenken des heiligen Cyprian geweihten Kapelle, die sich ganz in der Nähe des Schiffes befand, während der Nacht zu verweilen. In derselben Nacht reiste ich heimlich ab und überließ meine Mutter ihren mit Fürbitte und Gebet vermischten Tränen um mich» (*Conf.* V,8,15).

Er hielt im Schreiben inne und legte die Feder nieder, stützte die Stirn mit seiner linken Hand und legte die Rechte auf sein Herz, als wollte er es schützen. Von neuem durchlebte er den Schmerz, den er seiner Mutter zugefügt hatte.

Monika hatte ihm schließlich geglaubt, denn herausfordernd, wie er war, lag es näher, daß er widersprach, anstatt zu lügen.

Allein war sie zu jener Kapelle gegangen und später, von Müdigkeit erschöpft, in Schlaf gesunken. Sie erwachte gegen Morgengrauen, eilte zurück zum Hafen und sah, daß das große Schiff verschwunden war. Sie fragte alle Umstehenden und erfuhr, das Handelsschiff sei schon vor Stunden nach Italien gesegelt. Aber wo war ihr Sohn? Er, das war allzu deutlich, hatte sie getäuscht. Ohne auf die Umstehenden zu achten, begann sie zu schreien, als wäre sie wahnsinnig. Laut rief sie den Namen Gottes, als wollte sie ihn tadeln. Vor ihm verwünschte sie den Sohn für seine Grausamkeit.

Bestürzt kehrte sie zu ihrem Haus zurück, als die Stadt zu erwachen begann.

Unterdessen quälten Augustinus auf dem Schiff die Gedanken an seine Flucht, die er nicht vergessen sollte. Nichts beweist dies klarer als jene Beschreibung des Ereignisses, die er genau fünfzehn Jahre später niederschrieb, als Monika, seine Mutter, bereits seit zehn Jahren nicht mehr lebte. Nichts hatte er bis dahin vergessen: sein Aufbruch, ihr Tod und was er zwischen beiden Ereignissen durchlebt hatte, flossen ihm nun zu einer einzigen Erinnerung zusammen.

Doch überlassen wir nun Augustinus seiner beschwerlichen Meerfahrt und Monika ihrem Schmerz; unsere Erzählung ist kein fiktiver Roman, sondern hat eine Vorgeschichte. Sie gilt es nun zu berichten, um die Gründe dessen, was sich ereignete, darzulegen und ihre Protagonisten besser kennenzulernen.

Wir versuchen nun, in das Rätsel einer der größten Persönlichkeiten der Geschichte einzudringen – eines Mannes, dessen Leben vom Geheimnis umgeben ist, einem Geheimnis, dem er selber schreibend nachspürt. Über den Menschen wird er später sagen: «Der Mensch! Nichts anderes ist er als ein Abgrund. So zahlreich auch seine Haare sind, stets ohne Zahl sind die Bewegungen seines Herzens.» Um in diesen Abgrund einzutreten, ohne uns in ihm zu verlieren, müssen wir uns auf den Weg machen: wir müssen die Straßen seines Lebens durchwandern, seine Heimat, sein Haus mit unserem geistigen Auge sehen und ihn auf den Wegen seiner Kindheit und Jugend begleiten ... Er, der sein eigenes Ich so genau durchforschte, kann dabei unser Führer sein.

Als Sohn der heiligen Monika wurde Augustinus am dreizehnten November des Jahres 354 in Tagaste geboren, einer Stadt des prokonsularischen Afrika, einer blühenden Provinz des römischen Imperiums.

Und hier in Tagaste liegen vielleicht auch die Ursprünge jenes Dramas. Das religiöse Leben der damaligen Zeit wurde beherrscht von den verschiedensten Strömungen: das Christentum, von staatlicher Seite propagiert, zog herauf, und die Verehrung des absterbenden Heidentums galt schon mehr den Großen in Literatur und Philosophie als den alten Gottheiten. Monika, Augustins Mutter, war überzeugte Katholikin und stammte aus einer christlichen Familie. Der Vater hingegen, ein kleiner Beamter der städtischen Verwaltung, war Heide von Geburt und Fragen der Religion gegenüber gleichgültig. Mit Diskretion und sparsamer Beschränkung auf das Wesentliche zeichnet sein Sohn Augustinus das Bild des Vaters, Gatten und Bürgers. Obwohl er Patricius hieß, stammte er doch nicht aus patrizischem Geschlecht, war aber auch nicht plebejischer Abkunft. Weit eher war er, was seinen persönlichen Ehrgeiz, sein Streben nach Grundbesitz sowie Familie und Hauswesen anbetraf, ein Kleinbürger.

Damals war eine Ehe zwischen einem Heiden und einer Christin nichts Ungewöhnliches. Mehr als vom Heidentum, dessen Agonie schon begonnen hatte, sah das Christentum jener Zeit sich von Häresien bedrängt, die die Reihen der Gläubigen spalteten. In Afrika säten zu jener Zeit die Manichäer Irrtum und Verwirrung, und mehr noch die militanten und unversöhnlichen Donatisten; anderorts die Arianer, die zahlreichen Anhänger des Arius unter den Barbaren, die sich in völliger Unkenntnis allein auf Geheiß ihres Königs der neuen Lehre angeschlossen hatten.

Patricius aber zeigte sich von den religiösen Fragen seiner Zeit in jeder Weise unberührt. Die religiöse Unterweisung seiner Kinder überließ er ganz der Mutter, und wahrscheinlich täte man ihm zuviel Ehre an, wollte man sein Verhalten als tolerant bezeichnen: nichts scheint ihn weniger interessiert zu haben als Religion. Und doch war er bei alledem nicht unaufrichtig. Er achtete Monika, seine Gattin, und vielleicht liebte er sie sogar. Freilich erlaubte er sich mit fremden Frauen jegliche Freiheit. Auch durch seinen Jähzorn und sein ungebärdiges männliches Überlegenheitsgebaren stellte er Monikas christliche Geduld auf harte Proben. Doch nie ließ seine Frau ab, ihrem Mann Respekt und Liebe zu erweisen. Während der eigentlichen Krisen hielt sie sich weise zurück und versuchte, in Augenblicken der Zärtlichkeit und Zuneigung ihren Gatten in Geduld zu bessern.

Denn Monika, die überzeugte Christin, wandelte auf den Wegen des Glaubens, und über alles liebte sie den Frieden. Das Bewußtsein der Pflicht, sich innerlich auf den Weg zu machen, sich stets von neuem zu bessern und den eigenen Charakter zu ändern, war ihr von Kindheit an vertraut. Nach der Erzählung ihres Sohnes naschte sie als kleines Mädchen so gern vom Tischwein ihrer Eltern, daß sie in stets wachsenden Dosen davon trank, wann immer sie mit der Hausmagd in den Keller hinunterstieg. Diese beobachtete das Verhalten des Kindes zuerst nachsichtig und amüsiert; eines Tages jedoch, während eines kleinen Streites, sagte sie in tadelndem und drohendem Ton zu ihr: «Du bist nichts anderes als eine kleine Trinkerin!» und erklärte ihr, sie werde sich rächen und ihren Eltern von allem berichten. Zutiefst betroffen, legte das Kind diese Gewohnheit ab, die sich leicht zu einem häßlichen Laster hätte auswachsen können.

Augustinus hörte nie auf, die gefestigte Tugend seiner Mutter anzuerkennen, die schon bei der jungen Ehefrau einen Grad hoher Vollkommenheit erreicht haben muß. Monika war eine kluge, charaktervolle und tiefgläubige Frau; ihre Liebe zu Gott, Christus und seiner Kirche versuchte sie auch ihren Kindern zu vermitteln. Sie hatte deren drei: Augustinus, Navigius und eine Tochter, deren Namen wir nicht kennen und die, früh verwitwet, den monastischen Idealen ihres Bruders folgte und Oberin des Frauenklosters in Hippo Regius wurde.

Der Wert und die Beständigkeit von Monikas Gläubigkeit zeigt sich ebenso in ihrem innerlich durchlittenen Beten wie in ihrem Bemühen, ihrem Sohn die Gnade des Gebetes wieder zugänglich zu machen, die er in früher Jugend abgelehnt hatte. Überallhin folgte sie ihm, nie ließ sie ihn aus den Augen, und in steter Gelassenheit angesichts seiner geistigen und beruflichen Erfolge trug sie nur eine Sorge: ihn zum Glauben der Kirche zurückzuführen, der er sich entfremdet hatte. Über seine Bekehrung brach sie in Jubel aus, alles Leid ihres Lebens hielt sie durch seine Rückkehr zum Glauben für abgegolten. Vor Gott und den Menschen sollte ihr Sohn später Zeugnis ablegen für den strahlenden Glauben seiner Mutter: «. . . Mit Worten kann ich es nicht ausdrücken, wie ihr Herz für mich schlug und wie ihre Sorge um meine geistige Wiedergeburt weit größer war als bei meiner leiblichen Geburt.» «Sie hatte ihre Kinder wohl erzogen und litt jedesmal von neuem die Schmerzen der Geburt, so oft sie sie von Deinem Wege abirren sah» (*Conf.* V,9,16; IX,9,22).

Unbeirrbar war sie bemüht, all ihre Angehörigen zu Gott zu führen; dies gelang ihr tatsächlich auch bei ihrem Gatten Patricius, der sich gegen Ende seines Lebens zum Glauben bekehrte und die Taufe empfing: «Schließlich gewann sie noch ihren Gatten gegen Ende seines zeitlichen Lebens für Dich, und nun brauchte sie an ihm, der gläubig geworden, nicht mehr zu beklagen, was sie an dem Heiden mit Geduld ertragen hatte» (*Conf.* IX,9,22).

Augustinus verschweigt nicht, daß anfangs selbst Monika ihren Glauben hinter ihre mütterlichen Pflichten stellte. So ließ sie ihren Sohn nach seiner Geburt nicht taufen, sondern meldete ihn lediglich als Katechumenen an. Vielleicht folgte sie darin bloß der Sitte vieler Christen, die meinten, auf diese Weise im Wasser der Taufe auch noch die moralischen Vergehen der Jugend tilgen zu können. Doch ließ sie dabei die Gefahr außer acht, daß ohne den sicheren Beistand der göttlichen Gnade die moralischen Vergehen sich häufen und so zuletzt zur Zurückweisung des Sakramentes führen könnten.

Bei einer schweren Krankheit, einer Art Darmverschluß, war es Augustinus selbst, damals noch ein Kind, der verzweifelt um die Gnade des Sakramentes bat: schon bereitete man die Nottaufe, den Ritus *in extremis* vor, als die Gefahr vorüberging. So verschob man die Taufe von neuem. Die Erinnerung an jene unmittelbare und inständige Bitte des Kindes, das sich bereits der Problematik des Heils bewußt war, beeindruckte noch den reifen Augustinus. An einer Stelle der *Confessiones* erwähnt er eine andere Krankheit, die er im Alter von neunundzwanzig Jahren in Rom durchlitt, als er sich vom Glauben seiner Mutter losgesagt hatte, und er schreibt: «Denn noch immer wollte ich auch in solch großer Gefahr nichts von der Taufe wissen, und besser war ich als Kind, da ich sie von der mütterlichen Frömmigkeit erflehte» (*Conf.* V,9,16).

Ein anderer Fehler in Hinblick auf das spätere Leben ihres Sohnes bestand wohl auch in dem Versäumnis, die heftig durchbrechende Sinnlichkeit des Jungen nicht frühzeitig auf die Ehe hingelenkt zu haben. Was die Frage künftiger «Schwiegertöchter» betraf, so stellte Monika, eine intelligente, stets um das Wohl des Sohnes besorgte Frau, hohe, vielleicht zu hohe Ansprüche und entschied sich letztlich doch für keine von ihnen.

Wahrscheinlich ließen sich beide Eltern von der außerordentlichen Begabung ihres Sohnes blenden und wünschten für ihn eine Zeit umfassender wissenschaftlicher und intellektueller Ausbildung, ohne jede Ablenkung durch das andere Geschlecht. Sein Vater Patricius sah in der körperlichen Befriedigung, gleich ob in der Ehe oder außerhalb, ein Vergnügen, das er sich nie entgehen ließ. Monikas fromme Gesinnung strebte danach, mit dem Vorbild ihres Glaubens und ihren Gebeten aus dem leidenschaftlichen Sohn einen heiligen Aloisius zu machen, der nur Wohlerzogenheit, Bildung und Frömmigkeit kannte.

Der barmherzige Gott aber, der selbst für einen Halunken Tribut verlangt, fordert einen um so höheren Preis für einen Heiligen. Augustinus macht seiner Mutter nicht zum Vorwurf, daß sie ihm nicht mit sechzehn die Hochzeitsfeier ausrichtete. Was er aber seiner Mutter vorhält, ist die stereotype Ermahnung: «Erst die Prüfungen und eine gute berufliche Aufgabe, dann kannst du an eine Frau denken . . .» An eine Frau, oder an Frauen, dachte Augustinus schließlich von allein, doch nie ließ er sich davon ablenken, seine Studien mit Glanz zu absolvieren.

Monika gebührt in dieser Hinsicht das Verdienst, als Hausfrau und gläubige Christin, den Wert der Bildung nicht unterschätzt zu haben.

Einfach lagen die Dinge bei Patricius, für den Keuschheit ein Fremdwort war und der, wenn ihn eine Schuld an den sinnlichen Verirrungen des Sohnes traf, sie mit der Taufe *in extremis* und seinem frühen Tod sühnte. Doch solange er noch bei guter Gesundheit war und kaum eine Gelegenheit ausließ, mit der Begabung des Sohnes zu prahlen, war es ihm vor allem um zweierlei zu tun. Erstens wollte er ihm eine gediegene Ausbildung verschaffen, und trotz seiner bescheidenen Mittel fand er Wege, ihn von Tagaste aus ins nahegelegene Madaura zu schicken, Apuleius' Heimatstadt, die über bessere schulische Einrichtungen verfügte. Zweitens wünschte er sich seinen Sohn als ganzen Mann, und zwar in dem Sinn, in dem er selbst, Patricius, es verstand ... Und da sein Sohn kein Kind mehr war, sondern an der Schwelle der Pubertät stand, achtete er eifrig auf jedes Zeichen seiner körperlichen Entwicklung. Als er eines Tages in den Thermen bei seinem Sohn die Zeichen der Geschlechtsreife wahrnahm, erzählte er hocherfreut seiner Frau: «Wir sind schon fast Großeltern!» Offensichtlich schätzten sowohl der Heide als auch seine christliche Gattin die Entwicklung des Körpers und seiner verborgenen Kräfte. Wie auch immer: wir verdanken auch diesem cholerischen und sinnlichen, aber im Grunde aufrechten Mann vieles von dem, was sein Sohn eines Tages sein sollte. Und der Sohn wußte es selbst und war ihm dankbar dafür: «Denn wer lobte damals nicht jenen Mann, meinen Vater, daß er über sein Vermögen hinaus alles, was ein Studienaufenthalt in der Ferne kostet, für seinen Sohn aufwenden wollte? Dachten doch viele weit besser gestellte Bürger nicht daran, ihren Kindern ein solches Opfer zu bringen» (*Conf.* II,3,5).

Bald sollte dieser kleine Berber ein hochberühmter Lehrer der Rhetorik sein, und dann ein gewaltiger Bischof und Hirte der Kirche; doch zunächst war er nicht mehr als ein Junge, der zur Schule ging.

Keine einzige Erinnerung an jene Zeit ging ihm verloren: sein Gedächtnis glich einem Archiv, das alles Vergangene aufbewahrt. Von neuem durchlebte er die Zeit der Schule, freute sich und litt unter dem, was er zu lernen hatte, darunter, wie man ihm Disziplin aufzwang, über die er sein unbestechliches Urteil fällte. Er zeigte sich als intelligent, lebhaft und aufgeschlossen für die Natur und die Menschen in seiner Umgebung.

Es war das bleibende Verdienst seiner Eltern, seine Begabung erkannt zu haben, die weit über das übliche Maß hinausging. Um ihre beiden anderen Kinder zeigten Patricius und Monika sich nicht in gleicher Weise besorgt. Dabei war er keinesfalls ein Musterschüler. Einzelne Schulfächer weckten seine Begeisterung, doch keineswegs alle in gleicher Weise. Eines haßte er sogar. Denn obgleich die lateinische Sprache und Literatur ihn faszinierten, stieß ihn der Griechischunterricht seiner Lehrer ab. Er wußte den literarischen Reiz einer Dichtung zu schätzen, dachte aber gleichzeitig anders über ihren moralisierenden oder erzieherischen Gehalt. Und während er noch lernte, eignete er sich auch schon die Kunst zu lehren an. Einige seiner Werke wie auch seine besondere Art, sich Heranwachsenden und Erwachsenen, Gebildeten und schlichten Geistern mitzuteilen, spiegeln sein pädagogisches Genie.

Er wußte, welche Rolle im Leben eines Jungen dem Spielen neben dem Lernen zukommt, wußte um die Bedeutung des Utopischen als Nahrung der Phantasie, aber ebenso auch um den Wert des Realen, der exakten Wissenschaft (wie der Mathematik) und der aus der Wirklichkeit geschöpften Abstraktion (der Geometrie). Er war sich der Pflicht des Erziehers bewußt, den Eifer des Zöglings zu verstärken, und verwarf zugleich die Übertreibungen dieser Pflicht durch Zwang oder unüberlegte Bestrafung. Und er kannte den Wissensdrang des Schülers, der mit gelegentlicher Trägheit oder Unlust gegenüber der schweren Pflicht des Lernens einhergehen kann.

Im ersten Buch der *Confessiones*, besonders im zwölften und achtzehnten Kapitel, lernen wir die Reaktionen des jungen Augustinus selbst kennen, die dem Erwachsenen als Vergleichsmaterial für das Schulwesen seiner Zeit dienen sollten. Ihre Kenntnis kann auch für uns Heutige anregend sein, die wir so oft zu der Auffassung neigen, man hätte die Schule nur erfunden, um sie mit immer neuen, überstürzten und meist unbefriedigenden Reformen zu überfordern.

Seine Schulzeit in Madaura schloß Augustinus, nunmehr sechzehn Jahre alt, mit glänzendem Erfolg ab. Gewiß, er war kein Schüler, der unter der Knute lernte, sondern ein wissensdurstiger Autodidakt. Tatsächlich genügte Augustinus jedes beliebige Buch, um seine stets wache Intelligenz an ihm zu erproben und seine Überlegenheit über Lehrer und Mitschüler unter Beweis zu stellen.

Auf eigene Faust las und verstand er, kaum zwanzigjährig, die *Kategorien* des Aristoteles, ein höchst schwieriges Stück Philosophie.

Doch Madaura war kaum mehr als eine mittelmäßige Schule. Was er nun brauchte, war eine Ausbildung von höhrerem Anspruch. Da es ihm an Intelligenz oder Eifer nicht mangelte, ödete es ihn an, warten zu müssen, bis auch seine Mitschüler das Pensum gelernt hatten.

Was er brauchte, war ein anspruchsvolleres Studium, die Universität. Doch wohin sollte er gehen? Es kam allein Karthago in Frage, die Stätte des Geistes. Wie aber die nötigen Mittel aufbringen? Wie die Professoren bezahlen? Es blieb nichts anderes übrig, als abzuwarten – vielleicht würde Romanianus, der reiche und großzügige Romanianus, mit dem Patricius befreundet war, die außerordentlichen Gaben des jungen Augustinus zu würdigen wissen. Vielleicht würde es ihn mit Stolz erfüllen, seiner Geburtsstadt – oder, wer weiß, vielleicht der ganzen Provinz Afrika – einen glänzenden Advokaten zu verschaffen? Vielleicht würde er sich als sein Mäzen anbieten?

Doch auch die vorherbestimmten Wege brauchen ihre Zeit. Und in jenem Jahr 370 war der sechzehnjährige Augustinus, der schon einen Lehrstuhl hätte einnehmen können, ein blutjunger Mensch, das Gesicht voller Flaum und Sommersprossen, früh-, wenn nicht gar überreif an Geist und Körper, ein Müßiggänger, der die Krise einer beschleunigten Pubertät durchlief. Das Ergebnis war nichts anderes als eine Katastrophe: «Ich verwilderte», schrieb er später selbst.

Das ganze zweite Buch der *Confessiones*, das aus acht Kapiteln und achtzehn Unterkapiteln besteht, trägt die Überschrift: *Das sechzehnte Jahr.* Mit einem Anflug von Strenge spricht Augustin hier von seinen Eltern: «Meine leibliche Mutter nämlich ... ermahnte mich zwar zur Keuschheit, erachtete es aber als ebenso verderblich und für meine Zukunft gefährlich, meine Sinnlichkeit – wenn sie schon nicht gänzlich erstickt werden konnte – durch das Band der Ehe zu zügeln. Sie fürchtete, die Fessel der Ehe könnte meinen Zukunftsaussichten ein Hemmnis sein; nicht der Aussicht auf das zukünftige Leben, die sie ganz Dir überließ, sondern ihrer Hoffnung auf meinen wissenschaftlichen Fortschritt, der beiden Eltern in übertriebener Weise am Herzen lag. Mein Vater dachte dabei an Dich fast gar nicht, an mich aber nur aus Eitelkeit, und meine Mutter hielt die Kenntnisse der Wissenschaft nicht für schädlich, sondern, um zu Dir zu gelangen, sogar für förderlich» (*Conf.* III,3,8).

Gnadenlos geht er mit sich selbst ins Gericht. So bekennt er: «Wo war ich damals, wie weit verbannt von der Freude Deines Hauses in jenem sechzehnten Jahr meines Lebens, als wilde Wollust Gewalt über mich erhielt und ich mich völlig der Sinnenlust auslieferte, die sich aufgrund schimpflichen Frevelmuts alle Freiheiten herausnimmt, obgleich Dein Gesetz sie verbietet?» (*Conf.* II, 2,4). Und dann jener Satz voller Schönheit und Leid: «Aus der sumpfigen Begierde fleischlicher Sinnlichkeit stiegen Dünste auf, die mein Herz so umnebelten und verfinsterten, daß es nicht einmal mehr den hellen Glanz der Liebe von der Dunkelheit der Wollust unterscheiden konnte» (*Conf.* II,2,2).

Nicht allein Monika war zutiefst besorgt, nun war auch Patricius beunruhigt, der mittlerweile das Sakrament der Taufe empfangen hatte, womit Augustinus als einziger seiner Familie dem Christentum fernstand.

Patricius erkrankte und starb, ohne recht zu wissen, was er für diesen Sohn noch erhoffen und erwarten sollte, für dieses Genie, das die sinnliche Leidenschaft umtrieb. Hätte er all die späteren Ereignisse noch erlebt, die seiner Familie so viel Ehre erwiesen, wer weiß, er wäre vielleicht Mönch in Tagaste oder Presbyter in Hippo Regius geworden.

Nun waren nur noch Mutter und Sohn übrig, die miteinander streiten konnten. Es war ein Kampf frei von jedem Haß, ein Kampf, der von beeindruckender gegenseitiger Zuneigung getragen war.

Monika hatte in die Seele ihres Sohnes eine tiefe Religiosität gesät, für die er selbst keine Erklärung besaß. Als er zum Studium nach Karthago ging, war es ein Buch, das ihn erneut das Beten lehrte: Ciceros *Hortensius*, Pflichtlektüre aller damaligen Studenten, das leider verlorenging und worüber Augustinus sagt: «Dies Buch gab meiner ganzen Sinnesart eine andere Richtung, lenkte meine Gebete hin zu Dir, o Herr, und gab meinem Wünschen und Sehnen neuen Inhalt» (*Conf.* III,4,7).

Dieses Werk Ciceros entflammte und begeisterte ihn: «Nur eines dämpfte meine große Glut, daß mir der Name Christi hier nicht begegnete. Denn dank Deiner Erbarmung, o Herr, hatte mein junges Herz diesen Namen meines Erlösers, Deines Sohnes, schon im Kindesalter mit der Muttermilch eingesogen und hielt ihn tief fest. Nie konnte mich eine Schrift, wo dieser Name fehlte, mochte sie sonst noch so wissenschaftlich, so wortgewandt, so überzeugend sein, völlig fesseln» (*Conf.* III,4,8). Was Augustin am Glauben seiner Mutter zurückwies, das suchte er nun in Ciceros Schrift.

Doch Monika, die eifersüchtig über seinen Glauben wachte, wollte sich dem beruflichem Ehrgeiz ihres Sohnes nicht verschließen: sie verschaffte ihm die Mittel, um seine Studien in Karthago fortzusetzen. Unklar bleibt, wie ihr dies gelang – noch zu Patricius' Lebzeiten, als der Junge in Madaura zur Schule ging, hatten Augustins Eltern die erforderlichen Mittel ja nur mit Mühe aufbringen können. Doch vielleicht half diesmal, in aller Stille, Romanianus, der Freund der Familie.

Auf jeden Fall finden wir im Jahre 373 den inzwischen neunzehnjährigen Studenten in Karthago, «mit dem Geld und auf Kosten meiner Mutter», wie er selbst schreibt (*Conf.* III,4,7). Monika weigerte sich, bei ihm zu wohnen, um ihm ihre Mißbilligung seines Lebenswandels deutlich zu machen; später aber, einer Eingebung folgend, willigte sie doch ein, Tisch und Wohnung mit ihm zu teilen.

Zwei entscheidende Ereignisse gaben seinem Leben eine erneute Wende: er schloß sich der Sekte der Manichäer an und wandte sich einer Frau zu. Über die Manichäer schreibt er: «In meiner Unkenntnis verlachte ich Deine heiligen Diener und Propheten. Während ich sie aber verhöhnte, wurde ich allmählich zum Spott vor Dir und ließ mich nach und nach zu derartigen Torheiten verleiten, daß ich glaubte, die Feige und ebenso ihre Mutter, der Feigenbaum, weine Milchtränen, wenn man sie pflücke. Wenn jedoch ein Heiliger eine solche nicht durch seine, sondern durch fremde Schuld gepflückte Feige verzehre, dann vermische sie sich mit seinem Innersten, und er hauche im Gebet seufzend und schluchzend Engel, ja sogar Teilchen der Gottheit aus. Diese Teilchen des allerhöchsten und wahren Gottes wären in jener Frucht gefangen geblieben – so hieß es –, hätten nicht Zähne und Magen eines auserwählten Heiligen sie erlöst. Und ich Elender glaubte, man schulde den Früchten der Erde mehr Barmherzigkeit als den Menschen, für die sie wachsen. Hätte aber jemand, kein Manichäer, hungernd danach verlangt, so hätte es als ein todeswürdiges Verbrechen gegolten, ihm auch nur einen Bissen davon zu reichen» (*Conf.* III,10,18). Und Monika, diese schlichte und gläubige Frau, mußte an ihrem Sohn ein solches Übermaß törichter Vorstellungen ertragen!

Mittlerweile war in sein persönliches Leben eine Frau getreten: «In jenen Jahren hatte ich ein Weib, keine rechtmäßige Gattin, das meine umherschweifende, unbesonnene Glut aufgespürt hatte ...» Aber er vergißt nicht, was er der Selbstachtung schuldet, und fügt hinzu: «Doch es war meine einzige Geliebte, und ich hielt ihr wenigstens die Treue» (*Conf.* IV,2,2). Doch wo hatte er sie aufgespürt? «Ich erkühnte mich sogar, bei der Feier Deiner hochheiligen Messe, innerhalb der Mauern Deiner Kirche, meinen sinnlichen Begierden nachzuhängen, Verabredungen zu treffen, um mir den Genuß todbringender Frucht zu verschaffen» (*Conf.* III,3,5). Sie war also eine Christin. Aus späteren Hinweisen ergibt sich, daß sie von niedriger Abstammung war. An der Seite Augustins spielte sie eine entscheidende Rolle. Nicht allein, weil ihrer Verbindung sehr bald ein Sohn entsprang, Adeodatus, der Augustinus das Erlebnis der Vaterschaft verschaffte und dem er tiefe Zuneigung entgegenbrachte, sondern auch, weil sie seiner Sinnlichkeit die lange entbehrten Fesseln anlegte. Ihr freiwilliger Verzicht auf den Geliebten am Vorabend seiner Bekehrung und Taufe bedeutete für das Leben beider eine tiefe menschliche Tragik.

Während all dieser Zeit setzte sich die unerbittliche geistige Auseinandersetzung zwischen ihm und seiner Mutter fort. Stets schwankte er zwischen dem Drang nach Bildung, die seinen Geistesgaben gemäß war, und dem düsteren Glauben der Manichäer. Monika litt in Geduld, mahnte, betete und klagte Gott ihr Leid: «sie ließ nicht ab, zu allen Stunden ihres Gebetes bei Dir über mich zu klagen, und ihre Gebete kamen vor Dein Angesicht» (*Conf.* III,11,20).

Eines Tages bat Monika in ihrer übermächtigen Sorge und Angst einen Bischof, ihren Sohn in ein Gespräch zu ziehen und ihn zu überzeugen. Der Bischof aber hatte von den dialektischen Künsten des jungen Professors gehört und wußte um seinen geistigen Hochmut. So weigerte er sich, und als Monika dennoch nicht abließ zu bitten, entließ er sie mit den berühmt gewordenen Worten: «Gehe von mir! So wahr du lebst, es ist unmöglich, daß ein Sohn so vieler Tränen verlorengeht» (*Conf.* III,12,21).

«Afrika ist groß, schön und gut», pflegten die Kolonisatoren zu sagen, die dort ihre Villen errichteten. Tertullian war stolz auf seine Heimat: «Glänzende Herrensitze haben die Wüste verdrängt, wohlbestellte Felder die Wildheit der Wälder gezähmt, Scharen von Sklaven das Heer der wilden Tiere vertrieben.» Längs des gesamten afrikanischen Küstenraums, von Mauretanien über Tripolitanien bis hin zur Cyrenaika, hatte der Kampf des Menschen gegen Wälder und Wüsten blühende Gärten geschaffen. Dieser Teil Afrikas aber war ein Bestandteil des Imperium Romanum, mit Italien verbunden durch das Meer, das die Römer *mare nostrum* nannten. Im Museum des ehemaligen Hippo Regius zeigt ein antikes Mosaik eine Siedlung mit prachtvollen Villen; ein anderes beschreibt eine Jagdszene. Ausgrabungen fördern aus dem Wüstensand immer neue Statuen, Mosaiken und Einlegearbeiten aus Elfenbein zutage, die früher Diwane zierten.

In einer seiner Predigten stellt Augustinus dem gehetzten Treiben des Europäers die Ruhe der Menschen in einem afrikanischen Haus gegenüber: «Seine Ruhe ist in seinem Haus, bei den Seinen, in der Spanne Landes, die er bebaut; in dem kleinen Garten, den er mit eigener Hand bepflanzt, kurz: in seinem Wohnsitz, den er mit liebender Sorge einrichtet» (*In Psalm.* XL,5).

Eine Flut von Licht ließ die Farben der Landschaften Afrikas stets deutlich hervortreten; und Augustinus selbst nennt das Licht «die Königin der Farben».

Karthago trat selbst mit Rom in Wettstreit – mit schulischen Einrichtungen aller Art, Tempeln, Bibliotheken, Theatern, Thermen und Ringschulen. Apuleius pries die Stadt überschwenglich mit den Worten: «In der ganzen Stadt sehe ich nichts als Menschen voll Geist und Bildung, wohlbewandert in allen Wissenschaften; Knaben voller Wißbegier, junge Männer, die nach Unterricht dürsten, reife und würdige Männer, die anderen Unterricht gewähren. O Karthago, ehrwürdige Schule unserer gesamten Provinz, himmlische Muse ganz Afrikas, Mutter und Pflanzstätte von Männern, würdig der Toga!»

Tatsächlich trugen die afrikanischen Männer jener Zeit die Toga der Römer, ihre Frauen dagegen begnügten sich mit einem einfachen Umhang.

Augustinus fühlte sich glücklich in dieser Umgebung. Er studierte, nahm teil an Dichterwettbewerben, und als erster Absolvent der Rhetorenschule wurde er vom Prokonsul Afrikas mit Lorbeer gekrönt; häufig besuchte er die Theater, denn er besaß eine Vorliebe für heitere Gesellschaft. Doch verabscheute er vulgäre und oberflächliche Reden, und das Treiben der Störer der öffentlichen Ordnung stieß ihn ab. Unerbittlich bleibt er im Urteil gegen sich selbst: «In wieviel Laster der Fäulnis und der Verwesung verstrickte ich mich nicht in jenen Tagen!» (*Conf.* III,3,5).

Während eines rhetorischen Wettstreits fragte ihn einer der überall anzutreffenden Wahrsager, welche Summe er ihm geben wolle, wenn er ihm den Sieg zuspreche. Voller Widerwillen gab ihm Augustinus zur Antwort, er verabscheue «solche schmutzigen Praktiken . . ., nicht einmal eine Mücke würde ich für meinen Sieg töten lassen, auch wenn ein Kranz puren Goldes als Gewinn winkte» (*Conf.* IV,2,3).

Nachdem er seine Studien beendet und ein Diplom als Lehrer der Rhetorik erworben hatte, kehrte er nach Tagaste zurück und eröffnete dort eine Rednerschule. Doch füllte ihn diese bescheidene Tätigkeit nicht aus. So schnürte er von neuem sein Bündel und ließ sich mit seiner Mutter, seiner Lebensgefährtin und seinem kleinen Sohn Adeodatus wieder in Karthago nieder, um dort als Lehrer für schöne Literatur Ruhm zu erwerben. Ein Lehrer der Rhetorik war zu jener Zeit mehr als ein Experte für Jurisprudenz oder ein Rechtsanwalt heutigen Stils. Ohne auf juristische Kenntnisse im engeren Sinne zu verzichten, verfügte ein Rhetor damals über das gesamte zeitgenössische Arsenal philosophischer und literarischer Bildung. Ein tüchtiger Rhetor war ein Humanist, ein «Experte der Humanität». Läßt sich ermessen, was dieser Bildungsgang Augustin genutzt haben mag, um ihn zu dem werden zu lassen, der er zuletzt sein sollte?

Zu Beginn dieses Kapitels verließen wir Augustinus hier in Karthago, als er seine Fahrt nach Rom antrat. Warum und auf welchem Weg er dahin fuhr, davon berichtet das folgende Kapitel.

STÜRMISCHE ÜBERFAHRT

Mit dem Schiff, das Augustinus an Bord trug, nahm eine gewaltige Reise ihren Anfang, eine Reise durch die Geschichte. Das aber ahnte noch niemand, nicht Augustinus selbst, hingerissen zwischen Gewissensbissen und der Furcht vor den Gefahren des Meeres, noch Monika, seine Mutter, die voll Verzweiflung betete und zu Gott um Hilfe rief.

Vom Hafen von Karthago hatte der Steuermann Kurs auf Sizilien genommen, zunächst umfuhr er dessen Küste von der westlichen Seite her, die Afrika am nächsten liegt, und lenkte danach zum Norden der Insel, an deren Spitze Messina liegt. Von dort aus fuhr er entlang der Apenninenhalbinsel, um schließlich in den Hafen von Rom einzulaufen. Dies war die übliche Route zu jener Zeit, möglich etwa von Frühlingsanfang bis Herbstbeginn, wenn Jahreszeit und Wetter für die Fahrt von Küste zu Küste eine gewisse Sicherheit boten.

Der Schiffsverkehr zwischen Rom und Afrika war damals sehr lebhaft. Denn Afrika war die Kornkammer des antiken Rom. Die großen Frachtschiffe, die *naves frumentariae*, bis zum Rande gefüllt mit Getreide, Öl und allen anderen Gottesgaben, die der afrikanische Boden hervorbrachte, mußten eilig die kurze Frist des Seeverkehrs nutzen, denn die zahllosen und immer hungrigen Mägen der römischen Volksmassen verlangten nach Sättigung. Ruhe und Verträglichkeit der römischen Stadtbevölkerung – seit jeher umworben von den politischen Autoritäten, die ihr *Brot und Spiele* versprachen – wie auch die öffentliche Ordnung des antiken Rom hingen nicht zuletzt von der Regelmäßigkeit und Zuverlässigkeit jener Lieferungen ab. In besonderem Maß galt dies für die zweite Hälfte des vierten nachchristlichen Jahrhunderts.

Der Boden Afrikas, so dürfen wir sagen, war in jenen Zeiten die einzige sichere und regelmäßige Quelle der römischen Nahrungsmittelversorgung, denn in Afrika bedrohte noch kein übermächtiger Gegner die Herrschaft Roms wie in anderen Teilen des Imperiums. War aber der Zustrom von Lebensmitteln unterbrochen, etwa durch eigenmächtige Aktionen aufsässiger Provinzgouverneure, so wurde die Lage in Rom gefährlich. In solchen Fällen hatte der Senat es eilig, Autorität und Disziplin durch starke Truppenbewegungen wiederherzustellen. Zur Winterzeit aber fand – wenn nicht kriegerische Erfordernisse dagegen sprachen – so gut wie kein Schiffsverkehr zwischen Afrika und dem römischen Festland statt.

Außer der Schiffahrtsroute, die in Küstennähe verlief, gab es noch einen kürzeren Seeweg vom prokonsularischen Afrika zum Hafen Roms: sofort aufs offene Meer hinaus, an Sardinien vorbei mit direktem Kurs auf Rom. Diesen Weg bevorzugten Frachtschiffe mit großem Laderaum, sogenannte *naves onerariae*, die sich auf die offene See wagen konnten. In der Luftlinie umfaßte diese Route etwa 660 Kilometer, und die Fahrt dauerte etwa fünf bis sechs Tage.

Der andere, küstennahe Weg hingegen betrug eine Strecke von etwa tausend Kilometern und sah Pausen zur Nachtzeit vor, während derer man in Häfen oder auch in natürlichen Buchten vor Anker ging; auch bestand die Möglichkeit, in einer der vielen *tabernae* zu übernachten, die nur für Schiffsreisende bestimmt waren. Diese Fahrt dauerte etwa zehn Tage. Die Handelsschiffe waren leichter als die *naves onerariae* und wurden auch *naves horariae* genannt, weil sie die einen Stunden auf See und die anderen im Hafen verbrachten.

Reine Passagierschiffe gab es damals nicht; vielmehr mußte man mit einem dieser Handelsschiffe vorliebnehmen, die natürlich keinerlei Komfort boten.

Doch die Seefahrt war bereits geschäftsmäßig organisiert, sowohl für den Transport von Frachtgut wie für die Beförderung von Personen. Aufschlußreich sind hier die musivischen Inschriften im Hafen von Ostia; sie bieten eine Art Hauptregister der Seehandelsgesellschaften *(navicularii)* aus Sardinien, Sizilien, Gallien, Spanien, Ägypten und vor allem aus Afrika. Es handelt sich dabei um regelrechte Embleme der verschiedenen «Agenturen» (einundsechzig *stationes* werden namentlich aufgeführt), gekennzeichnet durch Inschriften, die eine Art Wahrzeichen darstellen. Häufig sind Muster in Schwarz und Weiß, die als Intarsien dem Fußboden eines Hauses eingearbeitet sind, so zum Beispiel *Domini Navium Carthaginentium ex Africa* auf dem sogenannten «Zunftplatz» unmittelbar hinter dem Theater. Andere Inschriften wurden bei verschiedenen Grabanlagen aufgefunden und halten die Erinnerung an die Taten eines verstorbenen Reeders wach, wie etwa jene Inschrift, welche die Verdienste des M. Iunius Faustus zum Inhalt hat, des Schirmherrn des *Corpus Curatorum Navium Marinarum*, gestiftet von den *Domini Navium Afrarum Universarum*. In der gleichen Inschriftenreihe begegnen wir auch einem gewissen P. Aufidius Fortis, der uns als «geschätztes Stadtoberhaupt» *(decurio)* von Hippo Regius interessiert, jener afrikanischen Hafenstadt, die später zur eigentlichen Heimat unseres auf dem Meer irrenden Flüchtlings wurde.*

Zeit seines Lebens unternahm Augustinus nur zwei längere Seereisen: seine Fahrt von Karthago nach Rom und viele Jahre später die Rückreise nach Afrika. Befaßt man sich näher mit seinem Leben, so gewinnt man fast den Eindruck, er sei höchst ungern zu Schiff gereist. Seine anfällige Konstitution und die Mühsal, die eine derartige Reisestrecke mit sich brachte, mußten wahrscheinlich unangenehme Seekrankheiten herbeiführen; bei dieser ersten Fahrt aber hatte die Krankheit wohl seelische Gründe.

Die Menschen der antiken Welt reisten – ob zu Lande oder zur See – in einer Weise, die sich für uns Heutige kaum noch vorstellen läßt. Alle Reisebeschreibungen aus dieser Zeit spiegeln die Furcht vor den Gefahren des Reisens. Augustinus gab später in

* Vgl. P. Romanelli, *In Africa e a Roma*, L'Erma, Roma 1981, S. 185

einer seiner berühmten Predigten an seine Gläubigen einen zumindest indirekten Hinweis, daß ihm die Gefahren des Meeres vertraut waren: «Seht nur die Hartnäckigkeit derer, die das Gold lieben. Sie stechen im eisigen Winter in See, besessen von der Gier nach dem Gewinn, ohne sich um die Gefahren der Kälte zu sorgen. Ein Spielball der Fluten, wagen sie ihr Leben und eilen unbekannten Gestaden entgegen . . .» (*In Psalm.* CXXXVI,3). Und an anderer Stelle: «‹Setze dich nicht der Kälte aus, gelange zur Ruhe!› und ‹Überquere das Meer, suche unbekannte Länder, bringe deine Waren bis nach Indien. Was sagst du, du sprichst die indische Sprache nicht? Spricht doch die Liebe zum Geld in allen Zungen! Selbst ein Unbekannter, begegnest du einem anderen Fremden: du gibst, er bezahlt; du kaufst etwas und schaffst es fort!› Du hast dich in die Gefahr begeben, und in der Gefahr wendest du dich ab. Und wenn das Meer zu rasen beginnt? Dann hebst du zu flehen an: ‹Herr, errette mich!› Und du hörst, wie Er dir antwortet: ‹Habe ich dich denn geheißen, in See zu stechen? Die Gier nach dem Golde befahl dir aufzubrechen, um zu suchen, was du nicht besaßest. Ich aber verlangte nur von dir, dem Armen, der an deine Türe pocht, von dem zu geben, was du hattest, ohne daß es dir schwerfiele. Die Gier nach dem Golde hat dich nach Indien geschickt, und hast du nun Gold mitgebracht? Christus wachte vor deiner Tür, auf daß du durch ihn das Himmelreich erlangtest!›» (*In Psalm.* CXXVIII,4).

Während seiner neununddreißigjährigen Tätigkeit in Hippo wurde Augustinus Zeuge zahlreicher Tragödien. Eine Küstenstadt erlebt gewöhnlich eine Vielzahl von Schiffskatastrophen und bewahrt die Erinnerung an jede von ihnen. Gewiß mußte Augustinus mehr als einmal Witwe und Kinder eines Fischers trösten, der von seiner Ausfahrt nicht zurückgekommen war. Die See mochte seinen Leichnam an Land gespült haben und mit ihm Reste seines kümmerlichen Fischerbootes. Und mehr als ein wagemutiger Kaufmann, der in entlegene Gegenden fuhr, sah die Heimat niemals wieder.

Dem folgenden Passus aus einer seiner Predigten könnten eigene Erfahrungen zugrunde liegen: «Geschieht es aber, daß du am Ufer einen Kaufmann erblickst, der Schiffbruch erlitten hat, dann jammerst du um Erbarmen und du rufst aus: ‹Armseliger! Um des Geldes willen hast du dein Leben verloren ... Allein, das Geld vermag es dir nicht zurückzugeben ...›» (*Serm.* CCCX-LIV,7). Freilich stammen diese Worte aus einer Zeit, da er selbst schon das Steuer eines anderen Schiffes führte.

Für den Augenblick aber war er nur ein unerfahrener Passagier, der seine Jungfernfahrt auf dem Meer machte. Höchstwahrscheinlich fuhr er auf einem Kaufmannsschiff mit leichter Fracht, auf einem jener *naves horariae,* die häufiger den Anker warfen. Wir können ihn uns vorstellen, an eine Wand von Amphoren gelehnt, von Brechreiz geplagt, den der schwere Seegang und der betäubende Geruch von Teer und Tang hervorriefen, mit dröhnendem Kopf, bedrängt von bösen Gedanken. Der Wind, der in die festen, in einer berberischen Werkstatt entstandenen Schiffssegel blies, schien wie eine weitere Drohung des Schicksals.

Seit jener Nacht, als das Schiff vom Kai des Hafens abgelegt hatte, beschloß er während der ersten tausend Meilen stets aufs neue, die Gedanken von sich zu schütteln, die in seinem Kopf brodelten wie Blasen in einem Kessel kochenden Wassers. Der Anblick der sizilianischen Küste – das erste Stück Land außerhalb Afrikas, das er je mit eigenen Augen gesehen hatte –, ließ ihn ein wenig aufleben. Um sich zu zerstreuen und aufzuheitern, ließ er Geschichte und Mythen jener Insel an seinem inneren Auge vorüberziehen. Immer wieder führte er Gespräche mit Marius, dem im Reisen erfahrenen Kaufmann und Komplizen seiner heimlich vorbereiteten Flucht. Er plauderte mit scheinbarer Unbefangenheit und gab sich stark; dabei wußte er sehr wohl – hätte er nur auf sein Inneres gehört, die Schar der Gedanken, die ihn bedrängten und nicht zur Ruhe kommen ließen –, daß er nur als Verlierer aus diesem Kampf hervorgehen konnte. Er atmete aus voller Lunge, um die Verwirrung zu verbergen, die das Reisen auf See ihm bereitete, und sich vor den Seeleuten als Herr seiner selbst zu gebärden. Und tatsächlich war er seinen Reisebegleitern nicht völlig unbekannt. Alle wußten oder glaubten zu wissen, daß er ein angesehener Gelehrter aus Karthago war, unterwegs nach Rom oder vielmehr dorthin berufen, um einen Lehrstuhl für Rhetorik zu übernehmen – ein Mensch von öffentlicher Bedeutung! Und

Marius sprach mit allen über die glänzende Zukunft, die ihn erwarte. Auch ihm lag daran, die Furcht seines Gefährten, für den er eine gewisse Verantwortung empfand, zu bannen. Ihn aufzuheitern oder zu zerstreuen, war das einzig mögliche Heilmittel. Tagsüber, auf dem Oberdeck des Schiffes, zeigte er ihm, als der Erfahrenere, die Silhouetten, die am Horizont auftauchten, erzählte ihm die Geschichte der Marktflecken und Hafenstädtchen, die am Ufer vorüberzogen, oder erzählte eigene Abenteuer von seinen früheren Reisen.

Augustinus gab sich die größte Mühe, an dieser Unterhaltung teilzunehmen, doch immer häufiger geschah es, daß er nicht selbst redete, sondern nur zuhörte. Und mehr als einmal ertappte Marius ihn bei völliger Unaufmerksamkeit.

«Heute Nacht», sagte er eines Tages zu ihm, als sie die Küste Kalabriens entlangfuhren und sich am Himmel leicht verhangene Wolken zeigten, «werfen wir in einem kleinen Hafen Anker, den ich gut kenne. Wir gehen an Land, essen zu Abend und übernachten außerhalb des Schiffes. Gewiß verbringen wir eine schöne Nacht, selbst wenn es regnet...» Doch Augustinus ließ kaum Begeisterung erkennen. Tatsächlich verspürte er keinerlei Verlangen nach geselligen Mahlzeiten; sein von Übelkeit gepeinigter Magen glich einem kleinen Vulkan, der ausspeit, nicht verschlingt... Noch weniger war ihm danach zumute, sich anderen Vergnügungen des Leibes hinzugeben. Hatte er sonst manchmal gebetet, «Herr, gib mir Keuschheit, aber nicht jetzt», so stand ihm jetzt nicht der Sinn nach solchen Bitten. In seiner gegenwärtigen Lage ergab sich die Keuschheit von allein.

Die Nächte waren fürchterlich für ihn. Sein Unterbewußtsein stellte ihm stets aufs neue das Bild seiner Gefährtin vor Augen, die er zusammen mit dem kleinen Adeodatus in Karthago zurückgelassen hatte. Ihr hatte er offen seinen Plan anvertraut, die Heimat zu verlassen, um in Rom noch größeren Erfolg zu suchen. Und wie stets hatte sie ihm gezeigt, wie sehr sie ihn verstand und ihm vertraute; sogar zu dem ungeheuren Opfer zeigte sie sich bereit, ein ganzes Jahr der Trennung auf sich zu nehmen. So versprach er ihr schließlich: «Entweder geht alles gut, und ich hole euch zu mir, oder ich komme bald zurück.» Nun aber stellte er sie sich vor in ihrer Einsamkeit . . . Und er sah seinen kleinen Sohn vor sich, den er liebte und mit dem er gespielt hatte, so oft er konnte.

In seinen Träumen bedrängte ihn, einem Alpdruck gleich, das Bild seiner leidenden Mutter. Jede Nacht träumte er von ihr und sah sie vor sich, wie sie ihn zum Hafen begleitete. Im Schlaf wiederholte er jene Worte, mit denen er sie getäuscht und verraten hatte: «Ich verlasse dich nicht, ich nehme nur Abschied von einem Freund, der nach Italien aufbricht . . . Ich will ihn nicht ohne Gruß ziehen lassen; warte auf mich in der Kapelle des heiligen Cyprian. Sobald das Schiff abgefahren ist, hole ich dich dort ab, und wir gehen nach Hause . . .» Eingezwängt in seine enge Schiffskoje, träumte er von seiner Mutter, wie sie an seiner Seite sanft und flehend sich mühte, ihn nach Hause zurückzubringen; dann wieder war sie streng und unerbittlich wie ein Häscher, der einen Übeltäter auf frischer Tat ertappt. Schließlich fuhr er mit jähem Schreck zwischen den Küchenamphoren auf, die scheppernd gegeneinanderstießen.

Und wieder dachte er an die zahllosen Lügen, die er ersonnen hatte, um die unglückliche Frau in die Irre zu führen. Sie hatte seine wahre Absicht durchschaut, er aber hatte geleugnet.

Monika hatte ihn überrascht, als er mit Hilfe des Kaufmannes Marius die Abreise vorbereitete. Sein unentbehrliches Reisegepäck, darunter einige Pergamentrollen, die ihm für seinen Unterricht als Rhetor unentbehrlich waren, brachte er, um bei seiner Mutter keinen Argwohn zu erregen, erst kurz vor der Abreise zu Marius, den er bat, sein Gepäck vorzubereiten. Und es war auch Marius, der seinen Reisekontrakt mit dem Reeder ausgehandelt hatte.

Seine manichäischen Freunde hatten sich erboten, ihm in allem zu helfen. Sie hatten ihn auf den Gedanken gebracht, sich in Rom niederzulassen, hatten seinen Ehrgeiz zu nähren gewußt. Wie alle Geheimgesellschaften erweckten sie Mißtrauen und Furcht, um am Ende doch großen Einfluß zu nehmen. Sie liebäugelten mit dem Gedanken, in Rom ein Mitglied ihres Kreises zu haben, das aufgrund von Bildung und Geistesgaben dazu bestimmt war, sich einen Namen zu machen.

Denn Roms Magistrate mißtrauten den Manichäern und machten ihnen durch gesetzliche Maßnahmen zu schaffen. Dennoch besaßen sie zweifellos auch dort hochgestellte Gönner. Zu allen Zeiten finden sich Elemente in Ministerien und Verwaltung, die dem Gegner in die Hände arbeiten.

Die Operation der Übersiedlung mußte sich in tiefem Stillschweigen vollziehen – jenem Stillschweigen, das für gewöhnlich undurchsichtige und unsaubere Dinge bedeckt. So ermahnten sie Augustinus, ja niemandem von seinem Plan zu erzählen, nicht einmal dem Freund der Familie, Romanianus, der ihm unter Monikas Einfluß gewiß angeraten hätte, der Witwe diesen schweren Kummer zu ersparen. Und tatsächlich vermied es Augustinus peinlich, sich seinem Gönner und Mitbürger Romanianus in irgendeiner Weise anzuvertrauen.

Die Einflüsterungen der «Auserwählten» stimmten mit dem Ehrgeiz des «Hörers» der Sekte überein, mochte Augustinus auch tief im Innern spüren, daß ihre Lehren eitler Wahn waren. Doch gerade diese innere Ferne gegenüber ihrer Doktrin mehrte in ihm die Neigung, ihre Dienste in Anspruch zu nehmen. Allem Anschein nach konnten sie selbst seinen Scharfsinn überlisten, verspürte er doch keine Skrupel, sich ihnen anzuschließen.

Unterdessen aber fuhr das Schiff dahin, während der Geist des Mannes, den es mit sich führte, von heftigen Stürmen jeder Art heimgesucht wurde.

Augustinus zählte damals neunundzwanzig Jahre. Zehn Jahre zuvor – seine Gedanken schweiften zurück an diesen Punkt – war er auf Cicero gestoßen: er hatte den *Hortensius* gelesen, der damals auf ihn wie ein Wunder gewirkt hatte. Cicero sang ein Loblied auf ein dem Geist verpflichtetes Leben und zerstörte mit der Macht seines philosophischen Denkens jede Hoffnung, die Glückseligkeit lasse sich auf materielle Werte der äußeren Existenz gründen.

Ihn begeisterten Sätze dieses Dialogs, die wir heute nur von Augustin selbst kennen (denn der Text des *Hortensius* ging in den folgenden Jahrhunderten verloren), Sätze wie die folgenden: «Ein jeder sagt: glücklich ist, wer seiner Lust lebt. Doch das ist falsch! Ein Wollen nämlich, das sich dem Menschen nicht ziemt, ist ganz und gar elend. Kein Unglück ist es jedoch, wenn man nicht erlangt, was man will, sehr wohl aber eines, wenn man erlangen will, was zu begehren sich nicht ziemt!» (vgl. *De trin.* XVIII,5,8).

Aber wonach suchte er, Augustinus, den damals das Streben nach Weisheit so sehr entflammt hatte? Wie trachtete er nach jener wahren Weisheit des Lebens, die ihn so unwiderstehlich angezogen hatte? Was für ein Philosoph war er, was für ein Schüler Ciceros? Welche Konfusion: verliebt zu sein in die Weisheit, doch mehr noch in das Vergnügen der Sinne, ohne das er nicht zu sein vermochte, verliebt schließlich auch in den irdischen Erfolg! Und bei dieser Selbstprüfung, zu der es ihn drängte, schien es ihm, als berühre er jeden der Selbstwidersprüche, unter denen er lebte und litt.

Eines Tages – er befand sich gerade an Deck, und vor seinen Augen entfaltete sich das zauberhafte Panorama der Küste von Amalfi – vertraute er sich dem Gefährten Marius an. Er sprach mit ihm von seinen Erinnerungen an Tagaste, von seiner Kindheit und Jugend, der ersten Liebe, von der Begegnung mit jenem Mädchen, mit jenem Freund ... Ach, ihm war, als sei es erst gestern gewesen: jener Gefährte seiner Kindheit und seiner Jugend, den der Tod ihm entrissen hatte! «Wie habe ich gelitten unter diesem unaussprechlichen Verlust», sagte Augustinus. «Wir waren ein Herz und eine Seele. Die gleichen Ideale, die gleichen literarischen Interessen! Wir konnten nicht mehr ohne einander sein. Und als er starb, welche Leere und Düsternis war in mir. Und doch hatte ich damals schon die Frau an meiner Seite, die mir den Adeodatus geboren hatte! Und dennoch, welche Leere! Wohin ich blickte, ich sah nichts als Tod. Nirgends fand ich ihn. Er war wie die Hälfte meines Lebens. Ich wünschte zu leben, damit wenigstens diejenige Hälfte von ihm überlebe, die ich selbst war. Doch zugleich wollte ich auch sterben, um meine andere Hälfte wiederzufinden, die er war. In Tagaste, wo wir beide gelebt hatten, hielt ich es nicht mehr aus: ich floh, weit fort, und gerade auf dieser Flucht gelangte ich nach Karthago.»

« Woran starb er?» wollte Marius wissen.

«Ich weiß es nicht. Nicht einmal die Ärzte wußten es. Nach fast einem Jahr dieser innigen Freundschaft erkrankte er an Fieber. Er stammte aus tiefgläubiger katholischer Familie, doch im Umgang mit mir hatte er sich angewöhnt, über bestimmte Vorstellungen des Glaubens zu spotten, zum Beispiel über den Ritus der Taufe, den er nach dem Willen seiner Eltern, ich weiß nicht mehr in welchem Alter, hätte empfangen sollen. Wir machten unsere niedrigen Späße darüber, daß demnach eine einfache Waschung imstande sein müßte, einen schlechten Menschen in einen guten zu verwandeln ... Was haben wir damals gelacht! Dann jedoch, als sein Tod bevorzustehen schien und er schon nicht mehr bei Bewußtsein war, rief seine Mutter einen Priester zu ihm und ließ ihn taufen. Unmittelbar nach Empfang des Sakramentes kam er wieder zu sich und schien sich zu erholen. So wurde mir erlaubt, ihn zu besuchen und mit ihm zu sprechen; es schien, als sei alle Gefahr vorüber. Ich kam auf den Gedanken, über die Taufe meine Witze zu machen, die er im Zustand der Bewußtlosigkeit empfangen hatte und in der ich eine Art Posse sah. Hätte ich es nur nicht getan! Er sah mich voller Entrüstung an, als wäre ich sein ärgster Feind und Widersacher, und beschwor mich, wenn ich noch sein Freund heißen wolle, sofort von meinen Äußerungen abzulassen. Aufs höchste überrascht, wußte ich nicht, was ich erwidern sollte, dachte aber, seine Schwäche und die durchlittene Gefahr seien die Ursache dieses Sinneswandels; wäre er erst gesund, so dächte er gewiß von neuem wie ich. Doch nur wenige Tage darauf starb er plötzlich und unerwartet, während ich gerade abwesend war und ihn außer Gefahr wähnte. Nun gut, sein jäher Tod, die letzte Begegnung bei dieser Verschiedenheit der Meinungen, zusammen mit der unstillbaren Sehnsucht nach seiner Gegenwart, die ich empfand ... Kurz und gut, ich war völlig erschüttert und außer mir ...»

«Und wie lange ist das nun her?» wollte Marius wissen.

«Elf Jahre, mir aber ist es, als wäre es gestern» (vgl. *Conf.* IV,4f.).

Marius war erstaunt über Augustins außerordentliche Empfindsamkeit. «Auf diese Weise wirst du nicht sehr alt», befand er schließlich. «Du bist ein großartiger Mensch, aber wenn du nicht an Härte gewinnst, bläst jeder Wind dich um.»

Augustinus antwortete nicht und sah weiter gedankenverloren aufs Meer hinaus.

Nun lag Afrikas Küste in unbestimmter Ferne. Von dort blies nur noch der heiße Wind in die Segel. Augustinus trug in sich die leuchtenden Farben und die Bilder seiner Heimat: Tagaste hoch in den Bergen, sechshundert Meter über dem Meeresspiegel gelegen, mit seinen Wäldern, die er als Kind auf der Suche nach Vogeleiern durchstreift hatte; das ehrwürdige Madaura, ein kleines Zentrum der Region, Ansporn für Händler und kleine Beamte, dem Analphabetismus zu entkommen; das mauretanische Cäsarea, Schutzschirm des prokonsularischen Afrika gegen die häufigen Beduineneinfälle; und schließlich und vor allen anderen die aus Trümmern wiedererstandene, herrschaftliche Provinzhauptstadt Karthago . . . Dann das stets wechselnde Farbenspiel der Getreidefelder, der Weinberge, der Olivenhaine, die Gipfel der Berge, die manchmal hell und durchscheinend anmuteten, wie von Kristall, dann wieder in finsterem und bedrohlichem Schwarz über der Ebene emporwuchsen.

Magisches Afrika, dem Augustinus kühn den Rücken zukehrte und das ihn eines Tages erneut mit seinen Armen umfangen sollte, um ihn nie wieder loszulassen!

Und wieder wanderten seine Gedanken zurück zu dem verlorenen Freund: «Wir sprachen und scherzten miteinander, erwiesen uns Gefälligkeiten, erfreuten uns gemeinsam an den Werken der schönen Literatur, trieben gemeinsam Scherze und bezeugten einander Achtung. Mitunter widersprachen wir uns auch, doch ohne Gehässigkeit, wie der Mensch bisweilen mit sich selbst uneins ist; doch selbst diese seltene Uneinigkeit war nur die Würze der meistens vorhandenen Übereinstimmung; wir waren einer des anderen Lehrer und Schüler, schmerzlich vermißten wir die Abwesenden und begrüßten freudig die Kommenden», schreibt Augustinus über die gemeinsam mit seinen Freunden verbrachte Jugend (*Conf.* IV,8). Doch freilich war diese Welt Karthagos, die Welt Afrikas auch Schauplatz seiner religiösen Kämpfe, seiner Versklavung an die finstere Sekte der Manichäer, seiner ihm selbst unerklärlichen, stets schwankenden Anhänglichkeit gegenüber ihrer Lehre. Er hatte sich den Priestern dieser Gemeinschaft anvertraut, sie aber hatten ihm keinen Rat geben können, sondern stets nur von neuem wiederholt: «Warte doch, warte nur ab, bis Faustus kommt!» Und er war gekommen, Faustus, das charismatische Oberhaupt, der Führer der Sekte: doch seine wohlgesetzten Reden schmeichelten nur den Ohren und ließen die Vernunft unbefriedigt.

Um wieviel eindringlicher waren da die Argumente des Nebridius, des stets geliebten Nebridius, gewesen: mit zwei Worten hatte er ihm seinen Irrglauben auszureden gewußt, Gott sei zwischen Geist und Materie geteilt, wie ihm die Manichäer eingeredet hatten!

Und schließlich war Karthago der Ort gewesen, wo ihm die Frau begegnet war, die es verstanden hatte, seine Sinnlichkeit zu fesseln, die ihm einen Sohn und ein Heim geschenkt hatte; wie jung waren sie beide damals gewesen, noch keine zwanzig Jahre alt!

Das Schiff segelte im Tyrrhenischen Meer, und während Rom mit jeder Stunde näherrückte, versank Karthago vor seinem inneren Blick. Rom und Karthago, wie sehr wünschte er, sie zu vereinen zu einer einzigen Stadt! Dort in Karthago, jenseits des Meeres, in einem bescheidenen Haus, hing eine junge Frau ihm jetzt in Gedanken nach und beklagte unter Tränen seine Ferne. Und in einer anderen Kammer fragte ein Kind mit einem hübschen und braunen Gesicht vielleicht jetzt seine Mutter Monika: «Großmutter, wann kommt endlich der Vater zurück?»

Verklungen war in jenem Haus das heitere Lachen, die Stimmen der Freunde und Schüler des Rhetors Augustinus.

IN ROM AUF DER SUCHE NACH DER WAHRHEIT

In einer Septembernacht des Jahres 383 näherte sich das Schiff gerade dem Reiseziel, dem Hafen von Rom, wo es am Vormittag des folgenden Tages ankommen sollte. Da wachte Augustinus plötzlich auf und hörte einen Chorgesang, der aus ziemlich rauhen Kehlen zu stammen schien. Die Menschen der Antike sangen, um Glück und Segen der Götter auf sich herabzurufen. In späterer Zeit, als Bischof von Hippo, gründete Augustinus einen seiner charakteristischen Aphorismen auf diese Erfahrung: «Singe und geh voran!»

Die Gesänge, die er in jener Nacht vernahm, waren religiöse Lieder. Arius hatte eine Reihe solcher Gesänge eigens für Seeleute verfaßt. Und der Bischof Augustinus äußerte zu diesem Thema in einer seiner Predigten: «Wenn alle Fähigkeit des Menschen versagt und die Steuerleute darin wetteifern, den völligen Untergang des Schiffes vorauszusagen; wenn ihre Kräfte nichts mehr vermögen gegen die Heftigkeit des Seegangs und die Wildheit der Wogen, und wenn die Segel mehr Gefahr als Nutzen bringen, kurz: wenn alle Mittel und Kräfte des Menschen nichts mehr taugen – dann bleibt den Reisenden nichts anderes, als sich zum Gebet zu flüchten und den Himmel mit lautem Rufen um Erbarmen anzuflehen!» (*Serm.* LXXV,3,4).

In dieser Nacht aber sangen sie, weil sie das Ziel ihrer Reise schon vor Augen sahen. Und dieses Ziel war Rom.

Wer stand bereit, Augustinus in Rom zu empfangen? Er besaß dort einen sehr engen Freund, Alypius mit Namen, der sein Schüler gewesen war, zuerst in Tagaste und danach in Karthago. Er war einige Jahre jünger als Augustinus, bekleidete in der Hauptstadt aber bereits ein öffentliches Amt.

Wie um die Begegnung mit dem Freund vorwegzunehmen, nach dessen Gesellschaft er sich in der neuen Umgebung besonders sehnte, überließ sich Augustinus ganz seinen Erinnerungen an Alypius. «Als ich eines Tages mitten zwischen meinen Schülern an meinem gewöhnlichen Platz saß, kam er herein, grüßte mich, setzte sich und folgte mit großer Aufmerksamkeit dem, was gerade verhandelt wurde. Ich hatte gerade einen Text in Händen, bei dessen Auslegung ich glaubte, einen Vergleich mit den Zirkusspielen ganz passend anwenden zu können, um die Unterweisung angenehmer zu gestalten. Mit sarkastischer Ironie verspottete ich dabei die Anhänger törichter Zirkusspiele. Du, o Gott, weißt es, daß ich damals noch nicht daran dachte, den Alypius von dieser Krankheit zu heilen. Er aber bezog meine Worte auf sich und glaubte, ich hätte bei dem, was ich zu diesem Gegenstand sagte, nur ihn im Auge. Das hätte einen anderen veranlaßt, sich über mich zu ärgern. Dieser wahrheitsliebende junge Mann aber nahm sie zum Anlaß, sich selbst zu zürnen und sich nur um so fester an mich anzuschließen. Durch den Mund Deiner Weisen hattest Du schon früher gesagt und diesen Spruch Deinen heiligen Büchern eingefügt: ‹Strafe den Weisen, und er wird Dich lieben.› Allein nicht ich hatte ihn gestraft, sondern Du, der Du Dich aller bedienst, mit ihrem Wissen und ohne ihr Wissen und in der Dir bekannten Ordnung. Du hattest mein Herz und meine Zunge in glühende Kohlen verwandelt, mit denen Du seinen hoffnungsvollen, aber von Krankheit schon angesteckten Geist ausbrennen und reinigen wolltest. Schweigen möge von Deinem Lobe, wer Dein Erbarmen nicht sieht, das Dich aus meinem Innersten preist! Denn Alypius . . . schüttelte voll Stärke das Laster von sich. Der Schmutz der Zirkusspiele fiel von ihm ab, und er ging nicht mehr dahin. Dann überwand er auch das Widerstreben seines Vaters, daß er meinen Unterricht besuchen dürfe: dieser gab schließlich nach und erlaubte es . . .» (*Conf.* VI,7). Natürlich warb Augustinus Alypius, wie all seine anderen Schüler auch, für die Sekte der Manichäer. Es war ihm gelungen, Alypius zu überzeugen, obwohl sein Schüler von Natur aus einen gesunden Widerwillen gegenüber diesen Lehren empfand. Er stammte aus einer verständigen und gebildeten Familie von so hohen moralischen Grundsätzen, wie sie nur selten anzutreffen waren.

Dieser Alypius hatte bereits glänzende Erfolge im Berufsleben aufzuweisen. Er war ein junger Mann mit einem reinen und offenen Gesicht, das die unbeugsame Geradheit seines Geistes widerzuspiegeln schien. Dieser Freund Augustins, der für seinen Lehrer tiefe Zuneigung und Wertschätzung empfand, bekleidete nun eine Magistratur in Rom und war geehrt und geschätzt von allen, die ihn kannten.

Zwischen Morgennebeln tauchte das Bild jenes flachen Küstenstreifens auf, wo der Tiber sich ins Meer ergießt. Im Hinterland aber, nur wenige Meilen entfernt, lag Rom selbst, mit dem Glanz und der Tragik seiner Geschichte. Und welche Bedeutung mußte der Klang dieses Namens für einen hochgebildeten und von antiker Literatur und Geschichte so tief durchdrungenen Afrikaner wie Augustinus besitzen!

Die nahegelegenen Hügel von Latium ließen über der Ebene ihre morgendlichen Nebel aufsteigen, breit und mächtig wie die Segel eines Schiffes. Auf Augustins Schiff holten die Matrosen die Segel ein, und nur durch die Kunst des Steuermanns gelenkt, glitt es lautlos dahin. Und schon sah man die Hafenstadt.

Rom empfing die Bewohner seines riesigen überseeischen Imperiums mit der Pracht seines Hafens. Schon in republikanischer Zeit war unweit von Ostia eine *statio* entstanden – als Basis für die ersten Flotten, die Rom aussandte, um seine Ordnung in die angrenzenden Mittelmeerländer zu tragen. Getreideschiffe aus Etrurien und Sardinien machten halt in Ostia und lagen auf der Reede, um die Schäden von der stürmischen Überfahrt beheben zu lassen. Von hier brach Scipio im Jahre 211 nach Spanien auf, und während des zweiten Punischen Krieges gegen Hannibal (219–201) wurde Ostia, ebenso wie Antium, vom Heeresdienst ausgenommen, um seine Bewohner ganz für den Dienst an den Schiffen freizustellen. Im Jahre 67 v. Chr. brachten Piraten aus Zilizien eine dort versammelte römische Flotte durch einen Handstreich in ihre Gewalt und zerstörten einen großen Teil ihrer Schiffe. Cicero machte damals dem Senat Vorwürfe wegen seiner zu geringen Wachsamkeit. Der eigentliche Hafen aber, ein Meisterwerk maritimer Ingenieurkunst, entstand unter Claudius; dieser war es auch, der ihn mit großzügigen Kornspeichern umgab (41 – 54 n. Chr.). Trajan (97 – 117 n. Chr.) ließ Claudius' Konstruktion einebnen und legte einen neuen Hafen an mit einem inneren Becken, der Raum für öffentliche und private Getreidemagazine, Mühlen, Kaufmannsläden bot – kurz, er umfaßte alles, was zu einem Handelszentrum in damaliger Zeit gehörte.

Jüngere Ausgrabungen haben ganze Teile des Forums von Ostia wieder zum Vorschein gebracht; seine Basilika, das Augustäum, das Kapitol, Denkmäler, öffentliche Anlagen, Geschäfte, Straßen, fünfstöckige Wohnhäuser: fast alles ist in gebrannten Ziegeln und unverputztem Backstein ausgeführt, manches aber auch in Marmorinkrustationen mit reichem ornamentalem Schmuck. Der vorzügliche Erhaltungszustand dieser antiken Überreste ist der Tatsache zu verdanken, daß die Stadt niemals zerstört wurde, sondern nur dem allmählichen Verschwinden und langsamen Verfall unterworfen war, während Roms Bedeutung als einzige und unangefochtene Hauptstadt des westlichen Imperiums dahinschwand. Zu Augustins Zeiten aber hatte dieser Niedergang eben erst begonnen.

Majestätisch lief Augustins Schiff im Hafen von Rom ein. Die Matrosen hatten alle Segel eingeholt – mit Ausnahme des *artemos*, des Segels, das vom Bugspriet herabhängt – und führten nun mit rhythmischen Rufen das Anlegemanöver durch. Die wenigen Passagiere des Schiffes und alle, die nicht mit Hand anlegen mußten, hatten sich auf Deck versammelt. Die Einfahrt in den Hafen nach so langer Seereise weckt stets Empfindungen ganz eigener Art. Besonders aber galt das für jene Zeit der Antike, als eine Reise, und nahm sie nur wenige Tage in Anspruch, stets als langwierig und gefährlich empfunden wurde. Das Ziel dieser Fahrt war erreicht, Rom, die Hauptstadt der damaligen Welt!

Das Licht der römischen Sonne ließ die Farben noch intensiver erscheinen: das Blau des Wassers, das Grün der Pinien, das Ziegelrot der Bürgerhäuser, das Marmorweiß der Paläste. Doch Augustinus, von widerstreitenden Empfindungen überwältigt, hielt hilfesuchend Ausschau nach seinem Freund Alypius in der am Ufer sich drängenden Menge, die bereits erwartungsvoll dem einlaufenden Schiff entgegenblickte.

Doch nicht allein Alypius erwartete Augustinus am Hafen. Auch ein bekannter Manichäer namens Constantius hatte sich dort eingefunden, denn in seinem Haus sollte der Neuankömmling wohnen. Wie Augustinus und Alypius gehörte er nicht zur Klasse der «Erwählten», sondern zur Klasse der «Hörer». Er war ein reicher Bürger von Rom, der sein Ansehen durch großzügige Gesten noch zu mehren suchte. So öffnete er seine prunkvolle Villa, um dort einem geistigen Zirkel von Manichäern einen Versammlungsort zur Verfügung zu stellen und zugleich manichäische Glaubensbrüder zu beherbergen, die es in die Hauptstadt verschlug. Seine eigentliche Absicht war es, in diesem Haus eine Art Kloster einzurichten und ihm eine Regel zu geben, die er aus den nachgelassenen Schriften Manis, des Sektengründers, ableiten wollte.

Augustinus ging an Land, in der Hand sein Bündel, das ihm sogleich abgenommen wurde. Eine ganze Schar erwartete ihn zur Begrüßung: sein Freund Alypius und dann eine Gruppe seiner Glaubensbrüder mit Constantius an der Spitze, der sich freute und stolz darauf war, als manichäischen Glaubensgenossen einen Mann von Augustins Rang und öffentlichem Ansehen willkommen zu heißen. Er konnte kaum seine Genugtuung verbergen und bedeckte den berühmten Professor mit tausend unterwürfigen Schmeicheleien. Im Grunde jedoch trug Constantius das Herz auf dem rechten Fleck, auch wenn religiöser Tiefsinn nicht eben seine Stärke war. Lange Zeit lebte er ruhigen Gewissens nach der Irrlehre der Manichäer, bevor er sich zum katholischen Glauben bekehrte.

Das Meer war damals nur etwa zwanzig Kilometer von Rom entfernt; in den dazwischenliegenden sechzehn Jahrhunderten hat es dem Festland fünf Kilometer Land zurückgegeben. Zu Fuß war es eine Wegstrecke von etwa vier Stunden. Wer eine Seefahrt von zehn Tagen und Nächten hinter sich hat, fühlt sich am Ende seiner Kräfte. Doch die Menschen der Antike verstanden im allgemeinen ihr Transportwesen besser zu organisieren, als wir es uns heute vorstellen können. Der Staat oder auch private Vermieter stellten dem Reisenden ihre Dienste zur Verfügung: Pferde, Sänften, Fuhrwerke, Kuriere, Gespanndienste, Leiterwagen, um auch die entferntesten Punkte in möglichst kurzer Zeit zu erreichen. Den *currus publicus*, das öffentliche Verkehrswesen, hatte noch Augustus eingerichtet: leichte Wagen für Personen *(raedae)* und schwerere Gespanne für Waren *(clabularia)*. Entlang der Straße fanden sich außer den Gasthäusern und Herbergen *mulomedici*, Hilfsdienste und Tierärzte für die Zugtiere. Und selbst die Straßenpolizisten fehlten nicht, die sogenannten *stationarii*. Um den *currus publicus* in Anspruch zu nehmen, bedurfte es einer Erkennungskarte mit der Unterschrift eines kaiserlichen Legaten.

Doch Alypius war ein in Rom hochangesehener Beamter. Zweifellos bedeutete es keine besondere Schwierigkeit für ihn, eine öffentliche oder private Möglichkeit ausfindig zu machen, einen bekannten Gelehrten an seinen römischen Wohnsitz zu geleiten, wo ihn bereits die Angehörigen von Senatoren- und Patrizierfamilien erwarteten. Nach dem Ende der Ferien sollte er ihre Söhne in den Künsten der Rhetorik unterrichten.

Augustinus nahm nun Abschied von Marius, den bereits in der Hafenstadt Geschäfte erwarteten. Mit Alypius und Constantius bestieg er den Reisewagen, und der Kutscher gab den Pferden die Zügel. Im Trab ging es in Richtung Rom, entlang der Straße von Ostia.

DIE ENTTÄUSCHUNG DES MANICHÄISCHEN GLAUBENS

Im Trab eilten die Pferde die basaltgepflasterte Via Ostiensis entlang. Die Wagenräder tönten wie das Rollen des Donners.

«So ist's recht, lieber Augustinus», rief Alypius und faßte den Freund bei der Schulter. «Auch die Götter fahren in Kutschen auf Wolken dahin, wenn es hier auf Erden donnert . . .»

«Sicher, so sagen die Straßenjungen in Tagaste», lächelte Augustinus.

«Erzähl mir von Monika, was macht unsere liebe Monika?»

«Ach, Alypius, rede nicht von ihr! Um mich von ihr loszureißen, mußte ich regelrecht vor ihr Reißaus nehmen. Sie hat mich verfolgt, ja, verfolgt, bis zum Schiff. Hätte ich nicht zu einer List gegriffen, dann Rom ade! Ich mußte ihr schwören, ich sei nur am Hafen, um Abschied zu nehmen von einem Freund, der nach Italien aufbreche . . . So brachte ich sie schließlich dazu, mich allein zu lassen und zum Gebet in die Kapelle des heiligen Cyprian zu gehen. Dorthin sollte ich kommen, um sie nach Hause zu begleiten . . . Sie ging, und ich sah sie nicht wieder . . .»

«Aber sie wird überall nach dir gesucht haben!»

«Ich weiß, ich habe sie belogen . . . Aber mußte ich das nicht einfach tun? Und nun denke ich schon die ganze Überfahrt an nichts anderes mehr . . .»

«Schreib ihr, erklär ihr alles . . . Deine Zukunft liegt hier in Rom, deine Mutter wird dich verstehen und dir verzeihen . . .»

«Nein, Alypius, niemals! Meine Mutter denkt darüber völlig anders . . .»

Ein Stoß des Wagens ließ sie plötzlich auffahren. Und nun begann Augustinus, seinerseits den Freund auszufragen: «Wie geht es in Rom? Vor allem: wie geht es dir selbst? Deine literarischen Interessen hast du doch hoffentlich nicht aufgegeben?»

«Nein, gewiß nicht. Aber ich habe nicht mehr die Zeit dafür wie damals in Karthago.»

«Und die Zirkusspiele, in die du so vernarrt warst? Du hattest mir versprochen, nie mehr dort hinzugehen . . .»

«Und ich habe es auch gehalten. Das heißt, bis auf einmal . . . Freunde setzten mir allzusehr zu . . . Fast mit Gewalt führten sie mich dorthin, und ich wollte sie beschämen: ‹Mit dem Körper werde ich dort sein›, sagte ich, ‹aber die Augen mache ich nicht auf!› Und tatsächlich hielt ich sie geschlossen. Doch plötzlich stieß jemand einen Schrei aus, und man hätte schon taub sein müssen, um ihn zu überhören! Da schlug ich die Augen auf. Ach Augustinus! Das rinnende Blut sehen und selbst ein wildes Tier unter reißenden, blutrünstigen Tieren werden war eins. Mir wollte scheinen, als würde auch mein Wille wieder an diesen Spielen Gefallen finden. Die unselige Leidenschaft hatte mich von neuem in Leib und Seele erfaßt. Da dachte ich an dich . . .»

«Alypius, Alypius», tadelte ihn Augustinus mit sanfter Stimme.

«Aber glaub nur nicht, daß es außerhalb des Amphitheaters keine reißenden Tiere gäbe! Weißt du, es fehlte nicht viel, und du hättest mich hier im Kerker angetroffen! Und das kam so: ich ging allein vor dem Gerichtsgebäude auf und ab und schrieb etwas mit dem Griffel auf meine Wachstafel, als plötzlich ein Dieb – ein Student – sich am Gitter eines Goldschmiedeladens mit einer Axt zu schaffen machte. Bei dem Lärm, den er schlug, wurden die Goldschmiede in ihrer Werkstatt aufmerksam, und von einem kleinen Fenster aus befahlen sie den Wachen, den Mann festzunehmen, der draußen vor dem Gitter stand. Der Dieb bemerkte, was vorging, ließ seine Axt auf der Stelle fallen und machte sich rasch aus dem Staub. Ich aber, ganz in Gedanken, sah die Axt und hob sie auf. Die Wachen trafen mich mit der Axt in der Hand an, packten mich und schleppten mich mit sich fort, vor aller Augen! Inzwischen war ein regelrechter Volksauflauf entstanden. Sie rühmten sich laut, einen Dieb auf frischer Tat ertappt zu haben, mit einem Wort: sie zerrten mich vor Gericht . . .»

«Eine schöne Bescherung», bestätigte Augustinus. «Wie aber ging es aus?»

«Zuletzt rettete mich ein Baumeister, der mich im Haus eines Senators kennengelernt hatte. Er begegnete mir, als die Wachen mich gerade fortschleppten und sie riefen: ‹Jetzt haben wir den Dieb!› Denn der Architekt gab als Oberaufseher der öffentlichen Gebäude den Wachen die Schuld an den vielen Diebstählen, die mehr und mehr überhand nahmen. Er fragte mich, was passiert sei, und ich sagte ihm alles, genau wie es sich zugetragen hat. Nun forderte er die Wachen auf, ihm zu folgen, ohne weiter auf die schreiende und tobende Menge zu achten, die es kaum erwarten konnte, über mich herzufallen. So führte er alle zum Haus des wahren Diebes. Dessen Eingang bewacht ein Sklave, der mit solcher Einfalt gesegnet ist, daß er gar nicht auf den Gedanken kam, durch seine Aussagen seinem Herrn zu schaden. Der Baumeister zeigte ihm das Beil und fragte: ‹Wem gehört das?› Und der Sklave antwortete tatsächlich: ‹Niemand anderem als uns!› Und kurz darauf, als ihn die Polizei verhörte, erzählte er alle Taten seines Herrn. So bin ich um ein Haar davongekommen . . .» (vgl. *Conf.* VI,9).

Constantius hatte solchen Gefallen an dieser Geschichte, daß er darüber schallend lachen mußte und bei sich dachte: «Die verstehen zu reden!» Unterdessen fuhr der Wagen den Tiber entlang. Ihr Blick fiel auf die von Konstantin dem Großen errichtete Basilika, die das Grab des heiligen Paulus barg, auf die Cestiuspyramide und das Kolosseum.

Und sie sprachen über den gerade herrschenden Kaiser, Valentian II., der fast noch ein Knabe war. Dann wandte sich ihr Gespräch der politischen Lage des Reiches zu. Das Reich, ein riesenhafter militärischer und bürokratischer Organismus, den Weisheit, Eroberungswille und Grausamkeit gleichermaßen geformt hatten, überlebte nur noch dank des Trägheitsgesetzes und der Schwerkraft seiner gewaltigen Vergangenheit. Vor den Toren standen schon die Hunnen, Goten und Westgoten bereit, die

Römer zu beerben und an die Stelle des alten Imperiums einen Schmelztiegel verschiedenster Nationen zu setzen. Dann gab es die Religion oder vielmehr Religionsgemeinschaften, die sich angestrengt um die Gunst der alten und der künftigen Machthaber bemühten. Theologen vergeudeten ihre Zeit in sinnlosen Haarspaltereien; in mechanischem Wechsel folgten die Bischöfe aufeinander: heute ein Katholik, und morgen auf der gleichen Kathedra ein Arianer ... Der Wert der Geldmünzen nahm zusehends ab, trotz der zahlreichen Staatseingriffe, die den Währungsverfall steuern sollten, wie etwa die *certa taxatio*, der amtliche Lebensmittelhöchstpreis, oder die *imminutio solidi*, die Geldentwertung. Unterdessen fungierten Gratianus und Theodosius als besonders christliche Kaiser. Die Gelübde der Vestalinnen wurden annulliert, und in Rom und Mailand entbrannte ein heftiger Streit um die Entfernung der Statue der Siegesgöttin aus der Aula des römischen Senats. Der Verzicht der Kaiser auf den ihnen traditionsgemäß zukommenden Titel eines Pontifex Maximus unterstrich den Sieg des Christentums über die traditionellen heidnischen Kulte. Zwischen Osten und Westen aber kam es zur heftigen Kontroverse, von wem der Heilige Geist ausgeht: war er nur vom Vater, wie im Osten behauptet wurde, oder vom Vater und vom Sohn – *filioque* – wie es der Westen lehrte ... Der spanische General Maximus riß durch eine Rebellion in Britannien den Thron an sich, den Gratian seit seinem neunten Lebensjahr innehatte. Gratian wurde in Lyon ermordet, im gleichen Jahre 383, in dem Augustinus seine Reise nach Rom antrat.

Eines jedoch gibt zu denken: die Kaiser begannen sich in die Theologie einzumischen. Der Bischof von Avila, der eben in Häresie gefallen war, wurde von Maximus zum Tode verurteilt: der erste Häretiker in der Geschichte des Christentums, der Opfer der Glaubensverfolgung wurde. Er sollte nicht der letzte sein.

Augustinus freilich bedeuteten die theologischen Streitfragen, die eines Tages sein tägliches Brot sein sollten, zu dieser Zeit, da er aus dem Reisewagen stieg, um seine Wohnung in Constantius' Villa zu beziehen, noch wenig. Und er nahm auch kaum Kenntnis vom Papst, dem heiligen Damasus, der zugleich ein begabter Dichter war und die Gräber der Märtyrer mit eleganten lateinischen Epigrammen zierte. Auch dessen Staatssekretär – wie wir heute sagen würden –, den Dalmatiner Hieronymus, beachtete er nicht. Jahre später sollte er eine Auseinandersetzung mit ihm zu bestehen haben, an deren Ende beide Männer, obgleich sie getrennt durch die Weite des Meeres auf verschiedenen Kontinenten lebten, zu unzertrennlichen Freunden wurden.

Nur ein Name kehrte in Alypius' Gespräch mit Augustinus immer wieder: Symmachus. Dieser Symmachus war einer jener gebildeten Vertreter des Heidentums, die im resignierten Bewußtsein der endgültigen Niederlage den Untergang der antiken Religion beklagten.

Constantius wies Augustinus das größte Zimmer in seiner Villa an. Wir wissen nicht, wo dieses Haus genau lag – vielleicht nicht einmal im eigentlichen Rom, wo damals Wohnungsnot herrschte. Ein Großteil der wohlhabenden Römer jener Zeit versuchte, dem drohenden Sturm zu entkommen, und vertauschte das Leben in der Stadt mit dem Leben auf dem Lande. Einige Familien der römischen Aristokratie zogen sogar in von den Barbareneinfällen noch nicht bedrohten Teile des Imperiums, etwa in die Provinz Afrika. Doch ist anzunehmen, daß Constantius' Wohnsitz, dem sein Besitzer eine so wichtige kulturelle Bedeutung zugedacht hatte, nicht weit vom Zentrum Roms lag.

Alypius und Constantius selbst halfen Augustinus, sich in seiner neuen Bleibe einzurichten und seine persönlichen Dinge im Zimmer auszubreiten. Danach ließ Constantius ihn allein. Er mußte sich um das Abendessen kümmern, das zu jener Zeit die wichtigste und üppigste Mahlzeit des Tages war. Gastgeber und Gast wollten es gemeinsam einnehmen.

Alypius und Augustinus blieben allein zurück. Zwischen ihren praktischen Verrichtungen versuchte der frühere Schüler seinen Freund mit dem Leben in Rom vertraut zu machen, sprach mit ihm über den Aufbau der öffentlichen Schulen und darüber, wie der Unterricht der Jugend bei den privaten Lehrern organisiert war.

«Was die Disziplin betrifft», erklärte Alypius, «steht es hier besser als in Karthago. Die Schülerbanden, die den Lehrer niederschreien und angreifen, existieren an den hiesigen Schulen nicht.

Aber Vorsicht, Augustinus! Vereinbare als erstes mit den Schülern und ihren Eltern den Preis und gib dabei acht, daß dich niemand übervorteilt. Die Leute hier in Rom haben eine ziemlich üble Eigenschaft: zwar kommen sie regelmäßig zum Unterricht, im schönsten Augenblick aber, wenn es ans Zahlen geht, verschwinden sie auf Nimmerwiedersehen, womöglich in die Schule eines anderen Lehrers!»

Anschließend stiegen sie hinab zum Badesaal mit dem Schwimmbecken, denn in Rom war es sommerlich heiß. Noch während sie sich erfrischten, sprach Alypius unaufhörlich von Symmachus. «Mitten in diesem allgemeinen Verfall», sagte er, «zählt nur ein Mann hier in Rom: Symmachus! Schon etliche Male hat er sich nach dem Zeitpunkt deiner Ankunft erkundigt . . . Nun, ich sage ihm einfach, daß du hier bist, und wir gehen hin. Bestimmt wird er sich sehr freuen, dich endlich kennenzulernen. Symmachus schätzt die Afrikaner, seit er 373 Prokonsul in Afrika war.»

Symmachus, ein geistreicher und hochgebildeter Mann konservativer liberaler Prägung, war der klassischen antiken Kultur zutiefst verbunden und hegte eine gewisse folkloristische Schwäche für die bunten heidnischen Kulte. Auch in der Politik besaß er eine gute Witterung. Er bewies taktisches Geschick und verstand sich auf die Kunst, sich von der rechten Seite zu zeigen und einen günstigen Eindruck zu hinterlassen. Mehrfach ehrte ihn der römische Senat, und zu der Zeit, in der unsere Erzählung spielt, übernahm er das einflußreiche Amt des römischen Stadtpräfekten. Auch mit dem heiligen Ambrosius, dem Bischof von Mailand, stand er im Briefwechsel. Die noch erhaltene Korrespondenz bezeugt die höfliche Hochschätzung, die der Bischof von Mailand ihm entgegenbrachte. In seinen Briefen unternimmt es Symmachus, die Kultur des Heidentums in Schutz zu nehmen, und beweist dabei einen subtilen Sinn für die Werte der Vergangenheit. Die Antworten des Ambrosius hingegen künden von größerer menschlicher Wärme, sie sind reicher an Gehalt und von vielseitigerer Gedankenführung, vorurteilslos und ohne eifernde Parteinahme, doch getragen von der Bezeugung eines Glaubens, der im Opfer wuchs und sich darum nicht in ausschweifenden Erörterungen ergeht, sondern sich mit Entschiedenheit der Zukunft zuwendet (vgl. *Epist.* XVII,6; LVII,2).

«Triff Symmachus so oft du kannst», riet ihm Alypius. «Ich kenne ihn gut aufgrund der Stellung, die ich bekleide, und er schätzt mich. Weißt du, solche Begegnungen helfen auch, die eigene Redlichkeit aufrechtzuerhalten. Es herrscht derzeit ein solches Übermaß an Korruption! Tut man gewissenhaft seine Pflicht, bringt man sich jeden Tag aufs neue in Gefahr. Ich will dir nur ein Beispiel geben. Es lebt hier in Rom ein Senator, der höchst einflußreich ist und verschiedene Verbindungen hat; er verschafft allen Vorteile, die zu ihm halten, und schadet allen, die sich ihm widersetzen. Viele haben Angst vor ihm, nicht so ich, obwohl ich als Beamter im Ministerium für die Verwaltung der italischen Finanzen leicht zu Fall kommen kann. Dieser Senator nun ließ sich – ich weiß nicht mehr, zum wievielten Male – eine schwere Unregelmäßigkeit zuschulden kommen. Er suchte mich auf und meinte, er könnte mich bestechen wie alle andern. Ich habe gesagt, mit mir sei so etwas nicht zu machen. Er beharrte auf seinem Vorschlag und bot mir Geld an, doch ich lachte ihn aus. Er versuchte es mit Einschüchterung und fing an, mir zu drohen. Ich sagte ihm nur, er solle sich schämen. Doch er gab immer noch nicht auf und wandte sich an meinen unmittelbaren Vorgesetzten. Das ist ein ganz anständiger Mann, und im allgemeinen widerstreben ihm Dinge dieser Art. Doch diesmal bekam er es mit der Angst: ein Mann wie er! Ihm fehlte der Mut. Und was tat er? Statt ihn verhaften zu lassen, hielt er sich heraus und wusch seine Hände in Unschuld. Er sagte zu ihm: ‹Alypius ist ein Pedant, er hindert mich, dir behilflich zu sein, wenn ich unterschreibe, stellt er mir ein Bein ...› Verstehst du, Augustinus? Jeder wälzt die Verantwortung von sich ab, und dich bringen sie in Ungelegenheiten. Doch ich gebe nicht nach, weder den anderen noch mir selbst. Stell dir vor: ich wollte einige Texte alter Literatur abschreiben lassen, die ich noch nicht besitze, und du kannst dir leicht denken, welch großen Wert ich darauf legen würde, sie zu Hause zu haben. Mir kam der Gedanke, sie auf Gerichtskosten abschreiben zu lassen. Schließlich arbeite ich dort und habe auch das Recht, daraus Vorteil zu ziehen. Wenn die öffentliche Verwaltung einen gebildeteren Beamten besitzt, ist das nicht auch ihr Vorteil? Aber nein! Ich habe nochmals darüber nachgedacht und mir selbst gesagt: ‹Untersteh dich, so etwas zu tun!›» (vgl. *Conf.* VI,10).

«Ich bin völlig mit dir einer Meinung, Alypius! Mit vierzehn habe ich einen Birnbaum geplündert, aus reiner Zerstörungswut, und noch heute schäme ich mich dafür . . .»

Diesen Abend aßen sie bei Constantius zu Nacht, der Hausherr bot seine vorzügliche Küche. Sie sprachen von unzähligen Dingen, auch darüber, wie gut Constantius die Hausgemeinschaft zu organisieren verstand, und welchen Raum Augustinus für seinen Unterricht mieten solle.

Alypius verabschiedete sich mit den Worten: «Morgen oder übermorgen spreche ich mit Symmachus. Du darfst dich auf eine angenehme Begegnung freuen . . .»

So vergingen einige Monate in der neuen Umgebung Roms, wohin Augustinus mit so großen Zukunftshoffnungen gekommen war. Und wie es damals Brauch war, eröffnete er ein privates Lehrinstitut.

Er bemerkt dazu in seinen Erinnerungen: «Mit Eifer begann ich nun auszuführen, wozu ich nach Rom gekommen war: ich lehrte die Redekunst und sammelte zunächst in meiner Wohnung einige Schüler um mich, mit denen und durch die ich allmählich bekannt wurde. Und siehe, ich machte die Erfahrung, daß in Rom gar manches geschieht, was ich in Afrika nicht zu erdulden hatte. Zwar kamen jene Rohheiten verdorbener Studenten hier nicht vor; das bestätigte sich bald . . . Aber ohne daß man es sich versieht, so sagte man mir, verabreden sich viele Studenten, dem Lehrer kein Honorar zu zahlen: sie gehen dann zu einem anderen Lehrer, Wortbrüchige, die aus Liebe zum Geld die Gerechtigkeit selbst verkaufen» (*Conf.* V,12).

KRISE IM EIFER

Doch es waren in Rom nicht allein die Schüler, die Augustin Unbehagen bereiteten. Die moralischen Bedingungen, unter denen er lebte, der Manichäismus – jene Lehre, für die er früher voll Fanatismus eingetreten war und die nun ein tiefes Gefühl der Leere in ihm aufkommen ließ –, verschafften ihm noch weniger Befriedigung als die geizigen Schüler von Rom.

Ein Geist wie dieser, scharfsinnig und dialektisch gewandt, konnte sich auf Dauer nicht damit zufriedengeben, einer Lehre anzuhängen, die in philosophischer, theologischer und moralischer Hinsicht alle Merkmale der Oberflächlichkeit, der Improvisation und des Irrtums trug. Die intuitiven, aber schwer abweisbaren Argumente des Nebridius drängten sich ihm auf: was für ein Gott war eigentlich dieser Gott der Manichäer – der Lehre dieser Sekte nach zur Hälfte Geist, zur Hälfte höchst subtile Materie, wobei obendrein beide Hälften in beständigem Streit miteinander liegen sollten? War dieser Gott nun unvergänglich oder nicht? War er unvergänglich, so betraf die Materie, wie subtil auch immer sie organisiert war, das Sein dieses Gottes gar nicht, und es war darum auch kein Streit innerhalb der Gottheit denkbar. War er dagegen seiner Natur nach veränderlich und folglich durch die Materie angreifbar, so war dieser Gott als Prinzip und Ursprung des Guten nichtig ... Solch einen Gott konnte es doch nicht geben!

Am meisten war Augustinus darüber enttäuscht, daß die Lehrhäupter der Sekte, denen er sich anvertraut hatte wie ein Novize bei einem Gewissenskonflikt seinem geistlichen Leiter, ganz offen ihre Ratlosigkeit erkennen ließen. Und tatsächlich war das Problem, auf das Augustinus mit zunehmendem Nachdenken stieß und das er seinen unzulänglichen Lehrern vorlegte, eine Frage von weitreichender Bedeutung. Der junge Philosoph erkannte die Paradoxie des Problems in ihrer ganzen Tragweite; seine Lehrer aber, die oberflächlicher dachten als er, bemerkten davon nichts. Die Frage, um die es ging, betraf den Ursprung des Bösen. Wenn Gott seinem Wesen nach gut und die ganze Schöpfung seinem welterschaffenden Willen unterworfen war, woher kam dann das Böse in der Welt?

Es war dieses sehr schwierige Problem, das ihn bedrängte. «Wer hat mich geschaffen? Ist es nicht mein Gott, der nicht allein gut, sondern das Gute selbst ist? Woher kommt es also, daß ich das Böse will und das Gute nicht will?» (*Conf.* VII,3). Im Grunde lief Augustins Frage darauf hinaus, eine Erklärung, oder mehr noch, eine Rechtfertigung der eigenen Existenz zu suchen. Ein geheimnisreiches, nie ganz auszuschöpfendes Problem, das ihn zeit seines Lebens bei seinen philosophischen und theologischen Betrachtungen begleiten sollte; auch wenn er zu einem bestimmten Zeitpunkt eine Antwort auf diese Frage finden mochte, blieb es bestehen. Denn Augustins Problem war keineswegs abstrakter Natur, sondern auf höchst bedrängende Weise konkret. Und so besteht seine Lösung auch nicht in einer einzigen Antwort, sondern in einem Bündel von Antworten, die Gott allein geben kann und deren Wahrheit sich eher durch die Demut des Herzens als die des Gebarens erschließt: die verschiedenen Wirkungsweisen der göttlichen Gnade, die allein des Menschen Heil bewirken.

Ausgerechnet dieser Bischof Faustus, den er um Beistand gebeten hatte, sollte seinem manichäischen Glauben den Todesstoß versetzen. Augustinus hatte ihn mit Freunden aufgesucht und ihm sein Herz ausgeschüttet, doch Faustus wußte auf seine Fragen keine Antwort. Statt dessen gab ihm Augustinus dann Unterricht. Diese Erfahrung nahm Augustinus alle Hoffnung, die Wahrheit auf diesem Wege je finden zu können. Und als er sich der Hilfsdienste der Manichäer bedient hatte, um nach Rom zu kommen und dort zu lehren, hatte er bereits keine Illusionen mehr über die Art ihrer Lehre gehabt. Er bereute, daß er sich ihren Auffassungen mit solchem Eifer angeschlossen hatte.

Auch hatte er die Gestirne über das Schicksal der Menschen befragt, stets bemüht zu erfahren, von welcher Macht die menschlichen Entscheidungen auf moralischem Feld abhängen, welche Kräfte uns veranlassen, auf diese Weise zu handeln und nicht auf eine andere. Er war sich zwar bewußt, moralisch nicht recht zu handeln, verspürte aber gerade darum das Verlangen, die Verantwortung für seine Taten auf einen andern oder auf eine Ursache außerhalb seiner selbst abzuwälzen. Mit einem Wort: Er wollte zwar sündigen, aber mit dem ruhigen Gewissen, daß sein Handeln einer Notwendigkeit entspringe. Er verlegte sich damals auf die Astrologie, weil sie sich mit den Lehren der Manichäer in Einklang bringen ließ. Und wie es seine Gewohnheit war, besorgte er sich Bücher und befragte Sachkundige um ihre Meinung. Der angesehenste unter ihnen war Vindicianus.

Vindicianus war ein glänzender Arzt, ein Spezialist für menschliche Anatomie. Er war ein Mediziner von gesundem Menschenverstand, der Krankheiten fallweise diagnostizierte und stets Unterschiede im jeweiligen Krankheitsverlauf wahrnahm: in seinen Augen gab es nicht die Krankheit, sondern nur den Kranken. Als er im Jahre 380 als Prokonsul in Afrika amtierte, hatte er dem jungen Augustinus bei einem Wettbewerb den Kranz des Siegers überreicht. Bei dieser Gelegenheit hatte er seine außerordentliche Begabung kennen und schätzen gelernt. So sprach er nun voller Aufrichtigkeit mit ihm: «Junger Mann, wirf diese Bücher fort und verliere nicht weiter deine Zeit mit ihnen. Auch ich habe mich in meiner Jugend mit der Astrologie befaßt und wollte sie sogar zu meiner Hauptbeschäftigung machen. Danach aber sah ich ein, daß ich als rechtschaffener Mann nicht durch Betrug an meinen Mitmenschen mein Brot verdienen könne. Verwechsle nicht das Werk des Zufalls mit wahrer Wissenschaft. Du besitzt schöne Talente und hast gerade mit einem Studium begonnen, daß dir gewiß deinen Broterwerb sichert. Die Astrologie hingegen lenkt dich nur von deiner wahren Bestimmung ab» (vgl. *Conf.* IV,3).

Augustinus berichtete auch dem Freund Nebridius von dieser Begegnung. Der aber lachte ihm ins Gesicht und wusch ihm gehörig den Kopf: «Astrologie! Einer wie du, der die *Kategorien* des Aristoteles ohne Hilfe liest und sie auch versteht, der einen ästhetischen Traktat *De pulchro et apto* geschrieben hat – der gibt sich zum Astrologen her?»

Der nächste, mit dem Augustin über Astrologie sprach, war Firminius. Anfangs glaubte Augustinus ihm nicht, was er sagte. Doch Firminius berichtete ihm von einer Erfahrung, die sein Vater gemacht hatte, und so überzeugte er ihn schließlich: «Mein Vater war ein leidenschaftlicher Anhänger der Astrologie, der Kunst der Sterndeutung. Er besaß einen Freund, der sich gleichfalls mit dieser Wissenschaft abgab. Beide achteten argwöhnisch selbst auf den Zeitpunkt, zu dem die kleinen Katzen geboren wurden, um eine Übereinstimmung mit dem Stand der Gestirne nachzuweisen. Zu der Zeit, als meine Mutter mit mir schwanger war, hatte der Freund meines Vaters in seinem Hause eine Sklavin, die sich in gleichen Umständen befand. Nun stell dir die beiden vor, wie sie unaufhörlich auf alles lauerten! Und dann geschah es, daß ich und der Sohn jener Sklavin am gleichen Tage, zur gleichen Stunde und zur selben Minute das Licht der Welt erblickten. Zwischen unseren beiden Häusern gab es damals ein dauerndes Hin und Her von Boten, um die jeweilige Lage genauestens zu überwachen. Die Berechnung war so präzise, daß sich die Boten der einen und der anderen Familie exakt auf halber Strecke begegneten. Wie auch immer, ich habe ein Leben hinter mir, das man wohl als glücklich bezeichnen darf. Der Gefährte meiner Geburt aber kam als Sklave zur Welt und ist es geblieben bis auf den heutigen Tag . . .»

Augustinus schloß daraus: «Mir scheint, daß du die Wahrheit redest, die Sterne haben wenig zu bedeuten . . .» (vgl. *Conf.* VII,6).

Dies also war die Verwirrung, die Monikas Sohn heimsuchte. Sie wurde Ausgangspunkt einer seelischen Krise, die sich in den folgenden zwei Jahren noch zuspitzte. Sie ließ ihn nicht mehr los und vergällte ihm jeden menschlichen Erfolg.

Der Gedanke an die drei ihm so tief verbundenen Menschen, seinen Sohn Adeodatus, seine Gefährtin und seine Mutter Monika, von denen er sich getrennt hatte, tauchte in seiner Erinnerung stets von neuem auf und wurde für ihn zu einer Quelle dauernder Sehnsucht. Unaufhörlich sah er ihre Bilder vor seinem inneren Auge, im Rhythmus der verschiedenen Tageszeiten – eine kleine Familie, die der Vater im Stich gelassen hatte. Die Mutter war voller Sorgen. Trotz der schweren Kränkung, die er ihr zugefügt hatte, sehnte sie sich mit der natürlichen Zuneigung einer Mutter nach dem Sohn. Seine Gefährtin verlangte nach seiner Nähe und Zuneigung. Vom Geliebten verlassen, konnte sie kaum Trost in den Worten der alternden Monika finden, deren Gegenwart in ihr zudem eine Art verlegener Scham auslösen mochte.

Um ihren Sohn so zu sehen, wie sie es hoffte, bekehrt und seines geistlichen Heiles gewärtig, war Monika als ebenso intelligente wie praktische Frau imstande, alles in Betracht zu ziehen. Bestimmt dachte sie, die Gefährtin habe die sinnlichen Neigungen des Sohnes gezügelt oder gestillt und somit für das kleinere Übel gesorgt. Im Interesse des ewigen Heiles ihres Sohnes bezwang sie zudem auch ihre natürliche Eifersucht als Mutter; sah sie doch in der Gegenwart dieser Frau und des kleinen Adeodatus ein Unterpfand für die glückliche Heimkehr des Sohnes und zugleich einen Damm, der eine weitere Entfesselung seiner sinnlichen Leidenschaft verhindern würde. Augustinus wußte von dieser Überlegung seiner Mutter und stellte sie bei seinen trüben Gedanken auch in Rechnung. Dennoch bereitete das Verhältnis der beiden Frauen ihm Sorgen; er wußte, daß es von Spannungen kaum verschont bleiben konnte. Und zwischen ihnen beiden stand sein kleiner Sohn! Monikas Liebe zu Adeodatus war gewiß die Liebe einer fürsorglichen Großmutter. Und wir werden noch Gelegenheit haben, sie in bestimmten Gesten des Adeodatus, Gesten einer schmerzlichen Anhänglichkeit, wiederzuentdecken, etwa in seinem verzweifelten Weinen, als er – nun schon etwas größer, aber noch immer ein Kind – Monika vor seinen Augen sterben sehen mußte.

Es scheint kaum vorstellbar, daß Augustinus seiner Familie nicht wenigstens geschrieben haben sollte, obwohl sich kein Schriftstück aus dieser Korrespondenz erhalten hat. Gewiß verspürte Augustinus das Verlangen, Nachricht von sich zu geben und, mehr noch, Nachricht zu empfangen.

Wir wissen, daß damals der staatliche und der private Postdienst ausreichend organisiert waren, um einen Brief zuverlässig von Rom nach Afrika zu befördern. Der Schiffsverkehr wurde nicht unterbrochen, wenigstens nicht während der schönen Jahreszeit. Außerdem gab es eine Unzahl von Reisenden (wie zum Beispiel Romanianus), mit denen sich leicht Bekanntschaft schließen ließ und die man mit einer solchen Aufgabe betrauen konnte. Die Tatsache, daß seine Mutter, seine Gefährtin und Adeodatus, die sich von Afrika aus auf den Weg gemacht hatten, Augustin in Rom nicht mehr vorfanden und ihm nach Mailand nachreisen mußten, wo er seine Tätigkeit fortsetzte, berechtigt noch nicht zu dem Schluß, für den Zeitraum von zwei Jahren sei er für sie ein Verschollener gewesen. Möglicherweise fand zwischen ihnen und Augustinus kein allzu häufiger Briefwechsel statt. Ganz ohne Nachricht aber dürften sie schwerlich geblieben sein.

Immer mehr belastete unterdessen Augustinus der Umgang mit den Manichäern, mit denen er innerlich schon gebrochen hatte. Die römische Staatsmacht sah diese Sekte nicht allzugern, und wie weiter oben berichtet, mußten ihre Anhänger deshalb fast im geheimen vorgehen.

Die Gastfreundschaft, die Augustinus genoß, war beinahe eine Demütigung, denn der manichäische Konvent, zu dem Constantius sein Haus gemacht hatte, war recht fragwürdig. Eine kostenlose Unterkunft in Rom mit freier Verpflegung unter der einzigen Bedingung, sich als «Auserwählter» oder als «Hörer» zur Lehre der Sekte zu bekennen, mußte diese Behausung fast zwangsläufig zu einem Schlupfwinkel von Schmarotzern und Tagedieben machen. Daß Augustinus überzeugter Manichäer gewesen war, stand außer Frage; daß seine Sektengenossen ihn inzwischen mit Widerwillen erfüllten, behielt er noch für sich. Doch wie viele mochten sich damals unter einem falschen Gewand in Constantius' Haus eingeschlichen haben, um sich von ihrem Gastgeber durchfüttern zu lassen?

Constantius leitete aus seiner Großzügigkeit seinen besonderen Rang und seine Autorität als Vorsteher der Gemeinschaft ab. Tatsächlich hatte er sich in den Kopf gesetzt, ihr die Disziplin eines

Mönchsordens beizubringen. Er hatte sogar eine strenge Regel für sie erstellt, abgeleitet aus einer der Schriften Manis, dem *Brief über den Grund.* Und um das Ansehen seiner Hausgemeinschaft zu erhöhen, versuchte er außerdem, sich die persönliche Anwesenheit eines Bischofs dieser Sekte zu sichern. Nach langem Suchen fand er einen, eine wohlbeleibte *Exzellenz*, stets bereit, strenge Forderungen an andere zu stellen, doch nachsichtig gegen sich selbst bis hin zur Heuchelei. Er mißachtete die Armutspflicht, die Constantius der Hausgemeinschaft auferlegt hatte, und brachte in aller Stille einen Notgroschen auf die Seite. Die Kost bei Tisch war karg, und so sättigte er seinen Appetit mit üppigen Mahlzeiten, die er sich als Nachtisch reichen ließ.

Eines Abends gerieten beim Schuldbekenntnis die «Auserwählten» der Sekte aneinander und warfen sich gegenseitig Verfehlungen vor. Nachdem Constantius für ein wenig Ruhe gesorgt hatte, stellte er die Anwesenden vor die folgende Alternative: «Ist unsere Gemeinschaft nun eine ernsthafte und wichtige Angelegenheit? Dann hat jeder sich an unsere Regeln zu halten. Oder ist sie aber nur eine Posse? Dann liegt die Verantwortung dafür bei Mani, auf den alles zurückgeht. Versteht ihr, was ich damit sagen will? Dieses Haus ist mein Eigentum, und deshalb schert euch zum Teufel ...» Von seinen eigenen Worten erschöpft, versank er in Schweigen, und seinem Schweigen folgte das der Anwesenden. Doch nur für einen kurzen Augenblick – dann brach ein gewaltiger Lärm los, der noch schlimmer war als zuvor.

Die Szene mag wie erfunden wirken. Doch gibt es einen glaubwürdigen Zeugen: Augustinus, der allerdings nicht in den *Confessiones* darüber berichtet, sondern in einer anderen Schrift, die ganz der Auseinandersetzung mit dieser Sekte gewidmet ist, *Die Bräuche der Manichäer* (vgl. ebd. II,20,74). Und auch bei seiner Auslegung des Gleichnisses vom verlorenen Sohn – jenem Lieblingssohn des Vaters, der sich zuletzt gezwungen sieht, Schweine zu hüten und sich von Eicheln zu ernähren – kommt ihm später wieder die manichäische Hausgemeinschaft des Constantius in den Sinn.

An jenem Abend zog Augustinus sich auf sein Zimmer zurück, während die anderen lärmten und riefen. Zum einen, weil es bereits Nacht war, zum andern aus Widerwillen, vor allem aber, weil ihm nicht wohl war. Er unternahm gar nicht erst den Versuch, sich ans Schreibpult zu setzen, sondern legte sich gleich zu Bett. Er versuchte einzuschlafen. Doch der Schlaf glich einem Alptraum: entfernt zwar, doch verstärkt durch das Stimmengewirr, drang der Lärm an sein Ohr. Ein Wagen fuhr mit lautem Getöse über den gepflasterten Weg. «Wie tief bin ich gesunken», murmelte er in seinem Bett. «So tief ... Mutter!» rief er plötzlich aus und meinte ihr Gesicht vor sich zu sehen. Dann dachte er an seine Gefährtin und stellte sich vor, wie sie schlief, seinen kleinen Sohn Adeodatus im Arm. Und er begann mit ihnen zu reden, als wären sie bei ihm in seinem Zimmer, erfüllt von dem sehnlichen Wunsch, sich zu befreien.

«Die Manichäer! Was für ein Betrug ...!» Sein Gespräch mit Faustus hatte die Krise herbeigeführt. Die wortreiche Unwissenheit dieses Mannes hatte ihn wie vor den Kopf geschlagen, und damals hatte er sich gesagt: «Das ist gewiß kein Weg! Doch für den Augenblick will ich noch stillhalten. So lange ich nichts anderes finde, ist Constantius' Haus eine vorläufige Bleibe.» Nun aber begann er zu begreifen, daß er sich unter allen Umständen von dieser Sekte lösen mußte.

«Was mag meine Mutter wohl in diesem Augenblick tun? Gewiß betet sie für mich ...» Er fiel in bleiernen Schlaf. Für wie lange? Er wußte es selbst nicht. Kaum eingeschlafen, schreckte er jäh wieder auf.

«Der *Hortensius* ... Die *Philosophie* ... Wie sehr schlug sie mich in ihren Bann, und doch sehe ich nur Leiber! Dieser Philosoph, Cicero, läßt einen die Weisheit förmlich mit Händen greifen, wie einen Vogel, der nicht mehr entkommt! Ah, Cicero! So gewaltig in seinen Worten, und doch so schwach in seinen Taten ... Selbst er hielt es eine Weile lang mit allen: erst mit Pompeius, dann mit Caesar, und dann auch noch mit Caesars Mördern ... Und verlor darüber seinen Kopf, das Gefäß dieses Geistes, der so vollendet seine Worte zu setzen, seine Perioden zu fügen wußte! Was nützt all dieses Suchen? Um doch an kein Ziel zu gelangen! Die Wahrheit, kann der Mensch sie überhaupt je finden? Unmöglich! Unter so vielen Schulen der Philosophen gibt es auch die des *Zweifels.*

Sie trägt einen wohlklingenden Namen: die *Akademie*! Seit Jahren nun suche ich schon nach der Wahrheit. Doch sie stellt sich nicht ein, und so kehre ich ihr den Rücken. Um das Gegenteil zu tun? Nein! Nur um die einzige Haltung einzunehmen, die mir aufrichtig scheint: der Mensch kann die Wahrheit nicht erlangen, er kann nur zweifeln.»

Ganz leise pochte es an seiner Tür. Es war Constantius. Warum kam er zu so später Stunde? Vielleicht um Augustinus, den bei weitem besten seiner Gäste, um Verzeihung zu bitten für das unwürdige Geschrei jenes Abends? Oder einfach, um sich Erleichterung zu verschaffen, um in Augustinus, dessen noblen Charakter er kannte, menschlichen Halt zu finden?

«Es drängte mich, dir noch gute Nacht zu sagen, Augustinus», begann Constantius. Und er fügte hinzu: «Die Lehre ist und bleibt die Lehre, die Menschen aber bleiben Menschen, selbst wenn sie *Auserwählte* sind . . .»

«Ach, Constantius», antwortete ihm Augustinus, ohne vom Bett aufzustehen. «Auch den Lehren kann man kein unbedingtes Vertrauen schenken. Manchmal richten die Lehren die Menschen zugrunde, und manchmal richten die Menschen die Lehren zugrunde. Und wenn ich über die Lehre, zu der wir beide uns bekennen, urteilen soll, so muß ich dir sagen, Constantius, daß ich starke Zweifel hege. Aber ich fühle mich nicht wohl, Constantius. Gute Nacht!»

Doch er fand keinen Schlaf. Unruhig wälzte er sich zwischen seinen Decken hin und her, und tausend Qualen des Körpers und der Seele plagten ihn. Eine fiebrige Hitze befiel ihn, und keuchend rang er nach Atem.

So fand ihn bei Tagesanbruch Constantius, der zu ihm kam, um ihm einen guten Morgen zu wünschen. Augustinus ließ ihn nicht zu Wort kommen, sondern bat ihn nur, nach seinem Freund Alypius zu schicken.

Alypius kam und fand ihn völlig entkräftet vor.

«Was ist mit dir, Augustinus?» fragte er.

Augustinus berichtete ihm von der Auseinandersetzung des vergangenen Abends. Er sprach stockend, mit heiserer Stimme, als quäle ihn eine große Furcht. Alypius berührte mit der Hand Augustins Stirn. Sie glühte vor Hitze.

«Du hast Fieber, Augustinus!» sagte er besorgt. «Laß uns den Arzt rufen.»

Augustinus aber bat ihn, an seinem Bett Platz zu nehmen. Er hatte das dringende Bedürfnis, in diesem Augenblick nicht allein zu sein. «Krank wird jeder einmal», sagte er, «aber diese Krankheit ist etwas Besonderes, ich fühle es ganz deutlich, ein Geheimnis. Ich bin in jeder Beziehung krank, körperlich und seelisch. Vor allem aber seelisch! Alypius, ich kann diese Betrüger nicht mehr ertragen ...»

«Die Manichäer?»

«Ja, die Manichäer!»

«Du weißt, Augustinus, jede religiöse Lehre hat Anhänger, die ihrer unwürdig sind und sie mißbrauchen ... Die Aufrichtigkeit des Menschen erst macht die Lehre gut, zu der er sich bekennt ...»

«Nein, Alypius», unterbrach ihn Augustinus. «Das ist nicht wahr! Es gibt Lehren, die ihre Anhänger verderben. Wenn ein Mensch sich irrt, und irren ist menschlich, so merkt er das irgendwann, denn er hat ein Schuldempfinden. Sein religiöses Gefühl hilft ihm, Gott zu vertrauen und ihn um Erbarmen anzuflehen ... Diese Lehre aber ist Betrug! Sie wiegt einen in dem Glauben, das Böse, das man begeht, habe nichts mit einem zu tun und man könne nichts dafür. Als wäre der Mensch ein willenloser Spielball zweier Kräfte. Mani ist in Babylon geboren, und glaube mir, der ganze Wirrwarr dieser Religion ist nichts als ein einziges *Babel*! Ich bereue es zutiefst, mich auf diese Irrlehren eingelassen, ja mich sogar zu ihrem Missionar gemacht zu haben. Und mehr noch bereue ich, daß ich auch dich damit angesteckt habe, dich, einen so aufrichtigen Menschen ...»

«Du weißt, wie sehr ich dich liebe, und meine Liebe für dich ist Verehrung und Bewunderung», unterbrach ihn Alypius voller Mitgefühl. «Nur zu deutlich spüre ich, daß ich in dir einen Lehrer habe, daß ich einen anderen niemals haben und finden werde. Du bist mein Lehrer, selbst wenn du dich irren magst – so sicher weiß ich, daß du nach der Wahrheit suchst und auch mich zur Wahrheit führen willst. Soll ich dir ein Geständnis machen, Augustinus? Ich bin nicht Manichäer, weil ich von dieser Lehre überzeugt wäre – im Gegenteil, sie hat mich stets verwirrt. Ich bin es nur im Vertrauen auf dich ... Nun aber beginnst du, an Manis Lehren zu zweifeln. Wie sollte ich da nicht zweifeln! Und wenn du überzeugt bist, daß es sich um eine Irrlehre handelt, dann laß uns woanders suchen, gemeinsam ...»

«Alypius, läßt sich die Wahrheit denn überhaupt finden? Du mußt jetzt mein Lehrer sein. Ich bitte dich darum als dein Schüler. Während unseres Unterrichts in Karthago – erinnerst du dich noch? – haben wir so oft die Rollen getauscht. Der Lehrer wurde zum Schüler und umgekehrt ...»

Alypius fand auf diese Worte keine Antwort, sondern sah seinen Freund mit Tränen in den Augen an. Schließlich ergriff er seine Hand und sagte: «Und wenn wir die Wahrheit anderswo nicht finden, so sei unsere Freundschaft die Wahrheit! Wie zwei Menschen in der Mitte eines Waldes. Der Gott aber, an den ich glaube und an den du glaubst, wird die Freunde nicht vergessen, die auf der Suche sind. Und wenn nicht die Wahrheit, so sendet er uns doch einen Lichtstrahl ...»

«Ach Alypius! Aber es ist so schwierig, Gott zu finden! Entweder er läßt sich ganz erkennen, so wie er ist, wer immer er auch sei. Oder aber es ist unmöglich, ihn je zu finden ...»

Der Arzt kam. Die Krankheit war ernst und verschlimmerte sich jeden Tag. Die Leiden des Leibes und der Seele wirkten dabei zusammen. Zweifellos handelte es sich um eine organische Krankheit, um eine Erkrankung der Lungen und der Atemorgane, wie sie sich leicht in einem ausgezehrten Organismus entwickeln kann. Und doch litt der Geist des Kranken noch mehr als sein Körper. In einen Dämmerzustand versunken, nahm er kaum noch etwas wahr. Alles in ihm schien in Erwartung des Todes. «Ich bitte dich, kümmere dich um Adeodatus», bat Augustinus seinen Freund Alypius.

Natürlich fielen seine Unterrichtsveranstaltungen aus. Von allen Seiten wurde Augustinus Hilfe zuteil. Alypius wich nicht von seinem Bett und brachte eines Tages auch Symmachus mit, den hochgebildeten Senator, der dem Kranken neuen Mut einflößte.

Symmachus ließ nach dem besten Arzt schicken, den es in Rom damals gab.

Nach jenem abendlichen Streit hatten sich die manichäischen Gäste des Hausherrn, «Auserwählte» wie «Hörer», fast ausnahmslos in alle Winde zerstreut. Constantius aber, dieser reiche, nur wenig gebildete Junggeselle, der stets sein geringes Wissen durch Reichtum auszugleichen hoffte, hatte viel Mitgefühl für Augustinus und zeigte sich bemüht, ihm am Krankenbett jeden nur erdenklichen Dienst zu erweisen. Vor allem aber umsorgte Alypius den Kranken mit freundschaftlicher Zuneigung.

Augustins Krankheit erwies sich als langwierig und hartnäckig, verschlimmert durch häufige Rückfälle und gefährliche Krisen. «Mich traf die Geißel körperlicher Krankheit, und beinahe hätte mich schon die Hölle aufgenommen, beladen mit all meiner Schuld», erinnerte er sich später. Und bei alledem kein menschlicher Trost, kein Trost aus dem Glauben. «Und das Fieber nahm zu, und schon ging ich meinem Untergang entgegen.» Ein Gefühl der Schuld drückte ihn nieder, die Scham darüber, auf welche Weise er vor seiner Mutter geflohen war. Seine Reue würde niemals enden, selbst wenn er sterben sollte. Und noch vor der Zeit suchte er den Schmerz zu ermessen, den diese Frau empfinden mußte, wenn der Tod ihn ereilte und sie voll Verzweiflung von seinem Ende erführe: «Hätte dieser Schlag das Herz meiner Mutter getroffen, sie wäre nie davon genesen. Denn mit Worten kann ich es nicht ausdrücken, wie ihr Herz für mich schlug und wie ihr Leid um meine geistige Wiedergeburt weit größer war als bei meiner leiblichen Geburt ... Und so weiß ich nicht, wie sie hätte geheilt werden können, wenn ein solcher doppelter Tod ihres Sohnes ihr liebendes Herz durchbohrt hätte ...» Und weiter: «Meine Mutter wußte damals nichts von meinem Leiden, betete aber dennoch aus der Ferne für mich. Du aber, Allbarmherziger, erhörtest sie, wo sie war und wo ich war, erbarmtest Dich meiner, so daß ich meine körperliche Gesundheit wiedererlangte ... So hast Du mich von jener Krankheit wiederhergestellt und den Sohn Deiner Magd damals am Leibe heil werden lassen, um ihm später ein besseres und sichereres Heil zu verleihen» (vgl. *Conf.* V,9,16ff.).

MAILAND, AUGUSTINS DAMASKUS

An einem Frühlingsmorgen des Jahres 384 fand Alypius auf dem Schreibpult seiner Amtsstube ein Billett des Präfekten Symmachus, der ihn zu sich bestellte. Unverzüglich machte er sich auf den Weg zum Palast der Stadtpräfektur und fand sofort Einlaß, denn er gehörte ja gewissermaßen zum Haus.

Symmachus fragte ihn ohne Umschweife: «Wie geht es Augustinus?»

«Er hat sich wieder erholt, daß es ein reines Wunder ist . . .»

«Ich habe da nämlich einen Plan . . . eine Gelegenheit, die bestimmt so bald nicht wiederkommt . . .»

«Und die wäre, Symmachus?»

«In Mailand wird der Rhetoriklehrstuhl des *cursus publicus* frei. Und der kaiserliche Hof bittet mich nun, ihm einen angesehenen Redner für diesen Posten vorzuschlagen . . .»

Alypius' Augen leuchteten auf. Symmachus fuhr fort: «Nun, es geht um eine begehrte und sehr gut bezahlte Stellung. Sofort kam mir der Gedanke, daß Augustinus der richtige Mann dafür sein müßte. In Mailand residiert der kaiserliche Hof. Folglich ist der Inhaber des dortigen Rhetoriklehrstuhls ein Mann von öffentlichem Rang. Und er ist der offizielle Redner des Hofes und ergreift bei den feierlichsten Anlässen das Wort, so etwa, um den Herrscher an dessen Geburtstag mit einem Lobgedicht zu ehren . . .»

«Nun, Augustinus wird herrliche Reden halten, Symmachus . . .»

«Obendrein wäre es auch eine Gelegenheit zu einer Art Luftveränderung. Und das in einem zweifachen Sinn. Zum einen habe ich den Eindruck, daß Augustinus sich hier in Rom nicht besonders wohl fühlt. Gewiß, Rom bleibt Rom, aber leider ist es nicht mehr die Stadt, die es früher einmal war. Zu viele Spannungen, zu viele Parteiungen! Der Glanz der alten Kulte, die Kultur der Vorfahren ...» Und er sprach die letzten Worte mit Nachdruck. «Hier in Rom sitzt Damasus, in Mailand Ambrosius. Gegen diese beiden kommen wir nicht an. Auf sie hört auch der Hof und versucht, ihren Wünschen zu entsprechen. Den Victoriaaltar am Eingang des Senatsgebäudes mußten wir entfernen, obwohl ich für seine Erhaltung gekämpft und mein Gesuch in Mailand persönlich vorgebracht habe ... Und daß wir uns nur recht verstehen: die Gegenseite hat großartige Leute. Dieser Illyrer, der Presbyter Hieronymus, ist ohne Zweifel ein Mann von beachtlicher Bildung. Und ebenso der Spanier Damasus – auch er ist ein Mann von außerordentlichsten Gaben. Mailand aber ist ein anderes Pflaster. Vor allem ist es die wirkliche Hauptstadt des Reiches. Freilich, auch dort sitzt ein Bischof: Ambrosius! Ich verstehe mich gut mit ihm, und er schätzt mich gleichfalls und schreibt mir Briefe ... Ein großartiger Mann, alles was recht ist! Ein glänzender Redner und vormals auch eine große Hoffnung der Politik ... Wie der sich nur zum Bischof hergeben konnte, das werde ich nie begreifen! Wie auch immer, ein Mann von solcher Autorität ist in diesen wirren Zeiten stets von Nutzen, mag er auch andere Überzeugungen vertreten als wir ... Die eigentliche Gefahr geht heute von den Barbaren aus, und damit es Barbaren gibt, muß es ungebildete Tölpel geben, Massen von ungebildeten Tölpeln. So erreicht heute jeder, der das Gehör der Massen findet, wenigstens einen Rest von Ordnung. Wie dem auch sei: ich will nichts Unrechtes sagen ... aber ein Redner wie unser Augustinus wird selbst einen Ambrosius in den Schatten stellen.»

«Augustinus ist ein großartiger Mann, Symmachus!»

«Eben! Und wenn ich von Luftveränderung rede, dann meine ich das wörtlich. Eine neue Umgebung, neue Gesichter. Nicht die Arianer wie hier in Mailand. Diese Jünger Christi, diese Künder der Einheit unter den Menschen und der Nächstenliebe – beim

Zeus, dabei tun sie nichts anderes, als sich gegenseitig zu zerfleischen ... Die Anhänger der alten Kulte beteten noch einträchtig die Götter der verschiedensten Weltregionen an ... Luftveränderung, sage ich, damit die Lungen atmen können ... Eine Gegend voller Wiesen, Gebirge und Seen. Ich kenne einen gewissen Verecundus, der dort eine Schule für Knaben unterhält. Er hat sich auf dem Land eine Villa gebaut. *Cassiacum* heißt der Ort, ein strategischer Posten mit einer Soldatengarnison. Da lebt man so sicher wie in Elysium ... Und die Luft dort wird Augustinus bestimmt guttun. Glaubst du, daß er annimmt?»

«Er hat bereits angenommen, Symmachus. Da kann ich für ihn sprechen! Nur etwas muß ich dich noch fragen: Ist es ein definitives Angebot oder kann noch etwas dazwischenkommen?»

«Nein, sicher nicht! Die Entscheidung liegt allein bei mir ... Lediglich eine schriftliche Prüfung, eine reine Formalität, und es hängt nur von mir ab.»

Und so schickten sich im Sommer dieses Jahres 384 Augustinus und Alypius an, Rom zu verlassen und nach Mailand überzusiedeln. Es ist anzunehmen, daß die menschliche Genugtuung, die Augustinus diese akademische Würde verschaffte, wahrscheinlich mit der ehrenvollen Bequemlichkeit einer Reise in einer Staatskutsche *(evectio publica)* ihren Anfang nahm.

Durch Alypius hatte Augustinus von Symmachus' Vorschlag erfahren und sich beeilt, in Gegenwart des Stadtpräfekten das formelle Examen abzulegen. Nun drängte er selbst auf eine rasche Abreise. Nicht zuletzt bedeutete für ihn diese Ortsveränderung auch die Befreiung von den Manichäern, deren Gesellschaft er nicht mehr ertrug.

Symmachus beglückwünschte sich selbst, daß er in Augustinus den Mann gefunden hatte, der den Wünschen des Hofes entsprach. Seine Wahl mußte ihn in den Augen des Kaisers als guten und umsichtigen Beamten erscheinen lassen, der es verstand, für jeden Posten die geeignete Person auszusuchen. Für ein Mitglied der Regierungsmaschinerie war das gewiß keine geringe Empfehlung.

So mochte er Augustinus und Alypius auch nicht zumuten, zu Fuß oder mit unsicheren Transportmitteln ihren Weg zur Reichshauptstadt zu nehmen, zumal der römische Staat über zahlreiche Postwagen und Pferdegespanne verfügte. So stand von vornherein fest, daß die beiden ihre Reise in einer Kutsche antreten würden. Wahrscheinlich fuhren sie über die Via Flaminia bis Rimini und danach über die Via Emilia bis Piacenza, von wo es nach Mailand nicht mehr weit war. Doch könnten sie auch eine andere Strecke gewählt haben: Die Via Cassia, ein schnellerer und direkterer Weg, führte über Arezzo nach Florenz, und von dort gelangte man zur Via Emilia. Es waren etwa sechshundert Kilometer; mit den nötigen Aufenthalten *(mansiones)* und Pferdewechseln *(mutationes)* nahm diese Reise rund eine Woche in Anspruch.

Mailand empfing Augustinus, dem sein Ruf als Rhetor schon vorausgeeilt war, mit einer Mischung aus Sympathie und wohlwollender Neugier. Seine ersten Tage dort waren angefüllt mit beschwerlichen Antrittsbesuchen: bei den Würdenträgern des Palastes, bei seinen Kollegen und den Amtsträgern des *cursus publicus*, nicht zuletzt auch bei den Familien seiner Schüler, Roms geistiger Elite und den künftigen Beamten des Staates. Und beim Bischof der Residenzstadt, Ambrosius . . .

So gern wir auch Genaueres wüßten – wir sind auf Mutmaßungen angewiesen, in welcher Form Augustinus seine Antrittsvorlesung zu Beginn des akademischen Jahres hielt. Die geistige Suche als Besitz und als kulturelle Gemeinschaft, als freudiger Kult des Schönen, aber auch als Streben nach der Wahrheit bildete den ruhenden Pol in Augustins wechselvollem Leben, ob in seiner Zeit als Ungläubiger oder als überzeugter Christ, als Weltmann oder als Mönch, als Laie, Priester oder Bischof. Stets pflegte Augustinus die *Diskussion*, die er an sich selbst übte, in einer Art friedlichen Ideenwettstreits mit einem gedachten Gegner. Der *Dialog* wurde ihm zur unentbehrlichen Voraussetzung, um zum Konsens über das *Wahre* zu gelangen, der zugleich gemeinsamer Weg und *Freundschaft* war. Eine Kultur, deren Ziel nicht intellektuelles und geistiges Wachstum wäre, war für ihn nur «flüchtiger Zeitvertreib», «Interesse an nichtigen Gegenständen» und «unsauberer Gewinn, der die Hand dessen besudelt, der ihn berührt» (vgl. *Conf.* V,12,22).

Augustinus machte sich nun daran, sein Leben auf die neue Situation einzustellen. Denn er begriff, daß es sich diesmal um ein öffentliches und damit dauerhaftes Amt handelte. Allenfalls würde er es einmal mit einer noch glänzenderen Stellung vertauschen. Vielleicht würde er eines Tages zum Präfekten aufsteigen, zum Botschafter ...

Seine äußeren Umstände waren glänzend, gewiß, sein eigentliches Problem aber blieb. Tief in seiner Seele fühlte er eine Wunde wie von einem Stich. Ja, er besaß Erfolg in der Welt, wirtschaftliche Sicherheit, Freunde ... Die Freundschaft! Er sog sie ihn sich ein, wie man die Luft einatmet. Doch dieser Stich in seinem Innern! Die Wahrheit blieb ihm verborgen. Mühsam versuchte er sich seiner neuen Überzeugung zu versichern: die Wahrheit läßt sich nicht finden, es ist aussichtslos, sie zu suchen ...

Unter den zahlreichen Theorien galt vor allem die akademische Skepsis als echte Philosophie, denn bedeutende Philosophen hatten sie vertreten.

Doch Gott ließ nicht von ihm ab.

Er erschien ihm wie ein wütendes Tier, das seine Kehle schon mit den Zähnen festhielt und doch sein Leben schonte. Aber wer war er? Und wie war er? «Höchst unwürdig schien mir die Vorstellung, Du hättest einen menschlichen Leib und wärest eingeschlossen in das Gefängnis der Glieder. Denn wenn ich an einen Gott dachte, an meinen ganz persönlichen Gott, so konnte ich ihn mir nur als körperliche Masse vorstellen! Denn was konnte ohne Körper existieren? Und das Böse? Eine häßliche und ungestalte Masse, entweder dicht wie die Erde oder fein und dünn wie die Luft, eine Art heimtückischer Geist, der alle Dinge durchdringt» (*Conf.* V,10,19).

Er hatte die Heilige Schrift zu Rate gezogen. Zunächst freilich hatte er sie sofort voller Verachtung beiseitegelegt: sie schien ihm, schon ihrer sprachlichen Form nach, eines Gebildeten unwürdig. Doch niemals hörte der christliche Glaube auf, seine Phantasie zu beschäftigen. Noch immer zog ihn die geheimnisvolle Magie jenes Namens, Jesus von Nazareth, in ihren Bann und verwirrte ihn.

Die Manichäer unterwarfen auch das Bild, das sie sich von Christus machten, ihrer dualistischen Grundvorstellung: wie ein

Funke sei er aus dem Körper der Gottheit hervorgegangen, habe sich danach aber, eben weil er Mensch sei, mit der finsteren Materie verbunden, und so sei auch er Fleisch und von Sünde befleckt. Was aber die jungfräuliche Empfängnis Jesu anging, so schien sie Augustinus nicht einmal eines einzigen Gedankens wert. Wer Maria sagte, gab damit zu, daß sie eine Frau war. Fleischwerdung! Fleischwerdung war *Befleckung*! Als logisch denkender Mann – wie er sich damals sah – konnte er bestimmten Dogmen unmöglich beipflichten.

Er war auch Historiker, gewiß, vor allem aber war er ein Verstandesmensch! Als Historiker (und zweifellos besaß er Sinn und Instinkt für die Geschichte) konnte er nicht umhin, sich mit der historischen Gestalt des Jesus von Nazareth zu befassen. Sein Verstand ging immerhin soweit, daß er nicht die Geschichte leugnete. Doch war er damals der Meinung: «Ich verehrte Christus, meinen Herrn, nur wie einen Mann von hervorragender Weisheit, dem keiner an die Seite gestellt werden könne ... als einen ganzen und wirklichen Menschen, der höher stand als jedermann sonst. Doch nicht als die *Wahrheit* in Person, sondern nur durch eine besonders große Vortrefflichkeit seiner menschlichen Natur» (*Conf.* VII,19,25).

Der Tag sollte freilich kommen, an dem er geistige Rache an den Manichäern nahm. Sie hatten ihn glauben lassen, der Heilige Geist habe statt einer Jungfrau eine Scholle *jungfräulicher Erde* befruchtet, aus der Christus wie ein Pilz oder Schwamm hervorgegangen sei: «Zu glauben, er könne nicht aus einer Jungfrau geboren sein, denn nichts sei unreiner als das Fleisch – welcher Wahnsinn! Ist denn ein Stück Erde reiner, das mit dem trüben Wasser einer Kloake gedüngt und befleckt wird?» (*In Faustum* XX,21).

Was jedoch seine Skepsis anbelangte, in die ihn die Paradoxien des Manichäismus trieb, so war sie vielleicht nichts anderes als eine Ausflucht, auch wenn sie auf tieferer Überzeugung gründete – eine Art Trägheit oder vielmehr Erschöpfung bei der Suche nach Wahrheit.

Unterdessen hatte sich in seiner afrikanischen Heimat – in Karthago wie in Tagaste – die Nachricht von seiner Ernennung zum

Professor des *cursus publicus* in Mailand verbreitet. Ein Landsmann, der in der Fremde sein Glück gemacht hatte! Sein Erfolg stand außer Zweifel, und so fühlten sich alle stolz und geehrt, die davon erfuhren. Alle seine alten Freunde wollten ihn nun wiedersehen.

Der erste von ihnen, der in Mailand eintraf, war Nebridius, dem Augustinus später in seinen Lebenserinnerungen den Beinamen *dulcis*, der Sanfte, beilegte. Er stammte aus dem Hinterland von Karthago, kam aber oft in die Hauptstadt. Dort auch lernte Augustinus ihn während seiner Studienzeit kennen. Er ist uns schon einmal begegnet, als er seinem ruhelosen Freund ein Argument gegen die Lehre der Manichäer lieferte. Und doch geriet er später selbst in ihre Netze. Zuletzt aber fand er zum Glauben zurück, nur wenig später als Augustinus.

Damals nun schloß er sich seinem Freund in Mailand an, gemeinsam mit Alypius: «Wir waren drei Hungernde, die sich gegenseitig ihre Not klagten, um doch von Dir Speise zu empfangen zur rechten Zeit» (*Conf.* VI,10).

Gewiß rührte Augustinus der Entschluß des Freundes, sein Leben in Mailand zu teilen: «Nebridius hatte seine Heimat in der Nähe von Karthago verlassen und Karthago selbst, wo er sehr häufig weilte; er hatte sein schönes väterliches Landgut und Haus verlassen, ohne daß seine Mutter ihm gefolgt wäre, und war nach Mailand gekommen – und zwar nur deshalb, um mit mir ein gemeinschaftliches Leben in glühendem Verlangen nach Wahrheit und Weisheit zu führen» (*Conf.* VI,10,17).

Und dann ist auch noch von dem blutjungen Licentius die Rede, dem Sohn des Romanianus, dessen Hilfsbereitschaft Augustinus so viel für seine wissenschaftliche Ausbildung verdankte. Er kam zusammen mit seinem Vater. So hatte Augustinus Gelegenheit, sich seinem Wohltäter erkenntlich zu zeigen: er nahm seinen Sohn in seine Schule auf.

Licentius war im gleichen Alter wie Trigetius, der in Mailand im kaiserlichen Heer diente und darum seine schulische Ausbildung vorzeitig beendet hatte.

Und schließlich kamen auch zwei von Augustinus' Vettern: Lastidianus und Rusticus.

Eine kleine afrikanische Kolonie im römischen Mailand also, fast eine Art Hofstaat für den hochberühmten Gelehrten!

Unter den neuen Freundschaften, die Augustinus in Mailand schloß, ist vor allem die mit Verecundus zu nennen. Auch er war ein Lehrer, bekannt für seinen Witz und stets zu Scherzen aufgelegt. Er besaß eine Villa auf dem Lande, das berühmte Landgut von *Cassiacum*, das durch seinen späteren Gast zu Unsterblichkeit gelangen sollte.

Alypius eröffnete eine Schule für Rechtsberatung, und Nebridius diente Verecundus als Gehilfe in seiner Schule.

Alle waren so mit tausenderlei Arbeiten beschäftigt, der eine mit Lehren, der andere mit wissenschaftlichen Studien, der dritte mit praktischen Dingen. Die freie Zeit aber diente ihnen zu Gesprächen.

Gewiß nahm diese Gesellschaft Augustinus ganz in Anspruch. Auch zeigte er sich zufrieden über die Beziehungen zu seinen Kollegen und zu seinen Schülern an der Akademie. Die Schüler folgten seinem Unterricht mit Begeisterung und Interesse. Sie unterschieden sich in mancherlei Hinsicht von seinen früheren Schülern in Karthago und Rom.

Dennoch gab es Augenblicke, in denen keine Gesellschaft von Freunden und keine geistige Beschäftigung genug war, ihm Halt zu geben, um ihn vor Einsamkeit und Melancholie zu schützen.

Doch noch drei weitere Menschen kamen nach Mailand, um mit ihm zusammenzusein: seine Mutter, seine Frau und sein Sohn Adeodatus. Im Frühling des Jahres 385 erreichten sie Mailand, in Begleitung von Augustins Bruder Navigius. Sie hatten eine stürmische Überfahrt hinter sich. Möglicherweise waren sie auf einer anderen Schiffsroute gekommen als seinerzeit Augustinus: auf dem Weg von Afrika über Sardinien zum Hafen von Rom. Eine stürmische See hatte ihr Schiff hin- und hergeschleudert, so daß selbst die Matrosen sich Sorgen machten. Monika aber, die keinen Zweifel hegte, sicher im Hafen anzukommen, verstand es, ihnen Mut zu machen: «Stark im Glauben war meine Mutter zu mir gekommen; über Land und Meer war sie mir gefolgt, und in allen Gefahren baute sie nur auf Deinen Schutz . . .» (*Conf.* VI,1).

Zunächst hatten sie Augustinus in Rom gesucht, doch er hatte die Stadt bereits verlassen. So waren sie sofort nach Mailand weitergereist, überzeugt, ihn dort zu treffen.

Von seiner Begegnung mit der Mutter und dem Gespräch, das beide in der Stunde des Wiedersehens führten, hat Augustinus selbst berichtet.

«Ich bin kein Manichäer mehr . . .»

«Ich bin glücklich darüber, aber es erstaunt mich nicht zu hören. Mit einem solchen Verstand, wie Gott ihn dir gab, dich ins Garn dieser Betrüger locken zu lassen! Manichäer bist du also nicht mehr. Nun gut, aber was bist du dann?»

«Ich bin der Sohn einer gewissen Monika!»

«Mein Sohn, wärest du auch tot gewesen, meine Liebe wäre stark genug, dich zum Leben zu erwecken . . .»

Mit seiner Frau sprach Augustinus voller Rührung, während sie weinte und beide einander umschlungen hielten. «Wenn du wüßtest, wie sehr ich mich nach dir gesehnt habe . . .» Wenn Augustinus, wie er selbst uns überliefert, dieser Frau, die er liebte, die Treue hielt, so kann kein sinnliches Verlangen nach ihrer Nähe das Verdienst seiner Enthaltsamkeit während der Trennung schmälern.

Und dann die Begegnung mit Adeodatus! Augustinus hielt in seinen Armen seinen eigenen Sohn, der nun zu einem jungen Mann von vierzehn Jahren herangewachsen war. Er scherzte mit ihm über den Flaum auf seinen Wangen, und Adeodatus gab ihm rasche und gewandte Antworten, über die er sich freute und an denen er seinen Sohn wiedererkannte.

Monika war glücklich, in Mailand zu sein. Oftmals zeigen sich Gläubige in Fragen, die den Glauben betreffen, auf erstaunliche Weise unterrichtet. Vielleicht hatte Monika, die ja den Bestimmungsort ihres Sohnes kannte, sich in ihrer Sorge an einen Priester in Karthago gewandt und ihn gefragt: «Wer ist eigentlich Bischof in Mailand?» «Ah, ein großer, hochgelehrter Mann. Ambrosius ist sein Name . . .» Vielleicht auch verband sie bereits in ihrem Herzen diese beiden Namen: Ambrosius und Augustinus. Und nun war sie selbst in Mailand und verspürte vom ersten Tag an den dringenden Wunsch, diesen Bischof kennenzulernen. So vieles gab es, was sie ihn fragen wollte. Zum Beispiel zur rechten Fastenordnung: sollte sie, die Fremde, sich an den Mailänder Ritus halten oder an den von Rom, der auch in ihrer afrikanischen Heimat galt?

«Faste in Rom am Samstag – hier in Mailand iß, wie du magst», antwortete Ambrosius.

Doch möglicherweise war ihre Frage nur ein Vorwand: vielleicht wollte sie mit ihm nur über ihren Sohn sprechen, wohl wissend, daß Ambrosius die Auseinandersetzung mit Andersgläubigen nicht scheute und ihr nicht so antworten würde wie jener andere Bischof: «Geh nur beruhigt heim! Es ist kein Priester zur Bekehrung nötig, wo eine Mutter im Gebet ausharrt für ihren Sohn ...» Inzwischen zeigte sich Augustinus bei diesem Thema ja nicht mehr so unzugänglich wie früher.

Und die Frau aus Karthago, Augustins Gefährtin – hatten die fast zwei Jahre der Einsamkeit sie wohl verändert? Sie schien nachdenklich, ja melancholisch. Klug, wie sie war, und sich ihrer sozialen Herkunft, die man damals als «dienstbar» bezeichnete, nur zu bewußt, konnte ihr nicht entgehen, daß die Karriere des Geliebten, der nunmehr eine Persönlichkeit von öffentlichem Rang war, die religiöse und bürgerliche Regelung ihrer Verbindung erschweren mußte.

Doch zunächst lebte Augustinus mit Familie und Freunden in einem Haus mit Garten in Mailand.

ALLEGORIE DES STURMES

Augustinus traf sich regelmäßig mit Manlius Theodorus, einem einflußreichen Politiker in Mailand, der im Jahre 399 das Amt eines Konsuls in Mailand übernahm. Er war ein hochgebildeter Vertreter der spätantiken Kultur und zugleich ein ergebener Anhänger des katholischen Glaubens, ein neuplatonischer Philosoph, der am liebsten in der Abgeschiedenheit eines seiner Landhäuser meditierte.

Das Vertrauen, das Augustin diesem Mann entgegenbrachte, ermöglicht es uns heute, uns von der geistigen und seelischen Situation des jungen Rhetors ein ungefähres Bild zu machen. Wir können diesen Lebensabschnitt mit der *Allegorie des Sturmes* beschreiben, denn er mutet uns heute an wie ein Gewitter.

Zunächst wollen wir einige Grundelemente der menschlichen Erfahrung bei der Suche nach Wahrheit und dem Streben nach Glück umreißen, wie sie sich in Augustins Augen damals darstellten.

Das Leben ist ein Meer, das jedem anders begegnet. Sein friedvolles und ruhiges Wasser lädt dazu ein, sich von der Heimat und vom Hafen zu entfernen. Doch dieses Wasser ist trügerisch. Wenn plötzlich ein Sturm losbricht, so begraben die sich auftürmenden Wogen den Schiffbrüchigen unter sich, oder aber sie schleudern ihn zurück an den Strand.

Wer sich auf dieses trügerische Meer begibt und die Heimat

verläßt, ist ein Unglücklicher, auch wenn ihn kein Unwetter ereilt. Ja, manchmal ist ein tobender Sturm sogar willkommen: nicht immer bedeutet er unwiderrufliches Unglück, denn manche wirft er, wenn er sie erfaßt, mit seiner ganzen Kraft aufs feste Land zurück.

Andere wieder beginnen kühn ihre Lebensreise in der festen Absicht, möglichst weit in See zu stechen. Doch schon beim ersten Anzeichen eines Sturmes machen sie kehrt und steuern angstvoll zum Hafen zurück. Denn dort ist ihre Rettung!

Und noch eine dritte Art von Reisenden gibt es: während sie über das offene Meer fahren, hadern sie mit den Seeleuten, wobei ihre Augen nach einem entfernten Leuchtturm Ausschau halten, der ihnen die vermißte Heimat anzeigt. Verhüllen aber Nebel das Licht, so suchen sie nach einem Stern, der ihnen den Weg weist. Und wer auch nur den leisesten Anhaltspunkt erblickt, zögert die Rückkehr hinaus.

Die Menschen betrachten einen Sturm stets als ein Unglück. Doch gibt es auch rettende Stürme, gerade weil sie uns in ihrer Wut ans sichere Ufer zurückbringen.

Diese *Allegorie des Sturmes* hat jedoch noch einen anderen, tiefen Sinn. Manchmal nämlich sieht der Reisende in der Nähe des Hafens, im flachem Wasser der Küste, einen hohen Felsen, einen Berg. Vom Sonnenlicht überflutet liegt er in üppiger Vegetation da – eine Einladung zur Rast für den Reisenden, der sich bereits an der Stätte des wahren Glücks glaubt. Er lockt mit seiner majestätischen Aussicht, von der aus man leicht auf die anderen herabblikken kann. Doch diesen Berg durchziehen tiefe Höhlen, er steht auf unsicherem Boden. Wer ihn besteigt, stürzt plötzlich in einen Abgrund, und nie wird er die Heimat schauen, deren Bild ihm erschienen war.

Diese *Allegorie des Sturmes* findet sich in dem Traktat über das glückliche Leben, *De beata vita*, im ersten Buch, Kapitel zwei und drei – einer Freundschaftsgabe Augustins an Manlius Theodorus, die zugleich seine geistliche Erfahrung des Jahres 385 spiegelt. Denn dieser Reisende inmitten des Sturms ist er selbst; er ist es, der verzweifelt gegen die Wellen ankämpft und um sein Leben ringt, während sein Blick verzweifelt umherschweift auf der Suche nach einem Leuchtfeuer, nach einem Stern, nach einem Licht, das ihm einen Hafen anzeigen könnte.

So ist er zur gleichen Zeit der Schiffbrüchige und derjenige, der den verheißungsvollen Berg besteigt. Ja, er prahlt noch mit seiner Höhe, wenn er die anderen ermahnt, «ihm nicht bis zur vollen Höhe nachzusteigen, um sie nicht als Gefährten eines Ruhmes zu haben, der dann für ihn seinen Glanz verloren hätte». Es gibt stolze Menschen, die so eifersüchtig auf die Wahrung ihrer hohen Stellung bedacht sind, daß sie ihren Mitmenschen mit gleichsam missionarischer Gebärde den Weg zum «wahren Glück» weisen, dem Ort der Ruhe und Sicherheit, nur um auf der erkämpften Höhe allein zu bleiben. Ihre Mißgunst geben sie als Nächstenliebe aus.

In seinem *Tagebuch*, den *Confessiones*, hält Augustinus später Rückschau auf die verflossenen Jahre und bemerkt: «Am meisten staunte ich, wenn ich bedachte, wieviel Zeit seit meinem neunzehnten Lebensjahr verstrichen war, da ich das erste Mal vom Verlangen nach Erkenntnis und Weisheit erglühte, fest entschlossen, wenn ich sie gefunden hätte, alle nichtigen Hoffnungen und trügerischen Torheiten eitler Begierden aufzugeben. Und nun war ich schon dreißig Jahre alt geworden, und immer noch wälzte ich mich im gleichen Schmutz, voll Gier nach dem flüchtigen und zerstreuenden Genuß der Gegenwart» (*Conf.* VI,11).

So lebte er ziellos dahin, zwischen trügerischer Hoffnung und bitterer Enttäuschung . . . Und wieder hielt er die Heilige Schrift in den Händen: «Siehe, schon scheint mir in den Büchern der Kirche nicht mehr ungereimt, was mir doch früher so schien . . .» *(ebd.)*. Und dort, wo ihm das Licht der Kirche leuchtete, nahm er auch zahllose Wege wahr, die er gehen könnte. Doch eine Art heimtückischer Trägheit machte es ihm unmöglich, sie zu beschreiten. «Wo soll ich die Wahrheit suchen? Zu Ambrosius kann ich nicht gehen; zum Lesen habe ich keine Zeit. Woher soll ich die Bücher nehmen? Woher oder wann sie kaufen? Von wem sie entleihen? Ich muß eine bestimmte Zeit festsetzen und bestimmte Stunden ganz dem Seelenheil widmen!» *(ebd.)*.

Jede dieser Fragen türmte sich vor ihm auf wie eine Mauer. Er griff zu den verschiedensten Ausflüchten: «Die Vormittagsstunden sind mit dem Unterricht ausgefüllt. Was tun wir mit den anderen? Warum tun wir nicht das? Aber wann machen wir dann unsere Besuche bei den einflußreichen Freunden, deren Unterstützung wir brauchen? Wann bereiten wir die Lektionen vor, für welche die Schüler doch bezahlen? Und wann erholt man sich und entspannt sich von den anstrengenden Sorgen?» *(ebd.)*

Eines Tages unterhielt Augustinus sich angeregt mit Romanianus und Verecundus. Da kam Verecundus plötzlich ein Gedanke: «Wir müßten einfach alles zurücklassen, was uns täglich bedrückt, und gleichsam eine *Zitadelle des Denkens* gründen. Nur der Freundschaft leben! Wir alle zusammen: philosophieren, nachdenken und die Ergebnisse unseres Nachforschens allen anderen mitteilen ...»

«Das wäre wirklich großartig», gab Augustinus zur Antwort. «Es wäre genau das, was einige schon erreicht haben, das *otium literarium* oder das *otium philosophicum*, die literarische oder philosophische Muße ...»

«Ich bin dabei», sagte Romanianus. «Aber was werden unsere Frauen wohl dazu sagen?» (Vgl. *Conf.* VI,14,24).

So verspürte Augustinus im Gespräch mit seinen Freunden und bei der Arbeit in der Schule den Wunsch, sich von allem zu befreien, und gleichzeitig die Trägheit seines Willens, diese Befreiung mit ganzer Seele zu wollen. In einer unbestimmten, wachsenden Bangigkeit ahnte er das Kommen eines gewaltigen Sturmes: eines jener Stürme, wie empfindsame Charaktere sie vorausahnen, eines Orkans, der nicht leblose Kadaver umherwirbelt, sondern unglückliche Schiffbrüchige heimsucht, die voller Verzweiflung um ihr Leben kämpfen. Augustinus' Weg war nicht von der Art, die zum Licht führt und das Dunkel der Nacht vertreibt. Ja, je mehr er sich einem ungewissen Licht zu nähern schien, desto mehr wuchs die Finsternis, um immer schwerer und bedrohlicher auf ihm zu lasten. In der Rückschau beschreibt er diesen Zustand wachsender Angst und spricht von «stürmischen Wogen der Gedanken», von «Geburtswehen der Erkenntnis», von «Todesangst». Und noch in der Erinnerung ruft er aus: «Welche Qualen erlitt damals mein Herz ... welche Seufzer stieß ich zu Dir hervor, mein Gott!» (*Conf.* VII,7,11).

Aus ganzer Seele schrie er damals: «Ach! Möge doch alles zusammenstürzen!»

Und immer stärker empfand er die innere Verpflichtung, es doch mit dem katholischen Glauben zu versuchen – wenigstens zu versuchen: «Warum nicht auf dem Weg einer möglichen Wahrheit weitergehen, auf den meine Mutter mich gestellt hat, als ich noch ein Kind war?»

Dem Pessimismus, der alles einstürzen sah, trat nun ein angestrengter Optimismus entgegen: «Gemach! Auch die Dinge dieser Welt haben ihren Reiz, und ihre Süßigkeit ist nicht gering. Nicht leichtfertig darf man die Verbindung mit ihnen abbrechen, denn wieder zu ihnen zurückzukehren wäre schimpflich. Sieh, es kostet nur noch geringe Mühe, eine Ehrenstelle zu erlangen – und was verlangt man mehr? Zahlreich ist die Schar einflußreicher Freunde. Stelle ich es nur recht an, so kann mir sogar ein Statthalterposten übertragen werden. Dann könnte ich eine Frau mit einigem Vermögen heimführen ... und das ist die Krone meiner Wünsche» (*Conf.* VI,11,19).

Zur gleichen Zeit wuchs in ihm das Verlangen, sich einem Menschen anzuvertrauen. Er sprach mit Alypius und mit Nebridius. Alypius riet ihm davon ab, eine regelrechte Ehe einzugehen. Das würde ihn nur daran hindern, in jener Philosophengemeinschaft zu leben, mit der sie damals liebäugelten.

Nach einer intimen Erfahrung während seiner Jugendzeit war Alypius nun frei von sexuellen Leidenschaften und wurde deshalb von seinen Freunden bewundert. Augustinus aber sah keinen Anlaß, die Tugend des Freundes zu teilen. Die Freuden des Familienlebens und die Leidenschaft für die Studien schienen ihm durchaus miteinander verträglich. Wieviele große Männer hatten es verstanden, beide Lebensformen in Einklang zu bringen! (Vgl. *Conf.* VI,12,21).

Manchmal vermochten solche Gespräche den Kampf in seinem Innern zu beschwichtigen; dann aber wieder verschärften sie ihn nur noch mehr. Wie konnten seine Freunde auch ahnen, welcher Aufruhr in seiner Seele herrschte, wenn er selbst weder Zeit noch Worte fand, um sich zu erklären, was in ihm vorging? (Vgl. *Conf.* VII,7,11).

Als er sein akademisches Lehramt übernahm, hatte Augustinus beim Bischof von Mailand, Ambrosius, einen Antrittsbesuch gemacht. Das war gewiß nicht nur aus Höflichkeit geschehen. Wie Symmachus, oder noch stärker als er, konnte Augustinus nicht umhin, die moralische Lauterkeit und hohe Bildung dieses Mannes zu achten. Zu keiner Zeit seines Lebens war Augustin ein Sektierer, nicht einmal, als er tatsächlich einer Sekte – derjenigen der Manichäer – seinen Namen lieh. Und selbst später, als die öffentliche Meinung in ihm einen unerschütterlichen Streiter für die katholische Lehre sah und dies ihm zahllose Feinde schuf, die sich nicht scheuten, ihn moralisch und physisch anzugreifen, bewahrte er sich jene kultivierte Menschlichkeit im Umgang mit anderen Menschen – ganz gleich, welcher Lehre sie anhingen –, die ebenso bezeichnend für ihn war wie seine Treue zur Lehre.

Kaum war er in Mailand angekommen, machte er neben anderen Würdenträgern auch Ambrosius seine Aufwartung. Und mit einem Adverb, das er eigens dafür geschaffen hat, bringt er zum Ausdruck, wie er empfangen wurde: «*Episcopaliter!*» Es scheint kaum möglich, diese Wortbildung angemessen wiederzugeben: Bischöflich? Wie es sich für einen Bischof schickt? Unübersetzbar! In diesem Adverb, das Augustinus zehn Jahre nach dem Ereignis der Begegnung formen und niederschreiben sollte, in seiner unauslöschlichen Erinnerung an Ambrosius' Verhalten, ist noch etwas spürbar von der Unmittelbarkeit einer Autorität, einer väterlichen Güte, einer Einfühlsamkeit, eines Respekts für den anderen (denn auch Augustinus bedeutete etwas für Ambrosius!), die in dieser Begegnung Ausdruck fanden.

Und wen sah Augustinus in Ambrosius – auch wenn er zunächst vielleicht noch zögerte, es sich selbst einzugestehen? Im Bischof von Mailand trat ihm die *Kirche* selbst entgegen.

Die erste Begegnung zweier Menschen wie dieser, die scheinbar nur von begrenzter Bedeutung und Tragweite war, barg so in Wahrheit geschichtliche Größe in sich.

Als Ambrosius in jenem Herbst des Jahres 384 den afrikanischen Professor bei sich empfing, war er genau fünfzig Jahre alt, Augustinus nicht mehr als dreißig. Derselbe Ambrosius nötigte vier Jahre später, am Weihnachtsfest des Jahres 390, den Kaiser Theodosius wegen dreier Stunden der Grausamkeit, wegen des Blutbads von Thessaloniki, zu öffentlicher Buße (vgl. Ambr. *Epist.* L; und *De civitate Dei* V,26).

Schon damals begann Augustinus diesen Mann hochzuschätzen, wenngleich nur der Faszination wegen, die von ihm ausging. Wie auch hätte er in ihm schon den berufenen Lehrer einer Wahrheit sehen sollen, die er noch nicht in der Kirche zu finden hoffte?

Obwohl er der Religion gegenüber immer noch skeptisch war, begann er in der Folgezeit mit einer gewissen Regelmäßigkeit die großen Predigten zu besuchen, die Ambrosius in der Bischofskirche der heiligen Thekla vor dem Volk von Mailand hielt. Gewiß leitete ihn dabei zunächst ein ausschließlich literarisches Interesse. Der junge Professor der Rhetorik wollte sich persönlich davon überzeugen, ob das Rednertalent des Bischofs wirklich so bedeutend sei, wie sein Ruf behauptete. So achtete er nur auf den schönen, an Cicero erinnernden Satzbau, während der Inhalt ihm unwesentlich schien. Und dennoch! Diese gelehrte und weiche Redeweise war wie Musik . . . Und über die Form drang allmählich auch der Inhalt ins Herz (vgl. *Conf.* V,13,23).

Ambrosius' Katechese hatte ihren Grund in jener Heiligen Schrift, die Augustinus ihres schlichten Lateins wegen verachtet hatte. Immerhin schien ihm nun, als ließen sich die Aussagen des Redners zur Not wohl verteidigen, und bald kam er zu dem Schluß, daß die katholische Lehre der Vernunft keineswegs widersprach.

Ein Rationalist mag von der Sprache der Heiligen Schrift enttäuscht sein und sich an Sagen und Märchen erinnert fühlen. Doch Ambrosius war ein Meister in der Kunst, diese Schriften zu deuten: leicht und faßlich für die einfachen Geister, scharfsinnig und gründlich für die Gebildeten dieser Welt. Vom Anbruch des Tages bis zum Abend sann er über die Worte der Heiligen Schrift nach und hatte ihren Schlüssel gefunden: die wirkliche Bedeutung des Schriftwortes hinter seiner allegorischen Einkleidung, die es zu entschlüsseln galt.

Augustins spätere Predigttätigkeit läßt sich verstehen als ein Wettstreit mit Ambrosius, dessen Vorbild er viel zu verdanken hat. Vielleicht war sein Stil leidenschaftlicher, vielleicht auch plastischer – in ihren Grundzügen aber bleibt seine Schriftauslegung die gleiche, die er damals in Mailand kennengelernt hatte. Noch in dem Bischof Augustinus erkennt man so den Katechumenen des Ambrosius wieder.

Noch hielt die trennende Wand in seinem Innern stand. Diese Atmosphäre, dieser Bischof, dieses Volk, das ihm voller Begeisterung anhing, diese Verkündigung alter und erhabener Dinge, dieser Gesang, dessen Dichter und dessen Komponist Ambrosius selber war, diese Liturgie – sie waren wie Regentropfen, die auf einen von der Sonne ausgedörrten Boden fielen. Doch die Mauer stürzte nicht ein.

DAS LICHT PLOTINS

In Mailand machte Monika sich nun weniger Sorgen um Augustinus als in Afrika, doch forschte sie in seinem Gesicht mit den aufmerksamen Augen der Mutter. Ja, sie spürte, daß die Mauer in der Seele ihres Sohnes noch nicht wankte. Doch konnte es für sie keinen Zweifel geben, daß sie eines Tages einstürzen würde. Mit dieser Sicherheit beschränkte sie sich darauf, die Lage zu beobachten, jederzeit bereit, auf taktvolle Weise in den Verlauf des Geschehens einzugreifen. Augustinus hatte indessen nicht mehr den Mut, ihrem Glauben mit Arroganz und Trotz zu begegnen.

Monika, die weniger schüchtern und voreingenommen war als ihr Sohn, besuchte täglich mindestens zweimal die Kirche und hatte jederzeit freien Zutritt zu Ambrosius. Wir müssen sie uns vorstellen, wie sie den Worten des Bischofs zuhörte, Seite an Seite mit ihrem Sohn, wenn dieser sie begleitete. Während Augustinus mehr der Form Beachtung schenkte, stärkte sie sich am Inhalt der Predigt.

Damals war es Brauch, den Grabstätten der Märtyrer und den Gräbern der Verstorbenen Trankopfer darzubringen. Monika füllte ihren Korb mit Fladenbrot und einem kleinen Krug Wein. Eines Tages verwehrte ihr der Wärter den Eintritt: Ambrosius hatte diesen Brauch verboten, da er Anlaß zu Trinkgelagen gegeben hatte. Da deckte Monika ihren Korb wieder zu und gehorchte, hatte es doch Ambrosius verboten. Augustinus zweifelte später daran, daß sie genauso bereitwillig dem Verbot eines anderen gefolgt wäre.

Der berühmte Bischof kannte Monika gut und brachte ihr große Achtung entgegen. Augustinus bemerkt dazu: «Oft, wenn er mich sah, lobte er sie und beglückwünschte mich zu einer solchen Mutter» (*Conf.* VI,2,2). Die Kritiker, die Ambrosius eine eher kühle Haltung gegenüber Augustinus und Desinteresse an seiner Bekehrung vorwerfen, sollten bedenken, mit welch feinem Takt dieser Vertreter der Kirche handelte. Er verzichtete auf deutliche und direkte Gesten und beeinflußte Augustinus stattdessen durch dessen Mutter, denn er wußte, wie sehr Augustinus sie liebte. Manche Geistliche lassen sich, sei es aus Übereifer oder Naivität, angesichts eines Ungläubigen von dem ausschließlichen Wunsch leiten, diesen um jeden Preis zu bekehren. Ambrosius gehörte nicht zu ihnen, er wußte die Menschen zu führen.

Doch war es ein mühsamer Weg. Anfangs wußte Augustinus die Haltung des Ambrosius kaum zu deuten, zumal dieser weder dem berühmten Gelehrten schmeichelte noch sich von dem Ungläubigen distanzierte. Er handelte einfach wie ein nobler Charakter.

Augustinus wiederum hielt ihn für einen glücklichen Menschen, denn er genoß Ansehen bei den Mächtigen. Und es rührte ihn geradezu, daß das Zölibat Ambrosius zwang, allein zu leben. Wie konnte ein so feiner und gebildeter Mann ohne die Liebe einer Frau auskommen? In seinen Bekenntnissen gesteht er: «Was für Hoffnungen er aber in seinem Innern hegte, wie er gegen die Versuchungen seiner hohen Stellung kämpfte, welchen Trost in Widerwärtigkeiten er hatte und welche süßen Freuden der Mund seines Herzens beim Genuß deines heiligen Leibes kostete, das konnte ich nicht ahnen und hatte ich nie erfahren» (*Conf.* VI,3).

Manchmal, wenn er in der Kirche die Predigt hörte, schienen einige Worte des Bischofs auf eine Erfahrung anzuspielen, die er selbst in dieser Zeit gemacht hatte. Dann kam ihm in den Sinn, Ambrosius spreche vielleicht ihn persönlich an und seine Augen sähen ihn unten in der Kirche, wo er sich wie ein Zöllner versteckte. «Spricht er zu mir? Ist das möglich?»

Dann wieder überlegte Augustinus: «Er ist von einer solchen Größe, daß ihn nicht einmal im stillen die Anwesenheit des ersten

Universitätsprofessors des *cursus publicus* von Mailand in seiner Kirche in Verwirrung bringen würde!» Und diese Einsicht betrübte ihn. «Wüßte er nur von den Stürmen, die in der Seele dieses kleinen Afrikaners toben!»

Augustins geistlicher Hunger blieb ungestillt. Denn hatte Ambrosius eine freie Stunde, sah Augustinus ihn in Studien vertieft und wagte nicht, ihn zu stören. So verließ ihn jeglicher Hochmut, und er erkannte sein Elend: Er war der unglücklichste Mensch von ganz Mailand – jener Mann, dessen Haus einzustürzen droht und der nicht weiß, wohin er angesichts der drohenden Katastrophe seine Zuflucht nehmen soll.

Interessant ist, wie Augustinus seine Versuche beschreibt, mit Ambrosius zu sprechen. Seiner Schilderung zufolge gab es nur wenige Augenblicke, in denen das Auge des Volkes nicht auf dem heiligen Bischof lag – nicht nur wenn er die Messe zelebrierte, sondern auch wenn er ganz für sich allein war, wenn er las oder meditierte. Ambrosius arbeitete in einem Raum direkt neben der Apsis, deren Tür stets geöffnet blieb. Wer die Kirche betrat, sah diesen Mann, wie er über eine Handschrift gebeugt saß.

Augustinus kam herein und näherte sich ihm auf Zehenspitzen. Einer der vielen Besucher, die mit ihm sprechen wollten, war schon im Raum. Andere warteten. «Unzählig viele Menschen» waren manchmal da, schreibt Augustinus. Für ihn wurde schon dies zum Hinderungsgrund: warum diesen vielbeschäftigten Menschen noch mehr belasten?

Und traf er ihn einmal alleine an, war er so tief in seine Lektüre versunken, daß er Augustinus, der wie ein kläglicher Bettler vor seiner Türe stand, nicht einmal wahrzunehmen schien. Augustinus hätte schreien mögen, doch wagte er nicht einmal zu atmen. Immer noch auf Zehenspitzen trat er zurück, um sich zu verbergen. Enttäuscht verließ er die Kirche.

Nach Hause zurückgekehrt, mußte Augustinus immer wieder an die Szene denken. Ambrosius' angespannte Konzentration ließ ihm keine Ruhe. «Die Bibel! Gewiß, für ihn muß sie eine Goldgrube sein!» Und auch er nahm sie wieder zur Hand. Und es war, um sein eigenes Bild zu benützen, als würde er die reich mit Kunstwerken ausgestatteten Räume eines Palastes erforschen, den er zuvor seiner schmucklosen Fassade wegen gering geschätzt hatte. Vor allem die Paulusbriefe fesselten ihn.

Alte und neue Argumente gerieten in seinem Innern durcheinander. Wie Nebelschwaden verdichteten sie sich zu Wolken – erste Windböen kündeten vom Aufkommen des Sturms.

Noch hatte er das «Problem Gott» nicht gelöst. Er hatte keine Verbindung mehr mit den Manichäern aufgenommen, aber ihre unklaren Vorstellungen von einem Gott, der von feinster Materie durchdrungen sei, waren noch nicht zerstoben.

Auch das sittliche Problem, seine lodernde Sinnlichkeit, war noch keiner Lösung nahe. Seine Freunde, die ihn liebten und ihm helfen wollten, erschwerten zudem die Situation. Alypius riet ihm von einer Heirat ab. Andere redeten ihm zu. Doch angesichts seines gesellschaftlichen Erfolges, der ihn bereits zu den wichtigsten Persönlichkeiten der damaligen Zeit erhoben hatte, sowie der Möglichkeit, daß ihm weitere ehrenvolle Pflichten angetragen werden könnten, mahnten ihn alle, natürlich mit der nötigen Diskretion, daß es sich unbedingt um ein Mädchen aus guter Gesellschaft handeln müsse, ein Mädchen von Stand. Und diese Mahnungen erfüllten ihn, der schon mit so vielen ungelösten Problemen belastet war, mit zusätzlicher Bitterkeit.

Dennoch versuchte er sich nichts von seinen Ängsten anmerken zu lassen, vor allem zuhause und in Gesellschaft von Freunden nicht. Ja, er zwang sich sogar zu einer Unbefangenheit, die, da sie so ganz und gar nicht seiner seelischen Verfassung entsprach, gerade in jenen Augen, die ausschließlich auf ihn gerichtet waren, den Augen seiner Gefährtin, lediglich wie verlegene Heuchelei wirkte.

Es begann nun schon das zweite Jahr seiner Mailänder Lehrtätigkeit. Der Herbst ließ die Tage kürzer werden, früh schon brachen die Abende und die langen Nächte an. Und diese feuchten lombardischen Nebel, die so unerträglich für einen Afrikaner waren!

Er beschritt die Pfade in sein Inneres, die endlos wie die Nächte waren, als ein einsamer Wanderer. Doch folgte jemand seinen Schritten ... Und das versetzte ihn noch mehr in Furcht, denn er sah niemanden in der Dunkelheit der Nacht, die keine Schatten wirft. Aber er hörte den Klang dieser geheimnisvollen Schritte, die den seinen folgten.

Plötzlich, mit einem Mal, fiel ein neuer Lichtstrahl in seine Seele.

Manlius Theodorus hatte ihm einige Bücher gegeben. Sie befaßten sich mit einer Philosophie, die unter den aufgeklärten Geistern gerade in Mode gekommen war: eine Philosophie, die *Neoplatonismus* genannt wurde, weil sie aus den Lehren Platons entstanden war.

Plotin – geboren 205 n. Chr. in Ägypten, gestorben mit 65 Jahren in Minturno in Kampanien – hatte sie ins Leben gerufen. Seine Gedanken wurden von seinem Schüler Porphyrios verbreitet. Er schrieb seine Biographie und veröffentlichte sein Werk, das er den Themen entsprechend in sechs mal neun Kapitel aufteilte: die *Enneaden*. Von seinem Lehrer sagt er, daß «es ihm lästig gewesen sei, einen Körper mit sich herumtragen zu müssen». Außerdem habe er kein Fleisch gegessen, keinerlei Medizin eingenommen, ja nicht einmal die Bäder besucht; er habe sich täglich massieren lassen, bis zu dem Zeitpunkt, da seine Bader von der Pest dahingerafft worden seien. Auch habe er an Koliken gelitten (vgl. Porphyrios, *Vita* I,1-3). Weiter berichtet Porphyrios, einmal habe er sich das Leben nehmen wollen, doch Plotin habe ihn daran gehindert. «Mach keine Dummheiten», sagte er. «Wie», staunte der Schüler, «du bist deines Körpers überdrüssig und solltest zufrieden sein, daß ich mich meinem Seelenheil zuliebe von dem meinen befreien möchte . . .» «Mit der Seele hat das hier nichts zu tun», antwortete der Philosoph, «es ist deine Leber, die nicht richtig arbeitet. Mach eine Reise nach Sizilien und werde gesund . . .» Porphyrios gehorchte und war bald von seiner Niedergeschlagenheit geheilt. Aber seine Abwesenheit hinderte ihn daran, seinem Lehrer zur Seite zu stehen, als dieser starb (*ebd.* II,11).

Damals las Augustinus einen Teil der *Enneaden* in der Übersetzung des Rhetors Marius Victorinus. Später lernte er noch weitere Kapitel kennen. Was für eine mitreißende Entdeckung, die er da machte!

Viele Gemeinsamkeiten gab es zwischen der Lehre Plotins und der christlichen Vorstellung von Gott: sein rein geistiges Wesen, die Entstehung des Wortes, die Dreifaltigkeit, die von göttlichem Licht erleuchtete menschliche Seele.

Nichts jedoch davon, daß das Wort Fleisch geworden ist und Gott seinen eingeborenen Sohn nicht geschont, sondern ihn für uns alle hingegeben hat (vgl. *Conf.* VII,9,14).

Weshalb können wir nicht leugnen, Christen zu sein? hat Benedetto Croce einmal gefragt. Weil das Christentum die wirkliche Fleischwerdung des Wortes ist, weil das Christentum die Erlösung ist in dem Skandal und der Torheit des Kreuzes, in der das Leben über den Tod siegt. Aus einer nicht vollkommenen Wahrheit entstand die Widersprüchlichkeit der Teilwahrheit: tatsächlich bewahrte der Neoplatonismus in sich Überreste von Götzenverehrung und Vielgötterei. Die Wahrheit aber, die er in sich barg, war schon viel für einen ehemaligen Manichäer und Materialisten. Sie reichte in diesem Augenblick aus, den Aufschwung, den Augustinus in seinem Innern erfuhr, in Bahnen zu lenken, die ihn Gott und dem Wort Gottes näherbringen würden.

Eines Abends in diesem Winter suchte Alypius zu später Stunde das Haus des Augustinus auf. Er trat ein und begrüßte die beiden Frauen. Adeodatus schlief schon, und die Mutter führte Alypius einen Augenblick zu ihm, damit er ihn anschauen konnte.

Trotz des rauhen Klimas, das die Jahreszeit mit sich brachte, war es im Haus warm und gemütlich. Augustinus schaute kaum auf, als der Freund das Studierzimmer betrat. Er fuhr in seiner Lektüre fort und begrüßte ihn als vertrauten und lieben Freund: «Alypius!»

«Wie geht es dir?» fragte Alypius.

«Ich habe eine Entdeckung gemacht!» sagte Augustinus. Er hob das Buch, das er gerade in Händen hielt, ein wenig höher und fuhr fort: «Hast du jemals von den *Enneaden* des Plotin gehört?»

«Wer gab dir diese Bücher?» fragte Alypius.

«Manlius Theodorus. Er bildet sich zwar ziemlich viel auf seine Bildung ein, aber für Bücher hat er wirklich ein gutes Gespür. Für diesen Hinweis muß ich ihm dankbar sein. Ich komme zu neuen Erkenntnissen! Du wirst denken, daß ich übertreibe, daß ich aufgeregt bin . . .»

«Ich denke gar nichts . . .» antwortete Alypius. «Du weißt doch, welchen Respekt ich vor deiner moralischen Lage habe, welche Achtung vor deinem Genius . . .»

«Schmeichle mir nicht, Alypius! Wäre ich ein Genie, so wäre es ein von der Leidenschaft gedemütigtes . . .»

«Ich habe beschlossen, mich nicht zu verheiraten. Würdest aber du eine Ehe eingehen, so könnte es sein, daß auch ich es täte . . .» (vgl. *Conf.* VI,12,22).

«Im Moment denke ich nicht einmal an meine Heirat. Alypius, glaube mir! Nachdem ich dies gelesen habe . . . ich weiß nicht, was es ist . . . Oft schon wußte ich nicht, was in mir vorgeht. Du erinnerst dich, wie oft wir schon über Gott sprachen, mit welchem Fanatismus ich, als Manichäer, die Auffassung verteidigte, Gott sei aus einem Stoff beschaffen, und sei dieser Stoff auch noch so fein . . . Hier, dieses Wort, von dem die Platoniker sprechen, dieses *Gottesbewußtsein*, erinnert auf sonderbare Weise an das Johannes-Evangelium . . . Das Seelenleben, Alypius, ich beginne es zu entdecken. Ein Leben, das auch in unserem Innern wohnt. Eine Stimme sagt mir: ‹Entferne dich nicht von dir, gehe wieder in dich, in der Seele des Menschen wohnt die *Wahrheit!*› Sag mir, bin ich ein Verblendeter, der einer Fata Morgana folgt . . .»

«Wie sollte ich dir nicht glauben, Augustinus?»

«Alypius, ich sehe mit den Augen der Seele, wie getrübt sie auch immer sein mögen, etwas, das über die Seele selbst hinausgeht . . . wie soll ich es dir erklären, Alypius . . . Ja, etwas, das meinen Verstand übersteigt, verstehst du? Dort sehe ich ein Licht . . . ein Licht, das ich nie zuvor erblickte! Es bewegt sich nicht, sondern ruht in sich selbst, und ist doch so voller Leben! Ich sage es noch einmal: es ist nicht das Licht, das wir mit unseren Augen sehen, sondern ein unvergleichlich intensiveres Licht, von anderer Natur als das gewöhnliche Licht, und wenn es mit der Helligkeit der Sonne leuchten würde. Nicht dieses Licht! Es ist anders, völlig anders! Es ist ein geheimnisvolles Licht, Alypius! Ich spüre nun, daß es eine Verbindung gibt zwischen diesem geheimnisvollen Licht und meinem Dasein: aus diesem Licht bin ich gemacht! Als würde man selbst zum ersten Mal einen Moment der Schöpfung durchleben . . . als würde ich bewußt den Augenblick begreifen, in dem ich noch nicht bin und plötzlich da bin . . . aus dem Nichts zum Sein ... ein Augenblick, ich weiß es nicht, ob mehr des Feuers oder der Helligkeit ... Ein Licht, das jenseits meines Daseins existiert, doch Schöpfer meines Daseins ist! O Licht der *Wahrheit*, Licht der *Liebe*, Licht der *Ewigkeit*, fast möchte ich laut ausrufen ... singen: O Wahrheit, du ewige, o Liebe, du allein wahre, o Ewigkeit, allein liebenswert!» (vgl. *Conf.* VII,10,16).

Tränen standen in seinen Augen. Alypius blickte ihn an wie verzaubert.

Die Lektüre Plotins war für ihn eine Taufe mit innerem Licht.

Das Unfaßbare!

Gedanke, losgelöst von der Sinnenwelt –

Liebe, frei von Sinnlichkeit –

Verzückung, mit dem Einen vereint!

Hat Plotin die Kirchenväter erleuchtet? Basilius von Cäsarea (330-379) schöpfte aus ihm, als er in dem kleinen Werk *Der Heilige Geist* jene Regionen ergründete, in denen Gott unzugänglich wohnt. Auch Ambrosius schöpft aus ihm, wenn er uns von den *Ekstasen* des heiligen Paulus berichtet (vgl. *Jakob* I,7,29) und das Böse als Mangel an Gutem definiert – diese Definition hatte später großen Einfluß auf Augustinus, der dieses philosophisch-moralische Prinzip weiterentwickelte.

Aber trotz dieser Erleuchtung war Augustinus noch nicht an seinem Ziel angelangt.

Manchmal geschieht es, daß in einem von dichten und schwarzen Wolken verhangenen Himmel – Wolken, die das Aufkommen eines Gewitters ankünden – ein Teil dieses undurchdringlichen Dunkels aufreißt, und durch den Riß fluten die machtvollen Strahlen des Sonnenlichts. Doch zugleich sind sie Vorboten eines Sturms: Jeden Moment kann am Himmel der Kampf losbrechen. Wie an einem solchen Himmel sah es in Augustins Seele aus.

In diesen Tagen faßte er sich in der Kirche St. Thekla ein Herz und sprach Ambrosius an: «Meine Mutter hat dir sicherlich schon von mir berichtet ...» Der Bischof, gekleidet in seinen Chormantel, hörte aufmerksam seinen Worten zu, ohne selbst etwas zu sagen. «Ich bin als Sohn einer Katholikin geboren, und auch mein Vater starb im katholischen Glauben. Gleich nach meiner Geburt wurde ich als Katechumene eingetragen. Nun, ich weiß nicht, wie es mit mir weitergehen soll ... Ich möchte in die Schar deiner Katechumenen eintreten ...»

Ambrosius hob die Hand wie zum Segen, eine Geste des Verständnisses und väterlicher Zärtlichkeit. Dann sagte er:

«Kennst du den Priester Simplicianus?»

«Ich habe von ihm gehört ...»

«Gut, suche ihn auf ... geh und sprich mit ihm. Dieser Priester wird dir helfen.»

DER VERZICHT DER GELIEBTEN

Der 22. November 385 sollte für Augustinus zu einem Tag des öffentlichen Ruhmes werden: man feierte den 10. Jahrestag der Herrschaft Kaiser Valentinianus' II., und dem Inhaber des Lehrstuhls für Rhetorik oblag es, die Lobrede zu halten.

Während der Tag herannahte, an dem Augustinus als Redner vor dem ganzen Adel Mailands aufzutreten hatte, gelang es ihm sogar, seiner inneren Unruhe Herr zu werden. War dies nicht das ersehnte Ziel eines jeden Vertreters der Redekunst? «In der eigenen Ausdrucksweise aufzugehen, sich selbst zu rühmen, indem man Lobreden deklamierte, nicht einmal um jemand anderen darin zu unterrichten oder zu ermuntern, sondern einzig um den Ohren der Zuhörer ein Vergnügen zu bereiten» (vgl. *Doct. Crist.* IV,25,55). Er hatte die Rede verfaßt, gefeilt, verbessert und immer wieder mit lauter Stimme vorgetragen, bei sich daheim und vor den Freunden, die verschiedensten Nuancen in Tonfall und Mimik ausprobiert . . .

Mit einem Schwarm von Freunden und Bewunderern ging er an jenem Nachmittag durch die Straßen und Gassen Mailands zum Palast. Es war ein trüber Tag, das Straßenpflaster war glitschig vom feuchten Nebel. Mit erhobenem Haupt und gemessenem Schritt gingen sie dahin. «Bleib ruhig, denk daran, Pausen zu machen, und schau hin und wieder zu Alypius . . .», rieten sie ihm.

Als sie von einer breiten Straße in eine Gasse einbogen, rempelte ihn ein Betrunkener. Er schwankte auf den Beinen, doch grüßte er fröhlich. Augustinus wollte ihn ignorieren und schwieg. Dennoch ließ ihm die unerwartete Begegnung keine Ruhe, und er wandte sich an Alypius, der neben ihm ging: «Hast du gesehen, wie der sich freut? Der ist glücklicher als wir.»

«Ein armseliger Betrunkener!»

«Ich weiß, aber auf seine Art ist er glücklich! Ein Glück, das zwar mit dem Rausch vergeht, wenn er ihn heute Nacht ausschläft, doch zufrieden mit dem Wein, den er für ein paar Pfennige bekommt ... Wir aber tragen unseren Rausch ständig und seit jeher mit uns herum, des Nachts, wenn wir schlafen, und morgens, wenn wir aufwachen. Der Rausch der Ruhmsucht, wenn wir je Ruhm erlangen! Und wieviele Sorgen quälen uns auf dem Weg dorthin, Sorgen, die er nicht kennt ...»

«Du würdest also mit dem Betrunkenen tauschen wollen?»

«Nein, keinesfalls, ich will lieber ich selbst sein. Aber nicht anders zu sein als er: das ist es, was mich ärgert! Er hat nur eine Abkürzung genommen und ist noch vor uns am Ziel. Und ich sage noch einmal, dazu braucht er nur etwas Wein, den er sich mit Betteln verdient, und wer ihm ein Almosen gibt, dem schickt er seine guten Wünsche hinterher. Wir haschen nach Rauch, Alypius! Verbreiten Lügen! Lügen, wie ich sie gleich vortragen werde ...» (vgl. *Conf.* VI,6,9).

Und er hielt seine Lobrede voller Lügen.

Es ist bedauerlich, daß in der überlieferten Sammlung *Antike Lobreden*, gehalten von gebildeten Männern des öffentlichen Lebens, diese Rede fehlt. Wir hätten dann nachlesen können, welcher Mittel sich Augustinus bediente, um den Mächtigen der Welt zu schmeicheln ...

Nun müssen wir auf einen dramatischen Moment in Augustins Gefühlsleben zu sprechen kommen, der allein eine Folge seines gesteigerten öffentlichen Ansehens war.

Augustinus näherte sich seinem zweiunddreißigsten Lebensjahr und befand sich in glänzender und gesicherter Position, auch wenn sie nicht frei von Problemen war. Wer sollte seine *legitime* Lebensgefährtin werden? Seit etwa fünfzehn Jahren lebte eine

Frau mit ihm zusammen; sie hatte ihm einen Sohn geschenkt, den er innig liebte und der das Band zwischen den beiden festigte. Doch warum ein Trauma heraufbeschwören, nur um eine mißliche Situation zu bereinigen? Augustinus mußte sich nur an den diskreten Rat eines Freundes halten: «Die Position, die du in der Öffentlichkeit innehast, gebietet dir, dich ordnungsgemäß zu verheiraten. Und zwar mit einer Frau von Stand, die in den Kreisen, in denen du dich bewegst, Anerkennung findet!» So etwa lautete die soziale und rechtliche Denkart der damaligen Zeit, die mehr der zivilen als der kirchlichen Ordnung entsprach. Aber das Zivilrecht schuf auch die Bedingungen für die kirchlichen Rechte.

Die Biographen des heiligen Augustinus gehen über einen so menschlichen Fall gern eilig hinweg. Manch einer schiebt die Verantwortung allein Monikas Machenschaften zu.

Nun, es kann kein Zweifel herrschen, daß einer Mutter wie Monika das Schicksal ihres Sohnes am Herzen lag. Augustinus selbst berichtet: «Und unaufhörlich setzte man mir zu, eine Frau zu nehmen. Schon hielt ich an, schon erlangte ich das Jawort, denn die Mutter gab sich vorzüglich Mühe ...» (*Conf.* VI,13,23).

Henri J. Marrou, ein bedeutender Kenner des heiligen Augustinus und seiner Zeit, schreibt: «Wenn man sich wundert, warum Monika nicht darauf bestanden hat, die Situation ordnungsgemäß zu regeln, so aus Unkenntnis maßgeblicher Strukturen des Adels in der römischen Gesellschaft. Eine solche Heirat (zwischen einem Adligen und einer Frau niederer Herkunft) war nicht nur undenkbar, sondern von Gesetzes wegen unmöglich. Die kaiserliche Gesetzgebung verbot dem Angehörigen eines privilegierten Standes, eine Frau von niedriger Herkunft zu heiraten. Und dies war bei der Mutter des Adeodatus zweifellos der Fall.» *

Es war also nicht Monika, die sich hier durchsetzte: ihr Einfluß auf den Sohn hätte dazu auch nicht ausgereicht, denn Augustinus liebte sie zwar, doch hatte er der Mutter in religiöser und moralischer Hinsicht nie nachgeeifert. Vor allem aber war kein Zynismus im Spiel. Monika machte sich Vorwürfe wegen des bisherigen Sexuallebens ihres Sohnes; sie war familiären Querelen aus dem

* Vgl. *Saint Augustin et l'augustinisme*, S. 24.

Weg gegangen, um seine Studien nicht zu stören. Da sie nun einerseits einsehen mußte, daß sein Konkubinat nicht legitimiert werden konnte, und andererseits Augustins Willensschwäche in fleischlichen Begierden kannte, lag ihr viel daran, ihm bei der Suche nach einer Ehefrau zu helfen, die er ihrer Meinung nach als einen Notanker brauchte. Das war im wesentlichen die Situation. Ansonsten wurde sicher sowohl des Guten zuviel als auch zuwenig getan; das richtige Maß wurde nicht gefunden. Auch Monika tappte im dunkeln und betete darum, im Traum Hinweise zu erhalten, was sie ihrem Sohn raten solle. Doch diesmal blieb die Botschaft aus.

Die langjährige Gefährtin kehrte mit großer Würde nach Afrika zurück. Wenige, doch brennende Worte sind uns überliefert, die Augustinus niederschrieb, damit Zeitgenossen und Nachkommen von dem Leid erführen, das diese Trennung in ihm hervorrief: «... da die Frau – gewissermaßen das Hindernis meiner Vermählung – von meiner Seite gerissen war, mit der ich das Lager zu teilen pflegte, wurde mein Herz, weil es an ihr hing, zutiefst verwundet und blutete» (*Conf.* VI,15,25).

Ein Schmerzensschrei, der bis in unsere Tage dringt. Ausgestoßen nicht zum Zeitpunkt der Trennung, sondern über zehn Jahre später. Augustinus war bereits zum Bischof der Kirche ernannt worden, als er diese Zeilen niederschrieb.

Aber abgesehen von diesem Schrei umgibt Augustinus die Identität dieser Frau und die Einzelheiten der Trennung mit einem Schleier würdevoller Zurückhaltung. Als wolle er der ‹Ungenannten› ein Gesicht verleihen, als stiller Schatten einer großen Liebe. War sie die ‹Rivalin Gottes›, die das nach Schönheit dürstende Herz verführte? Der Nachtrag zu dem Bericht zeugt von der selbstlosen Hingabe dieser Frau. Wenn eine Liebe verzichtet und in die Trennung einwilligt, um den Aufstieg des Geliebten nicht zu behindern, so kann es sich nicht nur um körperliche Liebe gehandelt haben. Beide müssen viele Tage des Leides durchlebt haben.

«Du hast dich verändert, Augustinus! Etwas Wesentliches hat sich zwischen uns gewandelt, seitdem ich dich hier in Mailand wiedertraf ...»

Auch einem außergewöhnlichen Mann kann es geschehen, daß er sich den Argumenten einer Frau, die sich zurückgewiesen fühlt, nicht zu entziehen vermag. Mehr als irgendwelchen Worten vertraute er seinen Gefühlen. Das aber komplizierte die Situation noch. So sagte er zu seiner Frau: «Wüßte ich nur, wie ich dir helfen könnte, mich zu verstehen! Weder ich habe mich verändert noch du ... eher ist unsere Liebe in das Netz der menschlichen Gesetze geraten ...»

«Aber ich verstehe sehr gut! Ich bin eine arme Dienstmagd und du bist ein Mann von Rang! Du gehst im Palast ein und aus, in den ich nicht einmal meinen Fuß setzen darf, und unterhältst offizielle Beziehungen zu Persönlichkeiten, die meinen Stand verachten. Das alles verstehe ich nur zu gut! Deine Mutter distanziert sich noch mehr als sonst von mir, sogar Alypius ist befangen ... Ich fühle mich einsamer als an jenem Tag, als du aus Afrika abreistest und mir so sehr fehltest. Ich verstehe auch, was du mir nicht erklären möchtest, weil es dich schmerzt, das weiß ich! Ich darf dir nichts vorwerfen, aber die Kälte deiner Mutter und Alypius' Verlegenheit sind nichts gegen meine Gefühle, wenn ich dich anschaue und in deiner Seele lese ...»

Augustinus schwieg. Er kämpfte innerlich mit sich, zwischen der Hingabe an einen *Unbekannten* und seinem Verhalten als Mann gegenüber einer Frau, die nichts besaß, ihm aber ihre ganze wache Einfühlsamkeit geschenkt hatte und nun alles tat, um ihm den Weg frei zu machen ...

Auch wenn es noch so schmerzt: in der Liebe muß ein Mensch, wenn er aufrichtig die Wahrheit sucht und sie befolgt – und das tat Augustinus –, die Möglichkeit akzeptieren, daß er zum geschlagenen Gegner eines Weggefährten werden kann ... In diesem Moment hätte er sein Leben dafür gegeben, wenn ihm dieses Gespräch erspart geblieben wäre.

Die Frau, hellsichtiger und stärker als er, besänftigte ihn: «Sei ganz ruhig! Ich kenne meine Pflicht als treue Frau und glaube, dir das schon bewiesen zu haben. Ich kenne dich gut und kenne deine Qualen ..., die auch die meinen sein mußten, denn ich liebte dich ja ... Meine, meine ganz persönlichen Qualen, abgesehen davon, daß ich die deinen teilte! Viele Jahre gingen wir in unserer Liebe den gleichen Weg, zusammen werden wir auch dem Pfad der Entbehrung folgen ... Nicht aber, um dir den Weg für deine Karriere zu ebnen ... Ich fühle, daß es etwas anderes ist, das dich drängt ... und es drängt auch mich ...»

Augustinus schaute sie flehentlich an. In seinen Augen standen Tränen.

Als sei sie ohne ihr eigenes Wissen mit dem Auftrag betraut, einen Besiegten zu demütigen, drang nun die *Ungenannte* in ihn: «Ich habe mich nie von dem Gott, dem Gott deiner Mutter, entfernt, das weißt du! Immer dachte ich darüber nach, wo unsere Liebe begann ... Du, du suchtest mich eines Tages in einer Kirche, wo gerade gebetet wurde ... Augustinus! Auch mir ist ein Geheimnis auferlegt. Ich möchte es nicht einmal lösen, aber ich muß es achten ... Siehst du? Zwischen uns kann es keine Streitereien geben ... Ich bin es nun, die dich bittet, mich gehen zu lassen ... Ich muß gehen, muß aus deinem Leben weichen. Und glaube mir, ich will es mit Würde tun. In den letzten Monaten hier in Mailand habe ich viel nachgedacht. Ich habe dich nie betrogen und werde dich nie betrügen: Ich lasse dir ein Pfand: unseren Adeodatus ... Ich weiß, wie sehr du ihn liebst, wie sehr Monika an ihm hängt ... Laß mich nach Afrika zurückkehren, Augustinus! Ich werde keinen Mann mehr kennen, ich schwöre es bei Gott ... und auch du, Augustinus, geh mit Gott ...»

Und so ging sie fort, nach Afrika.

Etwa fünfzehn Jahre später schrieb der Bischof von Hippo, der gerade vierzigjährige Augustinus, das dreizehnte Buch seiner *Bekenntnisse*, worin von diesem Drama und der damit einhergehenden körperlichen Entbehrung die Rede ist. Vielleicht las die *Frau*, die gleichfalls in einem Kloster oder an einem anderen Ort ihr Leben Gott geweiht hatte, diese Botschaft und verstand sie, gestärkt durch ihre neue Liebe, die auch in der Schuld ein Element der Gnade sah. Vielleicht spürte sie auch, daß sie mit ihrem würdevollen und schmerzlichen Verzicht dazu beigetragen hatte, der Welt den größten geistlichen Führer zu geben, den besten Kenner der menschlichen Seele. Allein dadurch, daß sie in die Verborgenheit gegangen war.

Von all dem hatte Monika nicht zu träumen gewagt, als sie Gott vergeblich um die Gnade einer Traumerscheinung anrief.

Die Trennung von der *Ungenannten* bewirkte in Augustinus einen moralischen und seelischen Zusammenbruch. Wenn er von diesem Abschnitt seines Lebens sprach, urteilte er stets mit unerbittlicher Ehrlichkeit, ohne sich darum zu sorgen, daß er damit ja seinen Gegnern Argumente lieferte, die, auch wenn er sie selbst der Öffentlichkeit preisgab, zur Verleumdung des früheren Verhaltens eines nun im Amte befindlichen Bischofs dienen konnten und womöglich jene einfachen Menschen verwirrten, die ihn wie einen heiligen *pater* liebten.

Wer mit Blick auf die Würde des Bischofsamtes lieber nicht an gewisse Ereignisse, die durch die Bekehrung zu Gott *getilgt* worden waren, erinnert werden mochte, der fand in Augustinus keinen Verbündeten.

Augustinus vielmehr beschrieb auch die Kehrseite der Medaille, um vor aller Welt frei herauszusagen: wer auch immer ich jetzt bin, früher war ich so völlig anders, daß es mir nicht möglich gewesen wäre, mich zu ändern – hätte mich nicht die göttliche Gnade gewendet wie ein altes Gewand.

In seinen eigenen Worten ausgedrückt: «... ich Elender vermochte nicht einmal das Beispiel dieses Weibes nachzuahmen. Da ich erst nach zwei Jahren die Frau erhalten sollte, um die ich warb, wollte ich nichts von Aufschub wissen, nicht als Freund der Ehe, sondern als Sklave der Wollust. Daher verschaffte ich mir eine andere, aber nicht als Gattin ... Die Wunde, die mir die Trennung von der ersten Frau geschlagen hatte, heilte auch nicht, sondern ging nach dem Brand und wütenden Schmerz in Fäulnis über; sie schmerzte nun zwar weniger, dafür aber bestand um so weniger Hoffnung» (*Conf.* VI,15,25).

Man hatte als zukünftige Frau für ihn eine zwölfjährige Mailänderin aus gutem Hause gewählt – ihm, einem zweiunddreißigjährigen Mann, der wie Horaz von sich behaupten konnte: *«Vixi puellis nuper idoneus et militavi non sine gloria»* * (Bis vor kurzem

* *Oden*, III, 26.

besiegte ich Mädchen genug und habe nicht ohne Auszeichnung gedient). Indem man ihn zum Mentor eines Kindes machte, gab man ihn der Lächerlichkeit preis. Um den herrschenden Sitten zu genügen, mußten zwei Jahre gewartet werden: zwei Jahre der Keuschheit für diese hungrigen Sinne! Die Flucht in eine neue, oberflächliche Beziehung, so beleidigend sie auch für die frühere Freundin war, schlug ihn ganz in ihren Bann. Der Satz, mit dem er die Beschreibung des Mädchens beendete, das seine Frau werden sollte – «und doch gefiel sie allen!» –, hat einen ironischen Beiklang: *allen, nur mir nicht!*

DAS GESPRÄCH MIT SIMPLICIANUS

Gedemütigt von dieser Situation, suchte Augustinus Hilfe bei Simplicianus, einem wahrhaft heiligen Priester. Simplicianus war ein ungemein geistvoller Mann, doch frei von jeder Überheblichkeit, *schlicht* in seinen Worten und Taten, obwohl ihm sein öffentliches Ansehen Kontakte und Freundschaften mit großen Männern seiner Zeit verschaffte.

Von Rom war er nach Mailand gekommen, als Ratgeber des Ambrosius, den er auch taufte, als das Volk ihn zu seinem Bischof erkor.

Augustinus traf ihn in seinem bescheidenen Hause an, dessen Einrichtung aus zahllosen Büchern bestand. Weder nachlässig noch übertrieben empfing er den berühmten Rhetor.

Diesem verehrungswürdigen und erfahrenen, doch nicht zur Bischofswürde erhobenen Priester von schlanker, ein wenig gebeugter Gestalt, feinen Gesichtszügen und lebendigen Augen konnte Augustinus leichter sein Herz ausschütten als Ambrosius. Als er zu sprechen begann, schien es, als wolle er zwischen seinen weit geöffneten Armen Zuflucht suchen: «Es herrscht solche Unruhe in mir, mein Vater!»

«Nur Mut», ermunterte ihn Simplicianus.

«Ich kann meinen Weg nicht finden! Ich fühle in mir ein Drängen zu Gott, vieles in mir hat sich seit einiger Zeit gewandelt, anderes ist schwerer geworden. Ich habe die Kirche kennengelernt, habe oft den Worten des Bischofs Ambrosius zugehört, ich verehre ihn. Ich weiß, wenn ich in die Kirche eintrete ... auch dann werde ich keine vollkommene Einheit gefunden haben. Auch die Gewässer der Kirche sind nicht immer ruhig, der eine strebt in diese Richtung, der andere in jene – aber die Welt, die mich früher so anzog, läßt mich nun kalt. Streben und Gewinnsucht sind nun Dinge, die mich nur belasten. Vater, ich werde bald zweiunddreißig. Vierzehn Jahre lang, bis vor kurzem, habe ich mit einem Mädchen zusammengelebt. Mich quält das Verlangen nach einer Frau ...»

«Aber es gibt die Ehe, niemand hindert dich, in den Stand der Ehe zu treten ...» antwortete der heilige Priester.

«Ja, das soll ich auch tun! Unterwirft man sich aber dem Eheleben, so heißt das mit Sicherheit auch, daß man gewisse Pflichten übernimmt. Ich habe Gefallen an Frauen, ich habe Gefallen an der Philosophie ...»

«Welche Philosophen, die du gelesen hast, gefallen dir?»

«In der letzten Zeit faszinierten mich vor allem die Bücher eines gewissen Plotin, die ich in der Übersetzung eines Rhetors namens Victorinus gelesen habe.»

«Oh, Victorinus, Victorinus ...» unterbrach ihn Simplicianus, als habe Victorinus soeben sein Haus betreten und er wolle ihn nun begrüßen.

«Ich weiß, daß er bekehrt wurde, daß er als Christ starb ...»

«Und welch ein Christ!» bestätigte der alte Priester. «Er war ein vertrauter Freund von mir, und ich kann dich nur beglückwünschen, daß du gerade auf diese Schriften gestoßen bist, die von der Idee und dem Wort Gottes so tief durchdrungen sind.» Er hielt für einen Augenblick inne und machte eine Geste, als wolle er den ihm gegenüber sitzenden Augustinus streicheln. Ein Lächeln blitzte in seinen Augen auf, während er mit seinem weißen Kopf nickte und langsam den Namen wiederholte: «Victorinus, Victorinus ...» Dann sagte er: «Möchtest du hören, wie Victorinus Christ wurde?»

«Erzähl es mir, mein Vater!»

«Er war ein hochgelehrter Greis, bewandert in allen freien Künsten, da er ja die Schriften so vieler Philosophen gelesen und gedeutet hatte und der Lehrer so vieler vornehmer Senatoren gewesen war. Nun, erst vor kurzem haben sie ihm auf dem Forum eine Statue errichtet. Bis in sein hohes Alter war er ein Verehrer der falschen Götter und Teilnehmer an jenen gottlosen Mysterien geblieben, mit denen sich damals fast der ganze römische Adel besudelte und auch das Volk für den Glauben an Osiris und alle möglichen Ungeheuer gewann – darunter den hundsköpfigen Anubis –, die einst auf Neptun und Venus und Minerva ihre Geschosse gerichtet hatten und zu denen dasselbe Rom, das sie besiegt hatte, nunmehr flehte. So lange hatte sie der Greis mit donnernden Worten verteidigt, jetzt aber schämte er sich nicht, ein Diener Christi, ein Kind von Gottes Gnadenquell zu werden, seinen Nacken unter das Joch der Demut zu beugen und seine Stirn unter die Schmach des Kreuzes zu senken. Er las die Heilige Schrift, suchte und durchforschte alle christlichen Bücher und sagte dann zu mir, nicht öffentlich freilich, sondern eher heimlich und im Vertrauen: ‹Du mußt wissen, daß ich auch schon ein Christ bin.› Da entgegnete ich: ‹Ich glaube es nicht eher und zähle dich nicht eher zu den Christen, als bis ich dich in der Kirche sehe.› Lachend antwortete Victorinus: ‹Also machen die Mauern den Christen?› Und öfters erklärte er so, ein Christ zu sein, aber immer gab ich ihm die gleiche Antwort, worauf er freilich ebensooft sein Gespött über die Mauern wiederholte. Denn er fürchtete, bei seinen Freunden, den stolzen Götzenverehrern, Unmut zu erregen, und glaubte, ihre Feindschaft würde ihn gewaltig treffen. Dann aber sagte er eines Tages plötzlich zu mir: ‹Laß uns zur Kirche gehen, ich will Christ werden.› Da wußte ich mich vor Freude kaum zu fassen und ging mit ihm dorthin. Sobald Victorinus aber in die ersten Geheimnisse der christlichen Lehre eingeweiht war, ließ er sich zum Erstaunen Roms und zur Freude der Kirche in die Zahl der Taufanwärter aufnehmen. Endlich kam die Stunde heran, da er das Glaubensbekenntnis ablegen sollte. In Rom pflegen diejenigen, die Gottes Gnade empfangen wollen, dies in ganz bestimmten, auswendig gelernten Worten von einem Podium aus vor den Gläubigen zu tun. Die Priester schlugen ihm nun vor, es in der Abgeschiedenheit zu tun. Doch Victorinus wollte sein Glaubensbekenntnis öffentlich ablegen. Als er auf das Podium hinaufstieg, wurde ein freudiges Gemurmel laut: ‹Victorinus! Victorinus!› Wer kannte ihn nicht? Vor Begeisterung hätten sie ihn am liebsten entführt . . .» (vgl. *Conf.* VIII,2,3).

Augustinus folgte der Erzählung des Simplicianus mit gespannter Aufmerksamkeit. Die Umstände waren die gleichen, und in der Gestalt des Victorinus erkannte er sich selber wieder. Auch er trug einen bekannten Namen, und würde er sich gleichfalls zum katholischen Glauben bekehren, so geschähe es nach ganz ähnlichen Erfahrungen.

Wir müssen aber noch an einen weiteren Umstand denken: Derselbe Priester Simplicianus, der Augustinus hier Trost zusprach und mit Hilfe eines Beispiels für den Glauben gewann, schrieb später, als er nach dem Tod des Ambrosius Bischof von Mailand geworden war, an den Bischof von Hippo und legte ihm verschiedene theologische Streitfragen vor, um von ihm Aufschluß über den katholischen Glauben zu erlangen. Dazwischen waren kaum zehn Jahre vergangen.

DIE BEGEGNUNG MIT AMBROSIUS

Die Anziehung, die der angesehene Bischof Ambrosius, Beschützer des Volkes und Ankläger der Mächtigen, auf ihn ausübte, wie auch die Sympathie und das Vertrauen, die er für Simplicianus empfand, beschleunigten Augustins Entschluß, sich als Katechumene einschreiben zu lassen.

So lernte er eine neue Art von Freundschaft kennen; sie unterschied sich in manchem von derjenigen, die ihn mit seinen Gefährten in der Welt verband und die nur seinen Stolz vermehrte, da er unter ihnen stets den ersten Platz einnahm.

Die Freundschaft mit Ambrosius flößte ihm Scheu und Ehrfurcht ein, obwohl der Bischof seine Gefühle der Wertschätzung und des Respekts erwiderte. Zu Ambrosius ging man nicht akademischer Debatten wegen: wenig konnte man ihm geben, doch vieles erhielt man von ihm zurück. Er war ein Sachwalter der göttlichen Geheimnisse.

Wer sich in die Schar der Katechumenen einreihte, ging in jenen Zeiten keine feste Verpflichtung ein, sich einige Monate später zu einem festgesetzten Datum auch taufen zu lassen. Der Unterricht war vielmehr eine erste religiöse Orientierung, der Anfang eines möglicherweise langen Weges, ein Sympathiebekenntnis für den katholischen Glauben. Man konnte jahrelang Katechumene bleiben. Doch man war Schüler des christlichen Glaubens und hatte damit die Pflicht auf sich genommen, die

Schule zu besuchen, in der der Glaubensunterricht stattfand. Die Ausbildung der Katechumenen und ihre katechetische Unterweisung fielen natürlich in die Zuständigkeit des Bischofs, der oft genug auch in eigener Person unter den Schülern erschien, um sie in die katholische Religion einzuführen; ganz besonders, wenn die Zeit drängte, weil die Kandidaten im Glauben herangereift waren und sich anschickten, aus Katechumenen zu Täuflingen zu werden – bereit und voller Begierde, sich im Bad der Taufe reinwaschen zu lassen, was meist in der Osternacht geschah. Ambrosius selbst hatte den zeitlichen Rahmen für die intensive Glaubensvorbereitung festgesetzt, die traditionsgemäß am Sonntag Septuagesima begann; so dauerte die Unterweisung die gesamte Fastenzeit an und endete in den Tagen vor dem Ostersonntag mit dem Ritus der Waschung des Körpers am Gründonnerstag und der *traditio symboli*, der feierlichen Mitteilung des Credo.

Die dogmatischen Traktate des heiligen Ambrosius wie *Auslegung des Glaubensbekenntnisses, Über die Sakramente, Über die Mysterien* oder *Über die Buße* waren Mitschriften seiner katechetischen Vorlesungen für die Täuflinge, die ein Schreiber aufzeichnete, während der Bischof zu seinen Schülern sprach.

Nun muß man aber nicht meinen, Augustins Taufe und Aufnahme in die Kirche wäre bald darauf erfolgt. Sie lag noch in ziemlich ferner Zukunft, und so müssen wir uns fürs erste mit der Nachricht begnügen, daß er Katechumene der katholischen Kirche wurde. Seine Pflichten entsprachen etwa denen, die wir oben beschrieben haben.

Dank den großen Bischöfen, denen die einzelnen Ortskirchen unterstanden, bildete die Katechese in jenen frühen Zeiten des Christentums das Fundament des Glaubens, wie er im täglichen Leben des Volkes, in den Grundelementen der Liturgie, in der Weitergabe der apostolischen Lehre und in der bildenden Kunst mit ihrer tiefen Symbolsprache seinen Ausdruck fand. Die Katechese prägte so die lebendige Kirche, jenen *Gottesstaat*, der Augustinus später so wichtig wurde.

Eines Tages – der Unterricht war eben beendet – ging Ambrosius noch herzlicher als gewöhnlich auf ihn zu. Er ergriff seinen Arm, und während er mit ihm zu sprechen begann, führte er ihn in sein Haus. Vielleicht hatte Monika dem Bischof von der Krise berichtet, in die Augustinus die Abreise jener *Ungenannten* gestürzt hatte, und von den Sorgen, die ihm die Wahl der neuen Braut bereiteten. Vielleicht auch hatte Simplicianus dem Bischof von seinem Gespräch mit dem jungen Professor der Rhetorik erzählt, und davon, was er damals in seiner Seele fand.

«Ich habe von der glänzenden Rede gehört, die du bei Hof zum Geburtstag des Kaisers gehalten hast . . .», sagte Ambrosius zu ihm und schaute ihn mit einem Blick an, der tief in seinem Innern forschte.

Augustinus antwortete mit abwehrender Bescheidenheit, als wolle er dem Erfolg jede Bedeutung nehmen, da er ihn selbst als unwesentlich empfand. Er gab Ambrosius zu verstehen, daß er eine andere Hilfe brauchte, um seinen Konflikt zu lösen.

Im Gespräch wahrte Ambrosius diplomatische Zurückhaltung. Er verzichtete auf jeden Versuch, den andern gleich für seine Sache zu gewinnen oder ihm ein Urteil über die gerade heiklen Beziehungen zwischen Kaiserhof und Bischofsresidenz abzunötigen. Was ihn in diesem Augenblick allein in Anspruch nahm, war das Schicksal dieses jungen Philosophen, dessen Gesicht die Spuren eines inneren Kampfes trug. Wie ein guter Arzt besaß Ambrosius einen gleichsam diagnostischen Blick, dem schon kleine Anzeichen genügten, um eine sichere Diagnose zu stellen.

«Ziemlich schwer, euch heute abend diesen Hymnus beizubringen», begann er.

«Ich habe auch mitgesungen, und mit Begeisterung . . .» unterbrach ihn Augustinus. Dann fuhr er fort: «Meine Stimme ist nicht besonders kräftig oder ausdauernd. In der Schule muß ich mich immer sehr anstrengen, meine Stimme wird rasch leise. Ich will deshalb auch einen Arzt aufsuchen. Doch wenn ich in der Kirche mitsinge, wie heute abend, halte ich ohne große Mühe bis zum Ende durch und wünsche sogar, der Gesang ginge noch weiter . . .» Er fügte hinzu, daß diese Riten «ihm eine innere und äußerst freudige Genugtuung verschafften» und daß die Versammlung der Gläubigen «mehr mit dem Herzen als mit dem

Munde sänge» (*Conf.* IX,4,8). Bescheiden bekannte er, er wisse nicht, wie anderswo das Leben in den Gemeinden aussehe. Gewiß, in seiner Kindheit . . . doch Tagaste war eine bescheidene Kleinstadt. Und danach, als junger Mann, hatte er in Karthago gelebt. Aber das waren alte, halbvergessene Erinnerungen.

Nun fragte Ambrosius ihn nach der katholischen Gemeinde in Karthago, nach den liturgischen Riten in Afrika. Doch geschickt brachte Augustinus das Gespräch wieder auf die Verhältnisse in Mailand zurück. Wenn er in Karthago je die Kirche besuchte, hatte er mehr auf hübsche Mädchen geachtet als auf den Gottesdienst. Doch das Bild der Kirche von Mailand, dieser festgefügten, brüderlichen Einheit, geschart um ihren Bischof und geistlichen Hirten, die innigen Gebete während der Feier der Liturgie, die Choräle, wie er sie nie zuvor vernommen hatte, all dies hatte ihn zutiefst bewegt.

«Bei den zahllosen Schwierigkeiten, die der Hof uns täglich macht», fuhr Ambrosius fort, «halten uns nur die abendlichen Gottesdienste mit gemeinsamem Gebet und Chorgesang aufrecht . . .»

Mit diesen Worten spielte Ambrosius auf Vorgänge an, die auch Augustinus bekannt waren. Die Spannungen zwischen dem Kaiserpalast und der bischöflichen Kurie in Mailand nahmen ihren Ausgang im Frühjahr des Jahres 385, als die ehrgeizige und intrigante Kaiserinmutter Justina – die Mutter Valentians II., die den Arianern und ihrem Gegenbischof Ausentius nahestand –, Ambrosius zwingen wollte, den arianischen Häretikern eine katholische Kirche für ihren Kult abzutreten. Ambrosius aber, unterstützt vom gläubigen mailändischen Volk, hatte den Besitz dieser Kirche verteidigt und Justinas Zorn Tag und Nacht widerstanden.

Im Januar des Jahres 386 hatte der gleiche Versuch sich wiederholt. Auch diesmal waren sich die Arianer der Gunst des Hofes sicher und verlangten die *basilica portiana.* Von neuem zog sich der Bischof, umgeben von einer Schar seiner Gläubigen, in das bedrohte Gotteshaus zurück. Von allen Seiten umzingelte kaiserliches Militär das Gebäude, in der Hoffnung, es nach einigen Tagen mit Gewalt zu nehmen. «Sicher haben sie schon Hunger und sind erschöpft», sagten sie. Doch aus dem Innern der umstellten Basilika drang zuversichtlicher, feierlicher Chorgesang.

Diese Auseinandersetzung sollte sich noch ein drittes Mal wiederholen. Diesmal erhöhten die Arianer noch den Preis: sie forderten nun nicht mehr die *basilica portiana*, sondern die innerhalb der Stadtmauern gelegene *basilica nova*. Ambrosius schickte dem Hof eine Nachricht im Telegrammstil: *Es ist mir nicht möglich, der Sekte der Arianer eine Kirche des allmächtigen Gottes abzutreten.* Wieder gelang es dem Bischof, sich durchzusetzen.

Obwohl Augustinus damals noch ein Würdenträger des Staates war, unterstützte er die Gläubigen um Ambrosius. Zwar war er noch nicht getauft, doch kannte er seine Pflicht als Katechumene der Kirche und beteiligte sich an diesem katholischen Widerstand. Es scheint, als sei auch ihm dieses Zusammenwirken geistlicher und weltlicher Interessen bewußt gewesen: «Und auch ich selbst, obgleich im Innern noch nicht erwärmt von der Glut Deines Geistes, wurde lebhaft ergriffen von der Bestürzung und Verwirrung, die damals in der Bürgerschaft herrschte . . .» (*Conf.* IX,7). Augustinus berichtet ferner, daß Ambrosius sich während der Verfolgung als «ganzer Mann» zeigte und seine Mutter in jenen Tagen große Mühen ertrug, stets «die erste im Leiden, im Wachen, und im Gebet» *(ebd.)*.

Wir fragen uns, welche Bedeutung Augustins Beteiligung an diesem katholischen Widerstand gegen die arianischen Verfolgungen beizumessen ist. Offensichtlich erschien ihm die Kirche durchaus nicht als so «kindlich», wie er sich selber glauben machen wollte. Sie war vielmehr eine Größe geworden, die es zu verteidigen galt.

Am Ende des Gesprächs entließ Ambrosius seinen Gast mit der Frage: «Warst du schon bei dem Priester Simplicianus?»

Augustinus bestätigte ihm, er habe ihn als einen höchst liebenswürdigen Menschen kennengelernt, einen ebenso gebildeten wie heiligen Mann.

Auch von seinem Interesse für die Lehren der neuplatonischen Philosophie zeigte der Bischof sich unterrichtet. Doch er mahnte ihn zugleich: «Kein Weg führt von der Erde zum Himmel, sondern es gibt nur den einen Weg, auf dem Gott selbst herniedersteigt zu den Menschen, die er aus reiner Gnade erlösen will. Und niemand stieg je zum Himmel auf – nur der, der vom Himmel herabgestiegen ist. Dies lehrt uns der Evangelist Johannes. Und wir wissen, er redet die Wahrheit!»

DIE STIMME DES KINDES

Uns ist es heute nicht mehr möglich, an Augustins Rhetoriklektionen in der Aula des *studium academicum* in Mailand teilzunehmen. Unser Leben beschränkt sich auf die Zeit zwischen Geburt und Tod, und viele Dinge entgehen uns auch während dieser Zeit. Aber was könnten wir mehr wünschen, als einer von seinen Schülern gewesen zu sein. Denn gewiß war Augustinus ein faszinierender Lehrer. Ungeachtet seiner inneren Kämpfe gelang es ihm während seines Unterrichts, wenn nicht den Zustand seiner Seele zu verbergen, so doch, eine Art von äußerer Ruhe auszustrahlen. Er war dazu geboren, andere Menschen zu leiten.

Nach seiner Bekehrung fällte er ein recht negatives Urteil über seine frühere Tätigkeit als Rhetoriklehrer: «Und ich beschloß vor Deinem Angesicht, vom Dienst meiner Zunge auf dem Marktplatz der Geschwätzigkeit nicht geräuschvoll, sondern unauffällig zurückzutreten, damit nicht länger Knaben, *die Dein Gesetz nicht beachten,* aus meinem Munde statt Deines Friedens lügenhaften Unsinn und Gerichtsstreitereien, die Waffen ihrer Leidenschaft, kauften» (*Conf.* IX,2). In Wirklichkeit jedoch handelte es sich bei Augustins Unterricht gewiß nicht um «leeres Gerede», wie er später meinte, wenn auch diese Art Unterricht keine umfassende moralische Bildung und Unterweisung des Schülers darstellen mochte. Ohne Zweifel standen oberflächliche Motive wie etwa Karrierestreben und Gewinnsucht im Vordergrund. Doch verstand

Augustinus es später – wie vor ihm schon Ambrosius und Hieronymus –, aus dem Studium der antiken Schriftsteller reichen inneren Gewinn zu ziehen. Denn all diese Kirchenlehrer hätten es kaum zu solcher Fruchtbarkeit auf schriftstellerischem Gebiet und zu solcher Sprachgewalt in ihren Predigten gebracht, hätten sie nicht zuvor die Schule der antiken Autoren durchlaufen. Und obendrein hatten sie den unschätzbaren Vorzug, lateinisch zu sprechen, zu schreiben und zu denken.

Was nun Augustins damalige Lehrtätigkeit betrifft, so hatte sie wohl vor allem zum Inhalt, die Sprachkultur zu fördern und zu vermitteln – Rhetorik vornehmlich verstanden als *Redekunst.* Es ging vor allem um die brillante Formulierung, um gegnerische Einwände zum Verstummen zu bringen – um «convincere», «delectare» und «commovere». Diese drei Hauptziele schreibt Cicero – das zweifellos unerreichte Vorbild römischer Beredsamkeit – in seinem *Dialogus de oratore* dem fähigen Redner zu: «Beredt darf genannt werden, wer auf dem Forum so zu reden versteht, daß er *überzeugt, erfreut* und *bewegt.* Zu überzeugen ist unerläßlich, zu erfreuen macht Eindruck, zu bewegen bedeutet den Sieg. Der Redner sei darum gründlich und unerschöpflich im Überzeugen, überlegt und überlegen im Erfreuen, entschieden im Bewegen der Hörer» (vgl. *Orator* XXI,69). Doch war es keineswegs die Absicht der antiken Theoretiker der Rhetorik, eine Art redender Maschine zu konstruieren. Nach Cicero mußte der Redner vielmehr auf allen Wissensgebieten bewandert und erfahren sein – zunächst in allem, was unmittelbar zum Gegenstand der Rhetorik zählte, sodann aber in der Naturphilosophie, in der Religion und in allen Humanwissenschaften der Antike, zum Beispiel den Rechtswissenschaften, der Geschichte und der Chronologie vergangener Ereignisse des eigenen Landes wie auch anderer Völker, besonders der mächtigen und angesehenen unter ihnen (vgl. *ebd.* XXXIV,119f.). Dies alles betraf den Gegenstand der Rede, noch nicht den Stil.

Augustinus, der sich durch die Lektüre von Ciceros *Hortensius* von höchsten moralischen Zielen hatte entflammen lassen, versäumte es gewiß nicht, mit seinen Schülern von dieser Erfahrung zu sprechen. Und auch von anderen Autoren wird in seinem

Unterricht die Rede gewesen sein: Vergil, Sallust, Varro. Augustinus kannte all ihre Schriften. Sie waren ihm kaum weniger vertraut als diejenigen Ciceros. Er soll sie später in seinen Predigten als Bischof zitieren. Manchmal auch klingt Ciceros Mahnung nach, es nicht auf bloßen, leeren Beifall der Menge abzusehen, sondern auf die Tränen der Zuhörer. Vor allem aber soll nicht die Rede um ihrer selbst willen das Ziel sein.

Auch müßte man wissen, wieviel von der geistlichen Erfahrung Augustins, der Entdeckung der «Innerlichkeit» auf Plotins Spuren, sich nach außen mitteilte. Denn er war ja ein ausnehmend kommunikativer Mensch.

Weniger ruhig als der Unterricht verliefen die Stunden, die er daheim in der Ungewißheit zubrachte. Sein Sohn besuchte Verecundus' Unterricht und zeigte großes Talent für Sprache und Grammatik. Alle behandelten Adeodatus mit einer Liebe, die über das gewohnte Maß hinausging, seit seine Mutter nach Afrika zurückgekehrt war und im Haus ein Gefühl der Leere hinterlassen hatte.

Und auch aus diesem Grund war Augustins Seele schwer von Gedanken. Sein neues Liebesverhältnis war für ihn mehr Last und Anlaß zur Beängstigung als ein Grund zur Freude. Die Begegnungen mit der neuen Geliebten fanden nicht zu Hause statt.

Was die *Mailänderin* anging, die ihm zur Gattin bestimmt war und sein Haus eines Tages als Herrin betreten sollte, so ließ sie sich nur selten sehen, und auch er wahrte ihr gegenüber Distanz. Dachte er an diesen Punkt, so empfand er Sorge um Adeodatus: «Gib acht, daß sie ihn mir nicht verderben . . .»

In der Nacht fand er nur wenig Schlaf. Gequält warf er sich auf seinem Lager hin und her, alles schien ihm ungewiß. Ihm war, als müsse sein Dasein nochmals ganz von neuem beginnen. So schmiedete er Pläne für die Zukunft: «Dann werde ich eine Frau heimführen, mit einigem Vermögen, damit sie meine Ausgaben nicht vermehrt . . . Das ist das Ziel meiner Wünsche. Viele große Männer, die würdig der Nachahmung sind, haben für die Wissenschaften gelebt und doch zugleich Frauen gehabt . . . Denn gar zu unglücklich, glaubte ich, würde ich sein, wenn ich die Umarmung einer Frau entbehren müßte . . .» (*Conf.* VI,11,19f.).

Unterdessen aber verging die Zeit, und die Winde bliesen das Schiff seines Lebens einmal hierhin und einmal dorthin. Seine persönlichsten Lebensentscheidungen verschob er von Tag zu Tag, und alles blieb in der Schwebe. Er sehnte sich nach einem glücklichen Dasein, noch aber empfand er Furcht, das Glück dort zu suchen, wo es tatsächlich zu finden war. Und so floh er in Wahrheit vor dem Glück, das er doch zugleich schon mit ganzer Seele suchte.

Das Licht, das ihm in den Schriften Plotins aufgeschienen war, durchdrang seine Seele stets von neuem. Gott war für ihn kein ungewisses Produkt der Einbildung mehr, vielmehr sah er ihn zunehmend in Jesus Christus verkörpert. Und in der katholischen Gemeinde von Mailand, an deren Spitze Ambrosius als Ortsbischof stand, gewann für ihn nun auch die Kirche selbst sichtbare und menschliche Gestalt.

Doch noch fehlte ihm die Beständigkeit. Manchmal fühlte er sich hoch emporgehoben in einer Vision von Schönheit. Dann wieder spürte er die Last eines Gewichts, das ihn tief hinabdrückte, sowohl seelisch wie auch moralisch. «Und diese Last» – so sollte er später sagen – «war meine angewohnte Neigung zum Leben aus dem Fleisch . . .»

Oft sprach er darüber zu Hause bei Tisch mit Monika und Alypius. Seine Mutter und sein Freund waren sich darin einig, ihn aufzuheitern und die Last seiner Sorgen nicht noch zusätzlich zu vermehren.

Christi Leben und göttliche Botschaft wurden ihm täglich mehr Gegenstand tiefer Bewunderung. Zugleich begriff er den gewaltigen Unterschied, der Plotin von dem Evangelisten Johannes schied – eine Kluft, die in einem einzigen Satz beschlossen lag: «*Et verbum caro factum est, et habitavit in nobis* . . . Und das Wort ist Fleisch geworden und hat unter uns gewohnt.» Davon wußte Plotin nichts.

Alypius besaß eine persönliche Überzeugung, die es ihm schwermachte, sich zum katholischen Glauben zu bekennen: «Wahrhaftig, ich kann mir nicht vorstellen, wie Gott menschliche Gestalt annehmen könnte. Wenn dieser Mensch göttliche Natur und Wesenheit in sich trägt, wozu braucht er dann eine menschliche Seele? Die Gegenwart des Göttlichen würde sie doch völlig überflüssig machen.»

«Nein, Alypius», antwortete Augustinus «das ist nicht wahr! Ambrosius drückt sich sehr genau und mit Bedacht aus, wenn es sich um Christus handelt. Und Christus war wahrer Mensch, ein Mensch wie wir: mit Körper, Seele und Geist ... Und so zeigt ihn uns auch der Bericht der Evangelisten: keine unserer Eigenschaften ist ihm fremd, die in der Seele ihren Ursprung haben und sich von der Seele aus dem Körper mitteilen. Wäre Christi menschliche Natur nur ein Trug, so scheint mir, alles in der christlichen Lehre bräche zusammen ...»

«Wahrer Gott und wahrer Mensch!», bekräftigte Monika, indem sie die Formel aus dem Bekenntnis ihres Glaubens wiederholte.

Nicht lange danach schrieb Augustinus selbst mit gläubiger Inbrunst: «Zu Recht richtet sich meine ganze Hoffnung auf Ihn, daß Du all meine Krankheiten heilen wirst durch Ihn, der zu Deiner Rechten sitzt und für uns Fürsprache einlegt. Sonst müßte ich verzweifeln: denn vielfach und groß ist meine Krankheit – noch größer aber ist das Heilmittel, das Du bestimmt hast» (vgl. *Conf.* X,43,69). Damals aber fragte er seine Mutter: «Meinst du Mutter, daß es nicht ausreicht, zu sehen, wohin man gehen möchte, sondern daß man auch vor Augen haben muß, wie man dahin gelangt?»

Und Monika antwortete ihm: «Das hast du gut gesagt! Wie man gehen soll, den rechten Weg des Glaubens. Und sollte das Beispiel eines so großen Mannes wie Ambrosius nicht genügen? Ich war mir meines Glaubens stets gewiß, doch seit ich ihn getroffen habe, bin ich es mehr denn je ...»

Durch diese Keime christlicher Glaubenswahrheit, die Predigten des Ambrosius, das vertraute Gespräch mit seiner Mutter Monika und nicht zuletzt durch seine Abkehr von seiner früheren, weltlichen Lebensweise schlug der Glaube der Kirche nach und nach in Augustinus Wurzeln. Verwundert und voller Scham mußte er sich aber fragen, warum mit diesem langsamen Wachstum im Glauben keine Beruhigung seiner sinnlichen Leidenschaft einherging. Im Gegenteil, sie lastete noch drückender auf ihm als zuvor. Er empfand das Bedürfnis, über diese Qual, die ihm wie ein unauslöschliches Fieber erschien, mit Ambrosius zu sprechen. Auch er war ein Mann und mit seinen zweiundfünfzig Jahren noch keineswegs ein Greis. Und doch hatte er keine Frau. Augustinus wollte ihn zu gerne unter vier Augen fragen: «Sag mir, mein Bischof, ich glaube ja, daß du enthaltsam lebst, aber sag mir: wie stellst du es an? Sag mir wenigstens, ob du wirklich glücklich bist oder nicht einfach nur gute Miene zum bösen Spiel machst?»

Niemand wunderte sich darüber, daß der glänzendste Redner der Rhetorikschule von Mailand regelmäßig zur Kirche kam, um Ambrosius predigen zu hören. Doch beim Unterricht mit den anderen Katechumenen scheute er sich, Fragen zu stellen, von denen er fürchten mußte, sie könnten zu schwierig sein oder zu naiv oder auch einfach zu persönlich.

Um Augustins damalige religiöse Situation auf einen Nenner zu bringen, könnte man mit Dantes Bild sagen, er sei «aus dem Meer an den Strand gespült, zu Füßen eines Hügels». Er war damals fast im selben Alter wie der große Dichter des Christentums, der gleichfalls von einer Bekehrung berichtet, von seinem Entschluß, «den wunderbaren Hügel zu erklimmen», und der plötzlich seinen Weg von drei allegorischen Fabeltieren, versperrt findet. Wie immer sie auch zu deuten sein mögen – sie stehen für das, «was in der Welt ist, die Begierde des Fleisches und die Begierde der Augen und die Prunksucht des Reichtums» (1Joh 2,16). Augustinus und Dante sagen uns beide, daß die «wilden Tiere» in der Tiefe des Herzens hausen und die wahre Bekehrung behindern, auch wenn die Vernunft sich bereits dazu aufgeschwungen hat, die Wahrheit zu bekennen und anzunehmen.

Es war an einem heißen Augusttag des Jahres 386. Die glühende Sonnenhitze versetzte ganz Mailand in einen Zustand leichter Betäubung. Von den Alpen her aber strömte kühlender Wind, und zahllose Wälder in der weiten Ebene milderten die unbarmherzige Glut des Sommers. Die Luft jener Zeit aber war noch rein, nicht verschmutzt, wie wir es in unseren Tagen gewohnt sind. Zwischen prachtvollen Gebäuden arbeiteten trotz der gnadenlosen Sonne Handwerker und Angestellte des Staates. Kaiserliche Milizen durchstreiften die verschiedenen Bezirke der Stadt. Die Schulen nahmen ihre Zöglinge wieder auf, um erst zum Herbstbeginn, zur Traubenlese, ihre Pforten wieder zu schließen. Jene Zeit kannte noch nicht die Ferienatmosphäre unserer Tage.

Auch Augustinus, dessen Lunge unter der täglichen Beanspruchung seiner Stimme litt, ging Morgen für Morgen zur Akademie, um seine Rhetoriklektionen abzuhalten.

An jenem Tag aber ruhte er aus, und nur Alypius befand sich bei ihm, als es an seine Tür klopfte. Draußen stand Ponticianus, ein Würdenträger des kaiserlichen Hofes, auch er ein Afrikaner. Er war gekommen, um mit seinen Landsleuten ein wenig zu plaudern. Beim Eintritt in Augustins Arbeitszimmer sah er auf dem Tisch ein Buch liegen. Wie aus Zerstreuung nahm er es in die Hand, blätterte darin und entdeckte zu seinem Erstaunen, daß es die Briefe des Apostels Paulus enthielt. Augustin sagte ihm lächelnd, dies sei das einzige Buch, das er derzeit in seinem Zimmer habe. Offensichtlich war Ponticianus, ein eifriger Christ, auf alles eher gefaßt als auf dies. Mit freudigen Augen sah er Augustinus an, als wollte er fragen: «Aber wie ist es nur möglich, daß sich so etwas ausgerechnet bei dir findet?» Augustinus gab ihm zur Antwort, diese Lektüre fessele ihn schon seit langem. Ponticianus war hocherfreut, er beglückwünschte den Freund und sich selbst. Und dann kam die Rede auf Antonius den Eremiten, dessen Name damals in aller Munde war, von dem aber Augustin noch nie gehört hatte.

Nach und nach belebte sich das Gespräch und wurde immer interessanter. Ponticianus erzählte Augustin und Alypius vom wundersamen Leben des ägyptischen Einsiedlers. Sie folgten seiner Erzählung mit größter Aufmerksamkeit, ganz als beträfe sie selbst, was er sagte. Dann wandte sich die Unterhaltung dem Leben der klösterlichen Gemeinschaften im allgemeinen zu. Ponticians Erzählung weckte in Augustinus die Erinnerung an lange erwogene, nie ausgeführte Pläne eines gemeinschaftlichen Lebens mit seinen Freunden, das er der Philosophie und Kontemplation hatte weihen wollen.

«Sogar hier in Mailand», erklärte Ponticianus, «gibt es eine dieser frommen Mönchsgemeinschaften ... Wieso wißt ihr nichts davon? Habt ihr wirklich nie davon gehört?»

«Nein, nie», gab Augustinus zur Antwort, «auch Ambrosius hat uns nie davon erzählt, weder öffentlich noch privat ...»

Und sie baten ihn, alles zu berichten, was er von dieser Gemeinschaft wüßte, ja, sie bestürmten ihn förmlich um Informationen über sie.

«Nun, dann hört mir zu», erwiderte Ponticianus und machte es sich auf einem Lehnsessel bequem. «Was ich euch jetzt erzähle, habe ich selbst in Trier erlebt. Wir waren damals vier Kameraden im kaiserlichen Gefolge. Nachmittags sah der Kaiser den Vorführungen im Stadion zu, wir aber entfernten uns und gingen in den angrenzenden Gärten spazieren. Dann trennten wir uns und bildeten zwei verschiedene Gruppen, die in entgegengesetzter Richtung über Land wanderten. Unsere beiden Kameraden sahen wir nicht mehr, sie hatten sich aufs offene Feld hin entfernt. Später hörten wir von ihnen, daß sie an einer Hütte vorbeigekommen waren, deren Tür zufällig offen stand. Auf dem Tisch lag ein aufgeschlagenes Buch – es war die Lebensbeschreibung des Antonius! Einer von ihnen begann zu lesen. Plötzlich schien der Ausdruck seines Gesichts wie verwandelt. Schweigend warf er seinem Freund einen ernsten Blick zu, als wolle er eine Entscheidung treffen: den Militärdienst zu verlassen, sein Leben allein Gott zu weihen ... Sein Blick schien den Freund zu fragen: ‹Sag mir, was erwarten wir uns von diesem Dienst? Die persönliche Freundschaft des Kaisers vielleicht? Aber wann, nach wie langen und unsäglichen Mühen ... Ein Freund Gottes hingegen kann ich sofort werden! Meinem Ehrgeiz sage ich Lebewohl, erwähle das bessere Teil, weihe Gott meinen Dienst, und zwar sofort, hier, auf der Stelle. Willst du folgen, so komm und zögere nicht!› Sein Gefährte gab ihm zur Antwort, er habe gut geredet, und er folge seiner Entscheidung, noch im selben Augenblick, ohne sich lange zu bedenken.»

«Das also», erzählte Ponticianus weiter, «erfuhren ich und mein Gefährte erst viel später, als wir die beiden trafen und sie ermahnten, rasch mit uns zum Dienst zu kommen. Sie aber antworteten uns, ganz wie Soldaten, die ins Lager des Gegners überwechseln, mit einer Miene, die ich nie vergessen werde: ‹Zieht eurer Wege, stört uns nicht ...› Und doch waren sie beide verlobt und standen kurz vor der Hochzeit. Und ihre Bräute? Sie nahmen die Entscheidung zur Kenntnis, billigten sie und weihten gleichfalls ihre Jungfräulichkeit dem unendlichen Gott.»

«Während Ponticianus so redete», kommentierte Augustinus später in den *Bekenntnissen* diese Szene, «wandtest Du mich, o Herr, während seiner Rede zu mir selbst zurück, zogest mich hinter meinem Rücken hervor, hinter dem ich mich versteckt hatte, um nicht auf mich achten zu müssen, und stelltest mich dann vor mein eigenes Angesicht, damit ich sähe, wie häßlich, entstellt und besudelt ich war, wie voll von Flecken und Geschwüren. Ich sah es und erschauderte. Doch wohin sollte ich vor mir fliehen?» (*Conf.* VIII,6,13f.).

So fand Ponticians zufälliger Bericht ungeahnten Widerhall in Augustins Seele. Die darin angesammelten Erlebnisse wirkten wie Naturkräfte, die unter der Erdoberfläche verborgen zum Ausbruch drängen. Zwar schien das Haus seines Daseins festgefügt, doch drohte es jeden Augenblick einzustürzen, allein unter der Gewalt jener Stöße, die aus seinem Inneren kamen. Und so glich Augustinus einem Menschen, der sein inneres Gleichgewicht noch nicht gefunden hat, mit jedem Schritt aber der wahren Bestimmung seines Schicksals näherkommt.

Er war dabei nicht die Hauptstraße entlanggegangen. Vielmehr war er durch dunkle Wälder geirrt, doch allmählich hatte er sich dem Ziel genähert.

Vor seinem inneren Blick stand ein neues, ihm bisher unbekanntes Bild seiner selbst.

Nun kannte er Gott und war voller Verlangen nach ihm.

Er wußte, wer Christus ist, und alles in ihm drängte zu ihm hin.

Er wußte, was die Kirche ist, und suchte bei ihr seine Zuflucht.

Die neue Richtung seines Lebens aber zwang ihn noch zu einer anderen Entscheidung: Ehe oder nicht? Freilich bestand die Alternative zur Ehe für ihn im Augenblick noch nicht so sehr in der Entscheidung für ein gottgeweihtes Leben – Augustinus dachte nur an ein der Philosophie geweihtes Leben. In diesem Punkt schwankte er: an seinen Schultern schienen zwei mächtige Flügel zu wachsen, die ihn nach oben heben wollten. Doch bleierne Gewichte hängten sich an seine Füße und hinderten ihn, zur Höhe aufzusteigen. Zwei magische Anziehungskräfte hatten so zur gleichen Zeit Macht über ihn: das Verlangen nach Frauen und die Sehnsucht nach Erkenntnis. Zwei verschiedene Arten der Schönheit rangen um ihn. Die erste strömt aus der Leidenschaft der Sinne. Die zweite verheißt Freiheit und verlangt Opfer.

Feuerbach drückte später diesen Gegensatz in der damals üblichen Einseitigkeit der Geschlechterrollen aus: «Die größte Torheit, die ein Mann von universellen Ideen begehen kann, ist die, sich zu verheiraten!» Und zweifellos war Augustinus ein Mensch von «universellen Ideen». In den grundsätzlichen Erfahrungen, die er durchlief, erkennt der Mensch jeder Epoche sich selbst. Doch sein Denken, «universell» seinem Wesen nach, schloß auch Energien sehr verschiedener Art ein, die ganz zu besiegen ihm niemals möglich war – selbst im Alter nicht, als bereits eine lange Zeit der Askese und der Aufopferung hinter ihm lag. Seine Aufgabe konnte nur darin liegen, jene Kräfte nicht zu verleugnen, sie aber einzudämmen. Dazu bedurfte es einer enormen Willensanstrengung, die aus dem dauernden Blick auf die überirdische Schönheit ihre Kraft schöpfte.

Es galt also, das alte Haus einzureißen, um auf neuem Fundament wieder aufzubauen.

Was sich in seiner Seele ereignete, jenes Drama seiner inneren Erfahrung, war nichts anderes als eine langsame Zerstörung des alten Menschen. Eine Zerstörung in seinem Innern, manchmal gegenwärtig und sichtbar tätig, dann wieder verborgen und lautlos.

Aufgrund der Dauer seiner inneren Wandlung steht Augustinus in der Geschichte religiöser Bekehrungen fast einzig da. Nicht einmal der heilige Paulus durchlief den langen und qualvollen Weg, der Augustinus bestimmt war ...

Ponticians Erzählung hatte Augustinus verwirrt und beunruhigt. Brennender Neid zehrte an seiner Seele. Wer wäre eher als ein der Weisheit ergebener Philosoph imstande, sein Leben zu ordnen, die geheimen Bewegungen seines Herzens zu durchschauen, die richtigen Entscheidungen zu treffen, die rechten Wege einzuschlagen? Und doch: zwei einfache Soldaten ohne jede philosophische Bildung hatten ohne langes Zögern über ihr Leben entschieden, mit einem Mut und einer Sicherheit, die ihm abging und von der er noch weit entfernt war.

Einmal stürmte er im Garten ihres Hauses heftig auf Alypius ein und schrie: «Wohin lassen wir es kommen? Was haben wir da gehört? Ungelehrte stehen auf und reißen das Himmelreich an sich, und wir mit unserer Bildung, wir wälzen uns noch immer in den Begierden des Fleisches! Oder schämen wir uns etwa, ihnen nachzufolgen, weil sie vorangegangen sind? Sollten wir uns nicht viel eher schämen, wenn wir ihnen nicht wenigstens nachfolgen?» (*Conf.* VIII,8,18).

Er gebärdete sich wie ein Besessener: das Haar zerzaust, die Stimme rauh, die Augen verdreht und die Wangen rot vor Zorn. Alypius blieb ein paar Schritte zurück. Der Garten war groß und stand allein den Gästen zur Verfügung, denn der Eigentümer lebte anderswo. Augustinus suchte ihn oft in ruhigen Mußestunden auf, las und meditierte, stets in demselben Steinsessel im Schatten eines hohen Baumes. An diesem Morgen aber eilte er mit großen Schritten von einem Ende des Gartens zum anderen, von einem Weg zum nächsten, ganz wie ein Raubtier in seinem Käfig.

Endlich kam er zur Ruhe und nahm Platz. Alypius musterte ihn voller Mitleid und Geduld, so wie man einen Verwandten betrachtet, den plötzlicher Wahnsinn befällt. Einige Meter von Augustin entfernt setzte er sich nieder und blickte ihn verstört an.

«Ich schauderte im Geist und erzürnte in heftigem Unwillen gegen mich selbst, daß ich nicht in Deinen Willen und Deinen Bund einging, o Herr mein Gott, wie ich es doch tun sollte, wie alle Fasern meines Leibs es mir zuriefen, diesen Schritt zu machen» *(ebd.)*.

Von welchem Schritt aber sprach er da? Und hätte er es aus eigener Kraft vermocht, hätte er ihn dann nicht schon längst getan? Wenn aber nicht: von wo sollte dann die Kraft kommen, die er zu dieser Entscheidung brauchte?

Dabei galt es nur noch einen ganz kurzen Weg zurückzulegen – weit kürzer noch als der Pfad, der ihn vom Haus zum Garten geführt hatte. Kein Schiff, kein Pferdegespann war dazu nötig, nicht einmal die eigenen Füße, wie er später schreibt.

Es muß fürchterlich sein: zu wissen, daß man gefunden hat, was man suchte, und was man fand, das Leben selbst bedeutet – doch die Hand, die zugreifen will, wie in einem Alptraum ins Leere greift.

Was er greifen wollte, lag vor ihm ausgebreitet – nein, lag nicht vor ihm, sondern in ihm selbst, im Innern seines Willens, der voller Eifer wollte und aufgrund seiner Trägheit doch nicht konnte: «Denn das Gehen und das Gelangen dorthin war nichts anderes als der *Wille* zu gehen – allerdings ein kraftvoller und entschiedener Wille. Dazu genügte es nicht, den schwachen und halbwunden Willen dahin und dorthin zu wenden und zu werfen, so daß der Teil, der sich erhob, mit dem Teil rang, der niederfiel» *(ebd.)*.

Lassen wir Augustinus selbst berichten: «Ich raufte mir die Haare, schlug mir an die Stirn, umspannte mit gefalteten Händen meine Knie, und tat all dies, weil ich es wollte. Ich hätte es aber auch wollen und nicht tun können, wenn die Beweglichkeit der Glieder mir den Dienst versagte. So vieles also habe ich getan, wo Wollen noch lange nicht dasselbe war wie Können ... Und doch tat ich dasjenige nicht, was mir in unvergleichlich höherem Grad zusagte und was ich gekonnt hätte, so wie ich nur wollte, weil ich, sobald ich nur wollte, dann auch entschieden so gewollt hätte. Denn hier war Können und Wollen eins, das Wollen selbst schon Tun, und doch geschah es nicht. Leichter gehorchte der Körper dem leisesten Wink der Seele, so daß seine Glieder sich wie auf ein Zeichen hin bewegten, als die Seele sich selbst, so daß sie ihren starken Willen durch den Willen allein ausgeführt hätte ...» (*Conf.* VIII,8,20; vgl. auch 9,21).

Es war wie Magma, das in seinem Innern kochte.

Um Augustinus recht zu verstehen, müssen wir nach der Art dieser Glut fragen, die ihn erfüllte. Zweifellos war er ein stark sinnlich veranlagter Mensch, voll von rebellierender Leidenschaft, nicht anders als unzählige Menschen seiner Zeit, unserer und jeder Zeit. Wie sie alle erfuhr er an sich die bitteren Folgen solcher Leidenschaft. Ein moderner Dichter hat ähnliche Erfahrungen mit folgenden Versen umschrieben: «Ekle Tristesse des zuchtlosen Fleisches / Wenn die Flamme des Begehrens / Im Frost des Abscheus erlischt!»

Er fühlte sich hin- und hergerissen zwischen einem Ideal, dessen Umrisse er nur undeutlich erkannte, zu dem er sich aber mit Macht hingezogen fühlte, und der Trägheit seines Willens, die ihm verbot, sich wirklich zu befreien. Eines Tages sollte er dieses menschliche Phänomen, das er am eigenen Leibe erfahren hatte, in zwei polemischen Schriften schildern: *Ehe und Wollust* sowie *Widerlegung des Julianus.* In ihnen setzt er sich mit den Irrtümern auseinander, zu denen die menschliche Wollust, die *concupiscentia,* verleiten kann und wie sie den Auffassungen der Manichäer und der Pelagianer zugrunde liegen. Augustinus versteht die Wollust darin als eine «Strafe», die der Mensch aufgrund der Erbschuld zu erdulden hat. Dabei unterscheidet er zwischen der Wollust und der natürlichen Sinnlichkeit. Die Wollust ist demzufolge nicht mit der menschlichen Natur schlechthin gleichzusetzen, sondern trägt in sie ein Element des Krankhaften hinein, wie denn auch nichtchristliche Philosophie, die von Gott nichts weiß, in ihr ein Element der Unordnung und des beständigen Aufruhrs im Menschen sieht. Augustinus ruft die Definition in Erinnerung, die Ambrosius von ihr gibt: «ein gotteslästerlicher Hunger, der sich gegen Gottes Gesetz selbst empört.»

In seinem Kommentar zum Römerbrief unterscheidet Augustinus bezüglich der Wollust vier Phasen: *vor dem Gesetz,* als der Mensch der Begierde ausgeliefert war wie ein Rohr dem Wind; *unter dem Gesetz,* als er von ihr gepeinigt und fortgerissen wurde; *unter der Gnade,* die den Menschen befähigt, seine Freiheit wiederzuerlangen, nicht länger mehr Sklave der Sinne zu sein und ihnen zu folgen; und schließlich *im Frieden der Gnade,* wenn die Wollust den Menschen freigibt, weil die Gnade sie überwunden hat. «Vor dem Gesetz kämpft man nicht einmal, denn nicht nur, daß man in diesem Zustand begehrt und sündigt, sondern man heißt in ihm auch die Begierde gut. Unter dem Gesetz kämpft man, doch man wird besiegt. Die Gnade vergibt die Sünden, hilft dem, der ihnen widerstehen will, schenkt Liebe und nimmt die Angst. Zwar ist man auch dann vor der fleischlichen Begierde wider den Geist nicht gefeit, wohl aber bekämpft sie der Wille, da er durch Gottes Gnade und Barmherzigkeit gefestigt ist, und so kann auch nicht gesündigt werden. Denn die Sünde ist nicht das üble Verlangen selbst, sondern seine Billigung. Die Gnade nährt in uns nicht nur den Wunsch nach dem rechten Tun, sondern erfüllt ihn auch. Nicht durch unsere eigene Kraft, sondern mit der Hilfe Christi des Erlösers» (*Auslegung einiger Thesen des Briefes an die Römer* XIII – XVIII).

Doch fällt der Mittelpunkt der *religiösen* Krise, die Augustinus zu durchlaufen hatte, nicht völlig zusammen mit seiner *moralischen* Krise, die in dem Unvermögen gründete, die Last der Sinnlichkeit abzuschütteln. Weit eher ist sie gleichzusetzen mit einem Verlust seines geistlichen Bezugspunktes.

Zur Freiheit gelangt, bekannte er später, Gott selbst sei seine «Schwerkraft» (*pondus meum*). Ursprünglich hatte er ihre Einwirkung nicht verspürt. Er kannte sich selbst nicht, vernahm in seinem Innern nicht jenen besonderen Ruf, mit dem eine unwiderstehliche Kraft ihn an sich zog, um so die Gesamtheit seines Seins in Gott zu verankern. Dies war der Quell seiner unendlichen Unruhe – zugleich aber auch der Stachel, der ihn unaufhörlich antrieb, der zu werden, der er später sein sollte. Damit aber Augustinus seinen geistlichen Bezugspunkt fand, war ein völliger Zusammenbruch seines früheren Seins nötig. Dieser Zusammenbruch stellte den Höhepunkt seines persönlichen Dramas dar.

Besäße der Vorgang, in dem Gott in die Bekehrung einiger großer Geister eintritt, nicht alle Eigenschaften des Mysteriums, so hätten die Betroffenen sich gewiß glücklich geschätzt, die einzelnen Phasen dieses Zusammenbruchs wahrzunehmen und festzuhalten. Doch Gott handelt meist überraschend. Daher ist auch der Bericht, den Augustinus von seiner Bekehrung und den Phasen gibt, die ihr vorausgehen, von bestürzender Dramatik. In der Geschichte geistlicher Erfahrungen stellt er ein einzigartiges Zeugnis dar.

Bis hin in die Sprachgebung des Berichtes, den er zehn Jahre später niederschrieb – Michele Pellegrino hat eingehend darauf hingewiesen – ist die tiefe Erregung des Protagonisten spürbar. Knappste Formulierungen, Verben ohne Objekt, Begriffe aus der Sphäre des Krieges, der Politik, des Rechtswesens. *

* Vgl. M. Pellegrino, *Le Confessioni di Sant'Agostino*, S. 106 ff.

An diesen Bericht knüpft sich eine ausgedehnte wissenschaftliche Kontroverse. Einige Gelehrte sind so weit gegangen, die Echtheit der *Bekenntnisse* im ganzen zu bestreiten. Andere haben ihren Wahrheitsgehalt oder wenigstens einen großen Teil davon in Zweifel gezogen. Auch wurde behauptet, es handle sich um eine Suggestion; die geheimnisvollen Worte etwa, die zur Lektüre einladen, seien eine literarische Erfindung des Autors. Demnach sei, wenn überhaupt, von einer Umkehr nur im philosophischen Sinn die Rede – des Streits und der Konflikte des weltlichen Daseins überdrüssig, habe der Autor beschlossen, sich aufs Land zurückzuziehen, um künftig dort in Abgeschiedenheit für die Philosophie zu leben. In dieser Deutung handelt es sich also um eine Bekehrung zur Philosophie von Ciceros *Hortensius* oder zum Neoplatonismus Plotins.

Zur richtigen Beurteilung dieser Mutmaßungen sei Augustinus selbst zitiert: «Viele meiner Jahre, etwa zwölf, waren dahingegangen, seitdem ich in meinem neunzehnten Lebensjahr durch die Lektüre von Ciceros *Hortensius* zum Streben nach Weisheit begeistert worden war: aber immer wieder hatte ich es verschoben, das irdische Glück zu verachten und mich ihrer Erforschung zu widmen . . .» (*Conf.* VIII,7,17).

Augustins eigene Erfahrungen geben ihm verschiedene psychologische und geistliche Rätsel auf: «Die Seele befiehlt der Hand und zugleich wird ihrem Befehl Gehorsam geleistet; befiehlt sie aber sich selbst, so findet sie leicht Widerstand . . .» «Liebe, meine Schwerkraft!» «Wo die Seele liebt, ist mehr Seele, als wo sie belebt.»

Es war, als klopfe das Schicksal an die Tür: «Siehe, ich stehe an der Tür und klopfe an! Wenn einer mir öffnet und mich aufnimmt . . .» Und diesmal trug das Schicksal einen menschlichen Namen: Jesus! Von dieser Zeit an sollte Augustinus sagen: «Ich fürchte den Herrn, wenn er an die Pforte klopft!»

Es war wie ein gnadenloser Kampf auf Leben und Tod, an einem Ort, an dem kein Entkommen möglich war: «Der Sturm meiner Seele hatte mich dorthin geführt, wo niemand mehr den erbitterten Kampf meiner selbst mit mir selbst zu hindern vermochte . . .»

Die Erzählung von den Ereignissen jenes Tages strömt aus dem Glauben selbst.

Auf der einen Seite die Furcht, entschlossen voranzugehen, auf der anderen die Unmöglichkeit, zurückzukehren.

Es war, als zöge ihn jemand am Saum seines Gewandes, und Stimmen, wie von Gespenstern, nicht von Menschen, riefen ihm zu: «Und du willst uns verlassen? Und du gehst weg von uns? Von nun an sollst du das alles nicht mehr tun dürfen?» Dies waren, so sagt er, die Gewohnheiten seines Fleisches ...

Und nun löste sich unter Schluchzen ein heftiger Tränenstrom. Augustinus stand auf, entfernte sich einige Schritte von Alypius. Sein Weinen verlangte nach Einsamkeit. Alypius begriff und blieb an seinem Platz.

Am Ende des Gartens stand ein Feigenbaum. Augustinus warf sich zur Erde nieder und schmiegte sich an den Stamm. In dieser Stellung stieß er unter Seufzern und Tränen hervor: «Wie lange noch? O Gott, wie lange noch? Morgen? Aber warum morgen und nicht jetzt?»

Eine Stimme rief ihn zurück in die Wirklichkeit; ganz deutlich war sie zu hören, sie schien ganz nahe: *«Tolle lege, tolle lege»*, wie der Gesang eines Kindes.

War es eine Aufforderung?: «Nimm und lies!»

War es der Refrain eines alten Kinderspiels? Angestrengt dachte Augustinus nach, ob er je einen solchen Reim gehört hatte. Doch konnte er sich nicht daran erinnern.

Und so nahm er die geheimnisvolle Aufforderung beim Wort. Erregt kehrte er zu der Stelle zurück, wo er Alypius verlassen und das Buch mit den Briefen des heiligen Paulus hingelegt hatte. Er griff danach, schlug es auf und las schweigend den Satz, der da stand:

Nicht in Völlereien und Trinkgelagen sollt ihr schwelgen,
Nicht in Wollust und Ausschweifungen,
Nicht in Streitereien und Eifersüchten,
Sondern zieht den Herrn Jesus Christus an
Und pflegt nicht weiter das Fleisch in seinen Begierden.

Und plötzlich, ganz unerwartet, «strömte das Licht der Sicherheit in mein Herz ein, und alle Zweifel der Finsternis verschwanden ...»

Wie in ein Brautgemach war die «Schönheit», bloß und nackt, in dieses Herz eingetreten. Und diese Umarmung sollte sich nun nicht wieder lösen: «Niemand lobt mit solcher Beständigkeit wie Augustinus Gott als den Inbegriff aller Schönheit.» *

Alypius musterte ihn voll Erstaunen; er nahm ihm das Buch aus der Hand. Auf derselben Seite, auf die der Zeigefinger des Freundes wies, las er weiter, als erwarte er, dort auch seine Botschaft zu finden, damit Augustinus ihm nicht entfliehe. Und er las die Worte: *Nehmt den auf, der schwach im Glauben ist!*

Dies bezog er auf sich: und die gleiche Erleuchtung, die Augustinus erfuhr, wurde auch ihm zuteil. Fast ohne sich anzusehen, eilten sie ins Haus zurück, zu Monika, und beide riefen: «Mutter!»

Monika ahnte, was geschehen war. In diesem Augenblick fühlte auch sie eine geheimnisvolle Gegenwart, die nicht weichen wollte. Auch sie war eine Bekehrte!

An jenem Tage wehte eine ungewöhnliche Brise über die Stadt Mailand. Von den hohen, schneebedeckten Gipfeln der so nahen und doch so fernen Alpen strömte sie herab. Und Augustinus wuchs wie ein hoher Berg heran, und auf seinem Gipfel eine Stadt ...

* H. U. von Balthasar, *Gloria*, Bd. II, S. 81.

DER WEG DES GLAUBENS

Einige Wochen später trafen sich Alypius, Nebridius und Verecundus in ihrem Haus.

«Aber was nur kommt Augustinus in den Sinn? Will er wirklich seinen Lehrstuhl aufgeben?» fragte Verecundus den Alypius.

«Ja, wegen seiner Gesundheit, Verecundus! Hast du nicht bemerkt, wie erschöpft Augustinus ist?» erklärte Alypius.

«Ja, vor ein paar Monaten hat er mir selbst davon erzählt, er hat Schwierigkeiten mit der Lunge ... Brustschmerzen, Atemnot, und seine Stimme wird immer schwächer. Unterrichten ist eben anstrengend! Ich habe ihm damals dringend geraten, sich einige Zeit Erholung zu gönnen ... Ich habe ihn auf mein Landgut eingeladen, du weißt schon, *Cassiacum* ... Doch er wollte nicht auf mich hören. Und jetzt sind es nur noch vierzehn Tage bis zu den Herbstferien. Vielleicht könntest du nochmals mit ihm darüber sprechen, du hast doch den größten Einfluß auf ihn. Nur ein Monat völliger Ruhe und Stille in dieser Umgebung – und du sollst sehen, wie er sich erholt! Ich möchte nicht, daß er wegen Überanstrengung seinen Unterricht aufgeben muß. Denn darum geht es doch ...»

«*Cassiacum!*» wiederholte Alypius. «Erinnerst du dich noch, Verecundus, daß wir einmal vorhatten, alles zu verlassen und nur noch für die Philosophie zu leben?»

«Sicher, aber die Frauen haben es uns ausgeredet – wer eine

hatte.» Und damit seine Frau, die in der Nähe stand, ihn hören konnte, fuhr er lauter fort: «Ich bin ein schöner Spürhund unserer Freiheit», sagte er. «So geht es einem in den Fängen einer Katholikin . . .» Seine Frau war tatsächlich Katholikin, er selbst aber Heide, ein einfacher Mann ohne religiöse Regungen. Immer noch scherzhaft fügte er hinzu: «In einem Jahr wird auch Augustinus es erfahren, wenn er seine geliebte Mailänderin heimführt.»

Da unterbrach ihn Alypius: «Augustinus denkt nicht mehr ans Heiraten, Verecundus!»

«Wie, er will nicht mehr heiraten?»

«Seit ein paar Tagen ist Augustinus verändert, so sehr verändert, daß du ihn nicht wiedererkennen würdest», antwortete Alypius ruhig.

«Was ist denn los? Der gute Augustinus hat wohl zuviel Cicero gelesen. O *vitae philosophia dux!*»

«Nein, nein, Verecundus! Dieses Mal geht es nicht um Cicero.»

«Aber um was geht es dann?»

«Um etwas ganz anderes, Verecundus! Es ist, als wäre Gott selbst ihm erschienen – und nicht bloß von weitem oder von außen, sondern in seinem Innern. Wie ein blendendes Licht, das in seine Augen gefallen ist, in seine Seele, um dort zu bleiben. Augustins Gott ist Monikas Gott, der Gott des Ambrosius: Jesus Christus!»

«Und der Gott meiner Frau!» mischte Verecundus sich wieder ins Gespräch. «Ich weiß, Augustinus ist ganz versessen auf die Predigten des Ambrosius. Doch ich glaubte, nur wegen seiner Redekunst . . .»

«Am Anfang, ja! Ambrosius, Simplicianus, seine Mutter Monika – und dann hat Gott zu ihm gesprochen.»

«Aber das mußt du mir erklären, Alypius! Was ist das für eine Geschichte: Gott selbst?»

«Vielleicht!»

«Etwa eine Vision?»

«Nicht genau, aber ein Licht in seiner Seele, so völlig verschieden von jedem anderen . . .»

«Ist er katholisch geworden?»

«Sicher! In diesem Augenblick wurde er so katholisch wie der Papst. Ich weiß, wie sehr du ihn magst, deshalb will ich dich auch nicht im Zweifel lassen: er ist nun überzeugter Katholik und glücklich!»

«Werden wir ihn also irgendwie verlieren?»

«Ich nicht!»

«Und warum du nicht?»

«Weißt du, die gleiche Erfahrung hatte auch ich. Und ich wünschte, auch dir würde sie zuteil! Und auch Augustinus, der es von Herzen gut mit dir meint, wünscht dir das gleiche.»

«Willst du damit sagen, daß Augustinus sich bekehrt hat, und du mit ihm?»

«Nichts anderes!»

«Aber Bekehrung – was heißt das? Eine philosophische Einsicht?»

«Hast du dich irgendwann einmal in eine Frau verliebt? Wie war es, erinnere dich! Wie Freundschaft aus langer Gewohnheit oder nicht vielmehr wie ein Blitzschlag, der ganz plötzlich kommt? Nicht wahr, Verecundus, sich verlieben ist manchmal wie ein Blitz aus heiterem Himmel?»

«Aber gewiß doch!» antwortete Verecundus verwirrt.

«Eben. Doch um genau zu sein: Augustins Himmel war gar nicht heiter, vielmehr war er von Stürmen bewegt. Seit einiger Zeit schon ließ Gott ihn leiden. Doch dann kam der Blitz, der alles erleuchtete. Und jetzt ist er wie ein Verliebter ... in Jesus Christus!»

«Dann läßt er sich also taufen, Alypius?»

«Er hat alles schon mit Bischof Ambrosius besprochen! Ostern nächsten Jahres wird es sein. Und auch ich lasse mich taufen!»

«Alypius!» Verecundus ließ nicht locker, sondern fragte mit besorgtem Interesse weiter. «Ich weiß, Augustinus ist ein Mann von besonnenem Verstand. Doch die Überanstrengung, Kummer, enttäuschte Erwartungen – all das kann dazu führen, daß der Mensch sich etwas einbildet, vielleicht eine innere Erfahrung überschätzt. Augustinus ist ein Philosoph, ein Gelehrter – wer weiß, vielleicht hat er eine innere Erfahrung nur besonders dramatisch erlebt?»

«Verecundus, wenn ein Mensch wie Augustinus dir sagt: ‹ich hörte Gottes eigene Stimme›, wie willst du ihm dann widersprechen, mit welchem Recht ihm sagen: ‹du irrst dich›?... Augustinus ist ein nüchtern denkender Mensch, für Illusionen hat er nichts übrig, ja er glaubt dir nichts, solange du den Kern einer Wahrheit nicht greifbar in Händen hältst . . . Aber ich war selbst bei ihm im Garten. Zuerst war ich beunruhigt über seine Verwirrung – noch nie hatte ich ihn so aufgewühlt gesehen, selbst meine Gegenwart schien ihm zuviel. Erst eine Tränenflut und dann plötzlich ein Freudenausbruch: eine unerklärliche und doch unwiderstehliche Heiterkeit, die auch mich ergriff.»

«Aber wenn jemand sich so völlig ändert, von einem Augenblick auf den andern, was hat ihn da in seinem Innern berührt?» fragte voll Neugier Verecundus.

«Ich kann es dir selbst nicht sagen! Aber wenn es Gott gibt, kann er dann nicht unsere armseligen Herzen mit der Macht seiner Liebe ergreifen? Saulus verfolgte erst die Kirche, und doch wurde er plötzlich Christ. Seit vierhundert Jahren nun gibt es solche Bekehrungen, und es sind Fälle darunter, bei denen es schwerfällt zu leugnen. Ich sage noch einmal: Augustinus ist voll heiterer Gelassenheit. Er ist derselbe Mensch, den wir kennen, und doch ein ganz anderer. Wenn du ihm begegnest, wirst du es selbst sehen und dich darüber freuen.»

In diesem Augenblick erst bemerkten beide, daß Nebridius bei ihnen stand.

«Und du sagst kein Wort dazu, Nebridius?» fragte ihn Verecundus.

«Ich habe nur zugehört und nachgedacht. Seit einiger Zeit schon trage ich mich mit ähnlichen Gedanken, und es macht mich glücklich zu hören, was geschehen ist. Um Augustinus und Alypius mache ich mir keine Sorgen. Das einzige, was ich für euch beide empfinde, ist eine Art Neid.»

Und Verecundus schloß: «Sagt Augustinus, daß ich ihn um jeden Preis sehen will. Rücktritt hin oder her, mein Landgut bei *Cassiacum* ist für uns alle da. Dieses Mal verbringt ihr dort die Herbstferien – das ist kein Vorschlag, sondern ein Befehl!» (vgl. *Conf.* IX,2).

Alypius erzählte Augustinus von seinem Gespräch mit Verecundus und von dessen nachdrücklicher Aufforderung, in den Ferien nach

Cassiacum zu kommen. Beide hielten den Vorschlag für ausgezeichnet, und Monika, die sie wie üblich ins Vertrauen zogen, schloß sich ihnen an.

«Da könnt ihr endlich in Ruhe reden, soviel ihr wollt ...» sagte sie.

«Nicht allein das», fügte Alypius hinzu. «Wir können auch jenes Ideal eines gemeinsamen Lebens ausprobieren, das uns seit langem schon beschäftigt ...»

«Und das nennen wir nicht wie die Alten *otium litterarium* oder *philosophicum*, sondern *vitae christianae otium*», fügte Augustinus hinzu. «Wir wissen nun, wo die *Schönheit* ihren Sitz hat. Mit den Worten des Psalmisten wollen wir das *Angesicht Gottes suchen* ... Christus ist das Haupt, und seine Braut ist die Kirche! Findest du nicht auch, Alypius, daß für uns nun der Vers der heiligen Schrift *Wie der Hirsch dürstet nach der Quelle* eine ganz andere Bedeutung hat?»

«Verecundus weiß schon von dem Brief, mit dem du die Leitung der Schule niederlegst», warf Alypius ein.

«Es war also richtig, damit bis zu den letzten Tagen vor den Ferien zu warten ...»

«Aber sei auf der Hut, Augustinus! Es wird sein wie ein Platzregen, wie ein Gewitter!»

«Verecundus wird eben noch ein paar Tage sein Geheimnis für sich behalten müssen. Aber ich mußte es einfach tun! Meine einzige Sorge war, alles Aufsehen zu vermeiden, um nicht voreilig eine Stellung aufzugeben, die im Mittelpunkt des öffentlichen Interesses steht. Die Ferienzeit gibt den Verantwortlichen Gelegenheit, meinen Posten neu zu besetzen. Und so kann mir niemand nachsagen, daß ich versucht hätte, mich wichtig zu machen. Sicher, ganz unbeachtet kann mein Schritt nicht bleiben, man wird mich beobachten, und vor allem wird es Klatsch geben. Doch meine Erschöpfung, der schwere Atem, die Schmerzen in der Brust sind eine gute Erklärung. Tatsächlich kann ich nicht längere Zeit mit erhobener Stimme sprechen, ohne andauernd zu husten. Wenn jemand dich fragt, dann erzähl ihm von diesen Beschwerden, Alypius. Ich habe sie ja wirklich.»

«Aber sicher, sei ganz unbesorgt. Uns beschäftigen künftig

andere Dinge! Der Klatsch, das Gerede der Leute – das geht, wie es kommt. Wir beide aber sind bald schon in *Cassiacum.* Und dorthin dringt bestimmt kein Wort von dem Klatsch in Mailand!» (vgl. *Conf.* IX,2).

DER FRIEDE VON CASSIACUM

Rus cassiacum, umgeben von hohen Bergen, deren sich später der junge Licentius voll tiefer Sehnsucht erinnern wird! Doch welcher Ort ist gemeint: Cassago di Brianza, überragt vom Resegone, von der Gipfelgruppe der Grigne und vom Cornizzolo? Oder Casciago del Varesotto, das in der Ferne vom Massiv des Monte Rosa beherrscht wird? Diese beiden Orte in der heutigen Lombardei kommen ihrem Namen und der volkstümlichen Tradition nach am ehesten als Nachfahren von Augustins *Cassiacum* in Betracht und machen sich denn auch mit eifersüchtigem Stolz diese Ehre streitig. Bis heute noch kam kein archäologischer Fund ans Licht, etwa eine Inschrift mit dem Namen des Eigentümers dieser Villa, *Verecundus Grammaticus*, der geeignet schiene, die Unklarheit aufzulösen und uns Aufschluß darüber zu verschaffen, welchem von beiden Orten die Auszeichnung zuteil wurde, vom Herbst des Jahres 386 bis zum Frühjahr 387 den großen Konvertiten zu beherbergen. Die Schönheit der Natur hat Augustinus tief beeindruckt – später bat er Gott, Verecundus «mit der unvergänglichen Lieblichkeit des Paradieses» zu belohnen. Unter diesem Gesichtspunkt wären sowohl Cassago als auch Casciago eines *Cassiacum* würdig. Für Cassago aber könnte außer reichen archäologischen Funden – sie bezeugen, daß sich in antiker Zeit hier eine römische Siedlung befand – auch die geringere Entfernung zu Mailand sprechen (fünfunddreißig Kilometer, gegenüber fünfundfünzig im Falle

Casciagos). Die an sich kaum bedeutende Kontroverse ist bis heute nicht beigelegt. Auch der Dichter Manzoni beschäftigte sich mit dieser Frage und entschied sich für Casciago. In den *Dialogen*, die Augustinus in jener schon damals berühmten Landschaft mit seinen Freunden führte, suchte er nach Anhaltspunkten für seine These. Und vielleicht findet sich ein Widerhall davon noch in seinem Roman *Die Verlobten*, in der Frage «Karneades! Wer war das?», die Don Abbondio sich bei der Lektüre eines antiken Textes stellt. Er scheint hier anzuspielen auf eine Frage des jungen Trigetius an Licentius: «Karneades? Ich weiß nicht, wer das ist...» (*Contra academicos* I,3,7).

Die ländliche Stille störte kaum eine menschliche Stimme. Nichts war zu hören als die Laute der Haustiere, der Gesang der Vögel und das Rauschen eines Baches. Der Blick fiel auf das Grün der Wiesen, auf schneebedeckte Gipfel, auf einsame, stille Wälder. All dies unterstützte Augustinus bei seiner geistigen Anstrengung, denn er war stets für die Schönheit der Natur empfänglich gewesen, und erleichterte zugleich die meditative Suche seiner jungen Freunde. Bei ihm waren Alypius (den seine Verpflichtungen manchmal nach Mailand riefen, doch der stets eilig wieder zurückkehrte), Monika, der vierzehnjährige Adeodatus, der Bruder Navigius, der flatterhafte Licentius zusammen mit Trigetius und schließlich die beiden Vettern Lastidianus und Rusticus.

Ständig wohnten dort die zum Gut gehörenden Bauern, die gewiß diese vornehmen Gäste aus der Stadt, die Freunde ihres Herrn, mit großer Ehrerbietung behandelten, vor allen anderen Augustinus, einen Mann von so gewaltiger Bildung.

Es war damals Brauch, daß die Gäste auch auf den Feldern mit Hand anlegten. Diese Arbeit bereitete Augustinus Vergnügen. Schon immer hatte er in körperlicher Tätigkeit eine unverzichtbare Ergänzung zur geistigen Beschäftigung gesehen. Die Gäste beteiligten sich nicht nur an der Weinernte, sondern gruben auch Felder um, säten, schnitten und mähten, befreiten den Boden vom Unkraut, schützten ihn gegen Überschwemmung und fütterten die Tiere des Landguts. Mit einem Wort, sie ließen keine Arbeit aus, die Schwielen an den Händen machte.

So sah das Lebensideal dieses Gelehrten aus, den wir uns vielleicht eher über seine Pergamentrollen gebeugt vorstellen. Doch er selbst schreibt: «Welch großartige und wunderbare Erfahrung liegt in der Beschäftigung mit der Natur! Zu säen, Schößlinge zu setzen, Sträucher umzupflanzen, Reiser aufzupfropfen, Knollen und Wurzeln aller Art zu behandeln. Und dabei die Grenzen zu erfahren, wo menschliches Zutun endet, während die innere und verborgene schöpferische Kraft der Keime sich entfaltet. Und das Drängen zu spüren, das den überkommt, der sich der sorgsamen Pflege hingibt. Schließlich gewahr zu werden, daß weder der es ist, der pflanzt, noch jener, der bewässert, sondern daß allein Gott es ist, der eine Frucht gedeihen läßt. So wichtig die äußere Pflege sein mag, die innere Lebenskraft spendet Gott. Mit der gleichen Fülle, mit der er alles auf unsichtbare Weise schafft, lenkt und leitet» (*De Genesi ad litteram libri* XII,8).

Cassiacum, welche Erinnerungen werden da wach, Licentius! Zitadelle des Denkens oder erster Entwurf des Gottesstaats, der *Civitas Dei?* Dort am Alpenrand gab es später einen abgedankten Präfekten, einen gewissen Dardanus, der sein Landgut in eine «Zitadelle» mit dem Namen *Theopolis* (Gottesstaat) verwandelte. Wer weiß, ob er dabei nicht auch an jenen früheren Gast von *Cassiacum* dachte, der inzwischen schon Bischof in Afrika war. Selbst heidnische Denker dieser Zeit empfanden die Notwendigkeit, dem Lärm und Trubel der großen Städte zu entfliehen und auf ihren ausgedehnten Landsitzen in Gemeinschaft gleichgesinnter Freunde die Ruhe des Nachdenkens zu suchen. Es handelte sich hierbei um eine Art Utopie oder jedenfalls um ein Ideal, das zu jener Zeit hoch im Kurs stand und gewiß auch eine typische Reaktion auf die Raumnot der Spätantike darstellte. Bereits Plotin hatte eine solche Philosophenstadt entworfen: *Platonopolis!*

Auf dieses Ideal der Freundschaft und gemeinsamen Wahrheitssuche sollte Augustinus später seine Klöster gründen.

Das Land hatte für Augustinus eine ganz eigene Bedeutung: es war nicht künstlich wie die Städte, sondern ursprünglich und vergeistigt zugleich. Er stammte selbst aus ländlicher Gegend. *Cassiacum* erinnerte ihn an die Atmosphäre seiner eigenen Kindheit, als in dem kleinen Dorf Tagaste Bauern und Hirten, Wälder, Olivenhaine, Weinberge, freifliegende Vögel und Haustiere, angebaute und wildwachsende Früchte der Erde das Element waren, aus dem seine Erfahrung des Menschseins erwuchs.

Hier nun ein Beispiel, die Beobachtung zweier Hähne, deren Verhalten er eindringlich beschreibt: «Wir machten uns auf den Weg zu den Thermen. Denn hinderte schlechtes Wetter uns daran, ins Freie zu gehen, so versammelten wir uns immer dort. Genau vor der Pforte der Thermen aber hatten zwei Hähne begonnen, sich im Kampf zu zerfleischen. Ihre Federn sträubten sich, ihre Kämme waren geschwollen vor Verlangen, mit ihren Schnäbeln Wunden zu schlagen, mit heftigen Bewegungen stürmten sie auf den Gegner ein oder wichen sie seinem Hieb aus. Und wir sahen, wie der Sieger mit einem hochmütigen Gesang die Übergabe des Unterlegenen feierte und seine Federn aufrichtete, geschwollen vor Freude über die gewonnene Herrschaft. Und es entging uns nicht, auf welche Weise der Besiegte sich ergab, das Gefieder seines Kopfes zerzaust, rauh die Stimme, unsicher tastend die Krallen, während er einhertorkelte ...» (*De ordine* I,8,26).

Solche Beobachtungen durchziehen und bereichern auch Augustins *Dialoge von Cassiacum*. Doch dafür bedarf es, so sagt Augustin, eines Blicks, der erfüllt ist von «Liebe zur Weisheit», um die Botschaften aufzunehmen, die in allem Naturgeschehen verwahrt sind: der sinnstiftenden Harmonie einer Vernunft, die allem Seienden, belebt oder unbelebt, Ordnung und Maß verleiht.

Rühren von daher auch die zahlreichen Fragen des Dialogs? Warum verhalten alle Hähne sich so? Vielleicht, um die Hennen zu beherrschen? Oder weil das Schauspiel ihres Kampfes uns Vergnügen bereitet (vgl. *ebd.*)? Dieser Geist der Beobachtung blieb Augustinus sein ganzes Leben hindurch erhalten. Einmal beobachtete er eine Henne und ihre Küken. Da sah er einen kleinen Skorpion, der aus dem feuchten Riß einer Mauer fiel. Die Henne ruft ihre Jungen zu sich, sie pickte nach dem kleinen Tier, und hackte mit dem Schnabel nach ihm, und schließlich schlang sie es hinunter ... Augustinus überlegte: sie wird es verschlucken wie jede andere Speise auch und es verdauen – zuletzt aber kehrt es wieder in ihrem Ei ... Von daher gelangte er zu seiner Parabel von der «biblischen Henne». Die «biblische Henne» ist die Kirche, die den Glauben ihrer Glieder gegen die Gegner des Glaubens verteidigt. Doch während sie die Gegner des Glaubens bekämpft, bekehrt sie diese zugleich! So wird das Ei zum Symbol der geistigen Wiedergeburt der Bösen (vgl. *Serm.* CV).

Zugleich enthalten die *Dialoge* Beobachtungen, die uns ein recht wirklichkeitsnahes Bild jener Hausgemeinschaft wiedergeben. Nach über anderthalb Jahrtausend können wir uns so noch den Tagesablauf dort vergegenwärtigen, die Art der Tätigkeiten und vor allem auch den Gang der Gespräche. Weit mehr als wir besaßen die Menschen der Antike einen selbstverständlichen Sinn für Geschichtsschreibung, für die Wichtigkeit des Berichts an die Nachwelt, und besser auch als wir wußten sie ihn von Ephemerem, Flüchtigem freizuhalten. Bei Streitgesprächen galt es als unabdingbar, einen Schreiber damit zu beauftragen, die Äußerungen der Kontrahenten festzuhalten. So besitzen wir eine Art Dokumentation all der Gespräche, die Tag für Tag in *Cassiacum* geführt wurden, und zugleich ein lebhaftes Bild des Schauplatzes.

Küche, Speiseraum und Bäder befanden sich zu ebener Erde. Damaliger Sitte entsprechend, speiste man dreimal am Tag. Die erste Mahlzeit bestand aus Brot und Honig oder Käse. Die zweite, das sogenannte *prandium*, das in *Contra academicos* als «eilige Mahlzeit» geschildert wird, nahm man stehend ein; in aller Regel bestand sie aus Brot, Fleisch, Gemüse, Trockenobst, mit Honig gewürztem warmen Wein und einer Art Pudding aus zerhackten Mandeln. Die *coena* beschloß als eine Art Hauptmahlzeit den Tag.

Augustinus teilte die Schlafkammer mit Licentius und Trigetius. Das Fenster des nach Osten gelegenen Raumes empfing morgens die ersten Strahlen der aufgehenden Sonne. Wir können vermuten, daß römischem Brauch folgend die Wände, wenn nicht bemalt, so doch zumindest getönt waren (*Soliloquia* II,12,22).

Eine Villa auf dem Lande verfügte stets über entsprechende Magazine und Speisekammern, Nebenräume und Getreidespeicher, die meist in der näheren Nachbarschaft des eigentlichen Wohnhauses lagen. Diese Orte waren besonders beliebt bei den Mäusen. In *De ordine* ist von ihnen die Rede, wie sie der Reisegesellschaft lästig fielen.

Im ganzen war Verecundus' Landhaus wohl eher bescheiden als prächtig. Es diente ihm und seiner Familie während der Sommerferien als Aufenthalt. Für einen gewöhnlichen Bürger, der in Mailand ein Lehramt innehatte, stellte es aber gewiß einen stolz gehüteten Besitz dar, in dem der erreichte Status seinen Ausdruck fand.

Zur Zeit, da Augustinus sich dort aufhielt, regnete es häufig. Als aufmerksamer Beobachter und selbst an ein anderes Klima gewöhnt, machte er sich auch hierüber seine Gedanken: «Wer könnte sagen, warum die Italer um milde Winter bitten, während unsere Heimat unter ständiger Dürre leidet?» (*De ordine* II,5,15). Zwar kannte Augustin den berüchtigten Nebel der Poebene, zugleich aber konnte er mit Manzoni sagen: «Wie schön ist der Himmel über der Lombardei, wenn er einmal frei von Wolken ist!» Und sicherlich konnte er dies am dritten Tag seines Gesprächs über die Glückseligkeit sagen: «Im Laufe des Morgens zerteilte sich der Nebel, der uns zwang, uns im Saal der Therme aufzuhalten, und *der Nachmittag war prachtvoll*» (*De vita beata* IV,23).

Und in den Monaten, die dem Winter näher lagen, bedeckten sich die Gipfel der Berge mit Schnee!

Während dieses Landaufenthaltes ging Augustinus innerlich gelassen und beharrlich auf seinem Weg des Glaubens weiter. Ohne Besserwisserei und völlig ungezwungen nahm er an den Erfahrungen der Jüngeren teil. Er war heiter, scherzte und lachte. Es hatte keineswegs den Anschein, als habe er sich unbedacht und übereilt in einen Zustand mystischer Entrückung gestürzt! Ganz in sich versunken war er nur, wenn er an seinen *Soliloquia* schrieb, jenem herrlichen Werk, das bereits auf die *Confessiones* vorausweist. Es beginnt mit einem Hymnus an Gott, wie in einer Art gewaltiger Ouvertüre. Außer den *Soliloquia*, den Alleingesprächen, entstanden in jener Zeit noch die Dialoge *Contra academicos, De vita beata, De ordine, De immortalitate animae.*

Auch wenn die anderen durch ihn lernten, so trugen doch auch sie zur Suche nach der Wahrheit bei. Ihre Erfahrungen bezeichneten für Augustinus bereits zurückgelegte Irrwege, Erlebnisse, auf deren Hintergrund das Licht des Glaubens um so heller erschien. Nicht alle Mitglieder der Hausgemeinschaft waren bei jedem

Gespräch anwesend. Alypius war manchmal auf kurze Zeit fort, weil seine Arbeit ihn nach Mailand rief. Monika, eine kluge Frau, beteiligte sich oft an den Gesprächen, war aber dann wieder in Haus und Garten beschäftigt. Und gelegentlich meldete sich auch schon der junge Adeodatus zu Wort.

In der Nacht veranstalteten Frösche und Grillen ein lautes Konzert. Unter den Fenstern der Gäste plätscherte ein Bach durch das Laub, das der Wind von den Bäumen geschüttelt hatte. Ein Platzregen brach los, eine Maus nagte an einem Schrank und huschte dann eilig fort . . . Winternächte im Lichtschein des Vollmonds . . .

«Die jungen Leute nahmen meinen Rat an, sich im Nachdenken zu üben und sich an die Versenkung in sich selbst zu gewöhnen, im Schweigen nach der Lektüre . . .» (*De ordine* I,3,6). Einmal aber bemerkte er an ihrem lauten Reden und Lachen, daß sie weder das Stillschweigen bewahrten noch schliefen. Er ging zu ihnen auf ihr Zimmer, und sofort entzündete sich das philosophische Gespräch des vergangenen Tages von neuem. Es zog sich so lange hin, daß Augustinus, als sein Blick auf das milchige Glas des Fensters fiel, nicht mehr zu unterscheiden wußte, ob das Licht draußen noch vom Vollmond oder schon vom anbrechenden Tag kam. Dieser zufällige Hinweis erlaubt uns, mit Sicherheit festzustellen, daß die Diskussion in der Nacht vom 20. zum 21. November des Jahres 386 stattfand. Damals war Vollmond über der Lombardei, und der Mond ging gegen sechs Uhr morgens unter (vgl. *ebd.*). Dies sollte den Kritikern zu denken geben, die die Authentizität der *Dialoge* bestreiten.

Augustinus berichtet auch von einer philosophisch-naturwissenschaftlichen Szene, die an die Methode der *Vivisektion* erinnert und die alte Frage nach dem Sitz der Seele betrifft. Es war ein warmer Herbstnachmittag. Licentius und Trigetius sonnten sich auf der Wiese. Zwischen hohen Gräsern suchte ein Tausendfüßler sich mühsam seinen Weg. Mit einem dürren Zweig quetschte Trigetius das kleine Tier entzwei, und beide Teile liefen in entgegengesetzte Richtungen, jeder offenbar aus eigenem Antrieb. Voll Erstaunen brachten Licentius und Trigetius die beiden Hälften des unschuldigen Opfers zu Augustinus, der sich gerade mit Alypius unterhielt. Sie sprachen über das Wesen der Seele . . . An welcher Stelle des

Körpers hat sie ihren Sitz? Die beiden Lehrer legten die zwei Teile auf einen glatten Tisch und fuhren fort, das Tier entzweizuschneiden, in der Hoffnung, doch noch den Sitz des Lebens des Tausendfüßlers zu finden. Doch soviel sie auch schneiden und teilen mochten, das Tierchen vervielfältigte stets die Zahl seiner Leben.

Augustinus berichtet von dieser Episode in seiner Schrift *De quantitate animae*, die im folgenden Winter, zwischen den Jahren 387 und 388, in Rom entstand und vom Zusammenhang zwischen Seele und Körper handelt. Als er damals unzählige Male den Tausendfüßler zerteilt hatte, ohne daß er sich geschlagen gab, hatte er die jungen Leute aufgefordert, sich wieder dem Thema zuzuwenden, das gerade auf der Tagesordnung stand, und dieses Problem auf einen günstigeren Zeitpunkt zu verschieben, «damit das Ergebnis dieser so lange vorbereiteten Diskussion nicht durch das plötzliche Auftauchen eines kleinen Insekts gefährdet würde ...» (*ebd.* XXX,62).

Der Dialog der Menschen untereinander stand im steten Wechsel mit dem Gespräch zu Gott, mit Gebet und Psalm. Ambrosius hatte die einzelnen Verse der Psalmen zu einem einfachen und wohlklingenden Hymnus verbunden. Einer der Gesänge hatte es Licentius besonders angetan und saß ihm nun im Ohr. Wo immer er ging und stand, summte er das Motiv vor sich hin.

Das tat er auch an einem Abend, nachdem er zur Toilette gegangen war. Dort sang er den neunten Vers des 79. Psalms: «*Deus virtutum, converte nos et ostende faciem tuam*... Gott, unsere Stärke, wende unser Herz zu Dir und laß uns Dein Antlitz schauen.»

Monika, die Latein verstand, war empört: «Licentius», rief sie aus ihrem Zimmer, «was tust du da? Ist das der rechte Ort, um Psalmen zu singen?»

Spitzbübisch entgegnete ihr Licentius von der Toilette: «Aber was ist denn Schlechtes dabei? Meinst du, wenn ein Räuber mich hier eingeschlossen hätte, könnte Gott dann etwa nicht meine Stimme hören und mir zu Hilfe kommen?»

Der Vorfall hatte am nächsten Morgen ein Nachspiel. Licentius war bereits aufgestanden, um zur Toilette zu gehen, während Augustinus noch in den Federn lag. Als der junge Mann ins Zimmer zurückkam, näherte er sich seinem Lehrer und fragte ihn: «Sag mir ehrlich, was denkst du von mir? Gestern abend hat deine Mutter mich zurechtgewiesen. Habe ich mich etwa schlecht benommen?»

Augustinus lächelte und griff nach seiner Hand:

«Du legst Wert auf meine Meinung über dich?» fragte er. «Nun gut, dann will ich dir sagen, daß ich nichts Schlechtes in dem sehe, was du tatest. Was auf der Welt wäre verborgen vor Gott? Und dann, Licentius, glaubst du etwa, daß der Unterschied zwischen dem Schmutz des Leibes und der Sünde zugunsten des ersteren ausfällt?»

«Da sagst du etwas sehr Wahres, Augustinus. Ich schäme mich nun aller moralischen Unreinheit und all meiner Vergehen, denn ich fühle mich unwiderstehlich angezogen von etwas, das größer und wunderbarer ist als alles, was ich bisher kannte. Und das heißt es wohl: sich Gott zuwenden und sich zu ihm bekehren. So habe ich diesen Psalm an dieser Stelle gesungen und mir nichts Schlechtes dabei gedacht . . .»

«Auch ich fand nichts Schlechtes dabei», fuhr Augustinus fort. «Laß deinen Gedanken freien Lauf, doch im Rahmen der üblichen Gepflogenheiten . . . Wann aber müssen wir Gott anflehen, daß er unser Herz zu sich kehrt und uns sein Angesicht schauen läßt, wenn nicht aus dem Schlamm der Sinnlichkeit und dem Dunkel der Sünde? Und was anders heißt sich bekehren, als allem Schlechten den Rücken zu kehren und sich zur Beharrlichkeit und zur Keuschheit zu wenden? Und was ist Gottes Antlitz anderes als Wahrheit, die wir atmen, Schönheit, die uns selbst schön macht von dem Augenblick an, da wir sie wahrhaft zu lieben beginnen?»

«Hab Dank, Augustinus! Schöneres konntest du mir nicht sagen», erwiderte Licentius bewegt. Danach näherte er sich seinem Ohr und flüsterte: «Bitte, hab Nachsicht mit mir . . . Doch wie vieles wirkt zusammen, um mich festzuhalten in all den wunderbaren sichtbaren Dingen, die uns umgeben . . .» (vgl. *De ordine* I,8,23).

Einige Jahre später schrieb Licentius aus Rom, wo er noch seinen Studien nachging, mit einer Art von Wehmut an Augustinus nach Afrika: «Ach, daß mir ein Morgen voller Freuden jene vergangenen Tage zurückbrächte, da ich an jenem wundervollen Ort

Italiens mit dir gemeinsam den höchsten Idealen des Geistes entgegenging; daß doch ein Morgen mich zurückbrächte zu jenem unbefleckten Gesetz aller Güter, das dem Anblick gewaltiger Berge gleicht!» (*Epist.* XXVI,4).

Es hat den Anschein, daß Licentius sich in Rom gehenließ und Augustinus, der ihn von Herzen gern hatte, sich um ihn Sorgen machte.

Der Aufenthalt in *Cassiacum* muß allen dort – besonders aber Augustinus, Adeodatus, Alypius und Monika – wie der Abend vor dem Hochzeitstag erschienen sein. Unzählige Dinge sind noch zu erledigen, während der Geist schon bei der ersehnten Umarmung verweilt. Unter diesem Bild erschien Augustin nun die Kirche: «O Tiefe des Geheimnisses! Wir sind geladen zur Hochzeit und sind selbst die Hochzeit ... Wir selbst sind die Braut und erwarten voll Sicherheit und Zuversicht den Geliebten. Die Braut: das ist die Kirche!» (*Serm. Lambot* 16; *Serm.* CCLVI,5).

In jener Atmosphäre der Betrachtung und der beständigen Ausschau nach Gott verstört und beängstigt nichts mehr die Seele. Ohne Unruhe und innere Abhängigkeit geht der Mensch von einer Beschäftigung geistlicher Art zu einer weltlichen Tätigkeit über, in vollkommener Freiheit des Geistes: «Unser Gespräch begann erst am späten Nachmittag, da wir fast den ganzen Tag über die Zeit auf den Feldern verbracht hatten» (*Contra academicos* I,5,15). Oder ganz ähnlich: «Am Tag danach schien die Sonne nicht minder rein und klar. Nur mit Mühe brachten wir es über uns, die anstehende Hausarbeit zu verrichten, denn der heitere Himmel lud uns dazu ein, uns unter dem gewohnten Baum – dem bevorzugten Ort unserer Gespräche – niederzulassen ...» (*ebd.* II,11,25). Oder auch: «Gestern abend legten wir uns zu Bett in der ungeduldigen Erwartung, am folgenden Morgen sofort wieder unsere unterbrochenen Gespräche aufzunehmen. Tatsächlich aber fehlte es nicht an dringender Arbeit in Haus und Feld, die zuerst zu verrichten war ...» (*ebd.* III,2).

Die reine Luft auf dem Landgut stärkte die Gesundheit der Gäste. Dennoch fehlte es nicht an kleineren Beeinträchtigungen. Navigius handelte sich mit seiner Leidenschaft für Mandelpudding eine Magenverstimmung ein. Augustinus selbst wurde plötzlich von heftigen Zahnschmerzen befallen, die ihn sogar am Reden hinderten. So schrieb er auf eine Wachstafel die Bitte an die anderen, für ihn zu beten, damit der brennende Schmerz nachließe. Und im selben Augenblick, in dem die anderen auf die Knie sanken, verschwanden auch die Schmerzen: «Aber was für ein Schmerz? Und wie kam es, daß er so schnell schwand? Ich erschrak, ich gestehe es, o Herr, mein Gott, denn noch nie hatte ich Ähnliches erfahren!» (*Conf.* IX,4).

«Wir schrieben Briefe und ruhten auf der Wiese aus . . .» (*Contra academicos* II,11,25). Doch an wen schrieb er? In der Runde von *Cassiacum* fehlten gerade einige Freunde, die ihm besonders nahestanden, denn die Schulferien waren zu Ende. Verecundus und sein Gehilfe Nebridius mußten nach Mailand zurückkehren, um Kinder in lateinischer Grammatik zu unterrichten.

So schrieb Augustin an Nebridius: «Deinen letzten Brief las ich beim Licht der Kerze, als ich schon zu Nacht gegessen hatte. Es war Zeit zur Ruhe, was nicht unbedingt schlafen heißt . . . Um Deine Worte zu lesen, streckte ich mich auf dem Bett aus, und während ich las, was du mir sandtest, kamen mir in meinem Innern verschiedene Gedanken. So fragte ich mich: Ist wirklich wahr, Augustinus, was Nebridius von dir behauptet, du seiest wahrhaft glücklich?» (*Epist.* III,1).

Verecundus und Nebridius! Zwei enge Freunde, die *Cassiacum* vor ihm verlassen hatten und die er sehr vermißte. Beide waren noch Heiden, aber sie standen seinem Herzen nahe. Kurz nachdem Augustinus von Mailand nach Afrika aufgebrochen war, im Herbst des Jahres 387, fiel Verecundus in eine schwere, tödliche Krankheit. Doch er empfing die Taufe und starb als Christ.

Nebridius kehrte nach Afrika zurück, und zugleich mit seiner Mutter und seinem Bruder Victor ließ er sich taufen. Danach weihte er sein Leben dem Gebet und strenger Askese. Er wollte in Augustins erstem Kloster in Tagaste um Aufnahme bitten. Doch im Jahre 389 kam der Tod seinem Vorsatz zuvor.

Einen seiner vermutlich bedeutendsten Briefe sandte Augustinus während der Tage von *Cassiacum* an Ambrosius. Unglücklicherweise ist der Text nicht mehr erhalten. Doch kennen wir in großen

Zügen seinen Inhalt, denn Augustinus erwähnt den Brief in seinen *Confessiones.* Er berichtete darin dem Bischof von seinen geistigen und moralischen Verirrungen und sprach seine Absicht aus, seine Fehler wiedergutzumachen durch ein gottgeweihtes Leben. Es war eine Art Generalbeichte. Dann bat er Ambrosius um Rat: wie sollte er sich auf den Empfang der heiligen Taufe vorbereiten und aus welchen Texten der Heiligen Schrift sollte er Stärkung für seine christliche Berufung ziehen?

In seiner Antwort verwies ihn Ambrosius auf das Buch Jesaja.

Getreu seinem Rat versuchte es Augustinus damit, doch war dieses Brot noch allzu hart für seine «Milchzähne». So hielt er sich an den Apostel Paulus: Der Bekehrte von Damaskus nahm sich des Bekehrten von Mailand an.

«Wir verließen das Land und kehrten nach Mailand zurück . . .» Aus den Worten Augustins spricht noch heute der Kummer, diesen wundervollen Fleck der Lombardei für immer verlassen zu müssen. Die majestätische und beeindruckende Landschaft stand noch vor seinem inneren Auge, als er, nach Afrika zurückgekehrt und inzwischen Bischof von Hippo, in seinem Psalmenkommentar auf das Symbol des Berges zu sprechen kam.

Wenn er später zögert, den Begriff «*mons incaseatus*» zu erläutern – den biblischen Berg des Überflusses, der auf Christus vorausdeutet –, hat es fast den Anschein, als koste Augustinus in der Beschreibung dieses Überflusses und in der Klangähnlichkeit des Wortes nochmals die Erfahrung von *Cassiacum* aus. *

Doch ganz gewiß hatte er die gewaltigen Bergmassive der Lombardei vor Augen, als er versuchte, den darin ahnungslosen Bewohnern der afrikanischen Küste zu erklären, was Eis und ewiger Schnee sei: «Das Eis? Es gleicht einer Art Kristall, einem Stück dünnstem und durchsichtigstem Glas . . . Das ist Schnee, der in Jahren nicht schmilzt, Eis von solcher Dichte, daß es unmöglich scheint, es aufzulösen. Schneemassen über Schneemassen, aufgetürmt in Jahren, die auch dem warmen Sommer, ja sogar vielen Sommern widerstehen, besonders dort, wo die Sommersonne nie ihre volle Hitze erlangt» (*Ad Psalm* CXLVII,2).

* Vgl. O. Perler, *Les Voyages de St. Augustin*, S. 181.

Ambrosius hatte festgesetzt, daß zu Beginn der Fastenzeit die Prüfung der Taufkandidaten zu erfolgen habe. Unter ihnen befanden sich diesmal auch drei der Freunde von *Cassiacum*: Augustinus, Adeodatus und Alypius.

Da die Anmeldungen zur Taufe schon vom Fest der Erscheinung an erfolgten, wurde Ambrosius eines Tages unruhig: «Warum ist noch niemand gekommen, um sich einzuschreiben? Bereits am Fest der Erscheinung warf ich die Angel aus, und noch keinen Fisch zog ich an Land» (*Expos. Lc.* IV,76).

Das Osterfest dieses Jahres 387 fiel auf den 25. April. Der erste Sonntag der Fastenzeit war demnach der 14. März. Sich zu verspäten war niemals Augustins Art. Also machten er und seine Gefährten sich frühzeitig auf den Weg nach Mailand, alle drei vermummt wegen der winterlichen Kälte. Ein Esel trug ihr geringes Gepäck und erleichterte Monika die Mühsal der Reise.

Augustinus und Alypius sahen in diesem Weg, der sie zur Quelle der Gnade führen sollte, eine Pilgerfahrt und einen Bußgang. Sie fühlten sich wie die letzten aus der Schar der Israeliten bei ihrer Flucht aus Ägypten, vor sich das Rote Meer und die Wüste des Gelobten Landes.

So übermächtig war ihr Verlangen nach Buße, daß Alypius mit bloßen Füßen auf dem gefrorenen Boden laufen wollte. Noch Jahre später berichtet Augustinus voller Bewunderung: «Ihn zierte bereits die Demut, die Deine Sakramente verlangen, und so gut hielt er seinen Körper in der Gewalt, daß er mit ungewöhnlichem Starkmut den gefrorenen Boden Italiens mit seinen Füßen trat» (*Conf.* IX,6).

«Singend und wandernd» zogen sie dem Ziel entgegen: Pilger auf dem Weg zur Taufe.

IM BAPTISTERIUM

S. Giovanni ad fontes

Und es kam die Nacht, die heller war als der Tag: die Osternacht des Jahres 387, am 24. April. Es war die Nacht österlichen Wachens, und Ambrosius, der Meister der Liturgie, wußte sie mit allem Glanz des Ritus zu umgeben: war es doch, als kehre der Anfangsmoment der Schöpfung in ihr wieder, jener unvergleichliche Augenblick, da Gott dem Nichts gebot und sprach: *fiat lux* – es werde Licht!

Ambrosius war nicht nur Priester, sondern auch Dichter und Musiker. Mit genialem Gespür für die Geheimnisse des Glaubens schuf er eine eigene Liturgie in der wohlabgewogenen Formenstrenge des gemeinsamen Gebets. Eifersüchtig wachte er über ihre Einhaltung. Hielt man ihm vor, daß man es in Rom anders halte, so antwortete er, der sonst Rom in allem folgte, in der Frage der Liturgie: «In Rom haben sie ihren eigenen Ritus, und wir hier in Mailand haben den unseren» (vgl. *De Sacr.* III,6).

Seine Riten besaßen die moralische Kraft der Botschaft ebenso wie die ästhetische Schönheit des Schauspiels. In ihr begingen die Gläubigen nicht allein ein Fest der Erinnerung, sondern sie feierten die vollkommene Auferstehung als einen Akt der Befreiung von jeder Art des Todes, der Sünde und der Bedrängnis, in einem Triumph heiliger Freude. So erfuhren sie die Erlösung durch Christus, gewissermaßen als ein Geheimnis, das aus sich selbst heraus zu begreifen war, ähnlich dem Schöpfungsakt, in dem Gott seinem

Wesen nach nicht allein als Schöpfer, sondern auch als Erlöser gegenwärtig ist.

In Ambrosius' theologischer Konzeption setzt die Erlösung die menschliche Schuld voraus. Doch die Sünde, die alles befleckt und ins Verderben reißt, erfährt paradoxerweise Lohn statt Strafe. Der kühne österliche Ausruf, den Ambrosius prägte, lautet: «O *felix culpa* – o glückliche Schuld!» In ihm klingt an, daß der Sünde eine geheimnisvolle Notwendigkeit innewohnt, an welche die göttliche Gnade anknüpft.

Das Osterfest, wie Ambrosius es beging, war ein Fest, das alle seine Motive dem Glauben der Kirche entnahm, zugleich aber sich in einer kosmischen, menschlichen, ja universalen Kraft entlud. Den zentralen Augenblick dieser Feier bildete die Taufe der Bekehrten und die von allen anwesenden Gläubigen ausgesprochene Erneuerung ihres Taufgelübdes.

Ambrosius kümmerte sich selbst um die katechetische Unterweisung der Taufkandidaten während der Fastenzeit. Über diese seelsorgerische Tätigkeit gibt Augustinus uns einen genauen Bericht. Auch besitzen wir noch die Mitschriften dieser geistlichen Unterweisungen, *De sacramentis*, *De mysteriis*, *De paenitentia*, und besonders die *Explanatio symboli*, eine analytische Einführung in das Glaubensbekenntnis, das dort Artikel für Artikel erläutert wird. Man meint in dieser Schrift noch förmlich den Unterricht des Lehrers und die gespannte Aufmerksamkeit der Schüler zu spüren. Stärker als ein schriftlich ausgearbeiteter Text es vermöchte, zeugt sie von der Kraft des gesprochenen Wortes.

Doch die Vorbereitungen erstreckten sich auf ein ganzes Volk, das am Taufritus der Katechumenen teilnehmen sollte. Das war die wahre Bedeutung des Wortes *ekklesia*, Kirche.

Wieder und wieder ertönte die Stimme des Bischofs: «Bekreuzigt euch!» Und alle Gläubigen bekreuzigten sich an Stirn, Mund und Brust.

Eigenartig: Während die Kirche jener Zeit unter dem klerikalen Regiment großer Bischofspersönlichkeiten zu stehen schien, war sie zugleich belebt durch eine starke Beteiligung der Laien – ein gemeinsames Werk unter der Leitung eines angesichts der wechselvollen Szene unentbehrlichen Regisseurs. Wie in einem Theater waren alle Teilnehmer Akteure. Ohne sich aufzulösen, mußte die Masse zwischen zwei Punkten der Handlung hin- und herwandern, der Kathedrale und dem Baptisterium, die trotz ihrer räumlichen Trennung eine innere Einheit bildeten. Geschlossen zog die Menge durch ein Portal von der Kathedrale zum Baptisterium hinüber. Mit ihren Fackeln wirkte sie wie eine einzige, leuchtende Woge von Licht. Nach der sorgfältigen Vorbereitung der Psalmen und Hymnen, von denen Ambrosius manche selbst komponiert hatte, mußte sich alles mit Präzision und Dramatik abspielen, ist doch auch der Tod Christi ein Drama, ein Drama die Sünde, die diesen Tod verschuldete, und ein Drama selbst die Befreiung der Sünder.

Damals gab es in Mailand eine rivalisierende Kirche, die Gemeinde der Arianer, die den Schutz von Kaiserin Justina genoß. Ostern und die Taufe der Katechumenen feierten sowohl Katholiken als auch die Arianer. Zwangsläufig kam es bei diesen großen religiösen Feiern zu einem Wettstreit.

Zugunsten der katholischen Seite wirkte freilich, besonders in diesen Tagen, die wundersame Wiederauffindung der Reliquien der Märtyrer Gervasius und Protasius. Die Berichte von diesem Ereignis ergriffen die gläubige Menge. Augustinus selbst bezeugt, daß während der feierlichen Einholung der Reliquien eine bekannte Persönlichkeit der Stadt, die vor langer Zeit erblindet war, sie mit einem Tuch zu berühren wünschte, um es sich danach auf die Augen zu legen. Sogleich war der Mann geheilt.

Auf diesem Hintergrund müssen wir uns heute Augustins Taufe vorstellen.

Er besuchte nicht nur den Unterricht des Ambrosius, sondern bemühte sich auch um eine eigene vertiefte Vorbereitung. Aus diesen Tagen stammt der Traktat *De immortalitate animae*, einer der *Dialoge*, die in Cassiacum begonnen, aber nicht zu Ende geführt worden waren.

Ambrosius selbst war der Gründer und Bauherr seiner Kathedrale, der *ecclesia maior*, so genannt, weil in ihrer Nähe eine andere Kirche stand, die sogenannte *ecclesia minor*, von geringeren Ausmaßen und für den strengen lombardischen Winter besser geeignet. Außerdem hatte Ambrosius unweit der *basilica maior* ein schönes achteckiges Baptisterium errichten lassen: *San Giovanni ad fontes.*

Bei den Vorarbeiten zum Bau der Mailänder U-Bahn in den sechziger Jahren kam durch einen glücklichen Zufall dieses ambrosianische Baptisterium wieder ans Licht. In ihm empfing ohne Zweifel auch Augustinus das Wasser der Taufe. «Die Freilegung des Baptisteriums», schreibt Angelo Paredi, «begann im Mai 1961 und wurde Ende des Jahres 1962 abgeschlossen. Diese Ausgrabung förderte ein vollständiges, weiträumiges Achteck zutage, dessen Außendurchmesser 19,30 Meter beträgt. An jeder Seite öffnet sich im Innern eine Nische, abwechselnd kreisförmig oder rechteckig. Zwischen jeder Seite der acht Nischen erhob sich eine Säule auf quadratischem Sockel. In der Mitte des Raumes befand sich das achteckige Taufbecken aus Marmor und ein Umlauf mit Stufen aus Ziegelstein (früher ebenfalls aus Marmor), die bei der Ausgrabung fast alle entfernt waren. Der Durchmesser des Taufbeckens beträgt 5,16 Meter, die Seitenlänge 2,14 Meter. Es ist 80 Zentimeter in den Fußboden des Baptisteriums eingelassen, der 2,80 m unter dem Niveau des heutigen Domplatzes liegt. Bei dem Taufbecken, eingeschlossen in die Außenmauer, befindet sich eine Wasserleitung, in der vier symmetrische Durchbrüche als Öffnungen für die Zufuhr des Wassers dienten wie in den Kühlbecken der Thermen. Ein Abflußkanal wurde auf der Achse des Mittelportals entdeckt.» *

Das Baptisterium liegt genau unter der heutigen Fassade des Domes. Auf Anfragen des Franzosen J. F. Poujoulat, der eine Biographie des heiligen Augustinus schrieb, bemühte sich Alessandro Manzoni, in Mailand ein archäologisches Zeugnis der Taufe des heiligen Augustinus aufzufinden. Doch mußte er schließlich melden, es sei ihm nicht gelungen, auch nur eine Spur dieses Ereignisses zu entdecken. ** Heute sind wir in dieser Hinsicht glücklicher. Es ist ein bewegendes Erlebnis, am Rand dieses Baptisteriums nie-

* A. Paredi, *Il Battistero di S. Giovanni alle Fonti*, S. 65, Ven. Fabbr. del Duomo di Milano.

** Vgl. A. Paredi, *Dove fu battezato Sant' Agostino*, in «Archivo Storico Lombardo», XC/IX, Bd. IV, 1964.

derzuknien, das für so lange Jahrhunderte verborgen war, und dabei zu denken, daß der große Bekehrte in seinen Wassern untertauchte.

Augustinus, Afrikaner von Geburt, Römer aufgrund seiner Bildung, Mailänder kraft seiner christlichen Wiedergeburt, scheint durch seine Bekehrung und seine Taufe sowie durch seinen Aufenthalt in Brianza und im Varesotto die Vorsehung gleichsam verpflichtet zu haben, ihm auch sein Grab in lombardischer Erde zu bereiten. Es befindet sich heute in einem monumentalen, von den Meistern Campionese mit Skulpturen geschmückten Sarkophag unter den Arkaden der Basilika S. Pietro in Ciel d'Oro in Pavia. Dort ließ der Langobardenkönig Liutprand die Gebeine des Heiligen beisetzen, nachdem er sie mit Gold ausgelöst hatte.

«*Signate vos!*» begann Ambrosius die Osterfeier. «Bekreuzigt euch!» Und er segnete das heilige Feuer, das mit seinem Schein in der Dunkelheit die Gesichter der Gläubigen beleuchtete.

Mit dem heiligen Feuer entzündete er die hohe Osterkerze – Symbol des auferstehenden Christus –, und alle hielten ihre Kerzen an diese Flamme. Dann wurden die heiligen Schriften vorgelesen, von der Erschaffung der Welt bis zum Auszug der Israeliten aus Ägypten ins Gelobte Land.

Auch die Schar der Täuflinge zog von der *basilica maior* zu dem Taufbecken in *San Giovanni ad fontes.*

Mit ermutigenden Worten wandte sich Ambrosius nun an die Neophythen, die sich nackt um das achteckige Taufbecken versammelt hatten. Er sagte: «Nicht meiner Unschuld rühme ich mich, sondern der Erlösung. Ich rühme mich nicht, weil ich etwa ohne Sünde wäre, sondern weil meine Sünden vergeben sind, Christus mein Fürsprecher beim Vater ist und sein Blut für mich vergoß. So wurde die Sünde selbst zum Preis der Erlösung, durch die Christus in mein Inneres trat. Denn die Schuld ist fruchtbarer als die Unschuld: Unschuld verführte mich zum Hochmut, Erkenntnis der Schuld aber gab mir die Demut zurück» (*Exp. Jacob* I,6,21).

Danach nahm er jeden Täufling bei der Hand «Siehst du dieses Wasser? Wir stehen am Becken der Taufe. Was hast du eben gesagt? Erinnere dich! Zuerst hat dich ein Diakon gesalbt, danach ein Presbyter: du bist ein Kämpfer, ein Wettstreiter Christi. *Signate vos!*»

Später griff Augustinus auf dieses Bild zurück. Er erinnerte an die Wettkämpfe im Stadion und schrieb: «Zum Kampf bist du gerufen. Doch sei ohne Furcht! Der diesen Kampf begonnen hat, steht selbst in der Arena und verleiht dir die Kraft zum Sieg!» (*Serm.* CCCXLIV,1).

Immer wieder beschwor Ambrosius das Geheimnis der Dreifaltigkeit: Vater, Sohn und Heiliger Geist. «Jedes Sakrament, das du empfängst, empfängst du kraft der heiligen Dreieinigkeit.»

Er salbte die Nasenöffnungen mit heiligem Öl. «Warum salbt man eure Nasenlöcher, sagt es mir ...? Damit sie sich gewöhnen an den Wohlgeruch Christi ...»

Zum Bad der Taufe entkleidet, standen sie in einer Reihe: Augustinus, Adeodatus, Alypius ... Später erinnerte Augustinus sich an diesen Augenblick: «Wieviel Tränen vergoß ich, als ich Deinen Hymnen und Liedern hörte, bewegt durch die Worte, die Deine Kirche so lieblich sang! Jene Worte strömten in meine Ohren, um die Wahrheit in mein Herz zu senken, Empfindungen, die mich zu Dir führten, wallten in mir auf: da weinte ich heiße Tränen, und wie wohl war mir dabei zumute!» (*Conf.* IX, 6).

Auch Monika war tief bewegt: in ihren Händen verbarg sie ihr Gesicht, ganz versunken in das Gespräch mit Gott. Nicht für Augustinus allein betete sie, sondern auch für Adeodatus und Alypius. Von Adeodatus hatte Augustinus gesagt: «Du hattest ihn gut geschaffen. Sohn meines Fleisches und meiner Sünde, wurde er nun mein Gefährte in der Gnade ...» (vgl. *ebd.*).

Wie bei der Taufe des Victorinus murmelte auch jetzt das Volk: «Augustinus! Augustinus, seht, hier ist er! Er beugt sich vor der geheimnisvollen Macht Christi!» Doch so vertieft war Augustinus, daß er nichts hörte als Ambrosius' Ruf: «*Signate vos!*» Als ein *Kind Gottes* und von Liebe ergriffen, ließ er den Tränen freien Lauf.

Voller Würde und äußerlich gefaßt vollzog Ambrosius die heilige Handlung. Doch auch er weinte im Herzen vor Freude über diesen Sohn, der ihm unter seinen Händen geboren wurde, während das Wasser an ihnen herabfloß.

In diesem Augenblick, so sagt die Überlieferung, fiel das Volk Gottes wie mit einer Stimme in einen Dankhymnus ein und rief: TE DEUM LAUDAMUS! Als ahne es, daß aus diesem achteckigen Taufbecken einer der größten Geister des Christentums, des Denkens und des Glaubens geboren wurde.

«WANN WERDE ICH DEIN ANGESICHT SCHAUEN?»

Nie hören wir auf, nach dem Unendlichen zu suchen. Aber wo und wie sollen wir diese Suche beginnen? «Wir suchten nach dem Ort, an dem wir Gott besser dienen konnten...» Um diese Frage drehten sich auch die Gespräche der Freunde. Vielleicht setzte sich Monikas Plan durch.

Wenn sie die Straßen dieser Welt entlanggepilgert war, so hatte sie immer nur ein Ziel vor Augen gehabt: ihren Sohn für Gott zurückzugewinnen. Und Gott hatte ihren Wunsch erfüllt, mehr als sie zu hoffen gewagt hatte. Nun wollte sie nach Afrika zurückkehren, wo sie alles, was ihr lieb war, zurückgelassen hatte, auch das Grab ihres Mannes Patrizius, an dessen Seite sie gerne ihre letzte Ruhe gefunden hätte.

Allen gemeinsam war die Sehnsucht nach ihrer Heimat Afrika. Augustinus, dessen Leben von einer geheimnisvollen Bestimmung geleitet wurde, spürte, daß sein Platz in seiner Geburtsstadt Tagaste war, wo er zusammen mit seinen Freunden seine Vorstellungen von einem kontemplativen Leben verwirklichen und sein Leben Gott weihen konnte. Wenn er jemanden grüßte, so sagte er meist: «Ich wünsche dir einen von Gott erfüllten Tag.»

In den Monaten nach jener unvergeßlichen Osternacht des Jahres 387 widmete er seine Zeit dem Gebet und dem Gespräch, der einsamen Erforschung seines bisherigen Lebens. Immer wieder überdachte er seine Fehler, voller Pläne, wie er sie bekämpfen konnte, indem er der Wahrheit folgte, auch um jenen zu helfen, die noch im Irrtum befangen waren.

Diese Wahrheit, die er immer, auch auf seinen Irrwegen, gesucht hatte, drängte ihn nun, Zeugnis abzulegen: mit seinem Leben wie auch mit seinem schriftstellerischen Schaffen. Er machte sich an die Fertigstellung der *Dialoge*, die er in *Cassiacum* begonnen hatte: *Die Größe der Seele*, *Die Unsterblichkeit der Seele*, ein Werk, das er dann in Rom beendete. Vor allem beschäftigte ihn das Studium der menschlichen Natur: «Mich muß ich kennen, Gott, um Dich zu kennen.» Beim Studium der menschlichen Seele faßte er den Plan, eine Enzyklopädie der freien Künste zu verfassen, da sie als Schöpfung des menschlichen Geistes unmittelbarer Ausdruck der Seele seien. Er verwirklichte diesen Plan jedoch nicht. Vielmehr beschränkte er sich auf ein einziges Werk, *Die Musik*, worin er die Harmonie von Metrik und Rhythmus untersuchte.

Die Freunde beschlossen also, sich gemeinsam auf den Rückweg zu machen und sich noch vor August 387 im Hafen von Ostia einzuschiffen. Doch hinderten Augustinus verschiedene Verpflichtungen und eine gewisse Unentschlossenheit, zusammen mit seiner Liebe und Anhänglichkeit zu der Stadt, in der er seine geistige Wiedergeburt erlebt hatte, rechtzeitig die notwendigen Schritte zu unternehmen, um noch vor dem Winter, der die Schiffahrt unmöglich machte, auf einem der Handelsschiffe die Reise nach Afrika anzutreten. Erst spät gelangten sie nach Ostia. Die Verhältnisse auf See schlossen eine Einschiffung vor Frühjahr 388 aus. Sie bezogen darum in einer Herberge Quartier.

Der Dialog *Octavius*, den gut ein Jahrhundert zuvor ein anderer afrikanischer Schriftsteller verfaßt hatte, spielt ebenfalls am Strand von Ostia. Minucius Felix wollte darin den Widersinn des Polytheismus und die Richtigkeit des Christentums beweisen. In dem Dialog sendet Caecilius einer Statue des Serapis einen Kuß. Octavius macht Minucius Felix daraufhin schwere Vorwürfe, er habe es nicht verstanden, den Freund zu bekehren. Da schlägt Caecilius vor, die verschiedenen religiösen Standpunkte doch gemeinsam zu erörtern. Caecilius beruft sich auf die Tradition, verteidigt den Götterkult und greift die christlichen Bräuche und Lehren an.

Octavius aber beweist ihm die Existenz und die einzigartige Natur Gottes; er bekräftigt damit die Richtigkeit des christlichen und den Widersinn des heidnischen Glaubens. Schließlich gibt sich Caecilius geschlagen, und Minucius, der in der Runde als Richter auftrat, verkündet seine Freude darüber, die nun die drei Freunde teilen. In dem Disput finden sich Anklänge an Cicero und Seneca; außerdem ahmt Minucius das Beispiel der Apologeten nach, wenn er im Ton zwischen einer gelassenen Beweisführung und leidenschaftlicher Polemik wechselt oder den Feind mit seinen eigenen Waffen schlägt.

Weitaus anspruchsvoller war das Gespräch Augustins mit seiner Mutter, in dem sie Gott bis ins Innerste erforschen wollten. Sie waren allein auf einem Balkon, der auf einen Garten hinausging und sie von dem Geschrei der Händler und Käufer abschirmte, die sich zwischen den unzähligen Läden der Hafenstadt drängten. Das Haus, in dem sie untergebracht waren, war nicht weit entfernt vom Forum und dem höher gelegenen Gebäude der Kurie.

Erfüllt vom Wunsch nach geistiger Nähe sagte er: «Mutter, ich bin glücklich. Erzähl mir von Gott... Ich weiß, daß ich Ihn liebe, ich zweifle nicht daran, mein Herz schlägt im Rhythmus Seines Wortes. Erzähl mir von Ihm.»

Monikas Augen, die in einen klaren Himmel schauten, weiteten sich vor Freude. Doch sie antwortete nicht. Mutter und Sohn saßen nun nebeneinander, Hand in Hand, einen Arm auf das Geländer gestützt, beide etwas gebeugt, doch den Blick in die Höhe gewandt. Von der Welt draußen drang nur leises Stimmengewirr zu ihnen.

Ohne daß sie es gewahr wurden, führte Gott sie in ihre eigenen Seelen hinein: «Im Innern des Menschen», wiederholte Augustinus, «wohnt Gott. Erzähle mir von deinem Gott, Mutter!»

«Er ist auch dein Gott! Spürst du nicht, daß er aus zwei Wesen, aus dir und mir, eines macht?» antwortete Monika.

Sie sprachen immer langsamer, als würden sie von der Wirklichkeit um sie herum mehr und mehr entrückt. Die Silben ähnelten Tropfen, die träge zu Boden fallen. Ihre Stimmen wurden gedämpft, ihre Lippen bewegten sich kaum. Ein geheimnisvolles und doch klares Verständnis, erzeugt durch ein plötzlich aufscheinendes Licht. Sie spürten, wie ihre Körper immer leichter wurden, als schwebten sie in einem schwerelosen Raum. Von draußen drang kaum noch Lärm zu ihnen, die Geräusche verebbten, verloren sich weiter und weiter, bis schließlich alles in Schweigen gehüllt war. «Ich weiß nicht, ob mit meinem Leib oder außerhalb meines Leibes», hätte der Apostel Paulus gesagt.

Es war ihnen, als strebten sie langsam einer Sphäre mysteriösen Lichts zu, wo sie die Dinge, denen sie dort in ihrem großen, kaum zu lüftenden Geheimnis begegneten, mit begieriger Neugier befragen konnten. Sie befragten die Erde und ihre Schönheiten, doch die Erde antwortete: «Gott? Nein, das bin ich nicht.»

Das Meer, die Schluchten, die Lebewesen: «Wir sind es nicht, sucht über uns.»

Und der Himmel, die Sonne, der Mond, die Sterne: «Auch wir sind nicht Gott.»

Aus innerster Seele flehten sie zu ihnen: «So sagt uns wenigstens etwas von Ihm!»

Und ein Chor kosmischer Stimmen jubelte: «Er hat uns erschaffen!» (vgl. *Conf.* X,6,9).

Ein Schrei und dann abgrundtiefes Schweigen, ein weiter Glanz schimmernder Farben.

Sie selbst waren sich nicht bewußt, daß sie in einer mystischen Erfahrung versanken, eingetaucht in eine Wirklichkeit, die anders war als die ihnen vertraute. Sie spürten nur eine unaussprechliche Sanftheit, die langsam in ihre Seele einzog, eine Musik, die keine Musik war, einen Duft, der kein Duft war, eine liebevolle Umarmung, die keine Umarmung war. Empfindungen, die sie an gewohnte Empfindungen erinnerten, doch von anderer Intensität, von anderer Art, neue Erfahrungen. Licht, Klang, Duft, Speise, Umarmung! Unbekannte Botschaften eines Einzigen Wesens, von Gott in eigener Person: ein Licht, das kein Raum faßt, ein Klang, der sich nicht in der Zeit verliert, ein Duft, den kein Wind verweht, ein Geschmack, den kein Genuß schmälert, eine Umarmung, die kein Überdruß des Fleisches löst: dies, ja dies ist es, was ich in aller Deutlichkeit spüre, wenn ich *jenen* Gott liebe (vgl. *Conf.* X,6,8).

Und die Frage richtete sich nun an die eigene Person, an beides, woraus sie besteht, an Seele und Körper. Und wieder die gleiche Antwort: «Wir sind nicht Gott!»

Sie spürten, wie sie weiter und weiter emporstiegen, in immer klarere Himmel, aus zartem Rosa oder Blau, schwerelos, wie Schleier aus Seide. Gleich zwei umherirrenden Engeln erforschten und befragten sie die Kräfte der Seele, denen sie begegneten: Verstand, Wille, Gedächtnis, Phantasie, Tatkraft ... Ein Himmel, in dem sich die *Ideen* aller Dinge verbergen, das Mögliche, jedes mit seiner eigenen Wirklichkeit, seiner eigenen Funktion und Schönheit zugehört, die nicht begrenzt ist, sondern sich in die Harmonie aller Dinge einfügt. Und alles bewegte sich hin zu jenem Ort des Lichts, wo das geheimnisvolle Wesen lebt, Er, Er: Gott! Gott selbst!

Sie hatten nicht bemerkt, daß sie sich fest umschlungen hielten, Mutter und Sohn, als wolle er in den mütterlichen Schoß zurückkehren und sie die Frucht ihres Leibes wieder zu sich nehmen, nicht in einer Symbiose, sondern durch einen Ausbruch göttlicher Liebe. Keine Anstrengung mehr, und sei sie noch so gering, um an einen höher gelegenen Punkt zu gelangen, vielmehr ein Schweben in Kontemplation um den Gipfel ihres Aufstiegs, ein trunkenes Kreisen: sehen und lieben! Sie sprachen aus der Sehnsucht ihrer Herzen und verstanden sich, sie atmeten mit der ganzen Kraft ihres Lebens, um sich auf dem leuchtenden Gipfel jener Schönheit niederzulassen. Für den Augenblick eines Herzschlags, nicht länger (vgl. *Conf.* IX,10,24). Diese kurze Rast in Gottes Schoß – eine lebendige, konkrete, nicht mitteilbare Erfahrung. Doch nur für einen Augenblick. Einen Moment ausschöpfen und Liebe atmen ... Dort die Erstlinge des Geistes zurücklassen ... Niemals wieder vergessen können ... Dann wieder hinabsteigen.

Zuerst spürten sie wieder die Spannung ihrer Gedanken, dann hörten sie nach und nach die Laute, die ihnen über die Lippen kamen, fast Klagen über einen wunderbaren Schmerz, wo das Wort seinen Anfang und sein Ende findet, schließlich den Lärm der Welt, wie Menschen, die das Schweigen des Kosmos erfahren haben und in das Getöse und die Unruhe des irdischen Lebens zurückgekehrt sind.

Eine Ekstase, die sich unserer Vorstellungskraft entzieht, eine Ekstase, die diese beiden mutigen Menschen erlebten, Monika und Augustinus, Mutter und Sohn, in ihrer brennenden Liebe zu Gott, an einem Abend im Herbst 387 am Strand von Ostia. Das Ziel ihrer mühevollen Reise aber war: «Wann werde ich Dein Angesicht schauen?» Vielen Seelen wurde diese mystische Erscheinung zuteil.

Augustinus hat uns von dieser ungewöhnlichen Erfahrung mit der Mutter berichtet, von diesem einzigartigen Erlebnis, Gott gespürt, diese unendliche Süße gekostet zu haben. Gerade durch ihre Schlichtheit, nicht durch Emphase wird diese Erzählung von der göttlichen Güte gegenüber einem zum verborgensten Innern des Vates zurückgekehrten, reuigen Sünders so glaubwürdig. Der verlorene Sohn, den die väterliche Liebe erweckt hat und den er nun in seine entlegensten Kammern führt, damit er von Angesicht zu Angesicht erkenne, daß er ihn wiedergefunden hat. Und der glücklich darüber ist, daß er lebt.

Jenseits des Meeres, in der Ferne, ging die Sonne unter, während der letzte Schein ihres Feuers am Horizont erlosch. Überall war das gleichförmige Brausen des Meeres zu hören. Kein Wesen dieser Welt aber ahnte etwas von der berauschenden Vision, die Gott diesen beiden geschenkt hatte.

MONIKAS GRAB

Sie kehrten ins Innere des Hauses zurück, denn die Luft schien einen kühlen Herbstabend anzukündigen. Nun brach Monika das mystische Schweigen, das die beiden umgeben hatte. Ihre Worte waren durch und durch menschlich, zu menschlich, um nicht zu der kurz zuvor gekosteten Glückseligkeit in Widerspruch zu stehen: «Mein Sohn, ich für meine Person werde an nichts Irdischem mehr Freude empfinden. Was ich nun hier noch tun soll und warum ich hier bin, weiß ich nicht, da ich von dieser Zeitlichkeit nichts mehr erhoffe. Nur um dich vor meinem Tode als katholischen Christen zu sehen, wollte ich noch am Leben bleiben. Gott hat mir meine Bitte über die Maßen erfüllt, da ich dich jetzt als seinen Diener erblicke, der aller irdischen Glückseligkeit entsagt hat. Was tue ich nun noch hier?» (vgl. *Conf.* IX,10,26).

Nicht Lebensverneinung noch Altersschwäche – Monika zählte damals gerade sechsundfünfzig Jahre – gaben ihr diese Abschiedsworte ein. Sie entsprangen einzig dem Bewußtsein, ihrer Pflicht als Mutter genügt zu haben, so gewaltig und schwierig sie war aufgrund des besonderen Geschicks, das die Vorsehung ihrem Sohn bestimmt hatte.

Fünf Tage nachdem diese ekstatische Gottesschau Mutter und Sohn vereint hatte, erkrankte Monika an einem heftigen Fieber und mußte sich zu Bett legen. Durch die Krankheit geschwächt, fiel sie eines Tages in eine tiefe Ohnmacht, die ihre Angehörigen in Sorge versetzte. Voller Angst versammelten sie sich um ihr Lager. Doch bald kam sie wieder zu sich und betrachtete lange Augustinus und Navigius, die bei ihr standen. «Wo bin ich?» fragte sie. Und als sie sah, daß alle vor Schmerz erstarrt waren, fügte sie hinzu: «Hier werdet ihr eure Mutter begraben . . .»

Augustinus schwieg und kämpfte verzweifelt mit den Tränen. Navigius aber hielt ihr vor: «Wie denn? Du willst uns verlassen, hier in der Fremde, wo du dir doch deine Ruhestätte in Tagaste bereitet hast, an der Seite unseres Vaters . . .»

Monika richtete sich im Bett auf und warf ihm einen tadelnden Blick zu. Zu Augustinus gewandt, fügte sie in einer Mischung aus Spott und Mißbilligung hinzu: «Hörst du, was er da redet? . . .» Dann sagte sie zu ihren beiden Söhnen: «Nehmt diesen Leib und begrabt ihn, wo ihr wollt. Macht euch darum keine Sorge. Nur um das eine bitte ich euch: gedenkt meiner am Altar Gottes, wo immer ihr auch seid» (vgl. *Conf.* IX,11,27). Nachdem sie diesen Wunsch geäußert hatte, versank sie in Schweigen. Ihre Krankheit wurde immer schlimmer.

In Augustins Herz regten sich tausend Erinnerungen an sein früheres Dasein, das so eng mit den Mühsalen seiner Mutter verbunden war. In Augenblicken wie diesem stellt sich die Frage nach den Gründen für ein so plötzliches Hinscheiden, nach den Vorzeichen dieses frühen Endes, nach den Vorahnungen, die dem Sterbenden selbst in Zeiten der Gesundheit seinen nahenden Tod verkündet haben mochten. In Ostia befand sich eine kleine katholische Kirche, die Monika täglich besuchte. Wenige Tage zuvor hatte sie von der leiblichen Auferstehung der Toten gesprochen und gesagt: «Von Gott ist nichts fern, und so brauchen wir nicht zu fürchten, daß er am Ende der Welt den Ort nicht wissen könnte, von wo her er uns auferwecken soll» (*ebd.* 28).

So verließ nach neun Tagen schweren Leidens, im siebenundfünfzigsten Jahr ihrer Erdenzeit, diese fromme und gottergebene Seele ihren Leib. In unermeßlicher Trauer schloß Augustinus, der Sohn der Tränen, der Toten die Augen. Adeodatus, der bei ihrem Tod zugegen war, brach in hemmungsloses Weinen aus. Liebevoll ermahnte man ihn, zu schweigen. Dieser Tod war heilig!

Allein mit seiner Willenskraft hielt Augustinus seine Tränen zurück. Und als er ihnen nach dem Begräbnis freien Lauf lassen wollte, hinderte der Schmerz ihn daran. Wir können hier nur ohne Änderung oder Erweiterung die Worte wiedergeben, die er selbst später in der Erinnerung niederschrieb: «Ich drückte ihr die Augen zu, ungeheure Traurigkeit strömte in mein Herz und ergoß sich in Tränen. Doch auf das Geheiß meiner Seele drängte ich sie gewaltsam zurück, so daß meine Augen nicht von ihnen benetzt wurden: Großen Schmerz empfand ich bei diesem Kampf» (vgl. *Conf.* IX,12,29).

Wie stark und liebevoll zugleich war Monika: «In den letzten Tagen ihrer Krankheit lächelte sie mir öfter zu, während ich sie pflegte. Sie nannte mich ihren guten Sohn, und mit wahrer Zuneigung erinnerte sie mich daran, daß sie niemals aus meinem Mund ein hartes oder beleidigendes Wort vernommen habe» (vgl. *Conf.* IX,12,30). Ja, wahre Liebe zeichnet sich mehr durch Verzeihen und Heilen aus als durch Vergessen.

Der Leichnam wurde zu Grabe getragen, und alle Mitglieder der kleinen christlichen Gemeinde von Ostia gaben ihm das Geleit. Jeder wußte von Monikas heiligem Lebenswandel und ebenso von ihrem Sieg über die Verirrungen des Sohnes. Wie es damals in der ganzen Kirche Brauch war, brachte man ihrer Seele ein Sühnopfer dar.

Selbst als Augustinus in das Haus zurückkehrte, das nun nach ihrem Fortgang so leer war, gelang es ihm nicht zu weinen. Von Schmerz übermannt, ließ er sich in einer Ecke des Sterbezimmers nieder. Es handelte sich nicht nur um das Verscheiden eines geliebten Menschen, einer Mutter wie alle anderen. Was dieser Tod bedeutete, vermochte nur er allein zu ermessen. Er betete, doch wie in längst vergangenen Tagen schien Gott ihn nicht zu hören – als wolle er ihn den Schmerz dieser Einsamkeit bis zur Neige auskosten lassen. Mit einem Ruck stand er auf. Er beschloß, ein Bad zu nehmen, in der Hoffnung, sich dadurch Linderung von seinem Leid zu verschaffen. Doch vergeblich! Niedergedrückt von den Erinnerungen und von der Leere im Haus, legte er sich zu Bett. Vielleicht würde der Schlaf ihm für einige Stunden Vergessen schenken.

In der Nacht erwachte er aus seinem Halbschlaf, richtete sich auf und dachte im Bett sitzend nach. Verse des Ambrosius kamen ihm in den Sinn, ein Gesang voll christlicher Hoffnung. Halblaut, mit geschlossenen Lippen, murmelte er das Motiv vor sich hin, das in ihm tiefe geistliche Sehnsucht weckte:

> Der Gott, der Schöpfer aller Wesen,
> Der Himmelslenker, der mit Licht
> Den Tag beglänzt und der der Nacht
> Des Schlummers Gnade schenkt . . .

Ja, genau diesen Hymnus –

> Damit die Ruhe den gelösten Gliedern
> Die Arbeitskraft aufs neue gibt
> Und müde Seelen unterstützt,
> Indem sie Angst und Trauer löst.
> (*Conf.* IX,13,32)

Ihm war, als wäre er in Mailand, in der Kathedrale des Ambrosius, und als sänge er diesen Hymnus an der Seite seiner Mutter, in jener Woge des gemeinsamen Chorgebets, zu der sich das ganze gläubige Volk unter der Leitung des Bischofs vereinigte.

Glaube und Frömmigkeit entführten ihn so an einen anderen Ort, fern der Stätte seiner Trauer, an der Tränen und Kummer die einzige Nahrung der Seele waren. Nach und nach löste sich sein Herz, seine Augen wurden feucht, und plötzlich brach aus seinem Innern ein unstillbarer Tränenstrom hervor. Niemand brauchte seine heftigen Schluchzer zu hören. Nur Monika, unsichtbar an seiner Seite, zählte sie. Und wie Perlen an einer Schnur reihte sie die kostbaren Tränen auf, die der Sohn ihr schenkte. Monika hatte so viele Jahre um ihn geweint – so sehr, daß sie ihn Sohn der Tränen genannt hatte –, damit Gott ihm Leben gäbe.

Es heißt, daß Monikas Gebeine einsam in jener kleinen Basilika von Ostia zurückblieben, während ihr Sohn im fernen Afrika die Schlachten des Glaubens schlug. Gewiß schweiften unzählige Male die Gedanken des Sohnes über das Tyrrhenische Meer hin zum Strand von Ostia, schwer von alten Erinnerungen und glühenden Gebeten. Später wurden die Reliquien im Triumph in die Kirche Sant' Agostino nach Rom überführt. Dort ruhen sie noch heute.

Im Jahre 1945 grub ein archäologisch geschulter Augustiner, Antonio Casamassa, aus wissenschaftlichem Interesse an verschiedenen Stellen des Gartens bei jener Kirche in Ostia. Er wußte, daß Augustinus eine kostbare, vielleicht mit Skulpturen versehene Steinplatte in Auftrag gegeben hatte als würdige Bedeckung für das Grab seiner Mutter. Und ähnlich wie im Falle des Baptisteriums zu Mailand, in dem der große Afrikaner das Sakrament der Taufe empfing, wollte es der Zufall, daß auch hier ein archäologisches Fragment, ein Stück jener Grabplatte zum Vorschein kam. Die wenigen Worte, die darauf zu lesen waren, eingebettet in weitere Teile der überlieferten Grabschrift, fügen sich zu einem Distichon des Anicius Aucenius, dem Denkspruch für Monika, die Mutter des Bischofs von Hippo. Es lautet:

«Hier verließ den Leib, Augustin, deine so keusche Mutter
Ehre, zuvor nicht gekannt, ziert leuchtend nun deine Stirn
Priester des Herrn, stets getreu des Himmels ew'gem Gebote
Lenkst nun in Frieden du Völker, die Gott deiner Sorge vertraute
strahlender Ruhm so kröne den Namen der Mutter, des Sohnes
glücklich ob seiner Tugend preist hoch sich die Beste der Mütter.

Monika starb in Ostia, im Herbst des Jahres 387: genau sechzehnhundert Jahre sind seither vergangen.

Doch wie ihr Sohn lebt auch die Mutter fort.

RÜCKKEHR NACH AFRIKA

«Nun aber, da mein Herz von jener Wunde geheilt ist, wegen der ich mich allzu heftiger natürlicher Zuneigung beschuldigen konnte, vergieße ich vor Dir, unserem Gott, für Deine Dienerin Tränen ganz anderer Art, Tränen, wie sie aus einem Herzen strömen, das erschüttert ist vom Gedanken an die Gefahren, die jede in Adam gestorbene Seele bedrohen . . .» (*Conf.* IX,13,34).

Lange stand Augustinus auf dem Balkon, vor seinen Augen nur die dunklen Wipfel der Pinien von Ostia und der Himmel, den die untergehende Sonne in Purpur tauchte. Wenn Mutterliebe jeden Menschen auch ein Leben lang begleitet, so fühlte Augustinus sich doch nie so sehr der mütterlichen Liebe beraubt wie in jenen Tagen nach Monikas Tod. Im Grunde hatte er die Mutter nie verlassen. Nicht einmal in den Tagen des Streits war er von ihr geschieden, als sie ihn vor die Tür wies oder als er sie am Hafen von Karthago hinterging, um nach Rom aufzubrechen. Und nicht einmal, als er eine Frau fand, verdrängte die Leidenschaft die Liebe zur Mutter aus seinem Herzen.

«Teilten die Seelen der Verstorbenen noch die Sorgen der Lebenden», sollte er später schreiben, «wären wirklich sie es, die uns als Traumbilder erscheinen – ach, meine Mutter würde gewiß nicht säumen, mich jede Nacht aufzusuchen, jene Mutter, die mir zu Land und zu Wasser folgte, um bei mir leben zu können!» (*De cura defunctorum* XIII,6).

«Das Andenken einiger weniger Mütter überdauert die Zeiten», bemerkt Peter Brown, «wenngleich sie uns nur als das begegnen, was sie für ihren Sohn bedeuteten – besonders, wenn es sich um einen Sohn von der Vielschichtigkeit eines Augustinus handelt. Die Beziehung zwischen Mutter und Sohn zieht sich durch die *Confessiones* hindurch, sie bildet gleichsam den Leitfaden von Augustins Selbstbericht, und ihnen verdankt er seine verdiente Berühmtheit. Doch zu solcher Gemeinschaft bedarf es zweier Menschen.» *

So paradox es klingen mag: selbst die sexuelle Leidenschaft, die Augustinus den Gedanken eingab, «nicht ohne die Umarmung einer Frau leben zu können» – Demütigung für einen Menschen, der sein Leben der Philosophie geweiht hat, und letztes Glied in der Kette, die ihn in der Welt der Sinne gefangenhält –, war vielleicht in den Tiefen seines Unterbewußtseins in jener innigen Bindung zwischen Mutter und Sohn begründet.

Die Entscheidung, nach Afrika zurückzukehren und dort in Ruhe und Eintracht zu leben, hatten Mutter und Sohn noch gemeinsam getroffen. So stand sie nun vor Augustins Augen als eine Art Vermächtnis der Verstorbenen, ja als moralische Verpflichtung, zurückzukehren zu den Orten seiner Kindheit und Jugend, der Erinnerung an seine Mutter und alles, was sie ihm bedeutet hatte.

Und immer stärker wuchs in ihm und seinen Gefährten die Sehnsucht nach einer geistlichen Gemeinschaft, nach jenem *otium christianae vitae*, das Augustin schon vor seiner Bekehrung als Ideal erschienen war: Studium der Heiligen Schrift, Gespräch und Arbeit, Psalmengebet und Kontemplation, zusammengehalten durch das Band der Freundschaft, das fester hält als jedes andere Band.

Augustinus war durchdrungen von jener geheimnisvollen Anziehung, die über das Schicksal des Menschen entscheidet. Ihm lag der Gedanke fern, daß der Mensch ohne Beistand in die Welt geworfen und auf sich allein gestellt sei, dazu verurteilt, einen ihm

* P. Brown, *Agostino*, S. 15.

unbekannten und sinnlosen Weg zu gehen, den kein Licht von oben erleuchtet.

In ihm blieb immer etwas von dem jungen Mann, der sich mit Astrologie und Horoskopen befaßt hatte, um die Zukunft zu lesen. Niemals verfiel er der resignativen Meinung, der Mensch sei nur sich selbst überlassen. Und als ihm, dem Kirchenlehrer, die Aufgabe zufiel, die Irrlehre des Pelagianismus zu bekämpfen, wobei es den Begriff menschlicher Freiheit mit der liebenden Allmacht der göttlichen Gnade in Einklang zu bringen galt, um das Problem der Prädestination zu klären – selbst dann noch erschien ihm die Lösung unter dem Bild einer geheimnisvollen Anziehung, der eine *geheimnisvolle Wollust* im Innern des Menschen antwortet, in einer Verbindung von Liebe und Schönheit.

Tief hatte sich seinem Gedächtnis der Vers aus Vergils Zweiter Ekloge eingeprägt: «*Trahit sua quemque voluptas* – Ein jeder wird von einem seiner Gelüste geleitet.» Er wandte nun dieses Prinzip auf das theologische Problem der Gnade an und versuchte es im Licht der christlichen Wahrheit auszulegen: «Verlangen ist nicht Notwendigkeit, Lust ist nicht Zwang. Wenn der Körper sie kennt, warum sollte die Seele sie nicht kennen? Sag es einem, der liebt: er wird begreifen, was ich meine! Doch wessen Herz kalt ist, wird mich schwerlich begreifen ...» (*In Ioannis evangelium tractatus* XXVI,4).

Der römische Dichter hatte mit seinem pointierten Vers eine köstliche Szene aus der Welt des antiken Pastorals erläutern wollen: ein Knabe, der mit einer widerspenstigen und furchtsamen jungen Ziege spielt, hält ihr einen zarten Pflanzentrieb hin, um sie anzulocken. Die Beschreibung schien Augustinus geeignet, das Handeln der göttlichen Gnade zu veranschaulichen, die ohne Gewalt, doch unwiderstehlich auf den menschlichen Willen einwirkt. In diesem Sinn hat er auch ein kurzes und eindringliches Gebet geprägt: «*Da quod iubes et iube quod vis* – Gib, was du befiehlst, und befiehl alles, was du willst!»

Und so war für ihn auch seine Sehnsucht, nach Afrika zurückzukehren, um in Tagaste sein Ideal vom klösterlichen Leben mit den Freunden zu verwirklichen – frei von allen weltlichen Wünschen und Hoffnungen und allein Gott geweiht –, Ausdruck eines göttlichen Planes. Voller Begeisterung schickte er sich an, ihn zu erfüllen. Doch die winterliche Jahreszeit machte jeden Gedanken an eine Seereise zunichte.

Sollte er also in Ostia das nächste Frühjahr abwarten? Die Atmosphäre einer Hafenstadt, die allein am Geschäft interessiert war, doch nun im Winter wie ausgestorben dalag, schien ihm wenig einladend für einen Aufenthalt von mehreren Monaten. In Rom dagegen warteten vielleicht verschiedene Begegnungen auf ihn, die ihm auf seinem künftigen Weg hilfreich sein konnten, und eine Umgebung, die ihm erlaubte, sein Glaubensleben und seine Zugehörigkeit zur Kirche zu vertiefen und zugleich die schriftliche Darlegung seiner religiösen Erfahrung voranzutreiben, mit der er begonnen hatte. Eine große innere Unruhe drängte ihn, zu bezeugen, was er erlebt hatte – und zwar auf die Art und Weise, die die weiteste Verbreitung verhieß: Mit Hilfe des geschriebenen Wortes den Menschen das Licht der Wahrheit zeigen.

So beschlossen die Freunde, in Rom zu überwintern. Dieser zweite Romaufenthalt sollte für Augustinus von nicht geringer Bedeutung sein. Die Lage des Reiches war ähnlich spannungsvoll wie die der Religionsgemeinschaften in jener Zeit: Invasionen und Häresien, Wiederaufflammen der heidnischen Kulte und gewaltsame Verordnung des christlichen Glaubens als Staatsreligion, Rivalitäten um den Kaiserthron.

Im Herbst des Jahres 387, als Monika in Ostia starb, hatte der spanische General Maximus Kaiser Gratian ermordet und von Gallien aus versucht, die Macht an sich zu reißen. Schon betrat er den Boden Italiens, um Valentian II., der unter dem Einfluß seiner arianisch gesonnenen Mutter Justina stand, vom Thron zu stürzen. Doch der oströmische Kaiser eilte dem jungen Valentian mit Heeresmacht zu Hilfe. In der Nähe von Aquileia fiel Maximus in die Hände seiner Gegner und fand am 8. August 388 sein Ende. Die Einheit des Reiches wurde so noch einmal wiederhergestellt, jedoch zum Vorteil der gotischen Verbündeten, so daß in Wahrheit das Imperium geschwächt aus dieser Krise hervorging. Der Druck der barbarischen Randvölker auf das Reich nahm in den folgenden Jahren immer mehr zu. Selbst der heidnische Adel Roms, bislang Verfechter altrömischer Traditionen, unterstützte nun vorbehaltlos die Invasion der aufsässigen Nachbarvölker. Seitdem riß die Kette der inneren Konflikte nicht mehr ab. Restaurationsversuche wechselten mit erpresserischen Bündnissen abgesetzter Generäle und barbarischer Invasoren: der lange und grausame Todeskampf des weströmischen Reiches hatte begonnen. Im Jahre 410 wurde Rom geplündert, und nicht lange danach fielen die Barbaren im römischen Afrika ein. Hippos Belagerung und Fall im Jahre 431 noch miterleben zu müssen, blieb Augustinus jedoch erspart. Er starb ein Jahr zuvor, am 28. August 430.

Augustin besuchte Rom also zu Beginn des unaufhaltsamen Niedergangs einer tausendjährigen, einst so mächtigen Zivilisation. Sein Talent und seine Bildung befähigten ihn, ihre universale Botschaft aufzunehmen. Sein Besuch der Stadt als Christ dauerte vom Ende des Jahres 387 bis zum Sommer des Jahres 388. Als schließlich Roms Krise sich im allgemeinen Zusammenbruch entlud und die Bewohner der Stadt nach den Gründen der Katastrophe forschten, war die Stunde gekommen, die den Bischof von Hippo zu seinem Hauptwerk inspirierte. In scharfer Auseinandersetzung mit den Führern des Heidentums, die den Grund für Roms Untergang im Abfall von ihren Gottheiten und in der Hinwendung zum Gott der Christen sahen, entstand nun sein Traktat über den Gottesstaat, *De civitate Dei.* Die Entgegensetzung von himmlischer und irdischer Stadt, *civitas terrena*, die Augustinus erdachte, war eine Vorankündigung des Mittelalters.

Durch das Tor von Ostia betrat Augustinus zum zweitenmal Rom, jene Stadt, in der «Christus selbst zum Römer wird».

Es wurde einmal die Hypothese aufgestellt, Augustinus stamme von italischen Vorfahren ab, die vor langer Zeit nach Afrika ausgewandert seien. Unserer Meinung nach steht aber seine afrikanische Abstammung außer Zweifel, die er ja selbst des öfteren betont. Als der pelegianische Bischof Iulianus ihm zynisch vorhielt: «Was von Bedeutung könnte je ein Punier zu sagen haben?» erwiderte ihm Augustinus: «Rühme dich nicht deiner römischen Abstammung gegenüber *diesem Punier*, der dich zur Wahrheit mahnen will. Du wirst sie weder durch Gründe des Glaubens noch der Vernunft überwinden. Wähne nicht durch deine Rasse zu siegen, nur weil das Geschick dir die Gunst gewährte, das Licht der Welt in Apulien zu erblicken» (*Op. imp. c. Iul.* VI,18).

Doch trotz seiner afrikanischen Herkunft konnte Augustinus nun von sich sagen, er sei ein römischer Bürger. Nicht praktische Erwägungen bestimmten ihn dazu, wie einst Paulus von Tarsus. Seiner Entscheidung lag vielmehr der Glaube zugrunde, daß er, wenn er sich in Rom aufhielte, auch die geistige Weite, die Universalität der römischen Welt in sich aufnähme. Sprache, Denken, Fühlen, Bildung, die Vaterlandsliebe und nicht zuletzt seine Religiosität weisen Augustinus als Römer im Geiste aus.

Nach der Erfahrung in der Kirche von Mailand, an die er sein Leben lang in einem Gemisch von Bewunderung und Heimweh zurückdachte, suchte Augustinus nun die Begegnung mit dem ersten und ältesten Apostelsitz, dem Stuhl Petri, dem Zentrum der christlichen Einheit, das er später voller Leidenschaft gegen die Angriffe der Häretiker in Schutz nahm.

Der Primat des römischen Bischofs wurde nicht allein von den Schriftstellern der antiken christlichen Welt anerkannt. Auch ein heidnischer Historiker, der fast zeitgleich mit Augustinus lebte, Ammianus Marcellinus, gibt davon Zeugnis. In seinen bedeutenden *Rerum Gestarum Libri* versucht er, an die Tradition der *Historiae* des Tacitus anzuknüpfen, und gibt dabei ein Bild der Zustände im römischen Reich. An einer Stelle dieses Werkes heißt es: «Die Bischöfe der Ewigen Stadt erfreuen sich höchster Autorität und ungeheuren Ansehens» (XV,7,10). Ambrosius hatte gelehrt, in «Petrus das Felsenfundament der allgemeinen Kirche» zu sehen, (*Expos. Lc.* IV,70), «das Unterpfand des katholischen Glaubens, das gemeinsame Zentrum des Zusammenhalts aller Kirchen untereinander». So sprach er dem Nachfolger Petri auch das «Lehramt der Disziplin und der Glaubenseinheit» zu. «In allem wünsche ich der Kirche von Rom zu folgen», bekräftigt Ambrosius (*De sacramentis* III,1,5). Als er selbst Träger der bischöflichen Vollmacht war, berief Augustin sich in seinen Predigten und theologischen Schriften immer wieder auf das Beispiel des Ambrosius: «Wie auch Ambrosius sagte . . .» (*De nuptiis et concupiscentia* II,5,15). Und wie sein Lehrer war er dem römischen Bischof stets ergeben.

Damasus I., die beherrschende Papstgestalt jener Zeit, war ein begabter Dichter und Epigrammatiker. Als Freund des heiligen Ambrosius suchte er auf den Synoden den Rat und die Mitarbeit des Mailänder Bischofs. Ihm gebührt das Verdienst, die organisatorischen Voraussetzungen für die Verwaltung der Kirche des Westens geschaffen zu haben, wobei ihm auch die Kaiser Gratian und Theodosius durch ihre Erlasse gegen die Häresie zu Hilfe kamen. Nun lag sein Tod vier Jahre zurück, und sein «Sekretär für die Briefe in lateinischer Sprache», der große Exeget und Bibelübersetzer Hieronymus, hatte – der Welt der Politik und der Höfe überdrüssig – sein Amt an der römischen Kurie aufgegeben. Im Jahre 385 war er in Ostia an Bord eines Schiffes gegangen, das in östliche Richtung segelte, und lebte nun in einem Kloster in Bethlehem, wo er sich dem Studium und der Herausgabe heiliger Texte widmete.

Rom aber verlor unterdessen von Jahr zu Jahr an Glanz. Dennoch versuchte die gewaltige Stadt weiterzuleben, als gehorche sie dem geheimen Ruf ihres Schicksals, das niemand abwenden konnte.

Papst war nun der Stadtrömer Siricius (384–399), der nicht weniger unerschrocken als sein Vorgänger die Reinheit und Einheit des Glaubens verteidigte und den Primat des Heiligen Stuhls zur Geltung zu bringen wußte.

Die Krise und der Umbruch aller Werte lag damals gleichsam in der Luft. Zwei Kulturen, die siegreiche des Christentums und die untergehende des Heidentums, rangen einmal miteinander um die Vorherrschaft, um dann wieder friedlich nebeneinander zu existieren. Die Kraft des Heidentums war nicht mehr im Glanz der Riten und Kulte zu erkennen. Der elende Zustand der heidnischen Tempel konnte Augustinus nicht entgehen. Manche waren verfallen, ohne daß jemand daran dachte, sie wiederherzustellen. Andere hatte man niedergerissen, geschlossen oder profanen Zwecken zugeführt. Götterbilder waren zerbrochen, verbrannt oder verstaubten im Verborgenen (vgl. *Epist.* CCXXXII,3).

In der Absicht, das Reich auch religiös zu einigen, hatten Theodosius und Gratian auf den traditionell dem Kaiser zustehenden Titel eines *pontifex maximus* verzichtet und das Christentum zur alleinigen Religion des römischen Staates erklärt. Die Priesterkollegien des einstigen Kultes wurden aufgelöst, die Privilegien der Vestalinnen aufgehoben, ihre Pfründe entzogen. Doch die Kraft des Heidentums flüchtete sich in das kulturelle Erbe Roms, in dem es unleugbare Verdienste besaß, und überdauerte so im Gedenken einiger kultivierter und feinsinniger Vertreter der hergebrachten Religion. Zu ihnen zählten vor allem der Stadtpräfekt Symmachus und der Historiker Ammianus Marcellinus. Ihr Heidentum drückte sich nicht länger in einem abergläubischen Kult aus, denn sie glaubten selbst nicht mehr an die vielen Vertreter des traditionellen Götterhimmels. Ihr Heidentum war vielmehr ein *laizistischer Rationalismus*, ein ästhetisch verfeinertes Spiel, ein religiös verkleideter Kult des Schönen. Gern hätten sie als sein Wahrzeichen die Victoriastatue in der Senatsaula wiedergesehen, die im Jahre 384 auf kaiserlichen Befehl entfernt worden war.

Augustinus ahnte, daß dieses Heidentum eine heimliche Selbstanbetung des Menschen war und darum niemals untergehen würde.

In Krisenzeiten sucht ein heller und verantwortungsbewußter Geist, wie Augustinus es gewesen ist, die Zurückgezogenheit schöpferischer Reflexion, getrieben von dem Gefühl der Verpflichtung, an der Wiedergewinnung der Grundlagen menschlichen Zusammenlebens mitzuwirken. Auf diese Weise verbrachte er die neun Monate seines römischen Aufenthalts. Er benutzte diese Zeit, einige Bücher, mit deren Niederschrift er bereits begonnen hatte, abzuschließen und für die Veröffentlichung vorzubereiten. Es handelte sich um seinen Traktat *De musica*, um die Zusammenstellung seiner ersten polemischen Schriften, darunter *De moribus ecclesiae catholicae et de moribus Manichaeorum*, worin er ein schonungsloses Porträt seiner früheren Sektengenossen entwirft. Wie um seinen Verirrungen endgültig abzuschwören, zögerte er nicht, die Manichäer offen anzugreifen, so auch später bei der Abfassung seiner *Confessiones*. Gleichfalls während seines römischen Aufenthalts entstanden ein Dialog *Über die Seele* und ein weiterer über die Freiheit des Willens, *De libero arbitrio* (vgl. *Retr.* I,5 – 8).

Und schließlich versäumte er nicht, sich mit einer neuen Form christlicher Spiritualität auseinanderzusetzen, die ihm besonders am Herzen lag: den kontemplativen Klostergemeinschaften mit männlichen und weiblichen Angehörigen. In Rom war ihre Zahl besonders groß. Einige Jahre zuvor hatte Hieronymus hier noch Hebräisch gelehrt und im Haus der vornehmen Römerin Marcella eine große Schar römischer Frauen in der Heiligen Schrift unterwiesen und sie – wenn auch vielleicht ohne das ästhetische Raffinement, wie es Ambrosius auszeichnete – das Psalmengebet gelehrt.

Die Schönheit dieser Gebetsform bereitete Augustinus stets köstliche Freuden, bis er sich zuletzt sogar Vorwürfe machte wegen der überschwenglichen Empfindungen, die sie in ihm auslöste (vgl. *Conf.* X,33,49).

Auch unter dem Schutz Siricius' I. waren zahlreiche Klöster gegründet worden. Antonius, dessen von Athanasius verfaßte Lebensbeschreibung Augustinus in Mailand kurz vor seiner Konversion begierig verschlungen hatte, war in der ägyptischen Wüste nicht der einzige Eremit. Und Augustinus selbst stand ja im Begriff, nach Afrika zurückzukehren, um dort zu einem Begründer des Mönchtums zu werden.

Natürlich nahm Augustinus auch an den religiösen Feiern der Kirche von Rom teil und pilgerte zu den eindrucksvollen Gräbern der Apostel Petrus und Paulus, die in der ewigen Stadt das Martyrium erlitten hatten: der Leib des Apostelfürsten lag auf dem Vatikanischen Hügel bestattet, der des Völkerapostels hingegen an der alten Via Ostiensis, beide nun behütet von gewaltigen Basiliken, die Konstantin hatte errichten lassen. Sie galten den Zeitgenossen als Sinnbilder des christlichen Glaubens, gerühmt von dem Priester Caius und schon damals Ziel ständiger Pilgerströme.

Wir können uns leicht vorstellen, daß sich am 29. Juni des Jahres 388 auch Augustinus unter der Menge der Gläubigen in Sankt Peter befand. Dieses Fest wurde in Rom fast mit derselben Feierlichkeit begangen wie das Osterfest. In einem der Hymnen des Ambrosius heißt es: «Scharen von Pilgern / bevölkern die unermeßlichen Straßen der Stadt / auf drei verschiedenen Wegen / begeht man der Märtyrer Fest!» Ziel der drei Pilgerwege waren die vatikanische Basilika, die Basilika Ostiensis und die Katakomben entlang der Via Appia, wo nach der Überlieferung für einige

Zeit die Reliquien der Apostel Petrus und Paulus versteckt gewesen waren.

Noch in späteren Jahren erinnerte sich Augustinus mit Wehmut an dieses gewaltige religiöse Fest der Kirche von Rom und beklagte, daß in Afrika dieser Tag vom christlichen Volk kaum begangen werde (*Serm.* CCXCVIII,2).

Augustinus berichtete auch, welchen Eindruck der Anblick des Schauspiels auf alle Teilnehmer gemacht habe, «wenn das Haupt des berühmtesten aller Reiche sein Diadem ablegte, um am Grabe des einfachen Fischers Petrus zu beten!» (*Lett.* CCXXXII,3).

Doch nicht alles, was Augustinus in Rom zu sehen bekam, dürfte ihm gefallen haben.

Stellen wir ihn uns vor, wie er an einem römischen Nachmittag, allein oder in Begleitung von Alypius und des Adeodatus, zur Petersbasilika kommt, um zu beten. Lange Schlangen übermüdeter Pilger, die schon damals aus aller Herren Länder kamen, warten vor den Verkaufsbuden mit Speisen und Getränken. Viele liegen auf dem Boden hingestreckt. Mehr als einer ist euphorisch, wie es leicht geschieht, wenn man sich fern seiner vertrauten Umgebung aufhält – erst recht in so einer aufregenden Stadt wie Rom, wo in Schenken und Tavernen an gutem Wein kein Mangel ist. In seinem neunundzwanzigsten Brief spricht Augustinus von «Beispielen täglicher Trunkenheit in unmittelbarer Nachbarschaft des hochseligen Apostels Petrus». Eine Unschicklichkeit, die gerade angesichts so tiefer Gläubigkeit zum Ärgernis wird.

Augustinus aber war geprägt durch Ambrosius' strenge Disziplin, der ähnliche Mißbräuche bei den Märtyrergräbern stets entschieden unterbunden hatte. So wird er nicht versäumt haben, einem der Diakone, die an der Basilika Dienst taten, Meldung zu erstatten. Was er damals zur Antwort erhielt, gab ihm später die Worte ein, um den Gläubigen seiner Diözese, als sie für sich das Recht forderten, sich zu betrinken, die besonderen Gründe des schlechten römischen Beispiels zu erläutern: «Man hatte versucht, den Mißbrauch abzustellen. Doch der Bischof wohnte weit entfernt, im Lateranpalast, und die Stadt war so gewaltig, daß auf dem Weg von dort die ergriffenen Maßnahmen an Wirksamkeit verloren. Auch hieß es, man müsse Verständnis haben: schließlich handle es sich um einfache Leute; andererseits seien sie aber tiefgläubig, doch nur schwer zu überzeugen und zum Besseren zu bringen. In ihrer Heimat pflegten sie ähnlich schlechte Gewohnheiten; überhaupt seien Pilger stets verschieden, ein jeder bringe seine eigenen Sitten und Gebräuche mit. Um wirklich Änderung zu schaffen, hätte es eines Häschers bedurft, der Tag und Nacht mit einer Peitsche am Platze stünde, um das Verbot einzuschärfen. Wo aber bliebe dann Gebet und Frömmigkeit!» Und er schloß mit der Ermahnung an seine Gläubigen: «Gewiß ist die Basilika des Apostelfürsten in Rom prachtvoll und schön. Noch besser aber ist es, den Petrusbrief zu lesen!» (vgl. *Epist.* XXIX,10).

Und schließlich kam, im Sommer des Jahres 388, der von Augustinus so sehr herbeigesehnte Tag des Aufbruchs nach Afrika. Nicht allein die Jahreszeit war für die Schiffahrt günstig; nach dem gewaltsamen Ende des Maximus war auch die Sicherheit der Reisenden entlang der Küste wiederhergestellt.

Wahrscheinlich waren Adeodatus, Navigius und die Vettern schon früher mit einem vorangegangenen Schiff nach Afrika aufgebrochen, denn aus dem beiläufigen Bericht, den Augustinus von seiner Ankunft in Karthago gibt, läßt sich schließen, daß sich damals nur Alypius bei ihm befand. Tatsächlich sagt er von einem Advokaten mit Namen Innocentius, der in der Hauptstadt der Provinz Afrika seinen Wohnsitz hatte: «Tiefgläubig wie seine gesamte Familie, nahm er mich und meinen Bruder Alypius in seinem Haus auf, als wir von jenseits des Meeres in die Heimat zurückkehrten» (*De Civitate Dei* XXII,8).

In Ostia ging er an Bord. Zuvor aber verweilte er lange Zeit am Grab seiner Mutter, um zu beten und zu weinen . . .

Seine Rückkehr in die Heimat trug Züge einer Odyssee – wie die Reisen der großen Seefahrer, der Entdecker neuer Länder, all jener Sieger, die viele Kämpfe bestehen und großes Leid erdulden mußten. An Bord des Schiffes hielt er vom Heck aus Ausschau nach der Herberge, in der sie gewohnt hatten, nach dem Balkon, auf dem Mutter und Sohn die Ekstase erlebten. Und als sie aufs offene Meer hinausfuhren, zeichnete sich am Ufer die Nekropole mit ihren Bogengräbern ab. Am dunklen Himmel schimmerten die ersten Sterne. Und ihm war, als stiege in dem Duft von Ostias zahllosen Pinien die Seele seiner großen Mutter zu ihm herab, um nun nie mehr von seiner Seite zu weichen.

Dann senkte sich die Nacht über das Schiff.

Als Augustinus mit Alypius in Karthago an Land ging, befand sich das Haus, das ihm Unterkunft bot, gerade in großer Aufregung: sein Gastfreund, der Advokat Innocentius, sollte sich am nächsten Morgen einer schmerzhaften Fußoperation unterziehen. In jener Zeit aber nahm der Arzt chirurgische Eingriffe dieser Art noch im Haus des Kranken selber vor.

So war der Augenblick der Begrüßung für die Beteiligten recht peinlich: Innocentius lag auf seinem Bett hingestreckt und stöhnte vor Schmerz. Der Priester Gelosus und einige Diakone waren bei ihm und sprachen Gebete. Seine Angehörigen standen am Bett bereit, um ihm zu bringen, was er wünschte. Nachdem Augustinus sein kleines Gepäck versorgt hatte, konnte er nichts anderes tun, als in die Fürbitten der anderen einzustimmen.

Doch der einzige, der nicht beten konnte, so erzählte er später, war er selbst. Zu sehr beeindruckten ihn die Klagen des Kranken. Außerdem fürchtete er, zum ungünstigsten Zeitpunkt gekommen zu sein und der Familie des Gastgebers zur Last zu fallen. So sagte er nur in seinem Herzen, in einem Stoßseufzer des Glaubens: «O Herr! Welche Bitten willst Du denn erhören, wenn nicht diese?»

Als anderntags der Arzt mit seinen Geräten erschien und die Binden aufgerollt wurden, um den erkrankten Körperteil für den Eingriff vorzubereiten, sahen alle voll Erstaunen, daß ein Chirurg gar nicht mehr nötig war. Innocentius hörte auf zu klagen und umarmte den Freund, der ihm Glück gebracht hatte (vgl. *ebd.*).

Welche Empfindungen aber mochte der Anblick Karthagos in Augustinus ausgelöst haben, jener Stadt, die bis vor fünf Jahren Schauplatz seiner Studien und seiner Vergnügungen gewesen war? Von neuem sah er das Theater, in dem Vindicianus ihn mit dem Lorbeer des Siegers gekrönt hatte. Er besuchte die Basiliken der Stadt. Ergriffen betete er in der Kirche des heiligen Cyprianus in der Nähe des Hafens, zu der er in jener schrecklichen Nacht seiner Flucht übers Meer seine Mutter hinterlistig geschickt hatte. «Damals war ich ein anderer ...» sagte er zu sich in Gedanken.

Und Adeodatus' Mutter? Wußte sie von der Ankunft des Sohnes, von Augustins Ankunft? Sahen sie sich vielleicht sogar wieder? Wir können es nicht wissen und wir brauchen es auch nicht zu wissen – es gehört nicht zum neuen Plan der *Gnade*, jener anders lodernden Liebe, die andere Bande knüpft. Dennoch ist es nicht sinnlos, sich diese Frage zu stellen. Um ein diskretes, bitteres Schweigen hier und da nicht im Sinne unmenschlicher Verleumdungen fehlzudeuten ...

Wen Augustinus aber gewiß wiedersah – er selbst bezeugte es – war einer seiner ehemaligen Schüler und nun einer der bekanntesten Redner in Karthago: Eulogius. Er empfand für ihn das anhaltende Wohlwollen, das ein Lehrer für einen seiner besten Schüler hegt. Eulogius drängte es, ihm endlich einen Traum zu erzählen: «Es war in der Nacht ... Ich schlief voll Ärger ein, denn ich wußte nicht, wie ich einen Passus aus einer Schrift Ciceros verstehen sollte, den ich am nächsten Morgen meinen Schülern erläutern wollte ... Ich fiel in Schlaf, und da erschienst mir du, niemand anders als du. Wer weiß, womit du gerade befaßt warst, so weit entfernt von mir! Und du erklärtest mir, was ich selbst mit aller Anstrengung nicht begriffen hatte ...» (*De cura pro mortuis gerenda* XI,13).

KLÖSTERLICHE GEMEINSCHAFT IN TAGASTE

Augustins Name ist vor allem mit demjenigen der Stadt Hippo verknüpft, der Stadt seines Bischofsamts. Tatsächlich ist er in den Augen der Nachwelt vor allem *Augustinus von Hippo.* Unter den Städten, in denen er Abschnitte seines Lebens zubrachte, Karthago, Rom, Mailand, scheint gerade Tagaste, die Stadt seiner Kindheit und frühen Jugend, am wenigsten zur Entwicklung seiner Persönlichkeit beigetragen zu haben. Auch bei Augustinus selbst erfreute sie sich offenbar keiner allzu großen Wertschätzung. Zwar ist «niemand Prophet in seiner Heimat», aber dennoch weiß niemand, wie tief und unzerstörbar Wurzeln der eigenen Existenz sitzen. Denn ausgerechnet Tagaste wählte Augustinus, die Stadt, in der er vierunddreißig Jahre zuvor das Licht der Welt erblickt hatte, zu seinem vermeintlich endgültigen Aufenthalt, um dort seinen Plan eines kontemplativen Lebens gemeinsam mit seinen Freunden zu verwirklichen.

Wie ein Verbannter, der auf seinen Irrfahrten durch die Welt vieles erlitten hat, hoffte er hier die Verbindung zu den Wurzeln seines Lebens wiederzufinden, vor allem aber die Ursprünge seines christlichen Glaubens, wie ihn seine Mutter Monika verkörpert hatte. Tagaste – das heutige Souk-Ahras in Algerien – konnte weder auf eine bedeutende Vergangenheit zurückblicken, noch war es Schauplatz großer geschichtlicher Ereignisse gewesen oder besaß glanzvolle Baudenkmäler. Zur Zeit von Augustins Kindheit war es fast noch ein Dorf, und ein junger Mann, der den Ehrgeiz besaß, sich gründlich auszubilden, mußte, wenn er lesen und schreiben gelernt hatte, ins nahgelegene Madaura überwechseln, die Heimatstadt des Apuleius, des Autors der *Metamorphosen*, oder, wie Augustinus selbst diese Dichtung nannte, des *Goldenen Esels* (vgl. *De civitate Dei* XVIII,18).

Neben dem Ruf der Heimat war es vielleicht gerade jene unberührte friedliche Natur, die ihn bewog, in Tagaste sein erstes Kloster zu gründen. Der bewohnte Kern in der malerischen Gebirgsgegend lag 675 Meter über dem Meeresspiegel, am südlichen Abhang der Berge der Medierda. Das Panorama dieser Landschaft, umgeben von Bergen mittlerer Höhe zwischen 1000 und 1400 Metern, bot einen herrlichen Anblick. Im Tal, in das sich im Winter oft reißende Gebirgsbächen ergossen, wuchs eine üppige Vegetation. In der Ferne schließlich, im Süden und im Westen, dehnten sich wüstenähnliche Landschaften von ganz eigenem Reiz.

In der Erinnerung an die Stätten seiner Kindheit spricht Augustinus von «lieblichen Wäldern» und «duftenden Feldern», auf denen Vögel nisteten, und die Suche nach ihren Nestern bildete eine der Hauptvergnügungen des Jungen. Nun, da er zu Gott heimgekehrt war, umgab ihn wieder die vertraute und lang entbehrte Schönheit seiner Heimat.

Tagaste lag zweihundertfünfzig Kilometer von Karthago (heute auf tunesischem Gebiet) entfernt und achtzig Kilometer von Hippo, dem jetzigen Annabà in Algerien. Zuletzt sollte Hippo Augustins Schicksal werden, die Stadt, in der er fast vierzig Jahre lebte und arbeitete: in den Augen der Nachwelt sein eigentlicher Ort.

Augustins Zeitgenosse und Biograph Possidius erzählt in seinem Lebensbericht von den ersten klösterlichen Erfahrungen in Tagaste: «Nachdem ihm die Gnade der Bekehrung zuteil geworden war, beschloß er, mit einigen Landsleuten und Freunden, die wie er ihr Leben dem Dienste Gottes weihten, nach Afrika zurückzukehren, in sein eigenes Haus und in seine eigentliche Heimat. So langte er an, ließ sich nieder, verzichtete auf jeden Besitz und lebte hier etwa drei Jahre lang mit den Gefährten, die sich gleichfalls

Gott geweiht hatten, um zu fasten, zu beten, zu meditieren und gute Werke zu tun. Und was Gottes Gnade in ihm selbst wirkte, teilte er den anderen mit, den Anwesenden wie den Abwesenden, denn er belehrte sie durch Reden und Schriften» (Poss., *Vita,* III).

Wir wissen auch, daß Augustins Familie ein kleines Grundstück besaß, höchstwahrscheinlich einen Weinberg: «Nahe unserem Weinberg stand ein Birnbaum . . .» (*Conf.* II,4,9). Auf einem Weinberg steht meist auch ein kleines Haus. Es ist deshalb denkbar, daß die erste Mönchsgemeinschaft, die Augustinus ins Leben rief, in diesem bescheidenen Gebäude entstand, das später dann erweitert wurde. Vielleicht aber gründete die kleine Klostergemeinschaft sich auch auf eine Schenkung oder einen Tausch. Augustinus war ja nun eine geschätzte und geachtete Persönlichkeit, und schon in seinem früheren Leben hatten Wohltäter eine wichtige Rolle gespielt. Vielleicht erhofften sich einige Bürger in Tagaste von der Anwesenheit eines so bedeutenden Mannes auch gewisse Vorteile.

Überdies war Tagaste Bischofssitz, und ausgerechnet Augustins bester Freund Alypius sollte im Jahre 394 hier Bischof werden – ein Jahr bevor man Augustinus in Hippo die gleiche Würde auferlegte, als Koadjutor des greisen Bischofs Valerius. Die Erhebung des Alypius auf den Bischofsstuhl von Tagaste belegt auch, welche Bedeutung schon von ihren Anfängen an die kleine Mönchsgemeinschaft besaß, deren Seele und Lenker der Neubekehrte war.

Das Kloster von Tagaste war zugleich eine Hochburg gelehrter Forschung. Zu Recht hebt Possidius hervor, daß Augustin das Resultat seiner Studien über die christlichen Glaubenswahrheiten anderen mitzuteilen wünschte. In seinen *Retractationes* bestätigt Augustinus selbst die Richtigkeit von Possidius' Darstellung: «In den ersten Jahren meiner Bekehrung, nach meiner Rückkehr nach Afrika, legte man mir von verschiedenen Seiten her zahlreiche Fragen vor, über die ich in Ruhe und Muße nachdachte. So entstand die Schrift *De 83 quaestionibus.* Die Aufzeichnungen, die ihr zugrunde lagen, hatte ich aufbewahrt, und als ich bereits Bischof war, ließ ich sie zu einem einzigen Buch zusammenfassen und versah sie mit Ziffern, um ihren Gebrauch zu erleichtern» (*Retract.* I,26).

So entstand dieser Orden, der all die Jahrhunderte bis zum heutigen Tag überdauert hat. Auf Augustins Klostergründung geht vor allem der Orden der Augustiner in seinem männlichen und weiblichen Zweig zurück, der so viele Heilige, Theologen, Humanisten und Wissenschaftler hervorbrachte, darunter Aegidius Romanus, Dionysius von Borgo San Sepolcro, ein Freund Petrarcas, Luigi Masilio, der Vertraute Boccacios und Gründer eines humanistischen Kreises im augustinischen Konvent Santo Spirito zu Florenz, dem der große Erzähler seine Bibliothek vermachte; ferner Gregor Mendel, Abt des Augustinerkonvents in Brünn und Begründer der genetischen Wissenschaft; die Heiligen Nikolaus von Tolentino, Rita von Cascia, Clara von Montefalco, Thomas von Villanova, Johannes von San Facondo und – nicht eben ein offizieller Heiliger, doch ein bedeutender religiöser Geist auch er – Martin Luther. Und viele alte und neue Ordensgemeinschaften, die Dominikaner eingeschlossen, folgten der Regel des heiligen Augustinus.

Möglicherweise hatte der Begründer des monastischen Lebens im Abendland ursprünglich nicht beabsichtigt, dem *otium*, der gottgeweihten Muße, eine geschriebene Regel aufzuerlegen. «Liebe – und tu, was du willst», so lautete seine Grundregel. Die Gottesliebe brach aus seinem Herzen hervor wie ein Strom glühender Lava. Er selbst sagte einmal: «Das rechte Maß, Gott zu lieben, besteht darin, ihn zu lieben ohne alles Maß und über alle Maßen» *(Modus amandi Deum est amare sine modo!).* Und er wurde nicht müde zu betonen, daß auch die Liebe zum Nächsten, Spiegel der göttlichen Liebe und Erweis der Liebe zu Gott, einen Wert in sich darstelle, ja den höchsten aller Werte: «Der Preis eines Scheffels Getreide? Dein Geld. Der Preis für einen Acker? Dein Silber. Der Preis eines kostbaren Edelsteins? Dein Gold. Und der Preis der Liebe? Du selbst. Nichts ist kostbarer, nichts wertvoller. Richtet der Preis eines Gutes sich nach seinem Wert, was könnte dann höheren Wert besitzen als die Liebe zum Nächsten? Du willst ein Grundstück erwerben, einen Edelstein, ein Lasttier? So suche in deinen Taschen nach dem, was du besitzt. Willst du aber das Gut der Liebe zum Nächsten erwerben, so suche dich selbst, und finde dich selbst . . .» (*Serm.* XXXIV,4,7). Und ferner sagte er: «In der Seele ist mehr Seele, wenn sie liebt, als wenn sie weiter nichts wirkt, als zu atmen.» Weit mehr als ein Gebot, ist die Liebe für Augustinus ein Grundgesetz des Lebens.

Doch als seine Gründung wuchs, fanden sich auch innerhalb der Mönchgemeinschaft Mitglieder, die lieber befehlen wollten *(praeesse)* als helfen und dienen in Befolgung ihres Amtes *(prodesse)* – «*non tam praeesse quam prodesse*». Bald mischten sich in die Reihen seiner Mönche auch solche, die zwar wie die anderen Armut gelobten, aber gleichzeitig an geheimem Ort persönliche Reichtümer anhäuften. Nun hielt Augustinus die Zeit für gekommen, seine schriftliche Ordensregel abzufassen, zweifellos ein Meisterwerk an psychologischem Einfühlungsvermögen und christlicher Askese, das frei ist von inhumaner Härte und reich an Sinn für das rechte Maß.

So verbrachte er seine Tage in jener friedvollen Umgebung, vergleichbar einem Boot, das auf ruhigem Gewässer dahingleitet. Sein Augenmerk galt vor allem einer Gefahr: daß einer der Bischöfe der Provinz Afrika ihn zu sich berufen oder eine vakante Diözese ihn dem Klosterleben entreißen könnte, um sich seiner Bildung und seines religiösen Eifers zu versichern. Und er hatte guten Grund zu dieser Befürchtung, denn eben dies trat später ein. «Nichts ist schöner», so sollte er damals schreiben, «nichts angenehmer als im Schweigen der Seele Gottes Nähe zu suchen. Dagegen predigen, ermahnen, zurechtweisen, aufrichten, erbauen, um anderer willen in steter Unruhe des Geistes leben – welche Last und Mühsal!» (*Serm.* CCCXXXIX,3,4).

Der jüngste seiner Mönche war sein eigener Sohn, Adeodatus. Eines Tages sagte er zu Augustinus: «Vater, endlich sehe ich dich! Die ganze Woche kamst du nicht in den Garten ... Du hast mich allein gelassen, wenn auch nicht ganz: denn unter diesem Baum hier habe ich deine *Selbstgespräche* gelesen. Und wieviele Seiten hast du heute geschrieben?»

Tatsächlich war es das erstemal seit langem, daß Augustinus in den Garten kam. Und da begrüßte ihn der zärtliche Ruf seines Sohnes Adeodatus.

Er wußte, daß sich Augustinus in jenen Tagen mit dem Entwurf einer polemischen Schrift beschäftigte, der beiden Bücher *De Genesi contra Manichaeos.*

Augustinus setzte sich neben seinen Sohn und streichelte mit seiner Linken sanft die Wange, auf der erster Flaum sichtbar wurde. Adeodatus zählte ungefähr fünfzehn Jahre.

«Ich habe heute ziemlich viel geschrieben, ich glaube, genug, Adeodatus», gab er ihm zur Antwort. «Weißt du, wenn ich die Manichäer vor mir sehe, fühle ich mich wie ein Gladiator in der Arena . . .»

«Das hieße dann, daß du gegenüber den Manichäern dein eigenes Prinzip außer acht läßt: den Irrtum bekämpfen, aber den Irrenden lieben», erwiderte Adeodatus.

«Meinst du? Nun, das liegt daran, daß sie mich zu lange zum Narren hielten. Du weißt ja, wie sehr ich selbst in ihrem Irrtum befangen war. Und um ihn zu bekämpfen, habe und gebrauche ich keine anderen Waffen als die Heilige Schrift, besonders das Buch *Genesis*. Man kann nicht einmal sagen, die Manichäer verstünden es nicht richtig: nein, sie lehnen es rundum ab, sie leugnen es von Anfang bis Ende. Mit den Manichäern von einem Gott zu reden, der Himmel und Erde erschaffen hat, ist für sie dasselbe, als ließe man den Teufel persönlich vor ihren Augen erscheinen . . .»

«Und ich: widmest du eins deiner Bücher mir?»

«Du kommst ja schon in zweien vor, in den *Dialogen* und in *De vita beata!*»

«Aber ich will eines ganz für mich allein . . .», schmollte Adeodatus.

«Ganz für dich allein? Vielleicht ein *Dialog* nur zwischen uns beiden?»

«Ja, Vater! Schau, ich zwinge dich nieder . . .» Und bei diesen Worten – es fiel ihm nicht schwer, denn er war ziemlich hoch aufgeschossen – packte er ihn bei einem Haarbüschel an der Stirn und zog ihn mit unschuldigem Lachen zu sich herunter.

«Ah . . . das tut weh, Adeodatus! Also, schreiben wir einen Dialog zu zweit. Du hast mein Wort als Vater!»

Sanfte Morgenröte beschien das Kloster von Tagaste, im ruhigen Fluß reihten sich die Stunden des Tages aneinander, gelassen senkten sich die Abende herab, die Nächte waren erfüllt von unaussprechlichem Schweigen. Die Mönche des Klosters waren fast alle noch junge Leute. Augustinus mit seinen kaum fünfunddreißig Jahren war der Älteste unter ihnen. Auch Alypius und Evodius waren jünger als er. Doch wer durch seine Jugend vor allen hervorstach, war sein Sohn Adeodatus, gehüllt in die Römertoga des freien Mannes, auf dem Kopf eine Kapuze, wie die Gestalten auf alten Fresken.

Gotteslob und Psalmgebet, gemeinsames Studium, oft in Form eines Dialogs, körperliche Arbeit, bescheidene Mahlzeiten ... Augustinus legte Wert darauf, die Stunden des Gebets, des Studiums und des geistlichen Gesprächs mit Zeiten abwechseln zu lassen, die körperlicher Arbeit gewidmet waren, besonders auf den Feldern, wie einst in *Cassiacum.* Erst später widmete Augustinus diesem Thema eine eigene kleine Schrift, *De opere monachorum.* Doch schon während seiner Zeit in Tagaste waren seine Auffassungen dazu klar ersichtlich und wurden von allen seinen Mitbrüdern angenommen.

Wie Gebet und Studium besitzt auch die Handarbeit ihren asketischen Wert und dient nicht allein dem Überleben. Materielles, egoistisches Gewinnstreben ist unter den Bedingungen des Klosters ohnehin ausgeschlossen. Alles ist Gemeinschaftseigentum, und selbst die auf Erwerb des Lebensunterhalts gerichtete Arbeit wird so zum Akt der Liebe an den Mitbrüdern. Die körperliche Arbeit dient vor allem dazu, die eigene menschliche Würde zu erhöhen und im geistlichen Leben voranzuschreiten. Unter allen menschlichen Tätigkeiten bevorzugte Augustinus die Feldarbeit, ließ sie sich doch stets mit einem guten Gespräch vereinbaren: während die Mönche die Erde rings um das Wurzelwerk eines Baums lockerten, Sträucher beschnitten, säten, Unkraut jäteten, das Aufschießen einer Knospe beobachteten, wurde die Natur selbst zu ihrem Lehrmeister.

Und im Schweigen der Felder ertönte Augustins klare Stimme: «Was für ein Schauspiel, dieser Morgen! Man bekommt förmlich Lust, mit der lebendigen Natur selbst zu sprechen ...»

«Genau! Eben redete ich zu diesem kleinen Samenkorn, bevor ich es in die Erde senkte! ... Könnte es uns doch sein Geheimnis mitteilen, woher die Kraft der Keime und der Wurzeln kommt und welchen Anteil daran die befruchtende Kraft des Bodens nimmt», antwortete ihm Evodius.

«Erinnere dich, Evodius», erwiderte Augustinus, während er mit dem Fuß den Spaten in die Erde drückte, «erinnere dich, Wachstum gibt weder, wer pflanzt, noch wer bewässert. Hinter uns, die wir auf dieser Erde uns abmühen, steht Gottes unsichtbare und machtvolle Hand. Mein Vater ist der Gärtner, sagt der Herr.» (vgl. *De Genesi ad litteram* VIII,8).

Mit dem Instinkt des Vater hielt Augustinus seinen Sohn Adeodatus im Auge, damit er sich nicht überanstrenge, nicht zu sehr ins Schwitzen käme, denn er war von anfälliger Konstitution.

Augustinus hatte seinen Vorschlag nochmals überdacht: ein Dialog nur zwischen ihnen beiden. Er hatte schon ein Thema gewählt, das ihm wichtig schien. Er wollte mit Adeodatus über die sprachlichen Probleme bei der Suche nach der Wahrheit sprechen, und auch den Titel des Gesprächs wußte er schon: *Über den Lehrer.*

Sie begannen ihren *Dialog* im Garten, eine Palme spendete ihnen Schatten. Es war im späten Frühjahr 389. Von den nahen Bergen wehte ein leichter Wind. Eine große Eidechse raschelte auf der Suche nach Insekten im Gebüsch. Augustinus hatte dem Schreiber befohlen, sich etwas abseits zu halten, ein wenig versteckt hinter einem Busch, damit er das Gespräch nicht störte. Er hatte ihn aber ermahnt, alles zu notieren, und vor allem die Worte des Jungen getreu niederzuschreiben, was auch immer er sagen möge.

Aug.: Was möchte man, deiner Meinung nach, mit einem Gespräch erzielen?

Ad.: Entweder zu lehren oder zu lernen . . .

Aug.: Lehren, ja. Aber wie, meinst du, soll man etwas lernen?

Ad.: Wie? Indem man spricht!

Aug.: Ja, aber auch dann, wenn man über etwas spricht, um zu lernen, glaube ich, daß man den anderen von seinen eigenen Gedanken überzeugen will . . .

Ad.: Das stimmt!

Aug.: Also ist es für dich offensichtlich, daß man mit dem Wort nur lehren kann?

Ad.: Nein, nicht ganz. Reden bedeutet, Worte auszusprechen. Und auch wenn man singt, bringt man Worte hervor. Oft jedoch singt man alleine vor sich hin, so daß keiner es hört. Also glaube ich nicht, daß man dann die Absicht hat, jemanden zu belehren . . .

Aug.: Es gibt zwei Gründe, weshalb man spricht: entweder um zu lehren oder um sich selbst oder andere an etwas zu erinnern. Das geschieht auch, wenn wir singen, was meinst du?

Ad.: Nicht immer! Ich glaube sogar, daß ich selten singe, um jemanden zu ermahnen. Ich singe nur so, aus Vergnügen.

Aug.: Aber glaubst du nicht, daß das, was dich am Gesang erfreut, eine Modulation der Stimme ist, die man den Worten hinzufügen oder entziehen kann? Deswegen sind Singen und Sprechen zwei verschiedene Dinge. Die Töne einer Flöte oder die Schwingungen der Saiten einer Zither, das Tirilieren der Vögel oder wenn wir vor uns hinsummen: alles hat seine eigene Melodie, aber nichts mit dem Sprechen zu tun. Bist du da anderer Ansicht?

Ad.: Nein, überhaupt nicht!

Mit diesem Wortwechsel begann das denkwürdige Gespräch zwischen Vater und Sohn, das sie in den folgenden Monaten fortsetzten. Durch diese gemeinsame Suche kamen sich ihre Seelen näher, als es durch die Blutsbande möglich gewesen wäre. Es herrschte zwischen ihnen eine Vertrautheit, wie sie nur selten in der Geschichte der Menschheit zu finden ist. Die Geistesgaben des Vaters, seine philosophische Analyse der Sprache, förderten die geistige Reife des Jungen, seine Auffassungsgabe und sein Geschick im Gespräch, dem er einmal folgte, um es dann wieder voranzutreiben. Nicht Eitelkeit diktierte Augustinus die Worte, mit denen er Adeodatus einschätzte: «Oft graute mir vor solch außergewöhnlicher Begabung» (*Conf.* IX,6,14).

Das Interesse der Gelehrten an diesem Dialog, dem *Lehrer*, erklärt sich vor allem durch seinen pädagogischen Wert: Ein Vater, der sich seinem Sohn widmet, um gleichzeitig zu lehren und zu lernen, während beide dem Pfad der Wahrheit folgen. Diese Bereitschaft, gerade in der modernen Pädagogik überaus aktuell, muß bei Lehrer und Schüler vorhanden sein, beide müssen sich auf diesen Weg einlassen.

Augustinus tauschte die Rolle des Lehrers oft mit der des Schülers. Diese Methode bedeutete einen großen Fortschritt in der Geschichte der Bildung und Erziehung.

Im Verlauf des *Dialogs* kristallisiert sich nach und nach das große Thema Augustins heraus, das Thema der *Innerlichkeit: der einzig wahre Lehrer des Menschen ist Gott.* Ihn erfahren wir sowohl mit unseren körperlichen Sinnen durch die Wahrnehmung, als auch mit denen unserer Seele durch die Einsicht.

Leider mutet uns der *Dialog* an wie ein Nachruf auf das junge Leben des Adeodatus, da er kurz vor seinem frühzeitigen Tod entstand: Er starb im Alter von siebzehn Jahren. Während des Zeitraums, in dem dieses Gespräch stattfand, bemerkte der Vater entsetzt den unaufhaltsamen Kräfteverfall des Sohnes. Er versuchte, ihn zu behüten und zu beschützen, und liebte ihn jeden Tag mehr, doch er trug seinen Tod schon im Herzen.

Alle Empfindungen, die ein Vater in Anwesenheit seines jungen Sohnes spürt, nahm Augustinus nun verstärkt wahr, den Geruch seiner Haut und seines Körpers wie den Atem seiner Seele. Genauso, wie der blinde Isaak die Gegenwart Jakobs erahnte und ihn, obwohl er sich in Häute gehüllt hatte, am Geruch als seinen Erstgeborenen erkannte. Geruch der befruchteten Erde! Erde, die Gras hervorbringt ... Geruch von erloschenen Sternen, von Materie, die eben erst entstand, von körperlichem und geistigem Leben, das aus dem Nichts hervorbricht, Geruch der Schöpfung im Augenblick des Feuers, des *fiat.* In Augustins Philosophie finden wir Anklänge an Platon. Durch Adeodatus wurden ihm diese Empfindungen bewußt.

Auch der Sohn spürte die Größe dieses Vaters, doch bereitete sie ihm keine Angst. Der berühmte Vater, der die Jahrhunderte überdauern, in die Geschichte eingehen sollte. Dabei hatte es damals den Anschein, als habe er niemanden, der ihm nahestand, als seien die Freunde in Vergessenheit geraten. Aber sowenig man Augustinus ohne seine Freunde und seine Mutter begreifen kann, sowenig ist er ohne seinen Sohn Adeodatus zu verstehen, der in ihm nur den Menschen sah, den Vater aus Fleisch und Blut. So groß und klein zugleich all dies, so nahe am Banalen!

Wie zwei Steine, die aneinandergerieben werden und Funken schlagen.

Allein der Name: *Adeodatus* – «von Gott gegeben». Wie um zu fordern, daß Gott den Fehltritt als unabdingbaren Gehorsam gegenüber der Natur bestätige: *sie sollen zeugen, hervorbringen, wachsen, sich vermehren.*

Einmal hatte ihn Augustinus «Sohn der Schuld» genannt. Und doch war er sein Sohn!

«Mir graute vor seiner Begabung», sagte er. Doch angesichts des ungetauften Sohnes überkam ihn ein viel größeres Grauen. Ein Sohn erinnert an die Mutter ... in den Augen des eigenen Vaters.

Wurde diese Mutter benachrichtigt, an das Bett des Adeodatus gerufen?

Augustinus wird in den vierzig Jahren, die ihm bevorstehen, ein katholisches Leben führen, ein Leben also in Liebe zu allen Menschen und in Verfolgung der geistigen Interessen, die auf ihn warten. Nie werden wir aber erfahren, wie sehr Adeodatus seine sanfte Menschlichkeit beeinflußt hatte oder auch die moralische Strenge bei der Bestimmung der Ehe, deren erster Zweck für ihn die Pflicht sein mußte, Kinder zu zeugen. Viele Arbeiten Augustins drehten sich um das Problem der Enthaltsamkeit, um Wesen und Zweck der Ehe.

Über Adeodatus, die erste Blüte der augustinischen Mönchsgemeinschaft, schrieb er zehn Jahre später: «Schnell hast Du ihn von der Erde weggenommen, und ohne jede Beunruhigung denke ich nun an ihn. Weder für seine Kindheit noch für seine Jugend noch für sein ganzes Leben brauche ich irgendwelche Sorge zu hegen» (*Conf.* IX,6,14).

Am Ende des Dialogs *Über den Lehrer* spricht Adeodatus folgende Worte: «Ich danke dir für deine Erläuterung, für den Teil, den du allein beigetragen hast, vor allem weil dadurch alle Erwiderungen, die ich bereit hielt, überflüssig wurden. Keine Schwierigkeit ist dir entgangen, die mich zweifeln ließ und auf die mir mein Inneres keine Antwort zu geben wußte» (vgl. *De magistro*

XIV,46). Ausdrücklich versichert Augustinus uns die Echtheit dieser Worte.

Nachdem Augustinus als leiblicher Vater des Adeodatus zur letzten Reife gelangt war – der Baum senkt seine Frucht in den Schoß der Mutter Erde –, war er nun bereit, seine immense geistliche Vaterschaft in der Welt anzutreten. Doch wer immer ihn Vater nennt, wird den Erstgeborenen Adeodatus zum Bruder haben.

VOM MÖNCH ZUM PRIESTER

Von seinem Kloster in Tagaste aus hielt Augustinus brieflichen Kontakt mit Nebridius, «meinem geliebten Freund». Nebridius' Briefe an Augustinus zeugen von wacher Aufmerksamkeit und großer Einfühlsamkeit. Er war kurz nach Augustins Bekehrung zum katholischen Glauben übergetreten und lebte nun in völliger Keuschheit und als Jünger der Kirche in Karthago. Sein Wort und sein Beispiel hatten auch all seine Familienangehörigen für Christus gewonnen.

Doch Nebridius war krank. Er schrieb Augustinus: «Ich möchte Dich in mein Landhaus einladen, ich wünschte so sehr, daß Du in Ruhe und Frieden leben kannst. Ich hätte keine Furcht, von Deinen Mitbürgern als der gebrandmarkt zu werden, der Dich ihnen entführt – Dich, der sie so ohne Maß liebt und den sie ohne Maß wiederlieben» (*Epist.* V,1). Nebridius scheint darüber im Bilde gewesen zu sein, daß Augustins Mitbürger in Tagaste ihm mit ihren beständigen Fragen in Glaubensdingen keine Ruhe ließen.

Augustinus schrieb ihm zurück: «Obwohl Du sonst mein Herz durch und durch kennst, hast Du vielleicht keinen Begriff davon, wie sehr ich wünschte, mich Deiner Gegenwart erfreuen zu dürfen. Aber früher oder später wird Gott mir gewiß diese Gunst gewähren. Ich habe Deinen Brief gelesen. Du klagst über Deine Einsamkeit, über die Abwesenheit Deiner Freunde, mit denen doch das Leben am angenehmsten ist. Und Du hast recht! Doch was soll ich Dir anderes darauf antworten, als Du zweifellos ohnehin tust? Fliehe zu Dir selbst und erhebe Deine Seele zu Gott, soviel Du es vermagst. Dort triffst Du dann auch uns mit größerer Sicherheit, nicht vermöge körperlicher Vorstellungen, deren wir uns hier bedienen müssen, wenn wir uns erinnern wollen, sondern vermöge der Erkenntnis, daß unsere Vereinigung unabhängig von dem Ort ist, an dem wir uns gerade befinden. Wie Du ja weißt: nicht das Leben am gleichen Ort ist es, was uns verbindet...» (*Epist.* IX,1).

Kurze Zeit darauf starb Nebridius. Augustinus begnügte sich nicht damit, seinen Tod zu beweinen, sondern trug während seiner ganzen weiteren Lebenszeit das Bild dieses Freundes im Herzen: «Nun legt er nicht mehr sein Ohr an meinen Mund, sondern seinen geistigen Mund an Deine Quelle und trinkt daraus Weisheit nach Herzenslust, soviel er vermag, ohne Ende glückselig. Doch wird er davon wohl nicht so berauscht, daß er mich vergäße...» (*Conf.* IX,3,6).

Und nun trat ein unerwartetes Ereignis ein, das Augustins ganzem weiteren Leben die Richtung wies.

In dem zitierten Brief berichtet Nebridius, daß Augustinus mit ganzer Seele den Frieden in Gott suchte, seine Mitbürger aber, in einer Art geistlicher Aufdringlichkeit, ihn nicht in Ruhe ließen. Dachte Augustinus vielleicht zu jener Zeit daran, ein zweites Kloster zu gründen, um dort in ungestörter Kontemplation zu leben?

Sicher ist nur, daß er beabsichtigte, seine Brüdergemeinschaft zu erweitern. Und gerade dies wurde ihm zur Falle. Sein Schüler und erster Biograph Possidius, Bischof von Calama, hat uns den genauen Hergang überliefert (vgl. *Vita* III, IV).

Eines Morgens brach Augustinus auf, um zu Fuß die achtzig Kilometer entfernt gelegene Stadt Hippo zu erreichen. In Hippo, so dachte er beruhigt, drohe ihm keine Gefahr, denn die Stadt besaß bereits einen Bischof, der sich in seinem Amt bewährt hatte. Er ging dorthin, weil man ihm gesagt hatte, ein reisender Händler wolle die Welt verlassen, um sein Leben Gott zu weihen und in Augustins Kloster einzutreten. Er bitte nur um die Gunst, zuvor mit Augustin selbst sprechen zu dürfen. War diese Nachricht vielleicht nur ein Köder, um Augustinus anzulocken, ersonnen von diesem schlauen Händler, der wohl gar ein Freund des Bischofs von Hippo sein mochte? Tatsache jedenfalls ist, daß der Mann keine Anstalten machte, Mönch zu werden, wie er zuvor versprochen hatte. Geduldig redete Augustin ihm zu, um ihn zur Entscheidung zu ermutigen, doch der andere machte immer nur Versprechungen, um seine Entscheidung von einem Tag auf den nächsten zu verschieben. Doch eines Tages fragte er ihn: «Hast du schon unsere schöne Kathedrale hier in Hippo gesehen?»

Augustinus antwortete: «Wirklich, es ist eine herrliche Kirche, ich war schon dort, es ist schön, dort zu beten . . .»

«Gehen wir doch auch heute hin, wir beide zusammen», schlug ihm der Gastgeber vor.

Und sie machten sich auf den Weg, noch am gleichen Nachmittag. Die Kirche war bis zum Bersten angefüllt mit Gläubigen. Sie hielten eine Versammlung ab. Die Apsis erstrahlte im Glanz unzähliger Kerzen. Dort saß der greise Bischof Valerius, ein gebürtiger Grieche. In seinem mühsamen Latein mit fremdländischem Akzent erklärte er unter sichtlicher Anstrengung den versammelten Gläubigen, er leide an den Folgen des Alters und bedürfe nun einer Hilfe, eines noch jungen Geistlichen von Bildung, Hingabe und Treue zur Lehre – eben eines Priesters, der ihm bei der Erfüllung seiner Aufgaben behilflich wäre, vor allem bei der Ausübung seines Predigtamtes.

Eben hatte Augustinus die Basilika betreten und versuchte nun, sich einen Weg durch die Menge zu bahnen, um weiter ins Innere vorzudringen. Da hörte er plötzlich, wie das Volk von allen Seiten her laut seinen Namen rief, als wäre er ein Dieb, den man gerade auf frischer Tat ertappte: «Augustinus! Augustinus!»

Er fürchtete sich wie ein Tier, das sich in einer Schlinge gefangen hat. Verwirrt betrachtete er den ersten, der ihm die Hände entgegenreckte, als wolle er ihn um Erbarmen anflehen. Inzwischen aber griffen andere Hände nach ihm, hoben ihn empor und trugen ihn zum Chor, durch die dichtgedrängten Reihen der Gläubigen, die weiterhin lärmend riefen: «Augustinus! Augustinus!» Da erst ging ihm ein Licht auf, und er begann unter Tränen um Gnade zu flehen. Doch sie verstanden nicht, was er sagte, und riefen: «Nur Geduld! Wir wissen es ja: nur Priester ist zuwenig für einen Mann wie dich, du verdienst die Mitra ... Doch nicht lange, so bist du auch unser Bischof! Valerius ist alt. Der Gute wird nicht mehr lange leben. Hab noch ein Weilchen Geduld!»

Eine Szene wie aus einem Filmdrehbuch: eine regelrechte Entführung! Nicht allein Possidius beschreibt den Vorgang, sondern auch Augustinus berichtet mit wirkungsvoller Kürze in seinen Predigten und Briefen davon: «Wie ihr wißt, kam euer Bischof noch als junger Mann in diese Stadt. Ich sah mich um, wo ich ein Kloster gründen könnte, um dort in Frieden mit meinen Brüdern zu leben. Ich hatte allen weltlichen Hoffnungen und allem irdischen Ruhm entsagt! Nicht verlangte mich danach, auf dieser Welt zu sein, was meine Gaben zuließen, noch auch das zu werden, was ich jetzt bin ...» (*Serm.* CCCLV,2). Und in einem seiner Briefe heißt es: «Von daher also rührten die Tränen, die einige meiner Brüder mich bei meiner Priesterweihe vergießen sahen. Und da sie den Grund meines Kummers und meiner Bedrängnis nicht kannten, suchten sie mich zu trösten, voll guter Absicht, mit Worten, zu denen sie imstande waren, die jedoch mit dem Grund meiner Trübsal nichts zu schaffen hatten ...» (*Lett.* XX,2).

In der Kathedrale von Hippo gab es für Augustinus kein Entkommen: nach Luft ringend und in Schweiß gebadet, ließen sie ihn zu Füßen ihres Bischofs nieder. Der legte ihm ohne Zögern die altersschwachen Hände auf, rief Gottes Geist auf ihn herab und weihte ihn so zum Priester.

Augustinus war stets bereit, Gottes Zeichen gehorsam anzunehmen, gewiß, daß die göttliche Gnade, nur sie allein, sein Leben lenkte. So sagte er nun, wenn auch unter Tränen: «Ja, Herr, ich bin bereit ...»

Noch in der Nacht weinte Augustinus. Schließlich ging er zu Bett, aber er fand keinen Schlaf: wußte er doch, daß er nun Priester war, Priester *in Ewigkeit.* Schon früh am Morgen meldete er sich zur Audienz beim greisen Bischof Valerius. Er hatte ihm einen Brief geschrieben, den er ihm persönlich aushändigen wollte.

Auch Valerius hatte wenig geschlafen in dieser Nacht, er jedoch aus Freude. Denn er wußte nur zu gut, mit welcher religiösen Persönlichkeit er nun sein Presbyterium bereichert und welchen Glaubensstreiter er für die Zukunft seines Bistums gewonnen hatte.

Tatsächlich haben wir keinen Grund zu bedauern, daß ein Genius wie Augustinus durch diesen Raub in eine obskure Provinzstadt verbannt worden sei, um seine ganze Energie für ein gläubiges Landvolk aufzuwenden, das zudem zwischen zwei Bischöfen gespalten war: einem katholischen, eben Valerius, und einem Arianer. Denn Hippo war keineswegs ein unbedeutender Bischofssitz. Ausgrabungen in neuerer Zeit haben den Glanz der antiken Stadt ans Licht gebracht. Die romanisierte Stadt nahm in der Provinz Afrika nach Karthago den zweiten Rang ein. Sie lag am Meer und besaß einen Hafen. Ruinen zeugen noch von der Pracht des antiken Forums, der großen Thermen, der Hauptstraße *Decumanus Maximus* und der christlichen Basilika mit ihren Nebengebäuden. Die herrlichen Sakralbauten dienten neben der Feier des Kultes auch zur Darstellung des Glaubens. Denn seit Ende der Glaubensverfolgung stand sie ja in Konkurrenz mit der heidnischen Religion wie auch mit schismatischen Gemeinschaften und ihren Häresien.

Der Bischof umarmte Augustinus und dankte ihm, daß er die Bürde des Priestertums auf sich genommen hatte. Fast begegnete er Augustinus, dessen Größe ihm nicht verborgen blieb, mit einer Art scheuer Ehrfurcht. Augustinus aber sagte: «Ich dachte, ehrwürdiger Vater, Gott der Herr erlaube mir, in seinem Haus, in das ich als verlorener Sohn zurückkehrte, als der geringste seiner Knechte zu leben ... So erwählte ich mir Marias Anteil, und dachte nicht, daß ich ihn eines Tages mit demjenigen Marthas vertauschen müßte. Ich habe gestern nur gehorcht, weil ich in der Stimme der Kirche, die mich zum priesterlichen Dienst berief, den Auftrag Gottes selbst erkannte, und Euer rascher Empfang, ehrwürdiger Vater, hat mich in diesem Glauben bestärkt. Ich wollte mich wie Petrus auf dem Berg Tabor am Glanz der göttlichen Herrlichkeit erfreuen und für immer dort verweilen ... Doch Jesus sagte zu mir wie einst zu seinem Apostel: ‹Steige herab, Petrus! Du möchtest zwar auf diesem Berg ausruhen, doch steige herab! Verkünde mein Wort, ermahne, ob gelegen oder ungelegen, richte, tadle, arbeite, nimm die Mühsal meines Dienstes auf dich, kämpfe und leide . . .›» (*Serm.* LXXVIII,6).

Valerius hielt Augustins Hand in der seinen. «Freust du dich denn nicht», sagte er, «daß deine Hand, diese Hand hier, gewürdigt wird, zu weihen und die Geheimnisse des Herrn zu verwalten? Ich kenne dich gut, Augustinus, ich hatte stets ein Auge auf dich während deiner geistlichen Entwicklung . . . Auch kenne ich deine Neigung zum kontemplativen Leben . . . Ich weiß schließlich auch, wann und warum du zu uns nach Hippo gekommen bist: du wolltest hier ein Kloster gründen . . .»

«Ja, ehrwürdiger Vater! Ich bin hierhergekommen, um dich um Hilfe für meinen Plan zu bitten, hier eine Gemeinschaft von Laien zu gründen, die sich der Kontemplation weihen wollten. Ich denke, eine Gemeinschaft, die sich ganz dem Gebet hingibt und in völliger Armut lebt, kann die Seele einer Ortskirche sein. Hier in Afrika ist es vielleicht noch etwas Ungewohntes, doch habe ich in Mailand und Rom Klöster dieser Art gesehen, die in hoher Blüte standen . . .»

«Das überzeugt mich, Augustinus. Mehr noch, ich habe mich bereits entschlossen, dir dafür ein geeignetes Gebäude zur Verfügung zu stellen», sagte Valerius.

«Liegt es denn außerhalb der Stadt?»

«Gewiß!» antwortete Valerius.

«Und befindet sich ein Stück Land dabei, ein Acker, ein Garten?»

«Natürlich! Aber wofür eigentlich ein Acker und ein Garten bei einem Kloster, warum?»

«Wegen der körperlichen Arbeit, ehrwürdiger Vater . . .»

«Zum Unterhalt der Brüder? Aber vielleicht reicht das nicht aus . . .»

«Nicht eigentlich deshalb! Sondern die körperliche Arbeit ist zugleich eine geistliche Übung. Sie stärkt die Gemeinschaft zwischen den Brüdern und ist ein Zeichen der Verbundenheit mit den Menschen in der Welt, die sich im Schweiße ihres Angesichts abmühen. Jesus hat gearbeitet, Paulus hat gearbeitet . . . Körperliche Arbeit versklavt nicht, sie erhebt den Menschen und führt ihn ganz zu sich selbst. In unsere Klöster treten auch Gelehrte ein, die sich ganz den Studien hingeben. Doch wie könnte ein wirklicher Gelehrter körperliche Arbeit verachten? Genauso kommen zu uns Leute, die weder lesen noch schreiben können, ungeschlachte Menschen vielleicht, aber entschlossen, Gott aus ganzer Seele zu lieben. Auch sie müssen sich der Leitung des göttlichen Lehrers anvertrauen, unterstützt von unseren erfahreneren Brüdern. Wenn sie alle keine Möglichkeit hätten, mit ihren Händen zu arbeiten, so wären wir eine Gemeinschaft, die teils aus Gelehrten, teils aus Nichtstuern und teils aus Arbeitssklaven bestünde. Eine Gemeinschaft aber muß eine harmonische Familie bilden, als gehörten alle Glieder nur einem Leib an . . .»

«Sei ganz ruhig, Augustinus! Der Ort, den ich für dein Kloster ausgesucht habe, ist wie geschaffen für dich! Doch du, wirst du nun bei mir im Bischofshaus leben oder ziehst du lieber ins Kloster?»

«Ehrwürdiger Vater, ich ziehe lieber ins Kloster!»

Sie verabschiedeten sich mit einer langen Umarmung. Dann gab Augustinus dem Bischof ein versiegeltes Päckchen: «Es ist höchst wichtig für mich, ehrwürdiger Vater! Lies es mit Nachsicht, und versage mir nicht, worum ich für das Wohl dieser Kirche von Hippo bitte, die ich schon liebgewonnen habe.»

Augustins Berufung zum Priesteramt, das er aus eigenem Entschluß niemals angenommen hätte – nicht nur aus Demut, sondern auch wegen der damit verbundenen schweren Last –, bewirkte in ihm eine zweite Bekehrung: von der *vita contemplativa* zur *vita activa*, vom beschaulichen zum tätigen Leben. Und wie es sich bei jeder Berufung zum Priesteramt ziemt, bot er die ganze Kraft seiner Persönlichkeit für die neue Aufgabe auf, denn er erkannte im Willen der Kirche Gottes eigenen Ruf. Auch Ambrosius war überraschend und gegen seinen Willen vom Volk zum Bischof von Mailand berufen worden – und vielleicht war es gerade diese Ähnlichkeit mit dem Schicksal seines geistlichen Vaters und Lehrers, die Augustinus die Annahme seiner neuen Würde erleichterte.

Hieronymus hingegen hielt stets mit Hartnäckigkeit an seinen einmal gefaßten Entschlüssen fest. So erklärte er sich in ähnlicher Lage lediglich bereit, die Priesterweihe zu empfangen, jedoch unter der ausdrücklichen Zusage, von pastoralen Aufgaben verschont zu bleiben und sich auch weiterhin ausschließlich seinen Studien der Heiligen Schrift widmen zu dürfen.

Augustins Brief an Valerius ist ein meisterliches Zeugnis priesterlichen Bewußtseins. Er beginnt mit einer Reflexion über die «Gewaltanwendung» in der Kathedrale von Hippo, als man ihn hochgehoben, zur Kathedra geschleppt und zu Füßen des Bischofs niedergelegt hatte, der ihn sogleich zum Priester weihte. «Mir wurde Gewalt angetan, doch zur gerechten Strafe für meine Sünden», so fügt er hinzu, «denn anders kann ich mir nicht erklären, daß man mir den zweiten Platz am Steuer zuwies, mir, der kaum ein Ruder zu führen wußte . . .» (*Epist.* XXI,1).

Die Fortsetzung seines Briefes belegt Augustins hohe Auffassung des priesterlichen Dienstes: «Vor allem bitte ich zu bedenken, daß es zwar in diesem Leben und besonders in unserer Zeit nichts Leichteres, Erfreulicheres und bei den Menschen Beliebteres gibt als das Amt eines Bischofs, Priesters oder Diakons – daß es aber vor Gott nichts Elenderes, Traurigeres und Verdammenswerteres gibt, wenn man es oberflächlich oder aus niederem Ehrgeiz wahrnimmt. Kämpft man dagegen nach der Vorschrift unseres Herrn, so gibt es in unserem Leben und besonders zu unserer Zeit nichts Schwierigeres, Mühsameres und Gefahrvolleres als das Amt eines Bischofs, Priesters oder Diakons, hingegen nichts Glückseligeres vor Gott» *(ebd.)*. Und ebenso überzeugend wie demütig fährt er fort: «Aber nun habe ich viel, sehr viel mehr erfahren, als ich angenommen hatte. Nicht als ob ich neue Wogen und Stürme entdeckt hätte, von denen ich früher nichts gewußt, nichts gehört, nichts gelesen und nichts geahnt hätte. Aber meine Energie und meine Kräfte, diese Stürme zu vermeiden oder zu ertragen, hatte ich überschätzt . . .» (*Epist.* XX,2).

Und er schließt mit einer betrübten Bitte an Valerius: « . . . an Deine Liebe und Zuneigung also richte ich meine Bitte: mögest Du Dich meiner erbarmen, mir mein Gesuch gewähren, mir die erbetene Frist gestatten und mich mit Deinem Gebet unterstützen, damit meine Sehnsucht nicht unerfüllt bleibe und meine Zurückgezogenheit reiche Früchte trage für die Kirche Christi und zum Nutzen meiner Brüder . . .» (*Epist.* XXI,6).

Es muß nicht eigens betont werden, daß eine so inständige Bitte Gehör fand. So zog Augustinus sich für einige Monate in die Einsamkeit der Seele zurück. Er meditierte, betete und fastete, um zu der «priesterlichen Stadt» auf dem Berg zu werden – oder zur Lampe, die dazu bestimmt war, dem ganzen Haus zu leuchten.

DAS ABENTEUER DES APOSTOLATS

Welchen Gegenstand wählte Augustin für seine Antrittspredigt auf der Kanzel der Kathedrale von Hippo? Fast läßt es sich erraten: die Irrtümer der Manichäer, die die Botschaft des Alten Testaments leugneten.

Die Predigt hatte zum Leitwort den ersten Vers des Buches Genesis: «Im Anfang schuf Gott Himmel und Erde», sowie den Eingangsvers des Johannes-Evangeliums: «Im Anfang war das Wort». Da die Manichäer die Schöpfung als eines Gottes unwürdig ablehnten, erinnerte Augustinus sie daran, daß sowohl das Buch Genesis wie auch das Johannes-Evangelium in der Aussage übereinstimmen: «Gott schuf Himmel und Erde»; «Das Wort war im Anfang bei Gott: Alles ist durch Ihn, das Wort Gottes, geworden, und ohne Ihn ward nichts, was geworden ist» (*Serm.* I,1).

Diese Predigt zeugt von dem vertieften Studium, das Augustinus gerade in der zurückliegenden Zeit diesen beiden biblischen Texten wie auch dem Brief des Apostels Paulus an die Epheser gewidmet hatte. Vor allem aber interessiert uns hier, daß er sein bischöfliches Lehramt mit einem Angriff auf die Manichäer begann. Er hielt sie vor allem deshalb für so gefährlich, weil sie bei der Schriftauslegung völlig willkürlich und ohne ein festes Prinzip vorgingen.

Er selbst hatte jahrzehntelang der Sekte der Manichäer angehört, und so kannte er sie zur Genüge: angefangen von ihrer lächerlichen Lehre, die sich als «Superchristentum» gebärdete (Mani nannte sich selbst Apostel Jesu Christi), tatsächlich aber aus Elementen des persischen Zarathustra-Glaubens und des chinesischen Buddhismus bunt zusammengewürfelt war, bis hin zum heuchlerischen und unmoralischen Betragen der «Erwählten» . . .

«Verräter!» riefen ihm seine früheren Sektengefährten entgegen. «Jetzt beißt du die Hand, die dich nährte», warfen sie ihm vor, um ihn daran zu erinnern, daß sie ihn bei seiner beruflichen Laufbahn unterstützt hatten.

Sie nahmen für sich in Anspruch, anstelle der christlichen Glaubenswahrheit, wie die Kirche sie lehrte, eine Art absoluter Offenbarungsreligion zu bieten, die wissenschaftlich, vernunftgemäß und in allen Teilen beweisbar sei. Deshalb hatte sie solche Anziehungskraft für den jungen Augustinus gehabt, dem das Joch des Glaubens zu streng erschienen war. Nun aber sahen sie denselben Mann als Diener der Kirche in vorderster Front gegen ihre Irrtümer streiten. Sie kannten seine unwiderstehliche Gedankenschärfe und fürchteten sie.

Eine besonders berühmte Episode aus dieser Frühzeit von Augustins Apostolat stellt seine Auseinandersetzung mit einem manichäischen Geistlichen namens Fortunatus dar, der sich in Hippo aufhielt und dort auf Proselytenfang ausging. Eine Gruppe christlicher Gläubiger – darunter neben Bürgern der Stadt und Fremden auch Donatisten – bat Augustinus, sich mit Fortunatus zu einem öffentlichen Streitgespräch zu treffen. Doch als dieser Augustins Einladung erhielt, beschloß er, ihr auszuweichen und sich der Auseinandersetzung zu entziehen. Er hatte seinen Kontrahenten bereits in Karthago kennengelernt, als er noch dem Manichäismus anhing, und wußte um seine außerordentlichen Gaben. Doch auf das Drängen vor allem seiner Anhänger hin mußte er schließlich versprechen, sich dem Streitgespräch zu stellen.

Wie Possidius bezeugt, fanden sich zu dieser Auseinandersetzung zahllose Neugierige ein, um aus dem Streit ein schadenfrohes Vergnügen zu ziehen. Die Schreiber ließen ihre Griffel über ihre Wachstäfelchen eilen. Tagelang dauerte die Debatte.

Als Fortunatus sah, wie seine Argumente in sich zusammenfielen, erklärte er, daß er sich mit seinen Anhängern beraten und zeitweilig sogar erwogen habe, seinem Leben ein Ende zu machen. In aller Hast verließ er die Stadt, um nie mehr nach Hippo zurückzukehren. Seinen Fortgang kommentiert Possidius mit den Worten: «Afrika begann wieder, das Haupt zu erheben!» (*Vita Augustini* VI).

Doch bei der Auseinandersetzung mit Fortunatus handelte es sich nur um ein erstes Vorgefecht in einem Kampf für Vernunft und Glauben, den Augustinus nahezu vierzig Jahre lang führte: nicht nur gegen die Manichäer, sondern auch gegen die Donatisten, die von hochmütiger Heilsgewißheit beherrschten Verfechter einer Kirche ausschließlich der «Reinen»; gegen die Pelagianer, die die autonome Kraft des menschlichen Willens auf Kosten der göttlichen Gnade zu sehr betonten; und schließlich gegen die Arianer und den heidnischen Aberglauben.

Doch um die Irrtümer noch wirksamer und direkter anzugehen, verfaßte Augustinus vor allem nach Themen gesonderte Schriften, Traktate und Briefe, die oft genug den Umfang und die Gründlichkeit theologischer Abhandlungen haben.

Bei öffentlichen Streitgesprächen wurden in der Antike die Gründe und Gegengründe beider Seiten von den Schreibern sorgsam aufgezeichnet und danach der Öffentlichkeit zugänglich gemacht. Bemerkenswert scheint vor allem, daß damals die Bevölkerung an diesen Debatten augenscheinlich außerordentliches Interesse zeigte. Grund dafür war die Freude an der polemischen Auseinandersetzung und der dialektischen Gewandtheit der großen Redner in damaliger Zeit.

In den Predigten, die Augustinus als Bischof in seiner Kathedrale hielt (etwa tausend davon sind uns erhalten), setzt er sich hingegen nur indirekt mit den Irrlehren seiner Zeit auseinander. Hier war vor allem die Darlegung der Glaubenswahrheit und die geistliche Unterweisung der Gemeinde sein Ziel.

Ohne Zweifel war er ein großartiger Redner von packender Wirkung. Zwar überlegte er sich stets zuvor den Inhalt seiner Predigten, denen eine vom Lektor vorgetragene Schriftlesung vorausging. Doch in der Regel zeichnete er sie nicht schriftlich auf. Er improvisierte vielmehr, wobei er häufig genaue Bibelzitate einfließen ließ, die er aus dem Gedächtnis wörtlich wiedergab.

Papst Paul VI. bezeichnete Augustinus später als den «Dichter der Wahrheit» und rühmte die völlige Übereinstimmung von Form und Inhalt in seinen Werken. «Was bei Cicero bloße Rhetorik ist, wird hier *Stil*», sagte der Papst.

Einige seiner Sätze, Sentenzen von klassischer Knappheit, die tiefe Wahrheiten umschließen (*Ama et fac quod vis* – Liebe, und tu, was du willst), scheinen in der Übersetzung, wenn sie ihres sprachlichen Glanzes und damit auch ihrer Eindringlichkeit entkleidet sind, allzu leicht banal. Im allgemeinen jedoch läßt sich der Zauber von Augustins Sprache selbst in der Übersetzung noch nachvollziehen, so nah steht sein Denken den inneren Erfordernissen unserer Zeit. Hier liegt zugleich die Modernität und die universale Weite seines Denkens.

Etwa tausend Predigten sind von ihm überliefert; gehalten hat er sicherlich mehr. In diesen Ansprachen, die er während der Messe an die Gläubigen hielt, darunter Psalmenkommentare, Betrachtungen zum Johannesevangelium und zum ersten Johannesbrief, erstaunt vor allem der zugleich volkstümliche und geschliffene Stil – so, als hielte er dieselbe Predigt gleichzeitig in Hippo, einer Stadt von Bauern und Fischern, und einer philosophisch und rhetorisch gebildeten Zuhörerschaft in Karthago oder einer anderen antiken Metropole. Sprachlich schwer verständliche Ausdrücke übertrug er oft ins Punische.

Sieht man jedoch von seiner Redegabe ab, so war seine äußere Gestalt wenig dazu angetan, die um seine Kanzel versammelte Gemeinde in Bann zu schlagen. Klein und schmächtig von Wuchs, dabei von zarter, anfälliger Gesundheit und nur mit einer schwachen Stimme begabt, wies er oft in christlicher Demut die Gläubigen gerade auf diese physischen Mängel hin und bat sie, seiner Botschaft Gehör zu schenken. Dennoch riefen Mitbrüder aus benachbarten Diözesen den Priester und später den Bischof Augustinus oft als Prediger zu sich. Und eine geheimnisvolle Scheu hinderte sie, in seiner Gegenwart das Wort zu ergreifen.

Eines Tages besuchten einige Mitbrüder im bischöflichen Amt ihn in seiner Kathedrale in Hippo. Nachdem er vor den Gläubigen seiner Freude über ihr Kommen Ausdruck gegeben hatte, fuhr er fort: «Doch weiß ich nicht, warum sie mir jetzt nicht beim Verkündigen des Wortes zu Hilfe eilen, ermüdet und erschöpft wie ich bin ... Dies wollte ich eurer Liebe zu Gehör bringen, damit der Umstand, daß ihr es gehört habt, vor ihnen zu meinen Gunsten spreche, wenn ich sie bitte, daß auch sie euch die Schrift auslegen. Mögen sie gleichfalls ausspenden, was sie empfingen, und, anstatt sich zu entschuldigen, sich würdig zeigen, beim gemeinsamen Werk mit Hand anzulegen ...!» (*Serm.* XCIV,1). Dabei wischte er sich den Schweiß von der Stirn, den die Hitze und die Anstrengung der Predigt hervorgerufen hatten, und bat seine Zuhörerschaft, nicht mit Beifall seine Mühe zu belohnen, sondern mit Gebet und einem Leben aus dem Glauben.

Ein bedeutungsvoll stets wiederkehrendes Thema in Augustins Predigt ist das der *Innerlichkeit.* Nicht der Prediger lehrt und verkündet hier, sondern ein anderer, der in uns allen wirkt. Augustinus sagt: «Ich, der ich so oft rede, empfinde wahre Freude nur, wenn ich höre!» Dabei spielt er mit dem Gleichklang der lateinischen Begriffe: *tunc gaudeo quam audio.* Doch Augustinus verstand sich in außergewöhnlichem Maß auf die Kunst, als Redender zugleich ein Hörender zu bleiben. Wenn er im Chor seiner Kathedrale einen erhöhten Platz einnahm, so geschah dies nur, um seiner schwachen Stimme mehr Resonanz zu verschaffen. Dennoch blieb er stets mitten unter seinen Gläubigen: «Für euch bin ich Bischof, mit euch bin ich ein Jünger Christi.» Die Kirche war für ihn eine Tischgemeinschaft, und Gottes Wort war Brot. Und wie bei der Eucharistiefeier durfte nicht ein Krumen verlorengehen. Denn es ist Gottes Wort, durch das der Herr seine Gläubigen nährt. Zum Bekenntnis Johannes des Täufers, «Ich bin die Stimme in der Wüste», führte Augustinus aus: «Johannes ist die Stimme, die vergeht und wieder verhallt, Christus hingegen das Wort, das bleibt in Ewigkeit. Nimmst du der Stimme das Wort, was bleibt dann übrig? Wo kein vernunftgemäßer Laut zu hören ist, bleibt nur ein tierischer Laut zurück. Eine Stimme ohne Wort trifft und verletzt nur das Gehör, ohne das Herz zu erbauen. Bedenke ich, was ich sagen will, so ersteht im Herzen sofort das dazugehörige Wort. Diesem Wort erst leihe ich meine Stimme und spreche so vermittels der Stimme. Der Klang der Stimme aber bringt den Sinn des Wortes zu Gehör, um dann sofort zu vergehen. Doch das

Wort selbst, das du im Klang der Stimme aufnahmst, dauert in deinem Innern. Johannes ist der Laut, der vergeht, Christus aber das Wort, das bleibt!» (*Serm.* CCXCIII).

Vier Jahrzehnte lang sollte Augustins Stimme an der ganzen Westküste Afrikas widerhallen.

Vielleicht war er weniger mitreißend als Cicero, weniger elegant und erhaben als Ambrosius, weniger beredt als Johannes Chrysostomos.

Doch dafür war er menschlicher.

Das Wort seiner Predigt schien hervorzugehen aus jenem Wort der Wahrheit, das vom Himmel herabsteigt und dem er sein Leben unauflöslich verbunden hatte. Doch wie ein guter Arzt hatte er stets ein Gehör für menschliche Fehler und Schwächen. Wenn er sich einmal polemisch zeigte wie in einigen seiner theologischen Schriften – selten im gesprochenen Wort –, so ließ er dabei nie die christliche Liebe außer acht. Seine Worte kamen unmittelbar aus seinem Herzen, mild und gewinnend, Blüten der Worte des Evangeliums, die ein Lektor zuvor vorgetragen hatte.

Eines Tages, so berichtet Possidius, geriet er während seiner Predigt aus dem Konzept, verlor den Faden und kam auf einen anderen Gegenstand zu sprechen. Im Refektorium der Mönchsgemeinschaft klagte er den Vorfall seinen Mitbrüdern. Zwei Tage später suchte ein gewisser Phermus ihn im Kloster auf, ein Manichäer, der zuvor in Hippo für die «Erwählten» seiner Sekte enorme Geldsummen gesammelt hatte. Er bekannte, er habe sich zum katholischen Glauben bekehrt: Gott habe sein Herz gerade in dem Augenblick gerührt, in dem Augustin sich von seinem Gegenstand entfernte.

«Bis zu seiner letzten Krankheit hin verkündete er in der Kirche Gottes Wort voller Ausdauer und Beständigkeit, Eifer und Mut, Klarheit und Kraft, Weisheit und Einsicht», schreibt Possidius (vgl. *Vita Augustini* XXXI,4). Und der Biograph fügt hinzu: «Redet wie er, lebt wie er!»

Diese Stimme erhob sich leidenschaftlich beim Ende Roms und rief: «Rom wird nie untergehen, solange die Römer nicht untergehen!»

Die Woge eines großen neuen Abschnitts der Geschichte hatte ihn erfaßt, die getragen wurde von einer der großen Ideen der Menschheit. Sie stellte ihn in eine Reihe mit gigantischen Gestalten, die für diese Idee gekämpft und Zeugnis abgelegt hatten: vor ihm Paulus, Irenäus, Ignatius von Antiochien, Tertullian, Cyprian und in seiner Zeit Ambrosius, Hieronymus und die Väter des griechischen Ostens – Athanasius, Gregor von Nyssa, Gregor von Nazianz, Johannes Chrysostomos und Basilius der Große. Sie alle waren tragende Säulen *eines* Gebäudes.

Als Augustinus auf sein verflossenes Leben zurückblickte – vom Augenblick seiner Geburt an bis zur letzten Predigt, die er vor seinen Gläubigen hielt –, so war ihm, als habe die gleiche Macht, die Saulus bekehrte, auch ihn ergriffen, um ihn nach ihrer Botschaft zu formen.

Und wie sehr hatte er sich damals gegen den Stachel aufgelehnt!

Den wahrhaft demütigen Dienern Gottes ist ein deutliches Bewußtsein ihrer eigenen Größe auferlegt, die Erkenntnis, gerade in finsteren Zeiten Schlüsselfiguren der Geschichte zu sein – auch in jener Zeit, als die von Menschen errichtete Wirklichkeit, in deren geographischem, politischem und rechtlichem Raum das Christentum zur ersten Entfaltung gelangt war, vor ihrem endgültigen Einsturz stand. Augustinus gab sich über diesen Aspekt seiner Berufung keiner Täuschung hin. Er war ein katholischer Bischof der Provinz Afrika, der den Reichtum der römischen Kultur in sich aufgenommen hatte und der nun dazu verurteilt war, als Augenzeuge dem langsamen Niedergang des Imperiums beizuwohnen. Angesichts der vergangenen Größe, die das Unterpfand für einen geschichtlichen Neubeginn in sich barg, konnte er die zehn großen Verfolgungen verzeihen, mit denen Rom die Christen heimgesucht hatte.

Seine aufrichtige Demut hinderte ihn nicht an der verantwortungsbewußten Einsicht, daß er in seiner Person nicht nur sein Zeitalter, sondern sogar die gesamte Menschheit verkörperte; daß er ein Schuldner gegenüber jedem Mitglied dieser Menschheit war, die Erkenntnis aus seinen Worten schöpfen und in seinen Erfahrungen sich selbst wiedererkennen sollte.

Wenn Augustinus sich nach einem Tag voller seelsorgerischer

Aufgaben am Abend in das Kloster zurückzog, das der Bischof Valerius ihm geschenkt hatte, in die Gemeinschaft seiner Brüder, deren Zahl immer noch zunahm, dann war er ein glücklicher Mensch.

Die Bibliothek, das Refektorium, seine Mönchszelle, die Bücher – und in seinen Gedanken besuchten ihn seine Mutter Monika, sein Sohn Adeodatus, sein Freund Nebridius – welch stilles Glück!

Fünf Jahre waren nun vergangen, seit er das Sakrament der Priesterweihe empfangen hatte. Doch trotz seiner pastoralen Aufgaben hatte sich sein Leben als Mönch kaum verändert. Die langen afrikanischen Abende verbrachte er in der Stille seiner Zelle, die bis in die Nacht hinein eine große Ölampel erhellte. Öl gab es in der Provinz Afrika in verschwenderischer Fülle. Die ganze Nacht über brannte es in den Häusern.

Im warmen und flackernden Schein dieser Lampe saß er an seinem Pult und schrieb. Seine zartgliedrige, braune Hand strich über die Seiten des Pergaments, wie es beim Schreiben seine Gewohnheit war. Und er schrieb, schrieb immer weiter. Denken und Schreiben waren eins. Er dachte, um zu schreiben, und schreibend folgte er der Spur seiner Gedanken.

In jener Zeit entstanden seine bedeutendsten Werke, angeregt durch die religiöse Situation Afrikas, wo die Auseinandersetzung mit den Häretikern niemals ruhte. Er vollendete damals die Schriften *83 Fragen, Über den Nutzen des Glaubens, Über die zwei Seelen, Gegen Fortunatus, Über Glauben und Symbol, Über den wörtlichen Sinn der Genesis,* ein unvollendetes Buch, *Über die Bergpredigt des Herrn, Kommentare zu den Psalmen, Gegen Adimantus, Erklärung einiger Fragen aus dem Römerbrief,* den dreizehnten Brief an Hieronymus über dessen neue Bibelübersetzung, worin er den Einsiedler aus Bethlehem heftig angriff, *Gegen die Lüge* sowie *Über die Enthaltsamkeit.*

Eine reiche literarische Produktion. Dabei war er noch ein junger Mann: er war damals zweiundvierzig Jahre alt und Priester erst seit seinem siebenunddreißigsten Lebensjahr.

Erstaunlich sind vor allem seine Fortschritte in der Auslegung der Heiligen Schrift, die ihn sogar befähigten, Hieronymus, der damals unbestrittenen Autorität der Kirche auf diesem Gebiet, die Stirn zu bieten.

Von dem Kloster, in dem die Mönche betend und arbeitend ihr Leben verbrachten, stieg zwischen den Bäumen des Gartens ein feierlicher Gesang auf: der Choral, den Augustinus einst von Ambrosius gelernt hatte. Zu verschiedenen Stunden des Tages vermischte er sich mit dem Gesang der Vögel, bis in den Abend hinein, um sich in der Nacht aufzulösen wie die Ausströmungen des afrikanischen Bodens in der Luft.

«So sind wir vereint, um *einmütig* unter einem Dach zu leben: eine einzige Seele, ein einziges Herz, das ruht in Gott ...» (*Retract.* I,3).

BISCHOF VON HIPPO REGIUS

Eines Abends, als Augustinus gerade mit seinen Mönchen beim Essen saß, kam der alte Bischof Valerius zu Besuch.

Augustinus empfand für den Oberhirten von Hippo tiefe Verehrung und diente ihm wie ein Sohn in Demut und Zuneigung. Was er auch tat, beinahe jedes Wort, das er zur Versammlung der Gläubigen sprach, beriet er zuvor mit ihm.

Valerius dankte ihm mit väterlicher Liebe und großer persönlicher Hochachtung. Er beauftragte ihn sogar, an seiner Stelle bei der Synode von Hippo, die im großen Saal des Bischofshauses stattfand, zu den Bischöfen von Numidien zu sprechen. Doch achtete er – wie auch die anderen Geistlichen und das Volk – voller Sorge darauf, daß Augustinus sich nicht aus dem Gebiet seines Bistums entfernte. Er fürchtete, man könne ihn gewaltsam entführen, um ihn zum Bischof einer anderen Diözese zu machen. Solche Entführungen waren damals nicht selten. Einmal befahl er ihm sogar, sich eine Zeitlang zu verbergen. Augustinus schrieb an den Bischof Aurelius von Karthago: «Die Leute von Hippo haben schreckliche Angst, wenn ich mich zu weit von hier entferne . . .» (*Epist.* XXII,2,9).

Über Parthenius hatte Bischof Aurelius der Klostergemeinschaft ein kleines Grundstück geschenkt, und Augustinus schrieb ihm, um ihm für seine Großzügigkeit zu danken. Im gleichen Brief aber bat Augustinus, um Hippo nicht verlassen zu müssen, der Bischof von Uzalis, Paturnius, möge zu ihm nach Hippo kommen und mit ihm sprechen. Gewiß darf man davon ausgehen, daß Augustinus auch in der Zeit nach seiner Priesterweihe für kurze Zeit in Tagaste blieb: einmal, um seine Angelegenheiten im Kloster zu ordnen, das er wegen seiner Berufung zum Diözesanpriester von Hippo so unerwartet verlassen mußte; und vielleicht noch ein zweites Mal aus Anlaß der Bischofsweihe seines Freundes Alypius, der 394 die Kathedra dieser Stadt bestieg. Im gleichen Jahr nahm er – damals noch als einfacher Priester – an der ersten Provinzialsynode in Karthago teil.

An jenem Abend also besuchte Valerius ihn, begleitet von zwei Priestern, die den Greis stützten. Von der Last des Alters gebeugt und mit blassem Gesicht, das in lebhaftem Kontrast zu der dunklen Hautfarbe der beiden berberischen Geistlichen stand, kam er langsam näher, um sich mit Augustinus unter vier Augen zu unterhalten.

Es fällt nicht schwer zu erraten, was sie miteinander zu besprechen hatten: «Augustinus, mein Sohn! Unsere von Spaltungen bedrohte Kirche verdankt dir schon so vieles. Doch nun mußt du das Ruder ganz in die Hand nehmen. Ich werde für dich beten und wie Moses die Arme zum Himmel erheben. Tritt dafür, wie einst Josua, meine Nachfolge an und leite das Volk Gottes.»

Und Augustinus antwortete: «Ehrwürdiger Vater, nun kann ich nicht einmal klagen und weinen wie an jenem Tag, als du mich zum Priester geweiht hast. Es gibt Ereignisse im Leben des Menschen, die ihn nicht mehr überraschen können, auch wenn er sie niemals angestrebt hat. Stets habe ich mich vor dem Amt des Bischofs gefürchtet und bin ihm ausgewichen, so gut ich konnte – du weißt es selbst. Doch wenn das Herz des Menschen, aus Liebe und Gehorsam, die Last des Kreuzes auf sich nimmt, so wird ihm Gottes Wille zuteil durch den Mund eines Vaters, wie du einer für mich bist. Ehrwürdiger Vater, vor dir steht ein armseliger Diener Christi. Befiehl, was du für richtig hältst.»

Dies war im Juni 395: Augustinus wurde zum Weihbischof des Valerius mit dem Recht der Nachfolge, und schon im Jahr darauf, nach dessen Tod, zum Bischof von Hippo geweiht, mit allen Pflichten und Rechten dieses Amtes. «Doch will ich nicht die Zeit damit vergeuden, mich mit der Würde des Prälaten zu brüsten», schrieb er in einem Brief (*Epist.* XXIII,6).

Im folgenden soll nun Augustins schwierige Tätigkeit als Bischof nachgezeichnet werden. Wie ein großer Primas wirkte er weit über den unmittelbaren Umkreis seines Bistums hinaus, und selbst der Heilige Stuhl und die Inhaber der wichtigsten Bischofssitze der damaligen Christenheit bezeugten ihm ihre Achtung. Zuvor scheint es jedoch angebracht, in einigen Strichen die damalige politisch-religiöse Situation Afrikas zu skizzieren, die mit der Gesamtsituation des Reiches untrennbar verbunden war.

Im gleichen Jahr, in dem Augustinus den Bischofsstuhl von Hippo bestieg, starb in Mailand Theodosius der Große, der Alleinherrscher des römischen Imperiums. Vor seinem Tod teilte der Kaiser das Reich zwischen seinen beiden Söhnen: Den griechischen Osten erhielt der achtzehnjährige Arkadius, der elfjährige Honorius hingegen übernahm die Herrschaft über den lateinischen Westen. Zugleich empfahl er seine beiden unmündigen Söhne der Obhut seines bewährten Generals Flavius Stilicho, eines Halbarabers vandalischer Abstammung. Da er eine Nichte des Kaisers geheiratet hatte, war er zugleich mit der theodosianischen Dynastie verschwägert. Einmal mehr befand sich nun das Reich in den Händen zweier unmündiger Herrscher, die zudem keinen Mitregenten besaßen. In der Realität des politischen Alltags hörte Rom so als einheitliches Gebilde auf zu existieren und wurde durch zwei miteinander rivalisierende Teilreiche abgelöst.

Stilicho geriet sofort in Konflikt mit Kaiser Arkadius und sah sich gezwungen, dem Ostreich die Provinzen Makedonien und Dakien zu überlassen, so daß seine Macht sich dann ausschließlich auf den westlichen Reichsteil beschränkte. Als der Gotenherrscher Alarich in Illyrien einfiel, kam Stilicho dort eilig mit Truppen zu Hilfe, um das durch die Invasion der Barbaren bedrohte Griechenland zu schützen. Arkadius aber protestierte gegen Stilichos Vorgehen, weil er in Griechenland einen festen Bestandteil des östlichen Reiches sah.

Stilicho setzte konsequent Theodosius' Politik fort, mit den Barbaren einen politischen Ausgleich zu suchen, um sie durch

Bündnisverträge an das römische Imperium zu binden. Im Jahre 400 kam es im Orient zu einem Volksaufstand gegen die barbarische Einmischung, unterstützt von Senesius, dem Bischof von Cyrene, einem strikten Gegner jeder Zusammenarbeit mit den Eindringlingen. Der gotische Heerführer Gainas, *magister utriusque militiae*, nach heutigen Begriffen Generalissimus, wurde seines Kommandos enthoben und aus Konstantinopel vertrieben. Alarich ließ sich einschüchtern und beschloß, seine Kräfte nach Italien umzulenken. Bei Verona brachte Stilicho seinen Vormarsch zum Stehen. Doch verzichtete er darauf, seine Streitmacht zu vernichten, wie er es hätte tun können, denn er hielt den Vormarsch der Barbaren in römisches Gebiet hinein für unvermeidlich. Seine Aufgabe sah er darin, ihn durch eine klug abwägende Politik zu verzögern. Zudem bedrohten bereits andere barbarische Horden das sterbende Imperium, und Stilicho war sich darüber im klaren, daß zur Verteidigung der Reichsgrenzen die militärische Mithilfe der zivilisierteren Barbarenvölker unerläßlich war, zumal sich der personelle Bedarf der römischen Truppen aus der Bevölkerung des Reiches allein nicht mehr decken ließ. Die italischen Truppen reichten weder an Zahl noch an Schlagkraft zur wirksamen Verteidigung der bedrohten Provinzen aus. So versuchte es das Römische Reich in der Person des begabten und einsichtigen Generals bis zuletzt mit einer Politik des *divide et impera, teile und herrsche.*

Stilicho war mit seiner Sicht der Lage keineswegs im Unrecht: hatte man Alarich zum Gegner, so ließ die Überflutung des römischen Reichsgebiets durch barbarische Heere sich schwerlich aufhalten. Alarich selbst, daran war kaum ein Zweifel möglich, würde in Italien einfallen, sobald die römischen Heere es verlassen müßten, um neuen barbarischen Gegnern entgegenzuziehen. So ernannte Stilicho ihn zum Oberbefehlshaber der illyrischen Armeen, damit er selbst freie Hand hätte, den Invasoren zu begegnen.

Tatsächlich fielen im Jahre 405 die Ostgoten in Italien ein und gelangten bis in die Toskana. Stilicho brachte ihnen bei Fiesole eine empfindliche Niederlage bei. Nach den Ostgoten aber brachen am letzten Tag dieses Jahres, am 31. Dezember, Alemannen, Alanen, Vandalen und Burgunder in Italien ein.

Doch Alarichs Ernennung zum Befehlshaber der illyrischen Truppen wurde von Kaiser Honorius nicht ratifiziert, wodurch sich die politische Situation komplizierte. Der Barbar fühlte sich gekränkt, zog sich nach Emona (Ljubljana) zurück und forderte eine Entschädigung (408). Stilicho suchte die Unterstützung des römischen Senats, und mit Mühe erreichte er die Bewilligung von viertausend Pfund Gold.

Doch die Gegner des Generals in Mailand gaben sich nicht geschlagen. Sie bezichtigten Stilicho nun offen, mit den Barbaren unter einer Decke zu stecken. Die italischen Heere, die um Pavia stationiert waren, meuterten gegen ihre Offiziere. Mit knapper Not und nur durch offenkundiges Nachgeben gegenüber den Forderungen der Rebellen entrann Kaiser Honorius dem Tod. Stilichos Söldnertruppen, die um Bologna versammelt waren, boten sich an, auf Pavia zu marschieren, doch der General, der sich an seine Treuepflicht gebunden fühlte, lehnte ab und zog sich zurück. Man ergriff ihn in einer Kirche in Ravenna, wohin er geflüchtet war, und lieferte ihn an Honorius aus. Mit Billigung des Herrschers wurde er am 22. August des Jahres 408 ermordet.

Dies sind in groben Zügen die politischen Ereignisse, die den zeitgeschichtlichen Hintergrund von Augustins pastoraler Tätigkeit als Bischof bis zum genannten Jahr 408 bilden. Es waren die Vorboten der Eroberung Roms durch Alarich und des völligen Zusammenbruchs des Westreiches, der nur wenig später folgen sollte.

Damals – das heißt zu Beginn von Augustins bischöflichem Dienst – machten sich diese dramatischen Ereignisse indirekt auch im prokonsularischen Afrika bemerkbar. Schon für sich allein betrachtet gab die Verwaltung einer Provinz genügend Probleme auf, die zwar einen Teil des römischen Imperiums bildete, aber weit entfernt lag, nur auf dem Seeweg zu erreichen war und deren Bevölkerung niemals ganz vergessen konnte, daß sie eine eigenständige, durch die Gegnerschaft zu Rom geprägte Kultur besaß, die von der römischen Eroberung nur überdeckt wurde. Aber auch ohne solche Reminiszenzen verstärkte die für jedermann erkennbare Schwächung der Zentralmacht die Neigung zu heimlichen Aufständen, die sich gerade deshalb nur schwer unter Kontrolle bringen ließen. So kam es, in einer Mischung von Unabhängigkeitsstreben und Brigantentum, immer wieder zu Einfällen von Eingeborenenstämmen, die an den Rändern des romanisierten Afrika siedelten und unter der Herrschaft einheimischer Duodezfürsten standen.

Der aufsehenerregendste Vorfall dieser Art im Territorium der Provinz Afrika war die Rebellion Gildos im Winter 397–398, die sich schon in den davorliegenden Jahren abgezeichnet hatte. Er sagte sich offen von der Autorität des Honorius und seines Feldherrn Stilicho los und unterstellte sich formal der Herrschaft des oströmischen Kaisers Arkadius und seiner Generäle. Tatsächlich aber lief Gildos Loyalitätserklärung an den weit entfernten byzantinischen Hof auf eine formelle Unabhängigkeit der Provinz Afrika hinaus.

Doch welche Stellung hatte Gildo zuvor in Afrika eingenommen? Er war der Bruder jenes Firmus (und beide, zusammen mit einer ansehnlichen Zahl von Stiefbrüdern, waren Söhne des mauretanischen Fürsten Nubel), der im Jahre 373, gestützt auf eine gutorganisierte Partisanenarmee und begünstigt durch unwegsame Berggegenden, der Zentralregierung der Provinz Afrika erheblich zu schaffen machte. Das änderte sich erst, als der General Theodosius – der Vater des späteren Kaisers gleichen Namens – nach Afrika entsandt wurde, um der Rebellion so oder so ein Ende zu bereiten. Doch als General Theodosius den Leichnam des Firmus fand, der voll Verachtung für den römischen Sieger Selbstmord begangen hatte, war auch sein Ende schon nahe. Nach großen militärischen Mühen, zahllosen Siegen und Triumphen wurde er nun von seinen Gegnern der Grausamkeit angeklagt, und Überlegungen der Staatsräson ließen es angezeigt erscheinen, ihrem Haß nachzugeben. So rief ihn Kaiser Valentian I. nach Karthago zurück, wo er Anfang des Jahres 376 auf Geheiß des Herrschers starb.

Gildo aber beteiligte sich nicht am offenen Widerstand des Bruders gegen die römische Herrschaft, und politische Überlegungen erwiesen sich stärker als die Bande der Blutsverwandtschaft. Während der begabte Taktiker Firmus sich in unauffindbare Felsennester im Gebirge zurückzog und von dort, wenn der Gegner gerade nicht darauf gefaßt war, wirkungsvolle Ausfälle unternahm, schlug Gildo die Verwaltungslaufbahn ein und wurde römischer Beamter. Im Jahre 393 brachte er es unter dem Prokonsul Paternus zum Militärkommissar für die Provinz Afrika, zum *comes* und *magister utriusque militiae per Africam.* In den ersten Jahren von Augustins bischöflichem Dienst wechselten die Prokonsuln in rascher Folge: im Jahr 395 wurde Ennoius ernannt und im darauffolgenden Jahr Herodes. Rom war in jener Zeit argwöhnisch darauf bedacht, über die Provinz Afrika eine möglichst effiziente Kontrolle auszuüben, hing doch von der ungeschmälerten Herrschaft über dieses Gebiet die sichere Getreideversorgung der römischen Bevölkerung ab. Dafür war es erforderlich, daß die Arbeit auf den Feldern ohne Beeinträchtigung vonstatten gehen konnte, die Ernte reichlich ausfiel und die Sicherheit des Seewegs, auf dem das Getreide transportiert wurde, weder durch Piraterie noch durch Schlachten gefährdet wurde.

Als nach Theodosius' Tod das Reich zwischen Arkadius und Honorius geteilt wurde und zwischen ihnen und ihren jeweiligen Militärbefehlshabern (Stilicho im Westen, Rufinus und danach Eutropius im Osten) Streitigkeiten ausbrachen, wagte sich Gildo an die Verwirklichung eines Plans, der ihm zu Theodosius' Lebzeiten undurchführbar erschienen war: Afrika in einen von der römischen Herrschaft unabhängigen Staat umzuwandeln. Er begann damit, durch zahllose Sabotageakte die für Rom bestimmten Getreidetransporte auf andere Routen umzulenken und dafür immer neue Vorwände zu erfinden: unvermeidliche Unterbrechungen der Fahrt, Verschlechterung der Waren und ähnliches.

Während der Jahre 395 bis 397 gestaltete sich die römische Getreideversorgung immer schwieriger. Die Briefe des Stadtpräfekten Symmachus belegen zahlreiche Tumulte in der Hauptstadt selbst, die durch den Mangel an Lebensmitteln hervorgerufen wurden. Der Senat sandte Abordnungen an den Kaiser und bat ihn um Hilfe für die durch die Lebensmittelknappheit vom Tod bedrohte römische Bevölkerung. Senatoren spendeten Getreide für das hungernde Volk. Kaiserliche Dekrete gewährten Schiffsreedern besondere Vergünstigungen. Eines dieser Dekrete ordnete an, daß Getreideschiffe, selbst wenn ungünstige Wetterbedingungen sie an

Afrikas Küste festhielten, in keinem Fall ihrem Zweck entfremdet und zu anderen Zielorten geschickt werden durften.

Schließlich wurde die Situation unerträglich. Stilicho beschloß, die Flucht nach vorn anzutreten und Gildo vom römischen Senat zum «Staatsfeind» erklären zu lassen. Und tatsächlich erklärte der Senat, im Einverständnis mit Kaiser Honorius, Gildo für schuldig an der in Rom herrschenden Hungersnot. Empörung über den Rebellen breitete sich in der Senatsaula aus. Die Proklamation Gildos zum Staatsfeind wurde einstimmig angenommen, während man sich anschickte, den Notstand durch die Zufuhr gallischen und spanischen Getreides zu beheben. Ein Appell an Arkadius, seine Neutralität aufzugeben und sich der Verurteilung Gildos anzuschließen, blieb allerdings ohne Erfolg.

Augustinus, der damals erst seit kurzer Zeit Bischof von Hippo war, wird diese dramatische Situation nicht nur in der Rolle des passiven Zuschauers erlebt haben. Gildo übte seine Macht mit tyrannischer Rücksichtslosigkeit aus. Hinter ihm stand der Bischof von Thamugadi, Optatus, sein Freund und Komplize bei der Verfolgung der Katholiken in der Provinz Afrika. Augustinus nennt ihn seinen «räuberischen Gehilfen, Dieb, Beutemacher, Verräter, Bedrücker, Förderer aller Zwietracht, seinen ersten Gefährten im Verbrechen», und fügt hinzu: «Mit unerträglicher Anmaßung umgab er sich mit Truppen, nicht als hätte er Grund gehabt, irgend jemanden zu fürchten, sondern um anderen Furcht und Schrecken einzuflößen. Bedrücker der Witwen und Mörder unschuldiger Kinder, bereicherte er sich an fremdem Gut, richtete ganze Familien zugrunde, ließ zu eigenem Gewinn den Besitz Unschuldiger verkaufen und betrog die Eigentümer, ihrer Tränen nicht achtend, um den ihnen zustehenden Verkaufspreis» (*Epist. de Pet.* II,53). «Volle zehn Jahre», so schließt Augustin, «seufzte ganz Afrika in den Klauen jenes Optatus, Gildos würdigem Gefolgsmann.»

Zur Niederwerfung der Rebellion entsandte Stilicho an der Spitze eines Heeres einen von Gildos Stiefbrüdern, der als einer von Nubels zahlreichen Söhnen auch einer der Stiefbrüder des Firmus war. Sein Name war Mascezel, und wie ganz Afrika, hatte auch er unter den Grausamkeiten des numidischen Rebellen gelitten. Während der Aufstände des Firmus hatte Mascezel auf dessen Seite gegen die römische Herrschaft gekämpft. Doch nach Firmus' Ende hatte er sich mit Stilicho ausgesöhnt, und zwei seiner jungen Söhne kämpften sogar in der regulären römischen Miliz in Afrika. Er war Katholik und kannte Augustinus persönlich. Beim Ausbruch des neuen Aufstands brach er nach Rom auf, um dort um Hilfe nachzusuchen. Seine Söhne, die in Afrika zurückblieben, ließ Gildo heimtückisch ermorden. So schien Stilicho dieser Mascezel, der das Territorium und die Bevölkerung seiner Heimat kannte, einer kriegserprobten Familie entstammte und Gildo gegenüber persönliche Rachegefühle hegte, der geeignete Mann, um dem Rebellen die Stirn zu bieten. Später eilte er selbst mit stärkeren Truppen seinem Feldherrn zu Hilfe, um auch den letzten Funken des Widerstandes auszutreten. Dies geschah im Winter des Jahres 398, und bereits im darauffolgenden Frühjahr war die Rebellion niedergeschlagen. Der Historiker Orosius, Diözesanpriester und Schüler Augustins, schreibt diesen raschen Erfolg der römischen Expedition göttlicher Hilfe zu.

Mascezel brach vom Hafen in Pisa aus zu seinem militärischen Unternehmen auf. Bevor er aber Richtung Afrika Segel setzte, warf er auf der Insel Capraia die Anker aus. Dort befand sich ein Kloster, dessen Mönche und Vorsteher Eudocius mit Augustinus in Verbindung standen. Und gerade aus diesem Jahr 398 datiert auch ein uns erhaltener Brief Augustins an diese Klostergemeinschaft. Er beginnt mit einem Lobpreis auf den Frieden, den diese genießen, «während wir hier», wie Augustin schreibt, «viele und verschiedene Bedrängnis erdulden». Bevor er in Capraia die Anker lichtete und in See stach, nahm Mascezel einige dieser Mönche an Bord seines mit Soldaten angefüllten Schiffes, und ihrem Fasten und Gebet schrieb er später seinen militärischen Sieg zu. Vielleicht waren unter ihnen auch Eustachius und Andreas, die Augustinus in seinem Brief erwähnt: «Zunächst trug uns Euer Ruf, danach aber die leibliche Anwesenheit der Brüder Eustachius und Andreas, die aus Eurer Heimat hierhergekommen sind, den Wohlgeruch Christi zu, der Eurem heiligmäßigen Wandel entströmt. Von diesen beiden aber ist Eudocius uns in jenen Frieden vorausgegangen, an dessen Ufer sich keine Welle mehr bricht wie an

Eurer Insel. Nun verspürt er keine Sehnsucht mehr nach Capraia, denn er braucht keine Qualen mehr zu erdulden» (*Epist.* XLVIII,4).

Sobald Gildo von der Ankunft der römischen Armeen erfuhr, beeilte er sich, das Gebiet von Karthago zu verlassen und sich von der afrikanischen Küste zurückzuziehen. Er leitete seine Streitkräfte auf das Landesinnere in Richtung Süden, entlang dem Fluß Ardalius, zwischen Ammaedare und Theveste. Dort kam es zur entscheidenden Schlacht. Gildo fiel am 31. Juli des Jahres 398. Mascezel aber blieb nur kurze Zeit, sich seines Sieges und seiner großen Verdienste um Roms afrikanische Herrschaft zu freuen: nach Italien zurückgekehrt, wurde er auf Stilichos Geheiß ermordet.

Es waren damals Zeiten einer allgemeinen Gewalttätigkeit, die auch das Verdienst des Siegers zunichte machte. Fürs erste zog Stilicho den Nutzen aus Mascezels Erfolgen. Afrika widmete ihm ein Epigramm auf dem römischen Forum: «Seiner Kriegskunst und Weisheit verdankt Afrika seine Freiheit.» Noch bezeichnender aber ist ein anderes Epigramm zu Ehren des *Generalissimus.* Die Schiffer des Tiber, die das afrikanische Getreide von Ostia flußaufwärts transportierten, ließen es in Stein hauen. Die Inschrift bringt den Dank des römischen Volks zum Ausdruck und rühmt Stilicho nach, er habe «Rom gestärkt» mit dem guten Weizen Afrikas.

Dies also sind die wichtigsten Ereignisse in der Chronik Afrikas in jenen Tagen. Und für das tägliche Leben der Provinzbewohner bedeuteten sie tatsächlich nicht mehr als Ereignisse einer Chronik. Sie waren Anlaß zum Gespräch, zur Diskussion und zu Fragen der weniger gut Informierten. Und sicher hatte Augustinus, der Bischof von Hippo, der bescheiden im Kloster seiner Stadt lebte, zahllose Fragen seiner Mönche und der Gläubigen zu beantworten: zu den Nachrichten, die übers Meer in die afrikanische Bischofsstadt drangen, und zum Schicksal des Imperiums. Wie in unseren Tagen sprach man voll Unruhe über die allgemeine Situation, die sich vor allem durch zwei Dinge auszeichnete: Gewalt und Banditentum. Augustins berühmte skeptische Bemerkung aus dem *Gottesstaat* beruhte auf einem bitteren Hintergrund täglicher Erfahrung: «Was sind die irdischen Reiche anderes als große Räuberbanden?»

Und es fehlte nicht an warnenden Vorzeichen, die aufmerksamen Beobachtern nicht entgehen konnten; viele hatten große Furcht vor einer endgültigen Katastrophe, wie das Andauern von Gewalt und politischer Wirren sie hervorruft. Doch noch immer mochte es so scheinen, als würde die politische Macht des römischen Imperiums der Herausforderung Herr werden.

Augustinus aber hatte sich wie kaum ein zweiter die Kenntnis der römischen Geschichte zu eigen gemacht. Dabei verstand er Geschichte nicht als ein mühsam zusammenzufügendes Mosaik einzelner Steinchen, sondern als eine innere Abfolge sittlicher Auffassungen, gewissermaßen die Antwort des Menschen auf einen geheimnisvollen Plan, der sein Verständnis übersteigt. Dieser Gedanke, der an Tiefe in der damaligen Zeit ohnegleichen war, sollte Augustinus später zum Leitthema seines bedeutendsten Werkes machen, des *Gottesstaates.*

Den schmächtigen Körper in eine graue Leinentunika mit weiten Ärmeln gehüllt, im Winter mit einem dunklen Kapuzenmantel bekleidet, gewöhnliches Schuhwerk oder Sandalen an den Füßen – so müssen wir uns den mönchischen Bischof vorstellen, wenn er in der *Basilika vom Frieden* predigte oder die basaltgepflasterte Straße entlangging. Doch dieser kleine Bischof erwog in seinem Geist all die Botschaften der Vergangenheit, um so jene Zukunft zu ergründen, die Gottes gewaltiger Plan vorsah.

Eines Tages ging er allein und in Gedanken versunken durch die Straßen. Er kam eben aus dem Mönchskloster, in dem er wohnte, und wollte zur *Basilika vom Frieden.* Da trat ehrfürchtig grüßend sein alter Freund Marcianus auf ihn zu, der noch ein Heide war, doch ein rechtschaffener Mann. Er begann das Gespräch: «Traurige Zeiten, ehrwürdiger Bischof! Wahrhaftig, Terenz hat recht, wenn er sagt: ‹Es sind unsere Tage, die den Gang des menschlichen Daseins verändern.›»

«Aber Änderung tut not, Marcianus! Wir sind nicht mehr die Knaben, die wir einmal waren ... *Die Welt stürzt ein, warum machst du dich nicht auf den Weg?*»

«Was meinst du damit?»

«Die Welt stürzt ein, so wie ein Haus in sich zusammenfällt. Wenn ein Haus in allen Fugen ächzt, dann läuft jeder, der darin wohnte, eilig ins Freie ... Die Welt aber ist so beschaffen, daß sie noch während des Einsturzes zu einem neuen Gleichgewicht findet. Und doch stürzt sie ein! Wer sich darum in die Zukunft retten will, muß sich auf den Weg machen, hinausgehen und vor dem Zusammenbruch fliehen. Im Geist muß er dorthin auswandern, wo allein Sicherheit zu finden ist ...»

«Und wohin?» fragte ihn der Freund.

«Zu Gott, und nirgendwohin sonst! Er allein ist die einzige Sicherheit, die wir haben ... Du hast eben Terenz zitiert, ich antworte dir mit Vergil, mit der Vierten Ekloge: ‹Unter Deiner Lenkung schwindet getilgt, was an Spuren des Frevels / uns noch blieb, und erlöst von ewigem Grauen die Lande ...› Natürlich denke ich dabei an Christus und nicht an den Sohn des Asinius Pollio ...» (vgl. *Epist.* CCLVIII). Er stand eben im Begriff, weiterzusprechen, da hielt er plötzlich ein. Er hatte über die Geschichte Karthagos nachgedacht. Rom und Karthago (gewissermaßen die zwei Supermächte jener Zeit) hatten miteinander um die Vorherrschaft der Welt gerungen. Und Rom hatte gesiegt. Auf die Ruinen der eroberten Stadt hatten die römischen Legionäre ätzendes Salz verstreut, damit nicht einmal mehr Gras und Unkraut auf ihnen wachsen sollten. Hier griff Augustinus den Faden des Gesprächs wieder auf: «Meinst du, Karthagos Zerstörung war für Rom ein Glück?»

«Ich bin nicht sicher, ob es wirklich ein Glück für Rom bedeutete, seinen einzigen Rivalen auszuschalten», erwiderte Marcian. «Solange es noch Karthago gab, erhielt Rom sich stark, aus Furcht vor Karthago ...»

«Eben! Du gibst die Auffassung wieder, die der Historiker Sallust vertreten hat. Er vergleicht die Zerstörung Karthagos mit einem Dammbruch und ist der Meinung, daß eben von da an sich eine Flut von Lastern über Rom ergoß. Die Römer wurden träge und begannen den Luxus, die Macht, den Reichtum zu lieben. Von den Häuptern des Staates aus griff die Korruption auf die einfachen Leute über. Auch Karthago ging moralisch zugrunde, bevor es der Zerstörung verfiel. Seine Magistrate maßen Gold und Silber mit falschen Gewichten, und die führenden Familien des Staates teilten die wichtigen Ämter unter ihren Mitgliedern auf ...»

«So treibt also alles, Augustinus, unaufhaltsam dem Schicksal der Zerstörung und des Todes zu?»

«Nein, im Gegenteil! Alles kann wieder zum Leben erstehen. Die Römer selbst bauten Karthago wieder auf, bald grünten dort wieder Wiesen und Felder, ja, Afrika gab Rom einen seiner Dichter: den im Lateinischen wie Griechischen bewanderten Apuleius! Unter der Herrschaft des Septimius Severus lehrte die Provinz Rom, ihre Besiegerin, die hohe Kunst des Herrschens. Andere und neue Kräfte treten in die Weltgeschichte ein. Wir Katholiken haben Märtyrer wie Perpetua und Felicitas, religiöse Denker wie Tertullian und Cyprian, Dichter und Gelehrte wie Prudentius und Minucius Felix hervorgebracht ...»

«Wie sähe wohl das Schicksal der Welt aus, wenn Rom ganz zugrunde ginge?» fragte Marcianus nachdenklich.

«An uns liegt es zu verhindern, daß es zusammenbricht. Rom ist groß, Rom ist gewaltig! Wir sind Afrikaner, doch sind wir auch Römer. Rom zerstörte Karthago, doch nie war es gleichgültig gegenüber Afrikas Schicksal. Was aber das Schicksal der von Menschen erschaffenen Wirklichkeit betrifft: warum soll sie nicht zugrunde gehen, wenn selbst die Welt, die Gott erschuf, einmal zugrunde gehen wird? Nichts von Menschenhand Erschaffenes währt ewig ... Doch diese Einsicht bedeutet nicht Untergang, sondern Rettung. Scipio Aemilianus weinte auf den Trümmern Karthagos, das er selbst dem Erdboden gleichgemacht hatte. Und dann wandte er sich Polybios zu, der nach dem Grund seiner Trauer fragte – er selbst hat es uns erzählt –, nahm seine Hand und sagte: ‹Dies ist ein Augenblick des Triumphs, Polybius. Doch habe ich Angst und Sorge, daß das gleiche Schicksal eines Tages auch meiner Heimat droht.›»

Augustinus war mit Stolz Afrikaner. Und doch liebte er Rom, vor allem die universale Weite dieser Stadt. Es war, als bedürfe sein eigener Genius der ganzen Weite Roms, seiner Kultur und seiner

Geschichte, um durch diese Wirklichkeit zu seiner vollen menschlichen Größe zu gelangen.

Nach seiner Bekehrung wuchs er nicht mit einem Mal zu dieser Größe heran, auch als Bischof nicht. Er wuchs langsam und stetig – während Rom dem Untergang entgegenging –, eben damit Rom nicht unterginge. Und doch war Afrika der notwendige *humus* seines Geistes, so wie es der afrikanische Boden gewesen war, auf dem sein irdisches Leben seinen Anfang nahm. Gewiß, wo immer er auch sonst geboren wäre, hätte das Schicksal ihn zur Größe bestimmt. Doch wäre er woanders als in Afrika zur Welt gekommen, er wäre nicht zu dieser Größe aufgestiegen.

DIE MÜHSAL DES HIRTEN

Am 4. April des Jahres 397 starb in Mailand, im Alter von siebenundfünfzig Jahren, der große Bischof Ambrosius.

Die Geschwindigkeit, mit der sich in unserer durch die Massenmedien geprägten Zeit Neuigkeiten ausbreiten – fast gleichzeitig mit den Ereignissen selbst – führt uns leicht zu irrigen Vorstellungen hinsichtlich des langen Zeitraums, den in der Antike eine Nachricht zu ihrer Verbreitung benötigte. Andererseits überrascht uns noch heute die Schnelligkeit, mit der damals manche wichtigen Neuigkeiten von einem Ende des Imperiums zum anderen gelangten. Zweifellos erfuhr Augustinus sehr rasch vom Tod des vierzehn Jahre älteren Ambrosius und von Simplicians Nachfolge auf dem Mailänder Bischofsstuhl.

Er empfand tiefen Schmerz über diesen Tod, der Ambrosius der Kirche auf Erden entriß, einen Mann von so außerordentlicher Tugend und Weitsicht. Wieder und wieder – weit über einhundert Male – führt Augustin Ambrosius' Namen in seinen Schriften an, begleitet von Adjektiven wie *beatus* (selig), *sanctus* (heilig), *noster* (unser). Er verkörperte für ihn das Ideal eines vorbildlichen Bischofs.

Ambrosius' Nachfolger Simplicianus, älter an Jahren als sein verstorbener Vorgänger, der Lehrer und geistliche Führer des jungen afrikanischen Rhetors Augustinus zur Zeit seiner inneren Krise im Jahre 385, erinnerte sich mit großer Hochschätzung an

Augustinus, der nun selber Bischof war, und bat ihn um Rat in schwierigen Fragen der Schriftauslegung.

Augustinus sandte ihm seine Antworten und bat ihn zugleich: «Gib Dich bitte nicht damit zufrieden, nur zu lesen, sondern berichtige meine Irrtümer in dem, was Du in väterlicher Güte meiner Unwissenheit zur Lösung vorgelegt hast. Halte es ebenso mit all meinen anderen Schriften, die Du zu Gesicht bekommst. Denn in allem, was ich schreibe, steht mir die Güte Gottes vor Augen, aber auch das Übermaß dessen, was ich noch nicht recht weiß» (*De diversis quaestionibus ad Simplicianum* 1,2).

Von seiner Beziehung zu Ambrosius, von jener festlichen Tauffeier in der Osternacht des Jahres 387, schweigt Augustin ... Lag es an der angeborenen Distanz des Ambrosius, der allen gleich liebevoll begegnete und zeitlebens geschworener Feind überflüssiger Formalitäten war (vgl. *De officiis ministrorum* I,67; II,103–107.109)? In einem seiner Briefe hatte er zum rechten Verhalten der Diener der Kirche bemerkt: «Eines Priesters unwürdig ist geziertes und um Gefallen buhlendes Betragen ... Die hohe Würde des priesterlichen Amtes verlangt innere Ruhe, Nüchternheit und Lebensernst, kurz, eine besondere Art von Würde» (*Epist.* XXVIII,2).

Und so brauchen wir es nicht einmal zu beklagen, daß kein schriftliches Zeugnis, und sei es auch nur ein Brief, von einer Freundschaft dieser beiden großen Bischöfe erhalten geblieben ist. Denn wie Elija dem Elischa, so hinterließ Ambrosius Augustinus seinen prophetischen Geist.

Die folgenden Jahre stellten in Augustins Leben eine Zeit intensiven Schaffens dar. Hatten von Anfang an Einsatz und Eifer seinen priesterlichen Dienst ausgezeichnet, so gab ihm nun die bischöfliche Weihe noch größere Verantwortung und einen weiteren Aufgabenkreis.

Seine schriftliche Produktion dieser Zeit war überaus reichhaltig. Außer den *Abhandlungen an Simplicianus* verfaßte er damals *Über den Nutzen des Glaubens*, *Über die zwei Seelen*, *Akten der Kontroverse mit dem Manichäer Fortunatus*, *Über den wörtlichen Sinn der Genesis* (eine unvollendete Schrift, an der er bis zum

Jahre 427 arbeitete), *Über die Bergpredigt des Herrn*, die *Rede gegen die Häresie des Donatus* sowie eine andere Schrift, betitelt *Gegen den Brief des Parmenian*, *Gegen Adimantus*, die *Erklärung einiger Fragen aus dem Römerbrief*, *Erklärungen des Galaterbriefes*, den Beginn eines Kommentars zum Römerbrief, *Gegen die Lüge*, *Über die Genesis gegen die Manichäer*, *Über den christlichen Kampf*, *Über die christliche Lehre*. Schon die bloße Aufzählung dieser Titel läßt erahnen, welche Sachkenntnis auf theologischem und exegetischem Gebiet Augustinus sich inzwischen erworben hatte und mit welcher Beweglichkeit er den Glauben gegen jeden Angriff zu schützen suchte.

Außerdem nahm er an öffentlichen Streitgesprächen teil, hielt Predigten, schrieb Briefe, fuhr zu den afrikanischen Provinzialsynoden jener Zeit, reiste von Hippo aus nach Tagaste, Mutugenna (das nicht weit von Hippo entfernt liegt), Thubursicu in Numidien, Karthago, Cyrta. Seine Briefe enthalten manches reizvolle Detail seiner Reisen – reizvoll freilich nur für uns heute, nicht für Augustinus, der unter der Mühsal der Reisen litt.

Mutugenna war ein Marktflecken, der in einer Gegend lag, wo die Donatisten ihre Ideen mit besonderer Beharrlichkeit verfochten. Sie gingen so weit, alle Katholiken, die zu ihrem Schisma übertraten, erneut zu taufen. Denn die Taufe, die ein katholischer Geistlicher vollzog, schien ihnen unwirksam. Die Kirche wiederum sah schon in dieser Wiederholung der Taufe, und nicht allein im Übertritt zu einer schismatischen Sekte, den Tatbestand des Sakrilegs. Doch liegt es in der Natur der Dinge, daß die Anwesenheit eines prominenten katholischen Bischofs die Infiltrationsbemühungen der Gegenseite zunächst nur verschärfen mußte.

Es trat nun der Fall ein, daß ein katholischer Diakon, der sich den Reihen der Donatisten angeschlossen hatte, sich deren Ritus der Wiedertaufe unterzog. In aller Regel zeigte sich der donatistische Bischof von Mutugenna, Maximus mit Namen, recht konziliant und vermied es, die Katholiken durch die Praxis der Wiedertaufe zu provozieren. So mochte Augustinus, als er von dem Vorfall erfuhr, zunächst nicht an die Wahrheit des Berichtes glauben, denn er achtete die Persönlichkeit des besagten Bischofs. Um nun genau in Erfahrung zu bringen, was eigentlich vorgefallen war, bestieg Augustinus sein Maultier und begab sich selbst nach Mutugenna. Der Diakon, um den es sich handelte, hielt sich zwar versteckt und ließ sich vor dem Bischof nicht blicken. Doch sprach Augustinus mit seinen Eltern, und die bestätigten ihm, ihr Sohn sei nun Diakon der donatistischen Gegenkirche. Augustinus konnte sich nicht vorstellen, daß der Mann sich habe wiedertaufen lassen. Er wollte etwas Derartiges nicht glauben, ehe nicht Maximus, den er für einen aufrichtigen Menschen hielt, es ihm persönlich bestätigt hätte. So kehrte er nach Hause zurück und verfaßte einen abgewogenen Brief an Maximus, in dem er bei aller Hochschätzung für die Persönlichkeit des Adressaten um eine Klarstellung des Vorgangs unter vier Augen bat.

Dieser Brief (*Epist.* XXIII) bezeichnet den Beginn seines langjährigen und leidenschaftlichen Ringens, die Donatisten zur Einheit des katholischen Glaubens zurückzuführen.

Nie verlor Augustinus jene unbefriedete Gegend aus dem Auge, die zu seinem Bistum gehörte. Später scheuten die Donatisten sich nicht einmal, sogar zu brutaler Gewalt zu greifen – in den sogenannten *circumcilliones*, kriminellen Akten, die den Verbrechen heutiger Terroristen vergleichbar sind. Schließlich schritt die römische Staatsmacht mit Polizeigewalt ein, um die Ordnung wiederherzustellen.

Wie um spätere Zeiten einer leidenschaftlichen und oft grausamen Auseinandersetzung vorwegzunehmen, sei noch an einen anderen Vorfall erinnert, der sich ebenfalls in Mutugenna zutrug. Zwei aufrührerische Priester mußten mit sanftem Druck zur Glaubensdisziplin zurückbefördert werden. Einer der beiden nannte sich Donatus. Augustinus schickte zwei ausgezeichnete Reittiere nach Mutugenna. Ein anonymer Autor jener Zeit, ein Kaufmann und daher in den Schwierigkeiten des Reisens erfahren, bezeugt uns, daß es damals in Numidien hervorragende Maultiere gab. Die Beförderung zu Pferd hingegen galt als Luxus, und wer damals auf einem Pferd ritt, erweckte ungefähr denselben Eindruck wie heutzutage ein Prälat in einem Rolls Royce. Wie auch immer, der eine der beiden Geistlichen gehorchte und ließ sich bequem nach Hippo tragen. Donatus aber stolperte auf eigenen Füßen noch widerwilliger als ein Maultier voran. Zuvor schon hatte er – nur um sich der geistlichen Disziplin und der Weisung seines Oberhirten zu entziehen – sich in einen tiefen Brunnen fallen lassen, und um ein Haar wäre er darin ertrunken, hätte man ihn nicht mit Mühe und Not herausgezogen. Schließlich tat er doch so, als gäbe er sich geschlagen, und schwang sich in den Sattel. Sei es nun aus bewußter Sabotage, sei es aus wirklichem Ungeschick – in jener Zeit war der Gebrauch von Sätteln noch weitgehend unüblich –, landete er auf dem Boden, denn sein Reittier, offenbar über seinen Widerwillen und sein tölpelhaftes Betragen entsetzt, warf ihn ab. Er fiel wie ein Sack zu Boden und brach sich ein Bein. Und mit seinem gebrochenen Bein beschäftigte sich nun Augustinus.

Er tat es in Form eines Briefes, in dem er ihn ermahnt, sein Unrecht einzusehen. Unter anderem heißt es darin: «Hast Du Dich verletzt, so ist es ohne Zweifel Deine Schuld. Das Reittier, das man Dir schickte, hast Du zurückgewiesen und zogst Dir selbst Verletzungen zu, indem Du Dich mit Absicht zur Erde warfst. Dein Mitbruder kam ja völlig unverletzt hier an ... Sodann beklagst Du Dich, man treibe Dich an zum Heil: doch habt Ihr beide zur Zeit Eures Irrtums nicht unzählige Gläubige mutwillig ins Verderben gerissen? Zudem werden viele – um Dir ein Beispiel zu geben – förmlich gezwungen, gegen ihren Willen die bischöfliche Würde anzunehmen: mit Gewalt werden sie fortgerissen, eingeschlossen, wo kein Entkommen möglich ist, und solchem Zwang unterworfen, daß sie zuletzt klein beigeben und annehmen ...» (*Epist.* CLXXIII,1,2). Allem Anschein nach redet Augustinus hier von seinem eigenen Schicksal. Sein Einsatz trug übrigens unerwartete Früchte: der donatistische Bischof von Mutugenna kehrte zur katholischen Kirche zurück und behielt seine bischöfliche Würde. Später, nach der Zusammenkunft von Karthago im Jahre 411, wurden beide Bischofsämter in Mutugenna wieder zu einem zusammengefaßt.

Inzwischen hatte Augustinus sein Kloster in Hippo verlassen und war ins Bischofshaus umgezogen, wo er aber zusammen mit den Geistlichen seines Presbyteriums nach einer bestimmten Regel lebte. Zu Beginn ging er vielleicht etwas unbesonnen vor, indem er seinem gesamten Klerus die Verpflichtung zur gemeinsamen Lebensweise auferlegte. Später sollte er sich überzeugen, daß ohne freiwillige Entscheidung zur Gemeinschaft schwere Konflikte entstehen konnten, und überließ es fortan jedem seiner Priester selbst, ob er sich der Gemeinschaft anschließen wollte oder nicht.

Der Grund für die Übersiedlung war, daß ihn die Gläubigen seines Bistums unaufhörlich mit ihren Angelegenheiten und Fragen bedrängten und er den Frieden seiner Mitbrüder nicht länger stören wollte. Andererseits wollte er sich auch nicht seinen bischöflichen Verpflichtungen gegenüber seinen Diözesanen entziehen.

So zahlreiche körperliche Anstrengungen und eine solche Flut von Verpflichtungen müssen zwangsläufig die Gesundheit eines Mannes von nicht übermäßig robuster Konstitution in Mitleidenschaft ziehen, auch wenn er mit vierundvierzig Jahren noch relativ jung ist. So sah sich Augustinus auf einmal ans Bett gefesselt. Mehr als eine Krankheit im gewöhnlichen Sinn, war es die dauernde Qual niemals ruhender Verpflichtungen, die ihn niederwarf. Von seinem Lager aus wandte er sich in einem Brief an den Bischof von Calama, Profuturus, einen sehr vertrauten Freund, den Augustinus an anderer Stelle sein *alter ego* nannte. Er schrieb ihm wahrscheinlich in den ersten Monaten des Jahres 397: «Es geht mir gut, was den Geist, nicht aber, was den Körper angeht. Ich liege im Bett. Denn wegen der Hämorrhoiden, die mich so sehr plagen, kann ich weder gehen noch sitzen oder stehen ... Ich befehle meine Tage Deiner Fürsprache im Gebet. Bitte für mich, damit ich mich nicht von der Ungeduld übermannen lasse, sondern mich in den langen Nächten in Gottes Willen ergebe» (*Epist.* XXXVIII,1).

Es handelte sich demnach um das typische Leiden, das so häufig aus einer sitzenden Lebensweise folgt. Denn zweifellos mußte Augustinus den größten Teil seiner Zeit sitzend zubringen: saß er nicht in seiner Kammer und schrieb, so saß er auf dem Rücken eines Maultiers, das ihn von einer Station seiner pastoralen Reisen zur nächsten beförderte. Und gerade diese Körperhaltung war es wohl, welche die Beschwerden hervorrief, auf die er in seinem Brief Bezug nimmt.

Aber vielleicht war es gerade während dieser erzwungenen Muße – in einer Nacht, da er keinen Schlaf fand, weil die sonst so geregelte Tagesbeschäftigung fehlte –, daß er erstmals daran dachte, ein ganz eigenes, höchst freimütiges und persönliches

Werk zu schaffen. Er begann über seine Bekenntnisse nachzudenken, die *Confessiones.* Ein Buch, das sich nicht in wenigen Worten zusammenfassen läßt: eines der meistgelesenen Werke der klassischen antiken Literatur und das meistgelesene Werk christlicher Spiritualität – ein *Bestseller* bis zum heutigen Tage.

So kann das Ziel einer Augustinus-Biographie nur sein, den Leser dazu zu ermuntern, sich in diese bewegende Lebensbeichte zu versenken, die der nachdenklichste aller reuigen Sünder, von denen die christliche Geschichte weiß, zugleich an Gott und an seine Brüder richtet, an die Menschen auf der ganzen Erde. In ihr verwandelt er sein Generalthema der menschlichen Schuld in eine gewaltige Komposition, deren Leitmotiv die geheimnisvolle Wechselbeziehung von menschlichem Elend und göttlicher Gnade bildet, von *miseria* und *misericordia.*

Für Augustinus trägt jeder Mensch einen Abgrund in sich. Mit diesem Buch öffnet er eine Bresche, um in diesen Abgrund vorzudringen. Dabei führt er jeden bei der Hand, der ihm dahin folgen will. Wie bei der Erforschung mancher berühmter Grotten im Innern der Erde glaubt man, eine tiefe Höhle zu durchwandern, so daß einen schon Furcht ergreift, wenn plötzlich ein geheimnisvoller Strahl alles in helles Licht taucht und ein Meer von Formen und Mustern enthüllt, die eine geheimnisvolle Hand vor Jahrhunderten wob. So auch ist das Innere des Autors der *Confessiones.* Und so weckt er zuletzt in uns die Hoffnung, daß dank Gottes unendlicher Gnade auch unser eigenes Innere einer solchen Höhle gleichen könne, die ähnliche Schätze birgt, und sich das Geheimnis unseres Selbst im Lichte einer alleserschaffenden Gnade offenbart.

Mehr als bei jedem anderen Buch stellt sich im Fall der *Confessiones* die Frage nach dem Grund, der den Verfasser zur Niederschrift bewog. Gewiß nicht der erzählerische Reiz, der so viele Autobiographien ausmacht und doch alles andere ist als Biographie. Nicht das Bedürfnis nach der Erinnerung oder nach einem Testament, das alles andere ist als ein geistliches Testament. Und auch religiöse Erbauung, die im strengen Sinn des Wortes alles andere als erbaulich ist. Der Beweis dafür ist, daß dieses Werk, das wie kein anderes von der Hand Augustins auch Menschen von ausgesprochen unkirchlicher Denkweise anzog, weder literarische Vorläufer kennt noch zu Nachahmungen anregte.

Unserer Überzeugung nach lag der tiefere Grund für die Entstehung der *Confessiones* nicht allein in dem inneren Bedürfnis, die eigene Schuld zu bekennen, sondern vor allem darin, daß Augustinus in jenem Lebensabschnitt Angst vor seiner eigenen Person empfand. Tiefe Demut rang mit subtilem Stolz. Und gerade die Demut, die ihn zum Schweigen veranlassen mochte, drängte ihn im Gegenteil, zu reden und in seinem Selbstbericht die Fülle der Erbarmungen Gottes zu bekennen, die gerade in seiner Schwäche offenbar wurde: «Herr, Du bist das Erbarmen, ich bin die Erbärmlichkeit.»

Bei jeder Schrift, die Augustinus in Angriff nahm, beriet er sich zuvor mit einem weisen Mitglied seiner Klostergemeinschaft. Diesmal suchte er Rat im vertrauten Gespräch mit seinem Freund und Mitbruder im Bischofsamt, Alypius. Ihm legte er dar, was ihn beunruhigte und ihn trieb, dieses Buch zu schreiben.

«Wie kann ich mich Gott dankbar zeigen, Alypius?»

«Du bist es bereits, Augustinus! Du bist es mit deinem aufrichtigen Eifer für die Kirche Gottes, mit deinem Gebet, deiner Liebe zu deinen Mitmenschen, selbst zu deinen Feinden. Gib acht auf deine Gesundheit. Du siehst schwächer aus als bei unserer letzten Begegnung. Denk immer daran, wie wichtig für die Kirche deine Arbeit ist, gerade heute. Paulinus von Nola schrieb mir eben – er möchte mehr erfahren über deine Beziehung zu Ambrosius und auch über dich selbst, über dein Leben.»

«Fängst jetzt auch du an, mir zu schmeicheln? Nein, Alypius! Ich wollte dich fragen, wie ich mich Gott dankbar erweisen kann. Ich fühle in mir die Wirkungen seines Erbarmens, und seine Gnade überwältigt mich. Durch das Lob der Menschen fühle ich mich wie vernichtet, und doch umgibt mich Lob von allen Seiten ...»

«Ich habe bereits deine Schriften gegen die Manichäer an Paulinus gesandt. Und auch Hieronymus ...»

«Hieronymus, vielleicht ... Zu ihm fühle ich mich hingezogen. Hieronymus ist jemand, der einen fest am Zügel führt: ich weiß nicht, ob auch die andern, gewiß aber mich. Er ist ein Freund, wie er mir gefällt, mehr noch, ein Lehrer, dem ich mich mit Freuden unterwerfe, gerade weil er stets anderer Meinung ist als ich.»

«Gewiß, Hieronymus ist ein gewaltiger Mann. Aber warum fürchtest du so sehr, daß andere dich loben? Du hast ja auch manches Schwere zu erdulden. Und nun bist du Bischof. Willst du etwa, daß man den Bischof verhöhnt oder beleidigt? Ich will nicht das Lob der Menge wiederholen – zu Recht macht es dich ungehalten –, doch ich kenne dich, Augustinus. Die Gaben zu leugnen, die Gott dir verlieh, wäre zwecklos. Außerdem gebrauchst du sie ja zum Heil seiner Kirche. Und nun laß dir sagen, daß ich noch nie, selbst nicht in der Zeit vor deiner Bekehrung, an dir Stolz wahrgenommen habe . . .»

«Stolz, Alypius? Erinnere dich, was ich in meiner Mönchsregel schrieb: ‹Alle anderen Laster verleiten zu schlechtem Tun, der Stolz aber verdirbt selbst das wenige Gute, das wir wirken können.› Und warum sage ich es allen andern, mit welchem Recht? Weil ich es wahrnahm an mir selbst . . .»

Einen Augenblick herrschte Schweigen in Augustins Kammer. Dann nahm er wieder das Wort und sagte: «Ich weiß wohl, Demut und Wahrheit sind nicht zu trennen, und so hat niemand das Recht, aus falscher Frömmigkeit die Gaben zu verleugnen, die Gott ihm verlieh. Diese Art Frömmigkeit brächte ihm keinen Gewinn. Denn Gott selbst ist es ja, der sie ihm gab. Doch stets empfinde ich in mir, was ich an jenem Morgen fühlte, im Garten unseres Hauses in Mailand – erinnerst du dich? Eine geheimnisvolle, gute Kraft hat mich ergriffen und mich verwandelt, aus einer Kloake in einen Palast. Und diese gute Kraft besitzt für mich heute ein Antlitz, das ich kenne: das Antlitz meines Gottes. Sieh, ich bin besorgt und will nicht, daß bei Freund oder Feind je in Vergessenheit gerät, wer ich früher gewesen bin, mit allen meinen Fehlern. Denn ohne die Gnade, die Gott mir verleiht, bin ich machtlos! Ganz und gar machtlos! Auch in dieser Bedrängnis steht Gott mir bei, und ich glaube zu wissen, was sein Wille mir befiehlt: ihm noch einmal meine Sünden zu bekennen, diesmal mit der Feder! Ich fühle in mir das Bedürfnis nach einer umfassenden Beichte, Alypius! Und nach der Wahrheit meines armseligen Seins . . .»

«Es wäre ein Geschenk und ein Glück für deine Mitmenschen, Augustinus! Jetzt bin ich auch deiner Meinung: grabe, grabe so tief, als deine Demut zuläßt, und errichte ein Denkmal der Gnade, die dich erlöst hat.»

Und so kam es, daß Augustinus die Abende bis tief in die Nacht an seinem Schreibpult verbrachte, wo wir ihm in einer Nacht zwischen dem Jahr 398 und 400 zu Beginn dieser Erzählung begegneten, um sein *carmen saeculare* zu vollenden: seinen Lobgesang auf Gottes Erbarmen, niedergeschrieben an der Schwelle jenes fünften Jahrhunderts, das dazu bestimmt war, neue Völker von allen Enden Europas zu verschmelzen, zur Erneuerung der Zivilisation.

Augustins Scharfsinn erkannte durchaus den menschlichen und geistigen Wert, den diese Schrift besaß: «Die dreizehn Bücher meiner *Confessiones* loben in meiner Schwäche und in allem Guten, das Er mir verlieh, den gerechten und gütigen Gott und erheben zu Ihm Herz und Sinn. So jedenfalls erging und ergeht es mir, während ich es schrieb und sooft ich es lese. Den andern (...) aber sei das Urteil über meine Schrift überlassen. Doch weiß ich, daß sie vielen meiner Brüder gefiel und noch gefällt» (*Retractationes* II,6).

Es gibt große Autoren, die der Nachwelt nichts hinterließen als ein einziges, vollkommenes Werk. Und hätte Augustinus nichts anderes geschrieben als die *Confessiones* – allein darum würde er heute zu den Großen zählen.

DER UNIVERSALE CHRISTUS

Possidius, der Bischof von Calama und ein Schüler Augustins, hat uns eine kurze Lebensbeschreibung seines Lehrers hinterlassen, schlicht, aber wahrheitsgetreu.

Er sah darin bereits voraus, daß Augustinus vor allem in seinen Schriften für die Nachwelt leben würde. Und wie zum Beweis führt er die Verse an, die ein profaner Literat jener Zeit sich für seinen Grabstein an einer öffentlichen Straße wünschte: «Willst du erfahren, Wanderer, wie dieser Dichter / der hier ruht, obgleich gestorben, doch weiterlebt? / Wenn du mich liest, dann rede ich zu dir: du leihst mir deine Stimme . . .» An gleicher Stelle fügt er hinzu: «Doch denke ich, daß noch größeren Gewinn aus seinem Wirken jene zogen, die ihn mit eigenen Augen in der Kirche sahen, die ihn dort predigen hörten, besonders aber all jene, die unter den Menschen zu Zeugen seines Lebens und seiner Tugenden wurden. Denn er war einer von denen, über die es heißt: so sollt ihr leben, und so sollt ihr reden!» (*Vita Augustini* XXXI).

Tatsächlich empfanden die Bewohner von Hippo eine große Leere, wenn ihr Bischof sie aus seelsorgerischen Gründen für einige Zeit verlassen mußte und vielleicht für Monate seine Stimme nicht mehr in seiner Basilika erklang. Doch war Augustinus an seinem Bischofssitz, so war er für jedermann zu sprechen, und die Gläubigen sahen ihn am Altar seiner Basilika zelebrieren oder hörten ihm zu, wie er vom Bischofsstuhl zu ihnen sprach.

Schon als Augustinus noch einfacher Priester war, ließ sein Vorgänger Valerius ihm in allen Dingen freie Hand. Seit er aber mit bischöflicher Vollmacht seine Diözese leitete, kannte er nur ein Ziel: zielstrebig eine Ortskirche nach dem Vorbild jener Gottesstadt zu formen, deren Ort die Ewigkeit selber ist. Seine ganze Anstrengung galt der Aufgabe, durch sein Wort den Fischern von Hippo und allen, die es erreichen mochte, die Botschaft Christi zu verkünden und mit seinen Schriften allen Menschen, Zeitgenossen und Nachgeborenen, Anhängern, Gegnern und Gleichgültigen seine Vorstellung von der Kirche deutlich zu machen.

Er hatte eine sehr eigenständige und kühne Vorstellung von der Kirche, gerade auch im Vergleich mit anderen Entwürfen. Sie kannte weder eine privilegierte Kaste noch einen moralischen und dogmatischen Puritanismus oder historisch-theologischen Integralismus. Geht man seinen Gedanken auf den Grund, so wird deutlich, daß für ihn wahre Humanität an die Kirche gebunden ist, ohne die sie nicht zur vollen Entfaltung gelangt.

Offenkundig ist nach Augustins Vorstellung der *Glaube* ein *Geschenk Gottes*, das nur er allein geben kann.

Und zugleich wird deutlich, wie dieser Glaube selbst an die Vernunft anknüpft – Vernunft nicht allein verstanden als redliche Bemühung des Denkens, sondern auch als grundsätzliche Offenheit des Herzens für Gottes Anruf. So geraten Geist und Herz nicht in Widerspruch zueinander, sondern bereiten gemeinsam jenen Boden des Menschlichen, auf den Gott seine Gabe ausstreut: ein Saatkorn, das gepflegt werden muß, um zu reifen.

Dieses Saatkorn aber wird zum Träger von *Wahrheit*, *Schönheit*, *Liebe* und zu deren letzter Reife und Erfüllung, die in der beseligenden Gemeinschaft mit Gott, der *fructio Dei* besteht und erst in der himmlischen Gottesstadt zur Vollendung gelangt. Dennoch kann sie schon hier auf Erden erfahren werden, auch wenn sie stets den Wechselfällen des Reifeprozesses unterworfen bleibt.

So enthüllt uns Augustins Denken eine wahre Leidenschaft für die *Menschheit* als pilgerndes Gottesvolk: als *Kirche*.

In gewisser Weise umfaßt in seiner Vorstellung Christus die ganze Menschheit. Und in der Kirche vereinen sich Wahrheit, Liebe und Glückseligkeit. Diese Kirche aber ist wahrhaft und eigentlich *katholisch*, universal in Raum und Zeit, sie schließt die ganze Menschheit ein, jeden einzelnen Menschen. Ihre eigentliche Gemeinschaft bleibt dabei vor den Augen der Welt verborgen: «Viele scheinen Kirche, und sind es in Wahrheit nicht; andere scheinen draußen, und sind in Wahrheit im Innern.» Über eines freilich darf man sich nicht täuschen: es ist die Kirche – Gottes Himmel, der sich im Meer unserer irdisch-geschichtlichen Existenz widerspiegelt –, in der Augustinus Gottes wahres Antlitz und die herrliche Gestalt Christi entdeckt, der durch seine Fleischwerdung dem Menschen neue Würde verlieh.

So ersteht in Augustins Denken Platon von neuem und gelangt in ihm zur Vollendung. Um es mit einem Bild zu sagen: Stellt für Platon alle irdische Wirklichkeit nur eine Ahnung, ein Abbild der wahren Wirklichkeit der Ideen dar, so ist für Augustinus die Welt Abbild eines *himmlischen Jerusalem.*

So macht er schließlich die Entdeckung eines Gottes, der nicht aus feinster Materie, gewissermaßen aus Goldatomen besteht wie der Gott der Manichäer, auch nicht aus strahlendem, unfaßbarem Licht. Augustins Gott offenbart sich vielmehr als Person und Geist zugleich. Dieser Gott teilt sein Wort den Menschen mit, die er liebt und von denen er wiedergeliebt werden will: «Was bist Du mir? Erbarme Dich meiner, damit ich davon reden kann! Was bin ich Dir aber selbst, daß Du von mir geliebt zu werden verlangst und, wenn ich es unterlasse, mir zürnst und mit unendlichen Qualen drohst? Ist es nicht allein schon eine große Pein, Dich nicht zu lieben? Wehe mir! Sage mir doch bei Deiner Barmherzigkeit, o Herr, mein Gott, was Du mir bist?» (*Conf.* I,5,5).

Dies also war das grundlegende Bild der Kirche, das Augustinus seiner Gemeinde vermittelte, wenn er in der *Basilika vom Frieden* predigte. Aus dieser Vorstellung sollte er alles entfalten: seine mystische Erfahrung, seine theologischen und geschichtlichen Gedanken, seine Erklärungen zu den Artikeln des Glaubensbekenntnisses und schließlich die leidenschaftliche Verteidigung der geistlichen und sichtbaren Einheit jenes geheimnisvollen Leibes, der die Kirche ist und dessen Einheit Christus selber durch sein Blut und Leiden stiftet, so wie die Glieder eines Leibes vom Haupt her ihr Leben empfangen. Von der Warte dieser *einen, katholischen*

Kirche aus beklagt und heilt er mit unendlicher Liebe, die geboren ist aus Geduld und Verstehen, die Risse in seiner Kirche, richtet sie mit Tadel und Bitten. Wir können darum sagen, daß nicht allein Augustins unmittelbare katechetische Glaubensunterweisung, sondern sein gesamtes theologisches Denken von diesem Bild der Kirche ausgeht: als von Gott bewirkte menschliche Gemeinschaft, die am Ende der Zeit ihre glanzvolle Verherrlichung im Himmel erwartet.

Alles, was Augustinus gewirkt hat – in der Verwaltung, in seinen Predigten, in öffentlichen Disputen, in seinen Schriften, auf Reisen, in seinem Bemühen um Einigung zwischen katholischen Gläubigen und vom Glauben abgefallenen Mitbrüdern – all das hat er getan, um diese Kirche aufzubauen.

Possidius überliefert auch, daß Augustins Klostergründungen sich gewissermaßen zu Seminaren entwickelten, aus denen die Diözesen der Provinz Afrika in Moral und Lehre gefestigte Priester erhalten sollten. Auch manche Geistliche wuchsen dort heran, die später als Bischöfe verschiedene Ortskirchen leiteten (vgl. *Vita Augustini* XI). Augustinus legte Wert darauf, daß die Auswahl der Weihekandidaten mit der breitesten Zustimmung des gläubigen Volkes getroffen wurde, abgesehen von der Ernennung solcher Bischöfe, die über allem menschlichen Lob stünden (vgl. *Vita Augustini* XXI).

Alypius von Tagaste, Euvodius von Uzala, Profuturus von Cirta und sein Nachfolger Fortunatus, Severus von Milevi, Possidius von Calama, Urbanus von Sicca, Pellegrinus, ganz zu schweigen von Heraklius, seinem Nachfolger auf dem Stuhl von Hippo: alle diese Bischöfe waren aus Augustins Mönchsgemeinschaften hervorgegangen. So konnte er sich auf eine ganze Schar von Mitbrüdern im Bischofsamt verlassen, die mit seinem Denken und seiner Auffassung von Seelsorge großgeworden waren.

Betreten wir nun im Geist die *Basilika vom Frieden*, Augustins Bischofskirche in Hippo. Dort erläuterte er das Wesen der Kirche: ein Thema, das seine Wirkung auf die Zuhörer nicht verfehlen konnte. Denn in Hippo gab es damals eine ziemlich aggressive donatistische Gemeinde mit einem eigenen Gegenbischof. Auch sie war eine Kirche, die sich auf Christus berief, und Augustinus selbst wies immer wieder darauf hin. Ihrem Betragen nach waren sie zänkisch, kleinlich, hochfahrend und streitsüchtig. Ihr Fanatismus zwang sie dazu, unaufhörlich zu sprechen und zu streiten, so daß er schließlich auch bei Hippos Katholiken Wirkung zeigte. Eine bedrohliche Kirchturmpolitik, die bald die öffentliche Ordnung in Frage stellte. Es war keine Seltenheit, daß auf Plätzen, Straßen oder in den Schenken der Stadt religiöse Streitereien entstanden und ein Katholik sich fragen lassen mußte: «Welchen Unfug hat euer unseliger Bischof letzten Sonntag wieder in der Kirche erzählt?» Doch nicht nur aus Glaubensüberzeugung geriet die Bevölkerung in Aufruhr und ereiferte sich. Zu allen Zeiten haben hitzige Debatten, polemische Auseinandersetzungen und geistreiche Wortwechsel ein Schauspiel geboten, das das Volk bereitwillig genießt.

Natürlich gab es in Hippo auch ein Amphitheater mit Zirkusspielen, das stark besucht wurde. Augustinus bemerkte dazu: «Welch große Menschenmenge füllt heute die Kirche! Die Mauern scheinen zu bersten, fast droht man zu ersticken! Und doch: draußen strömt alles zum Amphitheater . . .» (*Enarratio in Psalmos* XXX,2). Fand jedoch ein öffentliches Streitgespräch statt und begegneten sich Bischof und Gegenbischof Auge in Auge, so blieb das Amphitheater leer.

Eine Kathedrale, eine gewaltige Menschenmenge . . . Und am Ambo, dem Pult an den Stufen des Presbyteriums, der Bischof, gehüllt in seinen weiten Umhang. Seine Stimme war kaum zu hören. Dennoch erreichte sie die Versammlung, die in aufmerksamem, ja sehnsüchtigem Schweigen lauschte. Und dann konnte es auch geschehen, daß Augustinus sagte: «Erinnert ihr euch? Den gleichen Abschnitt des Evangeliums habt ihr bereits gestern gehört. Doch gestern stand die Menge dicht an dicht und in dem Gedränge fand meine Stimme, die man nur bei völliger Stille vernehmen kann, vielleicht nicht genügend Gehör. So will ich heute über das sprechen, was wir gestern außer acht lassen mußten und wovon ich nicht genügend deutlich reden konnte, der Schwäche meiner Stimme wegen . . .» (*Serm.* LXVIII,1).

Und er wußte mit seiner Zuhörerschaft umzugehen wie ein

Dirigent mit seinem Orchester oder ein Musiker mit seinem Instrument. Die Antwort der Gemeinde, ausgelöst durch das Wort, war ein vollkommenes Schweigen.

«So höret! Die Kirche sind wir. Doch nicht allein wir hier Versammelten, die Christen und Gläubigen dieser Stadt. Wir alle, die in dieser Gegend wohnen, bilden zusammen die Kirche: gemeinsam mit allen Bewohnern unserer Provinz, gemeinsam mit allen Christen jenseits des Meeres, gemeinsam mit allen Menschen auf der ganzen Erde, vom Aufgang der Sonne bis zu ihrem Untergang. Denn so weit erstreckt sich das geistige Reich der katholischen Kirche, unserer Mutter, der wahren Braut des Herrn» (*Serm. Guelf.* I,8).

Nun schwieg er, damit während der Pause seine Zuhörer die ganze universale Weite seines Begriffs von der Kirche ermessen, die Seelen und die Herzen ihn in sich aufnehmen konnten. Kaum ein Laut stieg aus der Menge auf, die immer noch sehnsüchtig wartete.

Und dann fuhr er fort, gelassen und ohne Triumph in der Stimme: «Und ist es nicht in Wahrheit so, geliebteste Brüder? Wir sind die Welt! Und die Kirche, sie spricht die Sprachen aller Völker. Die Boten des Glaubens begannen das Wort der Wahrheit zu verkünden und siehe, ein breiter Strom, der Strom von Gottes Wort, benetzt und befruchtet alles Erdreich. Das Wort des Evangeliums erfüllt die ganze Erde; das Gebirge, Christus, bedeckt die ganze Erde; die Kirche, Christi Reich, umspannt die ganze Erde. Und in der Kirche ruft aus die ganze Welt: ‹Ich habe erkannt und bekenne die Größe meines Herrn!›» (vgl. *Serm. Denis* 24; *Serm.* LXXXVII,7; *Enarratio in Psalmos* LXIV,14; *Serm.* LXXVII,5; *Serm.* XLV,7; *In Ioannis Evangelium tractatus* IV,4; *Serm.* CXI,2).

Die versammelte Gemeinde glaubte zunächst, es handele sich hier um die zahlenmäßige Verbreitung des Christentums, die eigentliche Tiefe dieses Bildes konnte sie nicht sogleich erfassen. Sicherlich schloß der Bischof das geschichtliche Phänomen nicht aus, daß nach den Verfolgungen das Christentum sich rasch in der Welt verbreitete. Augustinus gab aber keinen Statistikunterricht für Religionsgeschichte, noch wollte er die einzelnen Religionen gegeneinander ausspielen. Er sprach von der «Kirche», und er gab ihr eine sehr ursprüngliche Bezeichnung: die Kirche ist «der vollständige Christus». Das aber heißt: «Der vollständige Christus in der Gesamtheit der Kirche! *Haupt* und *Leib* eines ganzen Menschen, dem wir als Glieder angehören. Diese Wahrheit predigen wir nicht nur den Gläubigen, sondern bringen sie auch jenen nahe, die nicht im Glauben wohnen und dennoch wissend sind, als eine ebenso vernünftige wie machtvolle Wahrheit» (vgl. *Serm.* CCCXLI,1).

Vergegenwärtigen wir uns noch einmal die Predigt, wie er sie selbst gehalten hat: «Der vollständige Christus, meine Brüder, in der Gesamtheit der Kirche, Haupt und Leib!»

Ja, Haupt und Leib: Christus.

Denn höret wohl, meine Brüder: wie können wir nicht sein Leib sein, wo er uns doch gleicht? Wo erfahren wir diese Wahrheit, daß Christus *Haupt* und *Leib* sei, also ein Leib, zusammen mit seinem Haupt? Wo finden wir sie? Bei Jesaja: die *Braut* spricht mit dem *Bräutigam*, als wären sie eins; es ist nur ein Wesen, das spricht, obwohl er und sie beide sprechen. Hört, was es sagt: «Denn er kleidet mich in Gewänder des Heils, / er hüllt mich in den Mantel der Gerechtigkeit, wie ein Bräutigam sich festlich schmückt / und wie eine Braut ihr Geschmeide anlegt» (*Jes.* LXI,10).

«Wie die Braut und wie der Bräutigam: Sie sprechen mit einem Mund. Sie scheinen zwei zu sein, doch sind sie eins! Wie könnten wir sonst die *Glieder Chisti* sein? Paulus spricht es deutlich aus: ‹Ihr aber seid der Leib Christi, und jeder einzelne ist ein Glied an ihm.› (1Kor 12,27). Wir alle sind die Glieder und der Leib Christi! Und nicht nur wir, die wir hier in der Kathedrale versammelt sind, sondern alle Menschen der Welt. Nicht nur die Menschen unserer Zeit, sondern alle Menschen, von Abel an bis hin zu allen, die bis ans Ende der Welt gezeugt sein werden, welcher Gerechte auch immer dies Leben durchwandert haben mag. All das, was bereits existiert, nicht an diesem Ort, sondern in diesem Leben, all das, was jenen angehört, die noch geboren werden, dies alles ist ein Leib, der Leib Christi! Und jeder einzelne ist eines seiner Glieder! Wenn alle der Leib sind und jeder einzelne ein Glied, dann ist Er das Haupt, das zu diesem Leib gehört!» (*Serm.* CCCXLI, 9,11).

Es mag verwundern, daß ein Mensch, der sich mit der ganzen

Kraft seines Denkens der «Innerlichkeit» *(aeternum internum)* gewidmet hatte, nun in der Wirklichkeit der Kirche neben dem inneren auch das äußere Element *(corporeitas)* entdecken konnte, das die sichtbare Kirche auf ihrer irdischen Pilgerschaft ausmacht. Eben diese Kirche aber setzte Augustinus der Vorstellung der Donatisten entgegen, den Verfechtern einer utopischen Kirche der Reinen. Dies war wohl seinem starken Realismus zu verdanken, der ihn auch während seines geistigen Aufschwungs durch die Lektüre Plotins an die sinnlich wahnehmbare Wirklichkeit zurückband, vor allem aber dem Geheimnis seiner Bekehrung. In jenem Moment hatte er die reale Kirche vor dem Hintergrund der Offenbarung erfahren, der menschlichen Fleischwerdung des Wortes, das menschliche Gestalt annimmt, um sie durch die Gnade des Heiligen Geistes zu läutern und zu verwandeln, bis sie zu seiner Braut wird, die «ohne Makel und Falten» ist, sondern heilig und unbefleckt am Ende der Zeit.

Augustinus sprach langsam, hob die verschiedenen Aspekte seiner Rede durch den Ton seiner Stimme hervor, erläuterte und erklärte die Wahrheit in seiner Seele, von der er überzeugt und durchdrungen war. Doch schien es eine Weile zu dauern, bis das Wort sich in den Geist der Zuhörer senkte und sich das Bild von der Kirche dort entfaltete. Schon wurde es vom nächsten Wort eingeholt. Doch die versammelten Gläubigen verstanden.

Er hob seine kleine Hand und bewegte sie in der Luft, diese Hand, die so unermüdlich die Worte seines Herzens niederschrieb, um sie jetzt mit ihren Gesten auszumalen: «Sie wird in Erfüllung gehen, diese Kirche, die jetzt noch auf Pilgerschaft ist, in der Vereinigung mit jener himmlischen Kirche, deren Mitglieder die Engel sind. Ihnen werden wir gleich sein nach der Auferstehung der Leiber. Dieses Ziel könnten wir aber nicht anstreben, hätte die Wahrheit selbst es nicht verheißen: ‹Ihr werdet den Engeln Gottes gleichen› (Lk 20,36). Das wird die eine Kirche sein, der Staat des großen Königs!» (*ebd.* IX).

Wir können Augustinus nun aber keineswegs als Verfechter einer rein geistigen Kirche deuten, die eine sichtbare Struktur, einen äußeren Aufbau und eine aktive Teilnahme an der irdischen

Geschichte des Menschen leugnet. Das wäre nicht die Kirche Jesu Christi, das sichtbare Sakrament der Erlösung, das wie er, der sich Sohn Gottes nennt, sichtbar geworden ist. Der Mensch birgt in sich Geistigkeit und Sinnlichkeit, der auch genügt werden muß, wie Christus ihr durch seine Fleischwerdung genügte: als Gott im Menschen. Auch die Kirche, deren lebendige Seele und deren Haupt Christus ist, hat ihre «Leiblichkeit», sogar ihre «Sterblichkeit». «Da der Herr die Sterblichkeit auf sich genommen hat, muß auch die Kirche sie annehmen. Deswegen ist die Kirche sterblich . . .» (*Serm.* VI,7). Sie ist das Sakrament Christi zur Erlösung der Menschheit: voll der Gnade, die sich in ihr sinnlich und sichtbar mitteilt, auf geheimnisvolle Weise von sündigen und fehlbaren erbaut.

Eine innere Wirklichkeit also als das lebenspendende Element, und eine äußere Wirklichkeit in der Geschichte. Nicht immer deckt sich die innere Dimension mit der äußeren. Die innere Dimension umfaßt jeden gerechten Menschen. Die äußere Dimension hängt von menschlichen Faktoren ab, wie Kenntnisstand, persönliche Reaktionen, schuldhafte Verweigerung, Umwelt. Die Kirche überträgt ihren Angehörigen die gleiche Verantwortung heiligmachender Gerechtigkeit wie all jenen, die aufgrund äußerer Umstände, für die sie nicht verantwortlich sind, nicht zu ihren offiziellen Mitgliedern gehören. Ja mehr noch ihnen als diesen, denn der Christ muß die Wahrheit bezeugen, muß mit seiner Liebe leuchten, um das ganze Haus zu erhellen.

Zwei einfache Worte aus dem reichen theologischen Wortschatz Augustins dienen hier gleichsam als Schlüssel. Ihnen müssen wir darum besondere Aufmerksamkeit schenken: *foris, intus* (außen, innen). Für ihn ist die Kirche außen und innen: viele glaubt man drinnen, doch sind sie draußen; viele scheinen draußen zu sein, doch sind sie drinnen (vgl. *Serm.* CCCLIV,2). Und da die Kirche, trotz ihrer offiziellen Anerkennung, trotz des Kaisers, der die Krone abnimmt und am Grab des Fischers niederkniet, aufgrund ihres Wesens immer verfolgt sein wird – ihr Gründer hatte es selbst prophezeit –, «hat sie Feinde außen und innen; die äußeren Feinde sind leichter zu meiden, die inneren schwerer zu dulden» (*Enarratio in Psalmos* CXLII). Dabei hüte man sich, voreilig dem Augenschein zu trauen: «Im einen Moment sind alle Christen; einen Moment später ist keiner mehr ein Christ!» (*Serm.* LXIV). Diesen Wechselfällen ist die Kirche unterworfen, *hier und jetzt, so wie sie ist,* bevor sie endgültig in die himmlische Kirche verwandelt sein wird.

Eine andere Eigenschaft der Kirche *in der Zeit* ist das Gesetz der *permixtio,* der Vermengung von Guten und Bösen. Sie ist der Hinweis auf den Realitätsgehalt der Gleichnisse Jesu, hauptsächlich der Parabel von «dem Feld, auf dem Getreide und Unkraut wächst», und von dem «Netz im Meer, das genießbare und nicht genießbare Fische einfängt». Augustinus drängte sich dieses Problem um so nachdrücklicher durch den Streit mit den Donatisten auf, der in seiner Umgebung ganz besonders heftig war. Die Donatisten behaupteten, die Kirche Christi müsse ganz rein sein, die Reinen aber seien sie, während die Katholiken, die *traditores* oder Erben der Verräter, nicht einmal das Recht hätten zu existieren. Augustinus sah darin nur Illusion und Stolz. Die Kirche *in der Zeit* ist keinesfalls makellos. Heilig ist ihr Haupt, das sie mit Heiligkeit beseelt, und heilig sind viele Glieder ihres Leibes. Aber nicht alle. Und auch diese nicht heiligen Glieder gehören mit vollem Recht zur Kirche. Augustinus bestreitet durchaus nicht, daß auch die Donatisten der Kirche angehören. Die ursprüngliche und unversehrte Heiligkeit der menschheitsumfassenden Kirche (auch damals, am Anfang der Zeit, war die Menschheit als *Kirche* von Gott erschaffen), ging mit der Ursünde des Menschen verloren, dem Auslöser so vieler moralischer Verwirrungen. Die Aufgabe der Kirche Christi und ihrer Sakramente ist es, die kranken Glieder wieder zu heilen, indem sie sie mit dem Körper verbunden hält. Doch die Kirche war von Anfang an, durch und nach der Sünde, eine «Dirne»: «Welch große und einzigartige Güte des Bräutigams! Aus der Dirne, die sie war, machte er eine Königin, eine Jungfrau!» (*Serm. Guelf.* I,8).

Das Schicksal der Kirche ist das einer Mutter: gute und böse Kinder auszutragen und zu gebären: «Der Schoß der Mutter Kirche leidet unter den Schmerzen der Wehen ... Gutes und schlechtes Volk. Doch kämpfen sie in einem einzigen Leib, eines kämpft gegen das andere im Inneren einer einzigen Mutter ... Und es ist der Christ, der gebärt und leidet ...» (*In Ioannis Evangelium tractatus* XI,10 und anderswo).

Um zu wachsen, ist es wichtig, mit der «Wurzel» verbunden zu bleiben: «Ein Trieb, der sich von seiner Wurzel trennt, mag er auch noch für kurze Zeit grünen, ist entweder schon abgeschnitten und man sieht es nur nicht, oder er muß abgeschnitten werden: er kann keine Frucht tragen» (*Serm. Denis* XIX,7). «Du hast die Form eines Reblings, doch bist du von dem Weinstock getrennt. Du hast zwar diese Form, doch suche ich nach der Wurzel, denn der Rebling bringt keine Frucht hervor, wenn die Wurzel fehlt ...» (*In Ioannis Evangelium tractatus* XIII,169).

Aber wer darf hier richten? Nichts ist dem Urteilsspruch überlassen, alles der Gnade. Wenn der Mensch an sich schon «ein tiefer Abgrund» ist, so ist er es noch mehr im Hinblick auf die Gnade. Denn die Gnade, das wußte Augustinus sehr wohl, ist ein Mysterium: «Die Kirche sollte indes stets vor Augen haben, daß unter ihren Feinden auch künftige Mitbürger verborgen sind, damit sie es wenigstens bei diesen nicht für vergebliche Mühe hält, ihre Anfeindungen zu ertragen, bis aus ihnen Anhänger werden. Wie ja auch der Gottesstaat, solange er auf Erden pilgert, bei sich solche aus den Reihen der Feinde birgt, die verbunden sind mit ihm durch die Gemeinschaft der Sakramente, doch nicht mit ihm teilnehmen werden an dem ewigen Los der Heiligen ... An der Besserung mancher auch von ihnen darf man jedoch um so weniger verzweifeln, da unter den offenkundigsten Gegnern von der Vorsehung bestimmte Freunde weilen, auch wenn diese selbst von ihrer Bestimmung noch nicht wissen» (*Gottesstaat* I,35).

An vielen Stellen läßt sich in seinem Werk nachweisen, daß Augustinus auch die sinnlich wahrnehmbare Dimension in der Struktur der Kirche anerkannte: in den Sakramenten (wir sprechen hier nicht von der Taufe, dem Thema seiner theologischen und exegetischen Überlegungen im bekannten Streit mit den Donatisten; viel schrieb er hingegen über das Sakrament der Buße, der Eucharistie, der Ehe, der Priesterweihe); im Primat des Heiligen Stuhls in Rom, den er ausdrücklich in seiner Lehre anerkennt (berühmt ist die Formel: «Rom hat gesprochen, die Sache ist entschieden», die er in der Auseinandersetzung mit den Pelagianern prägte); und in der Liturgie, die er, dem Beispiel des Ambrosius folgend, hervorragend einzusetzen und zu entwickeln verstand.

Herrlich müssen die Feiern der Osternacht in Hippo gewesen sein. Sie erinnerten ihn stets an jene Nacht des Jahres 387, in der Ambrosius ihn in das Becken des Baptisteriums eintauchte. Jedes Jahr taufte er in der Osternacht eine Schar Täuflinge, von denen die meisten noch jung an Jahren waren. Sie riefen das Bild des Adeodatus in ihm wach. Er ermutigte sie im Glauben und im Kampf gegen die Leidenschaft mit den Worten: «O ihr jungen Christen, ich kenne eure Nöte. Sie waren auch die meinen. Mit diesen Kämpfen bin ich alt geworden, und eure Feinde sind immer noch die meinen. Nun, da ich älter bin, sind sie zwar schwächer geworden, doch hören sie nicht auf, die Ruhe meines Alters zu stören. Ich weiß, euer Kampf ist größer. Aber was wollt ihr, ihr guten und heiligen Kämpfer? Ihr starken Soldaten Christi, was wollt ihr? Daß es keine schlechten Begierden mehr gibt? Das ist nicht möglich. Fahrt fort in eurem Kampf und hofft auf den Sieg!» (vgl. *Serm.* CXXVII,9,11). Er fuhr mit der Hand über ihre Köpfe wie ein Bauer über sein Ährenfeld und grüßte sie: «O meine Lieben! Ihr seid der Weizen Christi! Reife Ähren der heiligen Kirche, das Korn Gottes!» (*Serm. Ivo.* II,5,2).

Auf dem Altar brannte die Kerze, um die Schatten dieser Nacht zu erhellen. Die lange Nacht einer alten Sünde, die der Hymnus der Liturgie benannte: «O glückliche Sünde!»

DIE KIRCHE VON AFRIKA

Mitte April des Jahres 397 reiste Augustinus nach Karthago, da ihn sein Freund Bischof Aurelius um Hilfe gebeten hatte. Er wollte mit ihm Probleme besprechen, die nicht nur seine Diözese betrafen, sondern die Situation der Kirche in Afrika im ganzen.

Der Konflikt mit den Donatisten verschärfte sich von Tag zu Tag. Blutige Auseinandersetzungen waren an der Tagesordnung, und man sprach bereits von einem Schisma. Das Nebeneinander zweier christlicher Glaubensgemeinschaften in ein und derselben Stadt, die Intoleranz und der Eifer beider Bischöfe, die sich gegenseitig die Rechtmäßigkeit des Bischofstitels streitig machten, führten zu einer verbissenen Unnachgiebigkeit. Den katholischen Bischöfen ging es vor allem darum, den religiösen Frieden wiederherzustellen. Sie waren bereit, den Bischofsstuhl den Donatisten zu überlassen, wenn diese von der guten Sache überzeugt oder zumindest zu einem Entgegenkommen bereit wären. Das Ziel der donatistischen Bischöfe war hingegen nicht in erster Linie der religiöse Frieden, sondern auch die physische Beseitigung der Gegenseite: sie hielten die katholischen Bischöfe für ihres Amtes unwürdig und die durch sie erteilten Sakramente für ungültig. Sie waren in ihren Augen Usurpatoren.

Dieser spezifisch afrikanische Konflikt war tief in der Geschichte verwurzelt und ging zurück in die Zeit Konstantins und der Verfolgungen unter Diokletian. Dabei gaben weniger die

Gläubigen den Ausschlag, die vor dem Martyrium zurückschreckten und deshalb Götzenbildern *(lapsi)* wirklich oder zum Schein opferten, als vielmehr die Bischöfe, die auf Geheiß des ersten Edikts von Diokletian den Verfolgern die heiligen Schriften *(traditores)* ausgeliefert *(tradere)* hatten.

Nachdem äußerlich die Ruhe wieder halbwegs hergestellt schien, lebten bereits während des Provinzialkonzils von Cirta in Numidien vom 5. März 305 die gegenseitigen Anklagen und Feindseligkeiten zwischen den Bischöfen erneut auf; sie hatten «Säuberungen» auf beiden Seiten zur Folge.

Noch schärfer wurden die Auseinandersetzungen im Jahre 312, als der Erzdiakon Caecilianus zum Bischof von Karthago gewählt wurde. Unterstützt vom Episkopat Numidiens erklärten die Radikalen die Wahl für ungültig, da einer der drei Weihbischöfe, Felix von Abtungi, für schuldig befunden worden war, dem Magistrat Schriften ausgehändigt zu haben. In Opposition zu Caecilianus wurde nun ein anderer Bischof gewählt. Dieser wurde schon bald durch Donatus abgelöst, einem jener Glaubensführer, die das Format haben, durch eigene Synthesen autonome Strömungen innerhalb der großen Religionsgemeinschaften zu schaffen und zu organisieren.

Die besonderen Merkmale der Donatisten waren zum einen der Anspruch, nur sie seien die wahren Christen, die Kirche der Reinen, sowie ihre Erklärung der *traditio*, der Auslieferung der heiligen Schriften, zu einem «unverzeihlichen Vergehen». Wie der Bischof, der Caecilianus geweiht hatte, wurde auch der Unschuldige beim Kontakt mit dem Schuldigen durch Ansteckung zum Mittäter.

Für Augustinus und die katholischen Bischöfe war diese Auffassung der Dinge eine gedankliche Perversion. Sie verfochten dagegen die Lehrmeinung der katholischen Kirche: die Kirche ist die Mutter der Heiligen und der Sünder; durch die mögliche Schuld eines Zelebranten wird das Sakrament nicht ungültig (die Formel lautete *ex opere operato* und nicht *operantis*: die Gültigkeit des Sakraments hing somit vom Vollzug der Handlung, nicht aber vom jeweiligen Zelebranten ab); jede Sünde kann vergeben werden.

Die Donatisten blieben jedoch hartnäckig und verweigerten sich jedweder Einigung. Im Verlauf der Jahrzehnte rief die Kontroverse dann schließlich eine Kettenreaktion hervor (vgl. *Epist.* LXXVI; CV).

Dieser Unnachgiebigkeit, die in der afrikanischen Kirche der damaligen Zeit herrschte, begegnen wir auch bei Tertullianus und sogar bei dem heiligen Cyprianus, dessen Autorität die Donatisten für sich geltend machten. Sie war schon früher in der Frage der *lapsi* zu spüren gewesen (der Frage der Christen, die aus Furcht Götzenbildern geopfert hatten) wie auch bei der Beurteilung von Mord, Ehebruch und anderen schweren Sünden. Diese mußten laut Tertullianus und anderen unweigerlich zum Ausschluß aus der kirchlichen Gemeinschaft führen.

Die Einmischung des Staates, der hauptsächlich im politischen Interesse, nämlich mit Blick auf den Zusammenhalt des Reichs, durch Gewalt eine Einigung herbeiführen wollte, trug zu weiteren Komplikationen bei. Wie wir noch sehen werden, lehnte Augustinus solche Maßnahmen ab. Er verfocht das Prinzip, daß niemand unter Gewaltandrohung zum Glauben gezwungen werden könne (vgl. *Epist.* CLXXXV; CXXXIII).

Hinzu kam das alte Problem der staatlichen Zuschüsse und der Steuerfreiheit – ein Privileg, das dem Klerus zugestanden worden war. Konstantin hatte es ausschließlich der katholischen Kirche zugebilligt, doch nun forderten die Donatisten, als Vertreter des vermeintlich wahren Glaubens, das gleiche Recht auch für sich. Zumindest in ihren Forderungen handelten sie, wenngleich als Konkurrenten, in Eintracht mit ihren Feinden. Da ihnen durch das Schisma dieses Privileg vorenthalten wurde, unterbreiteten sie die Streitfrage durch Caecilianus dem Kaiser. Doch der lehnte den Antrag ab.

Auch auf den Synoden von Rom (314) und Gallien (Arles, 314) wurden die Donatisten verurteilt.

Konstantin zwang sie im Jahr 317 mit einem strengen Gesetz dazu, die Kirchen wieder den katholischen Bischöfen zu übergeben. Dies war das Zeichen zum Ausbruch des Religionskrieges.

Geschlossen leistete die Sekte gegen die Repressionen des Heeres Widerstand und verehrte ihre Opfer als Märtyrer. Am 5. Mai

321 gelang es ihr, ein Toleranzedikt zu erwirken. Das bedeutete jedoch die Koexistenz zweier christlicher Kirchen in Afrika, die sich getrennt und feindlich gegenüberstanden.

Augustinus versuchte zu seiner Zeit, durch sein eigenständiges ökumenisches Apostolat und durch verstärkte kirchliche Katechese der Gläubigen das Problem zu lösen, und lud die donatistischen Bischöfe zu einem öffentlichen Disput ein. Höhepunkt seines Bemühens um die Einigung der Kirche, die *pax christiana*, sowie seiner Diplomatie im Dienste der Nächstenliebe war das Konzil bei den Thermen von Gargilla in Karthago im Jahr 411.

Nachdem die Donatisten unter der Gewalt der Regierung, nicht der Katholiken, gelitten hatten (unter den Kaisern gab es allerdings auch einige, etwa Julian, die ihnen wohlgesonnen waren), bildeten sich zur Zeit von Augustins Episkopat bewaffnete Banden, die unter ihrem Befehl standen: die sogenannten Circumcellionen, Wanderpriester, die lange Haare und furchterregende Bärte trugen und sich in den ländlichen Gegenden umhertrieben oder versteckt hielten. Sie verübten mit dem fanatischen Ausruf «*Laus Deo!*» die grausamsten Verbrechen, brachen plötzlich aus einem Hinterhalt hervor, um sich im nächsten Moment wieder zurückzuziehen. Liest man Augustins Berichte und die anderer glaubwürdiger Autoren, so fühlt man sich an das Verhalten und die Aktionen heutiger Terroristen erinnert: Mißhandlungen der Opfer, Verstümmelung der Geschlechtsteile, Augenauskratzen und Eintauchen von Menschen in ungelöschten Kalk. Banditentum also, das nichts mit Religionsfreiheit zu tun hatte.

Schließlich verstanden die Donatisten auch das soziale Element zu nutzen, indem sie die damaligen dienenden und ungerecht behandelten Klassen aufhetzten: vor allem Bauern, aber auch andere Bewohner der Kolonien, die die römische Zivilisation durch die reiche Herrscherschicht mehr als Ausbeutung denn als rechtliche oder freiheitliche Ordnung erfahren hatten, und nicht zuletzt auch Eingeborenenstämme im Innern des Landes, die das Eindringen der Römer über das Küstengebiet hinaus in ihr Territorium verhindern wollten.

Diese verworrene Situation, in der religiöse, soziale und politische Motive ineinander verquickt waren, führte in den afrikanischen Provinzen, die bisher von der Völkerwanderung unberührt waren, zu einer Unruhe, die der in den anderen Provinzen in nichts nachstand.

So viele Male flehte Augustinus die donatistischen Bischöfe an, um der Eintracht willen die beiderseitige Schuld vergessen zu wollen, die doch so viel Bitterkeit hervorgerufen hatte: «Mache Du mir keinen Vorwurf aus den Zeiten des Makarius, und ich will Dir die Grausamkeit der Circumcellionen nicht vorwerfen» (*Epist.* XXIII).

Makarius war einer der beiden *notarii* gewesen (der andere hieß Paulus), die Konstantius nach der Eingabe des Donatus im Jahr 347 nach Afrika geschickt hatte, um die Streitfrage um den legitimen Bischof von Karthago zu klären. Die Donatisten warfen ihm vor, hart gegen sie vorgegangen zu sein.

Unrecht geschah sicher auf beiden Seiten, und schon der heilige Paulus bemerkte: Mischt sich eine weltliche Macht in die Streitereien zwischen Gläubigen, so ist es zu Ende mit der Liebe, die Beleidigungen vergessen läßt.

Augustinus wäre wohl kaum gern als Zugvogel geboren worden, der mit dem Wechsel der Jahreszeiten seinen Ort verläßt und über das Meer von einem Kontinent zum anderen fliegt. Es hätte ihm nicht gefallen, über die Berge und Meere hinweg in ferne Länder zu reisen, denn es hätte seine Kräfte überanstrengt. Ein einziges Mal fuhr er über das Meer und kam zurück. Gerne hätte er Hieronymus in Palästina umarmt, Paulinus in Nola besucht, dem Papst in Rom und dem Kaiser in Ravenna seine Aufwartung gemacht, um die schwerwiegenden Probleme der Kirche in Afrika persönlich mit ihnen zu klären. Statt dessen schickte er Alypius oder einen anderen Mann seines Vertrauens. Oder er gab ihnen seine Briefe mit, die bei ihren Empfängern den Eindruck erweckten, er hielte sich an zwei Orten gleichzeitig auf. Um weite Reisen zu vermeiden, schützte er oft seine schwache Gesundheit vor, was für einen Mann von solcher Aufopferungsbereitschaft oft nach einer Ausrede klang. Den Freunden, die ihn immer wieder einluden, schrieb er: «Ich bin bei Dir, mit meiner ganzen Seele! Die körperliche Anwesenheit ist doch im Grunde so unwichtig, wenn die geistige so lebendig ist . . .»

Ein Zugvogel wollte er also nicht sein. Doch wäre er gerne einer jener Vögel gewesen, die in einer Gegend fest beheimatet sind und sich überall dort niederlassen können, wohin ihr Herz sie führt. Flügel zu haben, ja, wie sehr hätte ihm das in seiner Situation geholfen!

In der Diözese von Hippo mangelte es in der Seelsorge an nichts, und auch die Verwaltung der bischöflichen Kurie funktionierte reibungslos. In der geistlichen Führung (und auch in der Gerichtsbarkeit, die damals den Bischöfen anvertraut war) hatte sich Augustinus als ein wahres Genie erwiesen. Wurde aber ausdrücklich nach ihm verlangt, so gab man dem Besucher oft den Bescheid: «Er ist nicht da.»

«Und wo ist er?» fragte der andere.

«Er ist als Seelsorger unterwegs nach Mauretanien.» Cäsarea aber lag einige Dutzend Kilometer von Mauretanien entfernt. Oder er war in Cirta, in Kalama oder Karthago, Städten, die er oft besuchte, oder noch an anderen Orten.

«Und wann kommt er zurück?»

«Nicht vor dem nächsten Monat . . .»

Niemand hielt ihn für einen Vagabunden. Alle wußten von seinem Eifer, wußten von den Problemen, die in Afrika brodelten, und wußten schließlich auch, daß die Abwesenheit des Bischofs von Hippo nicht zuletzt zum Besten für die Einwohner der Stadt selbst war. Und doch klagte der eine oder andere. Und manchmal – wenn zum Beispiel die asiatische Grippe ausbrach – wurden die Klagen zum Chor. «Diesmal fällt es mir besonders schwer, fortzugehen . . .», schrieb er.

So zog er dahin, auf einer Hauptstraße in Numidien oder auf einem Pfad, einer Abkürzung, die quer durch afrikanisches Land führte, umgeben vom Grün der Olivenbäume und den rötlich schimmernden, reifen Trauben. Er saß auf dem schaukelnden Rücken eines ergebenen Esels, immer mit einem oder zweien seiner Mönche im Gefolge, oftmals auch in Begleitung eines Führers oder besser Leibwächters, der in dieser vom Bandenunwesen beherrschten Gegend unentbehrlich war.

Wenn sie nun, während sie im langsamen Trab vorankamen, für einen Augenblick ihre Gebete und Meditationen unterbrachen, so konnte es vorkommen, daß ihn der Mönch, der ihn begleitete, in ein Gespräch verwickelte.

«Ehrwürdiger Vater», sagte er vielleicht, «warum kaufen wir kein Pferd? Ein Lasttier ist für die vielen und langen Reisen kein bequemes Reittier . . .»

Darauf erwiderte Augustinus: «Hast du deine Psalmen rezitiert? Und was sagt dir der Psalmist? *Mendax equus ad salutem!* Das Pferd führt nicht zum Heil. Wirklich, zumindest armen Menschen wie uns bietet der Esel größere Sicherheit als das Pferd. Bedenke nur, wieviele Räuber es gibt! Ein Pferd ist wertvoll. Möchtest du die Circumcellionen anlocken, damit sie uns wie den Wanderer von Jericho in einen Graben werfen und das Pferd mitnehmen? Weißt du, wieviel ein Pferd kostet? Außerdem ist das Pferd, das man voll Stolz besteigt, ein Symbol von irdischem Ruhm und Ehre» (vgl. *Enarratio in Psalmos* XXIIb,2,24). Worauf der andere antwortete: «Wieviel mag so ein Pferd kosten? Die göttliche Vorsehung läßt uns nicht im Stich, und im Evangelium steht geschrieben, daß man dem mahlenden Ochsen keinen Maulkorb anlegen soll. Nur daß du die Vorsehung zurückweist! Mit der Armut bin ich einverstanden. Wir aber bearbeiten den Weinberg. Wer dem Altar dient, lebt von ihm, auch das sind die Worte des Evangeliums. Der Schiffbauer Bonifatius wollte, als er starb, unserer Kirche seine kleine Flotte von Frachtschiffen vermachen . . .» Augustinus mußte an das ärmliche Boot des Petrus denken und war ein wenig verärgert: «Eine Flotte?» fragte er. «Das heißt, eine ganze Reihe von Schiffen? Möchtest du eigentlich aus der Kirche Gottes ein Schiffahrtsunternehmen oder eine Reederei machen?» (vgl. *Serm.* CCCLV). Der Mönch schwieg und Augustinus ermahnte ihn noch einmal: «Lerne deine Psalmen, mein Bruder: ‹Seid nicht wie das Pferd oder das Maultier, das ist ohne Verstand!›» (vgl. *Enarratio in Psalmos* XXXIb,22).

«Hat denn der Esel Verstand?»

«Zumindest beugt er den Kopf und ist demütig. Das Pferd trägt ihn hoch erhoben, und das ist ein Zeichen des Hochmuts!» *(ebd.)*.

«Du kannst aber auch nie unrecht haben, ehrwürdiger Vater!»

«Aber warum willst du den Esel geringschätzen? Wer war denn an der Krippe, als der Herr geboren wurde, der Esel oder das

Pferd? Armer kleiner Esel, der du das Abbild des demütigen Christen und Arbeiters bist!» (vgl. *ebd.* CXXVI,2).

Sie waren auf dem Weg nach Hippo. Ihre Esel trotteten fast fröhlich dahin. Man konnte fast meinen, sie hätten die Unterhaltung gehört und wären nun dem Reiter dankbar, der sie verteidigt hatte. Ihre Hufe klapperten nun auf einer gepflasterten Basaltstraße.

Augustinus nahm das Gespräch wieder auf: «Du willst Pferd oder Maultier sein! Aber denkst du an den Reiter? Unser Reiter ist Christus! Mögen dein Mund und dein Kiefer die Macht seines Zügels spüren. Ja! Möge dein Mund verschlossen sein, mit dem du deine Verdienste rühmst und deine Sünden verschweigst!» (vgl. *ebd.* XXXIb,22).

Sie ritten immer noch durch eine ländliche Gegend, wenige Meilen von Hippo entfernt, jene Straße entlang, die von Cirta zu der Hafenstadt führte. Zwischen sich wiegenden Pinien und Olivenbäumen, die damals auf dem fruchtbaren Boden wuchsen, näherten sie sich jenen Bezirken, die man heute als die Peripherie von Hippo bezeichnen würde: Felder, die sich konzentrisch um die Hafenstadt ausbreiteten, ausgedehnte landwirtschaftliche Güter, auf Hügel und Täler verstreut, Eigentum reicher Grundbesitzer und bewohnt von den Bauern. Die kleinen ländlichen Siedlungen, die zur Diözese von Hippo gehörten, kannte Augustinus von seinen häufigen Besuchen. Er erzählt in seinen Briefen von den Tumulten, die sich dort fast täglich ereigneten.

«Bei Asna, wo Bruder Argentius als Priester tätig ist, sind die Circumcellionen in unsere Basilika eingedrungen und haben den Altar zerstört . . .» (*Epist.* XXIX,12).

In einem anderen Brief spricht er von der Kirche in Spanianus. Einem Subdiakon, Primus, war verboten worden, die Unterkünfte der Klosterschwestern zu besuchen. Da er dem Verbot keine Folge geleistet hatte, war er aus dem Priesterstand entlassen worden. Er hatte sich gerächt, indem er zu den Donatisten gegangen war, um sich neu taufen zu lassen. Die beiden Ordensschwestern, deren Kloster sich auf dem Gut eines Katholiken befand, waren ihm, sei es aus Angst oder aus Liebe, gefolgt. Ein anderer, ein junger Mann, hatte seine Mutter geschlagen und war angezeigt worden.

Der Pfarrer aber, Proculeianus, hatte ihn weder zur Rechenschaft gezogen noch war er der Sache nachgegangen. «Vielleicht weiß Proculeianus nichts davon . . .», hatte ihm jemand geschrieben, worauf Augustinus erwiderte: «Darauf antworte ich kurz: Jetzt weiß er es, also schließe er ihn auch jetzt aus!» (*Epist.* XXXV).

In Viligesilit weigerten sich die Gläubigen, einen Mann als ihren Bischof zu akzeptieren, dem das Konzil von Afrika die Bischofswürde genommen hatte. Augustinus schreibt an Quinzianus: «Sie haben vollkommen recht, laßt sie in Ruhe!» (vgl. *Epist.* LXIV,4).

Victoriana, Casphaliana, Urgi, Fussala, Subsana: nicht eine Siedlung, in der es kein Ärgernis gegeben hätte. Er kannte jede Handbreit dieses Landstrichs, kannte die Priester, die Familien, die Menschen.

Die Gruppe der Reisenden war nun, nachdem sie die Hauptstraße über eine Abkürzung verlassen hatte, gerade von ihren Tieren abgestiegen, um sie an einer Quelle im Schatten großer Bäume zu tränken und sich selbst ein wenig zu stärken. Es war ein heißer Nachmittag, und die tiefe ländliche Stille wurde nur gestört vom Zirpen einiger Zikaden. Plötzlich aber, erzählt Possidius, drang von einer entfernt liegenden Anhöhe ein wildes Geschrei zu ihnen herüber. «Da ist er, schaut ihn euch an, den Verführer! Manichäer! Macht ihn tot, den Wolf! Wer dich tötet, dem erteilt Gott die Absolution, rettet er doch die ganze Herde. Verführer! Manichäer! Wolf!» (vgl. *Vita* IX,4).

Augustinus kannte diese Beschimpfungen und wußte genau, wem sie galten. Ruhig befahl er, wieder aufzusitzen, auf die Unverschämtheiten nicht zu reagieren und ihre Urheber nicht zu provozieren. Auf dem Rücken der braven Tiere trabten sie nach Hause und sprachen dabei mit keuchendem Atem das Vaterunser. Die Menschen traten vor ihre Hütten, aufgeschreckt von dem bedrohlichen Geschrei. Freudig begrüßten sie ihn als einen der ihren: «Es lebe Augustinus!» Und er segnete sie mit seiner Rechten, wie einst Christus, als er siegreich in Jerusalem einzog.

Im Hof des Bischofshauses angelangt, erwarteten sie die Mönche. «Wir haben uns Sorgen gemacht. Heute morgen ängstigte uns jemand mit der Nachricht, daß die Circumcellionen euch eine Falle stellen würden . . .»

Als ihr Führer dies gehört hatte, sagte er: «Ich weiß nicht warum, aber an einer Stelle kam mir die Eingebung, einen anderen Weg als sonst zu nehmen» (vgl. *Vita* XII,2).

Augustinus blieb ruhig und gelassen. Er klopfte dem Mönch, mit dem er sich über Pferd und Esel unterhalten hatte, auf die Schulter und sagte mit leiser Ironie: «Siehst du, welch schönes Tier du ihnen zur Beute gelassen hättest? Es stimmt schon, was David sagte: ein Pferd bringt kein Heil!»

DIE MACHT DES FRIEDENS

Augustinus hatte nun das fünfzigste Lebensjahr überschritten und seine volle geistige Reife und Leistungsfähigkeit erreicht. Er war bekannt und geschätzt wegen seiner großen Gelehrsamkeit, deren Ruf sich in ganz Afrika und darüber hinaus verbreitete. Unermüdlich predigte er, führte viele Gespräche und war höchst fruchtbar in seinem literarischen Schaffen, das die Aufmerksamkeit von Bischöfen und Gelehrten im ganzen Reich auf sich zog. Er schrieb Abhandlungen über Glaubensfragen und Bibeldeutungen sowie Schriften in Briefform, die er auf Bitten von Freunden verfaßte. Er glich einer Quelle, aus der ein jeder schöpfen wollte.

In jenen ersten Jahren des fünften Jahrhunderts reiste er oft nach Karthago. Der dortige Bischof Aurelius, mit dem er in allen Dingen übereinstimmte, lud ihn oft ein, in seiner Kathedrale zu predigen.

Die Situation des Römischen Reiches war in der Zwischenzeit immer kritischer geworden. Wie schon angedeutet wurde, fiel im Jahr 405 Radagaisus in Italien ein, mit einem Heer von 400 000 Mann, einem zusammengewürfelten Haufen verschiedener Barbarenstämme, um die Gebiete der norditalienischen Ebene zu plündern und bis in die Toskana vorzudringen. Stilicho stellte in Pavia ein Heer zusammen, Honorius scharte Freiwillige um sich und verbündete sich mit den Hunnen und den Goten.

Radagaisus teilte seine Truppen, die aufgrund von Nachschubschwierigkeiten halb verhungert waren, in drei Heere auf. Mit einer dieser Armeen belagerte er Florenz. Stilicho griff ihn an und zwang ihn zum Rückzug in die Hügel von Fiesole. Um sich einen Fluchtweg zu öffnen, sprengte Radagaisus die feindliche Linie, wurde jedoch gefangengenommen und am 23. August 406 geköpft.

Dunkle Wolken ballten sich am Horizont zusammen. Alarich nahm die Herausforderung an und studierte aufmerksam seine strategischen Karten.

In den afrikanischen Provinzen, fernab der Gefahr barbarischer Einfälle, war das Leben von öffentlichen Unruhen, Terror und erbitterten religiösen Streitereien gekennzeichnet. Während die Vertreter des Reichs sich ständig in der Verwaltung der Provinzen ablösten, blieb Augustinus ein Verfechter des christlichen Friedens für die religiöse und politische Welt. Er ermutigte, beriet, tadelte mit der ganzen Kraft seiner Autorität, pflegte seine Beziehungen zu den Regierenden, um die schwierige Situation unter Kontrolle zu halten – kurz: er war der Dreh- und Angelpunkt des Geschehens.

Bei der Gunst der Herrschenden gegenüber dem katholischen Lager sowie bei der Strenge der Gesetze und Repressalien gegen die christlichen Häretiker (insbesondere die Donatisten und Manichäer) und gegen die Heiden mußte behutsam vorgegangen werden, damit Gewalt nicht mit Gewalt vergolten wurde. Augustinus wußte sehr wohl, daß es nicht die Absicht der Regierung war, den religiösen Frieden wiederherzustellen, wenn die Ungläubigen sich freiwillig von der Wahrheit überzeugten. Ihr Interesse galt allein der öffentlichen Ordnung und der Sicherheit des Staates. Oft bat Augustinus um Verzeihung für alle, die sich eines Verbrechens schuldig gemacht hatten – meist stammten sie aus den Reihen der Gegner. Auch setzte er sich dafür ein, daß Unterdrückungsmaßnahmen wie Haft- und Geldstrafen, die den Häretikern durch das Edikt des Honorius aus dem Jahre 404 drohten, aufgehoben wurden. Sein Eingreifen wurde jedoch kritisiert und ihm als unverantwortliche und unnütze Schwäche vorgeworfen.

Damals oblag dem Bischof auch die ordentliche Rechtssprechung in kleinen Strafsachen, heute etwa dem Amt des Schiedsmannes vergleichbar. Dem Bischofsstuhl war ein Gericht mit einem *secretarium*, einem Schreiber und einem Archiv für die Prozeßdebatten und Urteile unterstellt.

Als einmal einigen Jugendlichen, die das Gesetz gebrochen hatten, das Urteil verlesen wurde (vielleicht einige Rutenhiebe auf die Handflächen), protestierten sie gegen den Richter in der Bischofsrobe: sie durften nicht bestraft werden, weil laut Evangelium, «siebenmal sieben Male vergeben werden mußte».

Das Richteramt wurde für Augustinus, der schon durch seine bischöflichen Pflichten stark beansprucht war, oft zu einer schwierigen Belastung. Meist handelte es sich um Streitereien und Auseinandersetzungen um materielle Angelegenheiten, die durch das richterliche Urteil kaum zu jedermanns Zufriedenheit gelöst werden konnten. Dennoch untersuchte er, wie Possidius berichtet, «die einzelnen Fälle sorgfältig und gewissenhaft, und manchmal widmete er den ganzen Tag den Debatten mit den gegnerischen Parteien, ohne sich zwischendurch eine Mahlzeit zu gönnen. Lieber sprach er Recht zwischen Unbekannten als zwischen Freunden: im Streit zwischen Unbekannten konnte er allein durch seine Gerechtigkeit einen Freund gewinnen; umgekehrt konnte er jedoch die Zuneigung eines Freundes verlieren, wenn er ihm unrecht geben mußte» (vgl. *Vita* XIX). Augustinus gehörte zu den Menschen, die auch Mächtigen gegenüber sagen können: «Platon ist ein guter Freund von mir, aber meine Freundschaft zur Wahrheit ist noch größer.»

Manchmal aber verlor er die Geduld: «Sie fragen, bitten und stiften Unruhe, zwingen mich dazu, meine Zeit zu vergeuden, die ich so dringend für die Angelegenheiten Gottes benötigte. Und dann sind sie nicht einmal mit dem Urteil zufrieden!» (*Enarratio in Psalmos* CXVIII; *Serm.* XXIV,3).

Dank seiner geistigen Ausgeglichenheit war Augustinus innerlich so stark gefestigt, daß er auch angesichts der täglichen Ärgernisse und der blutigen Gewalttaten, deren Opfer seine Freunde, die Kirche und die Gesellschaft wurden, seine Ruhe bewahren konnte. Er kämpfte für den Frieden, den er als «Ruhe der Ordnung» bezeichnete. Gott war sein höchstes Gut, und bei der Kontemplation läuterte er seine Beziehungen zu Menschen und Ereignissen.

Nicht nur Donatisten lauerten im Hinterhalt und sorgten für Tumulte. Die Heiden, die inzwischen eine Minderheit darstellten und sich dadurch gedemütigt und unsicher fühlten, standen ihnen in nichts nach. Im Juni des Jahres 408 mußte Augustinus nach Calama eilen, um mit seiner ganzen Autorität Bischof Possidius zu unterstützen, der Opfer eines heidnischen Aufstandes geworden war. Er beschreibt selbst den Hergang des Geschehens. Im Jahr 391 war auf kaiserlichen Befehl eines ihrer großen Heiligtümer, das Serapeum von Alexandria, zerstört worden. Die Gemüter waren erhitzt. Die Ungläubigen hatten in Calama ihren Festtag begangen, den 1. Juni, ohne dabei gestört zu werden. Eine Gruppe Tänzer zog sogar vor die Kirche, eine Herausforderung, die man nicht einmal in den Zeiten des Julian Apostata erlebt hatte. Als die Priester versuchten, der Aufführung ein Ende zu machen, ging ein Hagel von Steinen auf sie und die Kirche nieder. Eine Woche später, nachdem Augustinus die zuständigen Richter an das geltende Recht erinnert hatte und diese auch entsprechende Maßnahmen ergreifen wollten, sorgten die Heiden mit einer weiteren Aufführung für neuerliche Provokation, und wieder flogen Steine. Am folgenden Tag hagelte es vom Himmel: ein Hagelschlag, unter dem das Pflaster zu bersten schien. Manche Priester mögen schon geglaubt haben, die Gegner fürchteten nun den Zorn Jupiters, der sich auf die Seite der Katholiken geschlagen habe. Doch nach dem Hagelschlag gingen die jungen Heiden mit einem noch größeren Steinhagel zum Gegenangriff über. Diesmal legten sie auch Feuer an die Kirche. Eine Panik breitete sich aus, bei der es Tote gab. Die Priester, ihnen voran der Bischof, mußten sich verstecken. Possidius hatte sich in einer kleinen Kammer zusammengekauert. Zitternd hörte er die Rufe der wütenden Aufrührer, die an seinem Versteck vorbeikamen, ohne ihn zu finden, und die darüber fluchten, daß ihnen das nicht gelungen war und sie ihn nicht schon totgeschlagen hatten. Dieser Aufruhr, der um vier Uhr nachmittags begonnen hatte, dauerte bis tief in die Nacht hinein (vgl. *Epist.* XCI,8).

Einmal schrieb Augustinus dem Heiden Nectarius davon, der um Nachsicht für die Schuldigen gebeten hatte, und berief sich auf Ciceros Schrift *De re publica.* Nectarius hatte sicher dieses Werk gelesen, und fraglos war ihm jene zivilisierte Haltung vertraut, die den fremden Anschauungen gegenüber toleranten Bürger auszeichnet. «Sind nicht gerade dies», schreibt Augustinus, «die Prinzipien, wie unsere Kirchen sie lehren, durch die in der ganzen Welt den Völkern die bürgerlichen Tugenden nahegebracht werden?» *(ebd.).*

Einmal machte sich seine Entrüstung in einer wahren Schmährede Luft. In Suffetta hatten die Katholiken eine Statue des Herkules zertrümmert, woraufhin die Heiden sechzig unschuldige Christen niedergemetzelt hatten. Augustinus wandte sich an die verantwortlichen Führer der heidnischen Siedlung und klagte sie an, «die Gesetze von Rom untergraben zu haben». Dann fuhr er fort: «Wenn ihr behauptet, Herkules sei euer Eigentum, so wollen wir ihn euch wiedergeben. Metall ist da, an Steinen fehlt es nicht, ebensowenig an den erforderlichen Marmorsorten, auch Künstler gibt es genug. Euer Gott soll mit allem Fleiße ausgemeißelt, gedrechselt und verziert werden. Auch Mennig schaffen wir zur Stelle; damit soll er bemalt werden, auf daß wieder eure heiligen Gelübde erschallen können. Ja, wenn ihr um euren Herkules jammert, dann wollen wir eine Sammlung veranstalten und euch euren Gott wiederkaufen. Dann aber gebt auch ihr die Seelen wieder herbei, die infolge eurer Grausamkeit ins Jenseits befördert worden sind. Wie also wir euern Herkules euch wiedergeben werden, so sollt ihr das Leben all jener Unschuldigen zurückerstatten!» (*Epist.* L,1).

Niemals jedoch drohte er den Seinen mit Vergeltung, nie wandte er sich an seine Gegner, ohne ihnen darzulegen, wie man in Frieden miteinander leben könnte, wenn man den Prinzipien der zivilen Toleranz folgte.

Augustinus hatte nie die Einmischung des Staates in den Religionsstreit befürwortet. Er hatte sich vielmehr bei Vergehen gegen die öffentliche Ordnung immer für Straferlaß oder -milderung eingesetzt und die Ansicht vertreten, daß über den Glauben das Gewissen des einzelnen und nicht Gewalt entscheiden müsse.

Angesichts der Tatsache aber, daß das Verbrechen immer weiter um sich griff, angesichts auch der Kritik seiner Mitbrüder und des Vorwurfs der Regierung, die Gewalt zu begünstigen, hatte er sich mit der Einmischung der Staatsgewalt abgefunden. Er hoffte, daß auf diese Weise die Ordnung wiederhergestellt und die Verbrecher entmutigt würden. Es gab dafür zwei Gründe: Erstens lösten sich in Wirklichkeit viele, seien es Bischöfe oder ganze Gemeinden, nur deshalb nicht von den Donatisten, weil sie Angst vor den Vergeltungsmaßnahmen der terroristischen Circumcellionen hatten («Laß' Dich nicht von der Angst besiegen . . .», schrieb Augustinus dem donatistischen Bischof Maximinus, den er sehr schätzte); und zweitens hoffte er, viele könnten durch angemessene Strenge davon überzeugt werden, daß «der Weg der Gewalt der falsche Weg» sei.

«Ein wenig Einschüchterung . . ., verbunden mit einer gesunden Belehrung!» sagte er damals. «Wenn wir uns aber auf Einschüchterung beschränken würden, ohne sie zu belehren, so wäre dies ein erbarmungsloser Despotismus! Wieviele überzeugte Katholiken wurden nicht aus den Circumcellionen, die jetzt ihr früheres Leben und ihren bedauernswerten Irrtum verdammen, aus dem sie glaubten, für die Kirche Gottes zu tun, was sie aus unruhigem Frevelsinn taten!» (*Epist.* XCIII). Der ganze Brief ist ein Schriftstück von großer Aktualität, und heutige Politiker und Richter täten gut daran, ihn einmal zu lesen. Denn Terrorismus und Reuebereitschaft sowie die damit verknüpften Probleme sind keineswegs nur Erscheinungen unserer Zeit.

Augustinus wußte, daß ein paradiesisches Zusammenleben der Menschen immer Utopie bleiben würde. Wie wir gesehen haben, war für ihn nicht einmal die Kirche, die «Mutter der Heiligen und Sünder», ein Reich des vollkommenen Friedens. Er war Realist: Die Menschen können zwar gebessert und bekehrt werden, ihr Wesen aber läßt sich nicht verändern. Die Wiederherstellung des Paradieses ist hier auf Erden nicht möglich – es erwartet uns am jenseitigen, endgültigen Ufer.

Niemals gab sich Augustinus der Illusion hin, daß man im Frieden einer einzigen großen Familie leben würde, wären erst Manichäer, Pelagianer, Donatisten und Circumcellionen beseitigt. Erinnern wir uns an folgenden Satz: «Es gibt *innere und äußere* Feinde (der Kirche); die äußeren Feinde sind leichter zu meiden, die inneren schwerer zu ertragen ...» Doch bekämpfte er seine Feinde mit Waffen des Herzens: mit Liebe und Verständnis für ihre Schwierigkeiten. Dazu schrieb er: «Nur jene, die nicht die Mühsal kennen, die uns die Suche nach der Wahrheit auferlegt, gehen grausam gegen euch vor ... Ich aber, der ich so lange von meinen Irrtümern gepeinigt war, könnte niemals grausam gegen euch sein» (vgl. *Contra Lett. Fund.* II,3). Doch welche Engstirnigkeit herrschte auch in seinen eigenen Reihen! Sei es aus Mangel am christlichen Geist der Vergebung, sei es aus Rachsucht oder aufgrund unbedachter Provokationen ... So kam es vor, daß ein donatistischer Bischof der katholischen Glaubensgemeinschaft wieder beigetreten war, da er nicht länger gegen sie und gegen die von ihr eingenommene Position ankämpfen wollte – und fanatische Katholiken wollten ihn dafür zur Rechenschaft ziehen. Solche und ähnliche Fälle geschahen immer wieder. Da klagte Augustinus sie mit einer Härte an, die man nicht von ihm erwartet hätte: «Ich wende mich an eure Barmherzigkeit: damit quält ihr mein Innerstes. Ich wiederhole: Ihr quält mich. Ich sage es euch in aller Offenheit, diese Art von Eifer verabscheue ich!» (vgl. *Serm.* CCXCVI,11,12).

Sogar seine Mönche fielen ihm mit kindlichem Übereifer zur Last: etwa die radikalen Verfechter einer strengen Liturgie oder Brüder, die sich für manche Gesänge derart begeisterten, daß sie darüber stritten, wann und wie im Chor gesungen werden mußte. Als Augustinus von dem Streit erfuhr, sagte er: «Habt ihr einen Verstand oder seid ihr dressierte Amseln und Papageien? Das Herz, das euch befiehlt, wann und wie ihr Gottes Lob singen sollt, das Herz, das euch erleuchtet, pocht es in eurer Brust oder nicht?» (vgl. *Enarratio in Psalmos* XVIIIb,1).

Die gegenseitigen Verleumdungen unter den Mönchen wollten nicht enden. Augustinus hatte folgende Zeilen verfaßt und sie im Refektorium aufhängen lassen, wo während der Mahlzeiten der Klatsch besonders grassierte: *«Jedem, der sich darin gefällt, Abwesende schlecht zu machen, sei gesagt, daß dieser Tisch nicht für ihn gedeckt ist.»*

Possidius erzählt, daß einmal sonst vortreffliche Ordensbrüder zu Gast im Kloster gewesen seien, die sich während des Mittagsmahls daran ergötzt hätten, schlecht über andere zu reden. Da sei Augustinus empört aufgestanden und habe mit dem Finger auf die Zeilen an der Wand gedeutet: «Könnt ihr lesen? Entweder ihr hört sofort damit auf oder ich begebe mich in meine Kammer! Oder aber ihr löscht das aus, was dort geschrieben steht ...» (vgl. *Vita* XXII,7).

Als herausragender Mensch, der er war, hatte er unter seinen Gläubigen einfache Menschen, die ihn verehrten und seine tiefe Frömmigkeit verstanden. Aber auch wohlhabende Leute waren unter seinen Bewunderern, die aus seiner Freundschaft Nutzen ziehen wollten. Vermögende Damen, die glaubten, er sei ihnen etwas schuldig, wenn sie ihm eine schöne Seidentunika zum Geschenk machten ... An sie gerichtet sagte er in einer Predigt: «Ein Gewand aus Seide für Augustinus? Er aber ist arm, arm wurde er geboren. Eine Seidentunika? Und was soll ich damit tun? Sie ist nicht für mich, entweder ich gebe sie zurück oder, falls man darauf besteht und ich nicht unhöflich sein will, verkaufe ich sie und verteile den Erlös an die Armen, die um mich sind ...» (vgl. *Serm.* CCLXV,13). Da er aber kein kleinlicher Heuchler, sondern ein feinfühliger, durch und durch menschlicher Charakter war, schrieb er einem jungen Mädchen, das den frühzeitigen Tod seines Bruders, eines Priesters, beweinte und Augustinus eine schöne Tunika schickte, die es für den Verstorbenen genäht hatte: «Das Gewand, das Du mit Deinen keuschen Händen geschaffen hast und von dem Du wünschtest, daß ich es annähme, ich habe es erhalten: ich werde die Tunika anziehen, die Du für Deinen Bruder genäht hast – sogar jetzt, da ich diese Zeilen schreibe, trage ich sie bereits ...» (vgl. *Epist.* CCLXIII,1). Eine wahrhaft noble Geste!

DIE BITTERKEIT DER GEWALT

Gegen Ende des ersten Jahrzehnts des fünften Jahrhunderts war Augustinus körperlich so erschöpft, daß er an drei aufeinanderfolgenden Provinzialkonzilen in Karthago nicht teilnehmen konnte. Er nutzte die Zeit, um sich verstärkt seiner Gemeinde in Hippo zu widmen, dem Volk und dem Klerus. Auch seine literarische Produktion verlangsamte sich in dieser Zeit.

Dennoch unternahm er eine kurze Reise nach Milevi. Unterwegs legte er einen Aufenthalt in Cirta ein, um mit einigen Gläubigen zu sprechen, ehemaligen Donatisten, die zum katholischen Glauben bekehrt waren. Diese Begegnung machte ihn glücklich. Nach den Unstimmigkeiten, von denen er in seinem Brief an Maximinus (*Epist.* XXIII) berichtet hatte, und nachdem nun die Einigkeit des Glaubens wiederhergestellt war, wies Augustinus jedoch jedes Verdienst, das ihm, der die Ungläubigen bekehrt hatte, ja durchaus zukam, mit dem Hinweis zurück, es sei Gottes Werk gewesen. Aus dem Stegreif hielt er eine kleine geistreiche Rede. Darin erinnerte er seine Zuhörer an den Philosophen Xenokrates, der durch einen Vortrag über die Vorzüge der Enthaltsamkeit einen Betrunkenen, der überdies das Publikum mit seinen Rülpsern störte, vom Alkohol heilte. Xenokrates war damals so klug gewesen, diese plötzliche Bekehrung nicht seinen Worten, sondern den Göttern zuzuschreiben. «Wenn das körperliche Wohl», schloß Augustinus seine Rede, «allein Gott zu verdanken ist, wie jener Heide erkannte, wieviel verdanken wir ihm dann erst mit Blick auf unser Seelenheil!» (*Epist.* CXLIII,2).

In dieser Zeit sahen ihn seine Diözesane öfter in den Straßen von Hippo. Er besuchte Kranke, denen er die Sakramente erteilte oder die Hand auflegte, er besuchte Arme und Waisen ... Possidius berichtet, daß Arme und Kranke die einzigen waren, die er zu Hause besuchte. Einladungen zum Essen nahm er aus Prinzip nicht an.

Ein Bischof war in einer kleinen Ortschaft eine geachtete Persönlichkeit, und Augustinus war dies für Hippo um so mehr. Wenn er vorüberkam, grüßten ihn die Leute, die Mütter küßten den Saum seines Mantels und hielten ihre Kinder seiner segnenden Hand hin. Augustins Bischofsring, mit dem er seine Briefe versiegelte, zeigte ein Gesicht im Profil (*Epist.* LIX,2). Doch er trug ihn nie. Überquerte er die Straße zum Hafen, so blieb er stehen, um mit den vielen Fischern zu reden und die vertäuten Boote zu betrachten: «Seid gut zueinander wie eure Boote. Seht, wie sie einträchtig nebeneinander auf den Wellen schaukeln.»

Im Haus des Bischofs herrschte zwischen den Mönchen und Priestern eine lebhafte Herzlichkeit. Auch seinen Studien und der Arbeit an seinen Werken zuliebe wäre Augustinus lieber immer in Hippo geblieben: Dort standen ihm zwei Bibliotheken zur Verfügung, die der Kirche und die des Klosters (vgl. *Epist.* CCXI,7.13), und das Archiv war stets auf dem neuesten Stand.

Eine eindrucksvolle Umgebung bildete das weiträumige Refektorium, wenn die Mönche zum Essen versammelt waren. Possidius erzählt, daß Augustinus ganz bestimmte Vorstellungen hatte. So waren zum Beispiel die Schüsseln, in denen das Essen auf den Tisch kam, entweder aus Ton, Holz oder Stein, das Geschirr aber aus Silber. Während der Mahlzeit wurde vorgelesen und geredet. Er nahm nicht die Schlüsselgewalt wahr, alles war den zuständigen Brüdern anvertraut, die ihn ständig auf dem laufenden hielten. Nie fehlte es an einem guten Schluck Wein, da man der Worte des heiligen Paulus an Timotheus gedachte: «Trink nicht nur Wasser, genieße auch ein wenig Wein!» (1Tim. 5,23). Wer aus Vergeßlichkeit während des Gesprächs gegen die Regel verstoßen hatte, niemals zu schwören, blieb ohne Getränk (vgl. *Vita* XXIV; XXV).

Bei Tisch zog Augustinus dem Essen das Gespräch vor, die brüderliche und familiäre Unterhaltung.

Alle Probleme der Kirche Afrikas oder der Gesellschaft im allgemeinen wurden in dieses Gespräch einbezogen, in dem natürlich Augustinus kraft seiner Autorität den Ton angab.

Wir können hier ein Beispiel dafür geben. Einer der Mönche drückte einmal sein Erstaunen darüber aus, daß erst am Abend zuvor der Bischof in seiner Predigt einige feindselige Äußerungen über die Donatisten gemacht habe, doch schon an diesem Morgen habe der donatistische Amtsbruder davon erfahren und darauf geantwortet. Man fragte sich, wie er denn so schnell davon gewußt haben konnte. Dafür hatte der Küster eine Erklärung: «Oh, sie haben ihre Spione. Gestern abend bemerkte ich zwei Personen in den hinteren Sitzreihen, die sich Notizen machten . . .»

Oder man sprach über einen der großen Wünsche Augustins: die materielle Unabhängigkeit des Klerus. Nach Augustinus sollten Geistliche, wie Possidius überliefert, weder staatliche Unterstützung annehmen noch Grund und Boden besitzen, sondern sich allein durch die wohltätigen Spenden der Gläubigen erhalten (vgl. *Vita* XXIII). Unter den Mönchen waren manche damit einverstanden, manche aber auch entschieden anderer Meinung. Bald wurde das Gespräch zunehmend lebhaft. Augustinus gab zu bedenken, wie lästig die Verwaltung von Besitz sei – welche Unannehmlichkeiten etwa eine Erbschaft bereite, wenn sie vom Erblasser zurückgefordert wird, weil ein Sohn ihn dazu mit der Drohung gezwungen hatte, ihn für unmündig erklären zu lassen (vgl. *ebd.* XXIV).

«Es ist so schön und einfach», sagte Augustinus, «an die Barmherzigkeit unseres Volkes zu appellieren, es zu erziehen und sich zum Werkzeug der Vorsehung zu machen! Ihr selbst habt es gesehen.» Und er erinnerte sie, in welchem Zusammenhang das war. «Ich habe dem Volk gesagt, daß im Hause Gottes kein Pfennig mehr da ist, um die Armen zu speisen, und das Volk hat bereitwillig gespendet . . .»

«Und wenn es nicht gespendet hätte?» fragte einer.

«Dann hätte ich den Gläubigen gesagt, daß die heiligen Gefäße zerbrochen oder eingeschmolzen werden müssen. Und ich weiß auch, daß Ambrosius, dessen Andenken ich verehre, einmal von dieser Notwendigkeit sprach und schrieb, daß von ihr ohne Zögern Gebrauch gemacht werden müsse, wenn es unumgänglich sei. Ich selbst will in meiner Predigt die Gläubigen ermahnen, weil sie die Kasse für die Armen und die Sakristei vernachlässigen, um den Altar mit Gerät zu versorgen ...» (vgl. *ebd.* XXIV).

Diese Zeugnisse sind an verschiedenen Stellen seiner Predigten zu finden. Von sich selbst sagte er: «Ich bin der Bettler unter den Bettlern! Und es stört mich nicht! Solange ihr in der Schar meiner Kinder seid» (vgl. *Serm.* LXVI,5).

Manchmal waren die Unterhaltungen ernst und gelehrt, manchmal gab es aber auch Grund zum Lachen. So etwa, als einmal ein Mönch sagte: «Wie schön ist doch das Paradies, aber wie schrecklich ist der Tod!» Daraufhin erzählte Augustinus ein Erlebnis, das er mit einem heiligen Bischof hatte, einem wahrhaft gebildeten und gottesfürchtigen Mann. Der Bischof lag im Sterben, und Augustinus besuchte ihn. Der Greis bewegte seine zitternde Hand unter der Decke, und ohne etwas zu sagen machte er eine Geste, die bedeuten sollte: «Es ist Zeit zu gehen ...» Um ihn zu trösten, sagte Augustinus, daß er nicht so denken solle, er könne im Dienste der Kirche weiterleben. Der andere aber sagte mit schwacher Stimme: «Wenn ich niemals sterben muß, so mag's denn gut sein, wenn es aber doch einmal sein muß, warum dann nicht jetzt?» (*Vita* XXVII,9).

Augustinus berichtete auch von der Erzählung des Märtyrers Cyprianus, die dieser in seinem Brief *Über die Sterblichkeit* niederschrieb. Ein Bischof wollte sterben, um nicht länger den Mißgeschicken des Daseins ausgesetzt zu sein. Kurz vor seinem Tod aber flehte er Gott an, ihn leben zu lassen. Da erschien ihm ein wunderschöner Jüngling, und er war glücklich ... In der Verwirrung des Todeskampfes erkannte er ihn aber nur undeutlich, er hätte ihn gerne genauer und bei vollem Licht angesehen. Da hörte er seine Stimme: «Zu leiden fürchtet ihr euch, die Welt verlassen wollt ihr nicht – was soll ich mit euch tun?» (*ebd.* XXVII,11).

Sorgenvoller und trauriger wurde das Gespräch, wenn von der religiösen Situation die Rede war. Häufig wurden Nachrichten von Gewalttaten der Circumcellionen bekannt, die sie einmal einem katholischen Bischof, dann wieder einer ganzen Glaubensgemeinschaft zugefügt hatten.

Possidius wurde Opfer eines Hinterhalts der Circumcellionen, als er seine Diözese in Calama besuchte. Sie überfielen ihn und sein ganzes Gefolge, raubten Reittiere und Gepäck, überschütteten sie mit Beschimpfungen und Schlägen. Der Advokat der katholischen Kirche von Calama wollte nicht stillschweigend über dieses Verbrechen hinweggehen und erstattete Anzeige bei Gericht. Crispinus, der donatistische Bischof von Calama, wurde zu einer Geldbuße verurteilt. Er erhob aber Einspruch und bestritt gegenüber dem Prokonsul, ein Häretiker zu sein. Possidius sah sich genötigt, gegen diese Behauptung vorzugehen. Denn hätte sich der Irrtum verbreitet, der Häretiker wäre einfach ein katholischer Bischof, so wäre es zum Skandal unter den Gläubigen gekommen. Augustinus bestand darauf, daß die Frage in einem Streitgespräch zwischen den beiden gelöst werden solle. Es fanden drei Dispute statt, und dem Prokonsul wurde ein Bericht geschickt. Ganz Afrika wartete auf den Ausgang der Angelegenheit. Crispinus wurde öffentlich zum Häretiker erklärt. Zufrieden mit dem Urteil, trat Possidius bei dem Richter dafür ein, daß dem Gegner die Strafe erlassen werde. Crispinus legte aber Berufung beim Kaiser ein, der nicht nur das Urteil bestätigte, sondern auch ihn, den Richter und das Gericht dazu verurteilte, jeweils zehn Goldpfund zu bezahlen, da sie mit der Aufhebung der Geldstrafe das Gesetz gebrochen hatten. Augustinus persönlich mußte seinen Einfluß am kaiserlichen Hof geltend machen, um einen erneuten Erlaß zu erwirken (*ebd.* XII,2,3; vgl. auch *Epist.* CV,4; *Contra Cresc.* III,50 – 25).

Bald erreichte Afrika die Nachricht vom Mord an dem berühmten Stilicho, der, alles in allem, mit der Klugheit des Barbaren den Zusammenbruch der Lage verzögert hatte. Die Donatisten jubelten, da sie ihm die kaiserlichen Maßnahmen gegen das Schisma zur Last legten. Sie hofften nun auf eine andere Politik und gebärdeten sich dreister als zuvor. Sie brachten das Gerücht in Afrika auf, daß bald ein Erlaß zur Duldung des Schismas ergehen würde. Die Richter selbst schienen nachgiebiger zu sein, auch wenn einer unter ihnen, der weniger bekannte Kommissar Johannes, im Jahr

401 während einer Volkserhebung ermordet wurde, die ihren Ursprung in dem verschärften Kampf zwischen Katholiken und Donatisten gehabt hatte.

Augustinus war zutiefst verbittert. Er fühlte sich schuldig, da er immer, im Unterschied zu allen andern, gegen die strenge Anwendung der Gesetze auf die Donatisten gewesen war. Er suchte unter seinen Priestern und Mönchen einen Mann, der ihn von seinem Zweifel befreite, er selbst habe durch sein beharrliches Drängen, die Gegensätze durch fortwährenden Dialog auszugleichen, das Leben seiner Glaubensbrüder aufs Spiel gesetzt.

In einer Abhandlung wies er Punkt für Punkt die verleumderischen Angriffe des Donatistenbischofs Etilianus zurück: «Man muß sich fragen», schreibt er, «ob da nicht sogar das Benehmen der Barbaren vielleicht milder ist. Denn welchem Barbaren wäre es wie ihnen eingefallen, Kalk und Essig in die Augen unserer Kleriker zu gießen, nachdem sie ihre übrigen Glieder mit Schlägen und Wunden schrecklich zugerichtet haben? Allein gestern wurde mir die Nachricht gebracht, daß in einem Ort achtundvierzig Seelen aus Furcht vor solchen Greueln sich wiedertaufen ließen» (*Epist.* CXI,1).

In den Unterredungen mit seinen Geistlichen schienen ihm die Argumente zu fehlen, er fühlte sich wie ein Schuldiger. Selbst gestand er ein, nicht mehr zu wissen, an wen er sich halten solle.

Den Krug zum Überlaufen aber brachten die Mißhandlungen, die Maximinus, dem Bischof von Bagai, von den Circumcellionen zugefügt worden waren. Die Nachricht, die auf schnellstem Wege dem Kloster überbracht wurde, rief Grauen und Entrüstung unter den Anwesenden der gerade stattfindenden Beratung hervor. Während der Bischof am Altar die Messe zelebrierte, griffen sie ihn mit Stöcken, Säbeln und sogar mit Brettern von dem eben zertrümmerten Altar in unvorstellbarer Wut an. Sie fügten ihm Stichwunden in der Leiste zu und zogen ihn blutend durch den Staub. Die Gläubigen wollten ihm zu Hilfe kommen, ihn mit sich fortnehmen. Die Angreifer aber, deren Wut sich noch steigerte, entrissen ihn ihren Händen und brachten ihn hinauf auf einen Turm, von dem sie ihn noch lebend hinunterstürzten. Der Zufall wollte, daß er auf einen Misthaufen fiel. Da man ihn für tot hielt, blieb er dort liegen. Nachts wurde er im Licht einer Laterne von einigen Vorübergehenden entdeckt. Sie brachten ihn zu einer katholischen Familie, die ihn bei sich versteckte. Durch sorgfältige Pflege gelangte er allmählich wieder ein wenig zu Kräften, obwohl man die Hoffnung schon aufgegeben hatte. Alle glaubten, er müsse sterben, doch gelang es ihm, wieder auf die Beine zu kommen, ja er fand sogar die Kraft, nach Italien zu reisen, um sich dem Kaiser zu zeigen. Als dieser sah, wie übel er zugerichtet war, beschloß er voller Empörung, die Gesetze gegen die Donatisten mit aller Härte anwenden zu lassen (vgl. *Epist.* CLXXXV,27).

Am 25. August 410 – einen Tag, nachdem Rom gefallen war – unterzeichnete Honorius einen Erlaß, mit dem der Donatismus für illegal erklärt und jegliche Toleranz ihm gegenüber widerrufen wurde.

Mit der Entscheidung des Kaisers nahm der Plan konkrete Formen an, der oftmals schon von den katholischen Bischöfen vorgeschlagen, doch von den Donatisten stets zurückgewiesen worden war. Die donatistischen Bischöfe antworteten nicht einmal mehr auf Augustins Briefe, der zu einer Versammlung der Würdenträger beider Glaubensrichtungen nach Karthago eingeladen hatte.

Der Kaiser hatte als Prokonsul Macrobius nach Afrika geschickt, als Befehlshaber des Heeres den Kommissar Heraklian und als Inspektor für religiöse Fragen den Volkstribun Marcellinus. Dieser hatte den speziellen Auftrag, die Konferenz zwischen Katholiken und Donatisten zu organisieren.

Im Klerus – und nicht nur im Kloster von Hippo, sondern in Augustins ganzem Wirkungskreis – wurden diese Beschlüsse und Neuernennungen diskutiert. Augustinus forderte in seiner Betrübnis die Gläubigen dazu auf, um ein Eingreifen Gottes in die Angelegenheiten der Kirche zu beten. In seinen Predigten an das Volk forderte er Einigkeit unter den Christen: «Wenn du dir einen Finger verstauchst, gehst du dann nicht zum Knochenarzt, weil ein Körper nur dann gesund ist, wenn alle seine Gliedmaßen gesund sind? Hast du dir die Haare schneiden lassen und stellst im Spiegel fest, daß der Barbier sie ungleichmäßig geschnitten hat, dann ärgerst du dich. Die Haare! Was gibt es Unwichtigeres an unserem Körper als die Haare. Du hältst es für unwürdig, Gott in der

Einigkeit der Glieder von Christi Leib zu dienen, aber du verlangst, daß bei deinen Haaren Einigkeit herrsche?» (vgl. *Util. de dig.* V; VI).

Noch andere Dinge geschahen im Reich, die Augustinus Sorgen machten. Die Vorausschauendsten unter den Bewohnern Italiens suchten woanders nach sichereren Lebensbedingungen. Viele wanderten nach Afrika aus, um in den bevorstehenden Tagen der Not einen Unterschlupf zu haben.

Indessen schmiedete Alarich heimlich seine politischen Pläne. Sein Ziel war Rom: erst wollte er die Stadt dem Erdboden gleichmachen, um dann auf ihr seinen Ruhm aufzubauen. Er träumte davon, Italien zu erobern, die warmen südlichen Regionen und Sizilien, und schließlich Afrika! Afrika reizte seine Abenteuerlust.

«SO GOTT WILL»

Der 24. August 410 hatte für die damalige Zeit eine ähnliche Bedeutung wie für uns der Tag, an dem die erste Atombombe über Hiroshima explodierte. An jenem historischen Tag fiel Rom. Es wurde von den Barbaren Alarichs geplündert, und wenn es auch nicht vernichtet worden war, so war es doch gedemütigt vor der Geschichte, die es über jedes andere Volk erhoben hatte. Die Welt, die es für unbesiegbar durch göttlichen Ratschluß hielt, war zutiefst bestürzt. Hätten die Invasoren die Stadt dem Erdboden gleichgemacht, um die Demütigung mit ihrem Tod der Vergessenheit anheimzugeben, wäre die Wirkung auf die Völker geringer gewesen.

So hatte sich jene Vorahnung über das politische und militärische Schicksal Roms erfüllt, die Scipio Africanus d. J. angesichts der Trümmer Karthagos, das er selbst zerstört hatte, im Jahre 146 überkam: «Voller Angst ahne ich, daß einst mein Vaterland das gleiche Schicksal treffen wird.» *

Dieser Tag war nun gekommen. Wie ein Blitz durchfuhr die Nachricht die Regionen des Reiches. Augustinus aber bewies nun, mit welchem Gespür ein religiöser Mensch afrikanischer, nicht römischer Herkunft, der ganz dem Ideal des von ihm beschriebenen Gottesstaates lebte, auf das Schicksal des weltlichen Römi-

* B. H. Warmington, *Storia di Cartagine*, S. 308, Einaudi, Turin.

schen Reiches reagierte. Trotz aller Fehler, Schwächen und Greueltaten dieses Imperiums hatte er es freigesprochen, damit es seine universale Berufung erfüllen könne. In seinen Predigten sprach er so oft davon, daß er seine Zuhörer geradezu damit langweilte: «Wenn er nur endlich einmal aufhören wollte, von Rom zu reden!»

Er wußte von den Greueln jenes Mittwochs, des 24. August 410: von der Gewalt gegenüber den Menschen, den Frauen, von der Zerstörung und den Bränden in den Gebäuden, von den Plünderungen und der Flucht all derer, die ihr Hab und Gut zurückließen ... Viele nahmen Zuflucht in Afrika, das immer noch als sicher galt. Augustinus wußte, daß Alarich, ein Arianer, also ein Christ, seinen Söldnern alles erlaubt hatte außer der Schändung christlicher Kirchen, was vielen Menschen das Leben rettete, die dorthin geflohen waren. Er verglich Rom mit dem geschlagenen Hiob: je größer das Unglück ist, desto stärker muß das Licht der Tugend leuchten! Wer es für eine Schande hielt, daß Rom in die Hände der Barbaren gefallen war, Rom, die Wächterin am Grab des Petrus, Paulus und Laurentius, dem hielt er entgegen: «Diese Gräber befinden sich in Rom, gewiß; aber nicht in dem von Stadtmauern umgrenzten Rom.» Damit wollte er erklären, daß es sich hier um keine Frage der Geographie, sondern des religiösen Zusammenhalts handle. Ein anderes Mal sagte er: «Die Peterskirche ist wunderschön, besser aber ist der Petrus-Brief!»

In einem Brief an eine junge römische Witwe namens Italica beklagte er, daß er keine detaillierten Informationen über die Zerstörung Roms erhalten habe: «Von der wirklich großen Not wurden mir bedauerliche und schmerzliche Dinge berichtet, die jedoch weniger beunruhigend waren» (vgl. *Epist.* CXCIC,1).

Er hielt eine berühmte Rede über die Zerstörung Roms, *De urbis excidio.* Darin sagte er: «Schreckliche Dinge wurden berichtet: Blutbäder, Brände, Raub und Folter. Wir haben gelitten, oft geweint. Es ist schwer, Trost zu finden ...» (*Pred. über die Zerst. Roms* II,3). Und er schließt: «Rom wurde mit Christus ans Kreuz geschlagen!»

Und an anderer Stelle: «Es ist das Schicksal der Welt, unterzugehen, sie wird alt, ihr Atem wird in ihren hohen Jahren kürzer, sie geht zu Ende! Dennoch dürft ihr euch nicht ängstigen, denn ihre Jugend erneuert sich wie die Jugend der Adler. Schaut, sagen sie, Rom fällt, und es fällt zur Zeit des Christentums! Vielleicht bricht Rom nicht zusammen, vielleicht ist es zwar gegeißelt, aber nicht zerstört; getadelt, aber nicht dem Erdboden gleichgemacht. Rom wird nicht untergehen, solange die Römer nicht untergehen. Rom befindet sich nicht innerhalb von Stadtmauern, sondern im Herzen der Römer. Es geht nicht um Steine und Holz, um schöne Gebäude und große Mauern. All dies wurde erbaut, um zerstört zu werden. Das, was der Mensch erbaut, zerstört er auch. Und auch wenn jenes Rom untergeht, das Romulus gegründet hat: Wird doch selbst die Welt, die Gott schuf, in Flammen aufgehen! Dennoch wird weder das einstürzen, was der Mensch schuf, noch das, was Gott schuf, es sei denn, Gott hat es so beschlossen. Und wenn das, was der Mensch geschaffen hat, ohne den Willen Gottes nicht einstürzt, wie könnte dann durch menschlichen Willen das einstürzen, was Gott schuf?» (vgl. *Serm.* LXXXI,8-9)

In seiner Nächstenliebe setzte Augustinus alles in Bewegung, um Aufnahme und Herberge für die Flüchtlinge zu finden, die alles hatten zurücklassen müssen. Am gleichen Ort, an dem Hieronymus von Palästina seinem Entsetzen Ausdruck über die Ereignisse gab, beschuldigte er den Kommissar von Afrika, Heraklian, gegenüber den Flüchtlingen seiner Grausamkeit und seinem Geiz freien Lauf gelassen zu haben (vgl. *Epist.* CXXX). Die Trauer des heiligen Hieronymus über das Gemetzel von Rom war nicht zuletzt deshalb groß, weil er viele gute Freunde in der Hauptstadt des Reichs gehabt hatte (vgl. *Epist.* CXXXVI; CXIII). Augustinus hingegen mußte als überraschter Zeuge am Ort des Geschehens die Flüchtlinge ermahnen: sie schienen die Zerstörung ihrer Stadt schon vergessen zu haben und gingen ihren Vergnügungen nach. Vor allem in Karthago strömten sie täglich in die Theater, wie verrückt nach den Vorführungen der Komödianten (vgl. *Gottesstaat* I,32).

Nachdem Alarich Rom mit seiner Wut heimgesucht hatte, gab er seinen Söldnern den Befehl, in Richtung Süden bis nach Sizilien zu marschieren, um dann nach Afrika vorzudringen. Er erreichte die Meerenge von Messina, doch wurde in einem Sturm seine

Flotte zerstört. Entmutigt wich er nach Norden zurück. Es fehlte ja nicht an anderen Leckerbissen: Gallien, Spanien ...

Doch auf diesem Rückzug starb Alarich. Seine Söldner bestatteten ihn in einem prächtigen Grab. Sie leiteten den Lauf des Busento um und machten so aus der Lage des Grabmals für die Nachkommen ein Rätsel.

Afrika blieb für weitere zwanzig Jahre unter römischer Herrschaft, genau bis zum Tod Augustins im Jahr 430. Es hielt den zahlreichen Konflikten stand, die durch den Ehrgeiz der örtlichen Regierung und der chronischen Schwäche des Honorius und seiner Generäle verursacht wurden. Im Jahr 413 versuchte Heraklian selbst gegen Rom zu marschieren, doch fand sein Feldzug ein klägliches Ende.

Die vielfältige Verantwortung und all die bitteren Erfahrungen führten dazu, daß Augustinus wieder erkrankte. Ende des Jahres 410 war er gezwungen, Hippo für kurze Zeit zu verlassen. Er begab sich zur Erholung in ein Haus auf dem Land.

Dabei gab es viel für ihn zu tun, denn die Konferenz mit den Donatisten, die im darauffolgenden Jahr stattfinden sollte, mußte vorbereitet werden. Sie bot ihm die Gelegenheit, durch seine Mitwirkung den Dialog der Wiederversöhnung entscheidend zu beeinflussen. Hierfür hatte er einen unersetzlichen Verbündeten gefunden, der ihm bald ein Freund geworden war: jener Tribun Marcellinus, den Honorius mit der Aufgabe nach Afrika geschickt hatte, den Streit mit den Donatisten zu schlichten. Augustinus und Marcellinus entdeckten sofort die geistige Verwandtschaft, die sie miteinander verband wie Vater und Sohn.

Beunruhigt über die verbreitete Beschuldigung, Rom sei wegen der Christen gefallen, machte sich Marcellinus mit solchem Eifer für die Sache der Katholiken stark, daß es ihm gelang, Augustinus zu dem gewaltigen Unternehmen zu überreden, das Buch vom *Gottesstaat* zu schreiben, Augustins bedeutendstes Werk, an dem er viele Jahre arbeitete. Seit 399 war er schon stark von einer anderen Arbeit beansprucht, der Abhandlung *Über die Dreieinigkeit*, die er im Jahr 426 fertigstellte. Den *Gottesstaat* sollte er 427 beenden.

Die Begegnung mit Marcellinus gibt uns die Möglichkeit, von

den Freundschaften Augustins zu sprechen. Neben dem intimen Gedankenaustausch waren sie in vielen Fällen die Grundlage erfolgreicher Zusammenarbeit, sowohl in Ausübung seines geistlichen Amts als auch im zivilen Bereich.

Augustinus war ein Mensch, der tiefe Freundschaften pflegte: «lieben und geliebt werden», so sagte er selbst, war ihm ein Bedürfnis. Wenn schon in seiner Jugend seine freundschaftlichen Beziehungen neben der Zuneigung auch von der Übereinstimmung in wichtigen Dingen geprägt waren, so konnte er sich nach seiner Bekehrung keine wirkliche und tiefe Freundschaft ohne die gegenseitige Übereinstimmung in religiösen Fragen vorstellen. Mit Marcellinus verband ihn diese Freundschaft, und wir werden noch sehen, wie weit sie ging. Augustinus strebte aber diese Übereinstimmung auch mit anderen Menschen an, mit Dichtern und Denkern ebenso wie mit Politikern und Beamten. Er achtete die Behörden und verhandelte mit ihnen immer in aller Offenheit, wobei er im Dienste der Wahrheit und des Guten Einfluß zu nehmen versuchte, soweit es nur in seiner Macht stand. Diese Freundschaften nutzte er nie für persönliche Vorteile aus. Er lehnte es ab, «Empfehlungen» bei den Zivilbehörden auszusprechen. Dazu sagte er: «Bittet man die Mächtigen um einen Gefallen, so werden sie bald ihre Gegenforderungen stellen.» Sah er sich dennoch einmal aus Gründen der Nächstenliebe oder der Gerechtigkeit dazu gezwungen, so tat er es auf so dezente Weise, daß der Vikar von Afrika, Macedonius, ihm darüber, wie Possidius uns berichtet, seine Anerkennung zum Ausdruck brachte: «Ich bewundere sehr, mit welcher Weisheit Du mir Nachricht gabst von jenen, die der Hilfe bedürfen» (vgl. *Vita* XX,1,2,3).

Er verstand es auch, die Freunschaft mit Menschen aufrechtzuerhalten, die ihm Kummer bereiteten oder sich für einige Zeit von ihm entfernten. Vor allem aber litt er, wenn Freunde von einst ihn verrieten oder hartnäckig bekämpften, wie der junge pelagianische Bischof Julianus von Eclana.

Ich glaube, daß zwei Freundschaften besondere Erwähnung verdienen: die schöne Freundschaft mit Paulinus, dem Bischof von Nola, und dessen Frau Tarasia sowie jene schwierige, manchmal geradezu verbissene Freundschaft mit Hieronymus.

Paulinus entstammte einer römischen Familie und war ein Jahr vor Augustinus 353 in Bordeaux geboren. Er hatte zunächst verschiedene Ämter in der Verwaltung ausgeübt. Später hatte er sich zum Katholizismus bekehrt und durch Delphinus die Taufe empfangen. Er lebte nun einige Zeit zurückgezogen in Spanien. Nachdem er 394 zum Priester geweiht worden war, zog er mit seiner Frau Tarasia nach Nola, um den klösterlichen Idealen nachzueifern. In Nola wurde er jedoch zum Bischof geweiht. Augustinus lernte ihn nie persönlich kennen; Zeugnis ihrer Freundschaft ist allein ihr reger Briefwechsel. In einem der Briefe bittet der Bischof von Hippo ihn, sich um seinen früheren Schüler Licentius zu kümmern, der ihm wohl Sorgen bereitete. Da sich Paulinus jedes Jahr auf Pilgerfahrt nach Rom begab, um die Grabmale der Apostel zu ehren, hatte er die Möglichkeit, Licentius zu treffen.

In der reichhaltigen Korrespondenz zwischen den beiden gibt es einige Lücken, so daß wir die Ursachen für einige Momente der Krise in ihrer so innigen Beziehung nicht kennen. Paulinus war nämlich mit Pelagius und Julian von Eclana befreundet. Diese Beziehungen konnte Augustinus wegen der treulosen und häretischen Geisteshaltung der beiden natürlich kaum gutheißen. Ihr reger Briefwechsel ist dennoch ein Beweis dafür, daß es sich um eine einzigartige Freundschaft gehandelt haben muß, die von gegenseitiger Aufrichtigkeit und Zuneigung getragen wurde. Geistig lebte Paulinus im Schatten Augustins, dessen Leben er sich zum Vorbild genommen hatte. Er schätzte sich glücklich, in ihm einen Menschen gefunden zu haben, mit dem er sich eines Geistes wußte.

Noch interessanter ist die Freundschaft zwischen Hieronymus und Augustinus, die nicht immer ohne Spannungen verlief. Wie uns bereits bekannt ist, hatte Hieronymus in Rom zusammen mit Damasus in der römischen Kurie gelebt. Er beriet Damasus dort besonders in den schwierigen Fragen, die sich aus einer neuen, wissenschaftlicheren Übersetzung der Bibeltexte ergaben. Nach dem Tod des Damasus hatte er sich nach Palästina zurückgezogen und verschiedene Klöster gegründet. Augustinus hatte seine Bedenken hinsichtlich einer Neuübersetzung der Bibel. Eine solche Erneuerung der Heiligen Schrift mußte seiner Ansicht nach unter anderem zu Schwierigkeiten bei der Lesung und auch in der psalmodischen Liturgie führen, da in jenen Zeiten die Verbreitung der Schriftstücke schwierig war und viel aus dem Gedächtnis rezitiert wurde. Außerdem stimmte er in der Interpretation einiger Abschnitte nicht mit Hieronymus überein, zum Beispiel in der Frage, ob der Streit zwischen Petrus und Paulus über die Judenbekehrung echt war, wie er sagte, oder nur taktisch, wie Hieronymus meinte.

Die Briefe, in denen Augustinus um Erläuterungen bat, wurden fehlgeleitet und erreichten deshalb nicht direkt den Einsiedler von Bethlehem, sondern landeten in Rom, wo Hieronymus jedoch Feinde besaß. Er war wütend, da er sich von dem jungen Bischof verhöhnt glaubte. Mit Recht war er stolz auf sein gründliches Bibelstudium: «In meiner Jugend war ich von einem ungeheuren Bildungseifer. Niemals erhob ich wie manche andere den Anspruch, mir alles selbst erschlossen zu haben. In Antiochia besuchte ich eifrig die Vorlesungen des Apollinarios von Laodikeia ... Meine Haare wurden weiß und paßten eher zu einem Lehrer denn zu einem Schüler. Und trotzdem wollte ich nach Alexandria, um Didimus zu hören. Vielleicht glaubten die Leute, ich würde nun nicht mehr die Schule besuchen. Dennoch fand ich mich in Jerusalem und Bethlehem wieder, und ich sage euch nicht, was mich die nächtlichen Lektionen bei dem Rabbiner Barabina kosteten ...» (vgl. *Epist.* LXXXIV an Pamacchius und Oceanus).

Man kann sich leicht vorstellen, wie sehr Hieronymus verletzt gewesen sein muß, als ihm von der angeblichen Kritik eines jungen Bischofs berichtet wurde, der sich hier als Bibelforscher aufspielte. Als Augustinus seine unfreiwillige Taktlosigkeit bewußt geworden war, tat er alles, um den anderen um Verzeihung zu bitten und ihn zu beruhigen. Auf seine neuerlichen Briefe antwortete Hieronymus mit einer «Doublette»: mit dem Brief CII aus dem Jahr 402 und dem Bief CV aus dem Jahr 403. Aus ihnen klingt äußerste Verstimmung: «Du forderst einen alten Mann heraus, läßt ihn nicht in Ruhe, obwohl er nicht diskutieren möchte! Du erweckst dabei den Eindruck, als wolltest Du mit Deinen Kenntnissen protzen ...»

Augustinus schreibt: «Wenn ich Dich beleidigt habe, so verzeih mir! Und wenn ich Dir nicht sagen kann, was meiner Meinung nach in Deinen Schriften einer Korrektur bedarf, so wollen wir es auf sich beruhen lassen. In unserem Wissen werden wir niemals vollkommen sein, sei's drum. Verletzen wir nur das Gebot der Nächstenliebe nicht . . .» (vgl. *Epist.* CX).

Hieronymus antwortete sarkastisch: «Ich bitte Dich! Ich bin ein Veteran im Ruhestand, zwinge mich nicht dazu, wieder zu den Waffen zu greifen und mein Leben aufs Spiel zu setzen. Du, der Du jung bist und auf dem Gipfel Deiner bischöflichen Würde . . . belehre die Völker und fülle die Speicher Roms mit den neuen Früchten Afrikas» (vgl. *Epist.* CXII unter den Briefen des Augustinus).

Augustinus bittet: «Zeigen wir unseren Zuschauern, daß es möglich ist, verschiedene Vorstellungen zu haben und dennoch Freunde zu bleiben . . .» (vgl. *Epist.* CXVI).

Hieronymus weicht nicht von seinem Standpunkt ab, doch klingt er nun versöhnlicher: «Du schickst mir einen Brief nach dem anderen . . . Noch einmal muß ich Dir klar und deutlich sagen: Du forderst einen alten Mann heraus! Aber vergiß nicht: der alte Ochse hat auch den schwereren Huf!» (vgl. *Epist.* CV und CII). Schließlich und nicht zuletzt aufgrund von Augustins großer Sanftmut lenkt Hieronymus ein: «Ich war in Furcht, erwartete einen Brief von Dir. Ich sage nicht, daß ich darauf wartete, ich forderte ihn. Schluß mit den Streitereien, schreiben wir uns nicht von Problemen, sondern von Freundschaft!» (vgl. *Epist.* CXV).

Und zum Schluß Hieronymus' großartige Lobesworte an seinen «Rivalen», die als Inschrift auf seinem Grabstein stehen könnten. Hieronymus schreibt: «Sehr gut! Die ganze Welt kennt Dich, die Katholiken feiern Dich als den Mann, der den alten Glauben wiederhergestellt hat. Noch wichtiger aber ist: die Häretiker hassen Dich!» (vgl. *Epist.* CXCV unter den Briefen des Augustinus). Diese Worte klingen, als wollte der große Eremit vor seinem Tode im Jahr 418 die Fackel an Augustinus weitergeben.

AN DEN THERMEN VON GARGILLA

Die Konferenz von Karthago an den Thermen von Gargilla wurde am 1. Juni 411 eröffnet. Honorius hatte ihr mit einem *Einigungsedikt* zugestimmt, und sein Bevollmächtigter, der Tribun Marcellinus, hatte sie durch eine Verordnung einberufen, die allen katholischen und donatistischen Bischöfen zugestellt worden war.

Wir wissen heute, daß die katholischen Bischöfe diese Unterredung schon seit Jahren wünschten. Immer wieder hatte man darum Delegationen an den kaiserlichen Hof in Ravenna gesandt. Das donatistische Episkopat hatte sich dagegen dieser Zusammenkunft stets widersetzt. Frühere Versuche, einen offenen Dialog herzustellen, um den Skandal eines solchen «Glaubenskrieges» zu beenden, waren immer an der Unnachgiebigkeit gescheitert, die sich Primianus, der donatistische Bischof in Karthago, zu eigen gemacht hatte: «Es geht gegen die Ehre der Söhne der Märtyrer, mit den Abkömmlingen der *traditores* zusammenzutreffen» (*C. part. Donat. post gesta* I,1; *Enarr. in Psalmos* XXXVI,2,18).

In der Zwischenzeit hatten die Circumcellionen ihre Überfälle mit maßloser Unverfrorenheit fortgesetzt. Ihr Haß hatte nach dem Tod Stilichos sogar noch zugenommen, da unter den Donatisten die Überzeugung herrschte, der *Generalissimus*, nicht der Kaiser, habe die repressiven Gesetze gegen ihre Kirche durchgesetzt. Delegationen von katholischen Bischöfen wurden an den Hof von Ravenna ausgesandt. Possidius, Bischof von Calama, gehörte im

Jahr 410 einer dieser Delegationen an. Und im gleichen Sommer hatte sich auch der Bischof von Bagai, der so übel zugerichtete Maximinus, im eigenen Namen dorthin begeben. Die Abgesandten bewiesen, daß nicht die Behauptungen der Donatisten, sondern gerade das Gegenteil wahr war: Honorius und nicht Stilicho hatte mit diesen harten Gesetzen den religiösen und sozialen Frieden durchsetzen wollen. Noch bevor Olympius zum Nachfolger Stilichos und *magister officorum* (eine Art Staatssekretär mit einem eher politischen als militärischen Aufgabenbereich) öffentlich bekannt war, hatte ihm Augustinus zwei Briefe geschickt. Als Antwort bekam er von Olympius, einem Katholiken, die Zusicherung, daß dieser seine ganze Macht in den Dienst der Wahrheit und der Versöhnung in Afrika stellen wolle (vgl. *Epist.* XCVI und XCVII). Den Hintergrund von Augustins Ausführungen bildete die Tatsache, daß die katholischen Bischöfe alle Anstrengungen unternommen hatten, die Ordnung wiederherzustellen, und daß es nun keine andere Lösung mehr gab, als diese Konferenz einzuberufen. Honorius beauftragte damit Marcellinus in einem Brief vom 14. Oktober 410 *Inter Imperii.*

Da nun Marcellinus, obwohl er Katholik war, Unparteilichkeit garantierte, mußten auch die donatistischen Bischöfe zustimmen. Sie beschlossen, mit ihrer beachtlichen Anzahl von Delegierten auf eindrucksvolle Weise an der Konferenz teilzunehmen.

Wie mag es in jenen Wochen vor dem berühmten Juni 411 in Karthago zugegangen sein! Die Ankunft der sechshundert päpstlichen Vertreter, bärtige oder bartlose Männer, in feierliche, farbenprächtige Gewänder gekleidete Würdenträger, die mit feisten oder mageren Händen den Hirtenstab umschlossen hielten! Und dann die praktische Organisation, etwa die Aufgabe, Abstellmöglichkeiten für die mehr oder weniger herausgeputzten Wagen und Reittiere zu finden. Das Gewirr von Sekretären und Dienern, die einen alten oder leidenden Bischof umsorgten ... Der letzte römische Geschichtsschreiber, Ammianus Marcellinus, der zwar Heide, dem Christentum gegenüber aber aufgeschlossen war, beschreibt mit Vergnügen und feiner Ironie die Szenerie: «In flatternden Gewändern eilen Bischöfe aus allen Regionen herbei, auf öffentlichen Wagen oder Reittieren, von einer Synode, wie sie ihre Versammlungen nennen, zur nächsten, mit dem Eifer von Missionaren, die jeden Gläubigen gleich welchen Kultes zu ihrer Religion bekehren wollen und dabei zu ihrer Bequemlichkeit jegliche Transportmittel mit Beschlag belegen ...» (vgl. *Hist. Rom.* XXI,16,18).

Kaum wieder genesen, erwies Augustinus sich als die Seele der Konferenzvorbereitungen. Da seine Anwesenheit in Karthago unumgänglich war, bat er seine Gläubigen in Hippo um Verständnis: «Vor allem bitte ich euch, meine Freunde, und beschwöre euch bei Christus, daß euch meine leibliche Abwesenheit nicht betrüben möge. Niemals könnte ich euch verlassen, daran dürft ihr nicht zweifeln. Ich leide vielleicht mehr als ihr! Denn das soll eure Liebe wissen, daß ich nie aus freien Stücken fort gewesen bin, sondern nur wegen der unabweisbaren Dienstpflicht ...» (*Epist.* CXXII,1).

Am Mittwoch, dem 17. Mai 411, kam Augustinus in Karthago an, wohin er direkt aus seinem Landhaus geeilt war. Über die zwei Wochen, die der Disputation vorausgingen, sagte er: *«occupatissimus fui* – ich war völlig überlastet» (vgl. *De gest. Pelag.* XXII,46).

Zwei Reden hielt er vor den Gläubigen in Karthago: die Predigt *Serm.* CCCLVII, in der er an die Großzügigkeit und Gastfreundschaft der Familien angesichts der zahlreich erschienenen Bischöfe appellierte; und die Predigt *Serm.* CCCLVIII zu dem Thema «Friede und Nächstenliebe», in der er versuchte, die seelische Verfassung der Donatisten zu verstehen: «Hin- und hergerissen sind auch sie zwischen ihrer Liebe zum Frieden und dem stolzen Willen, nicht besiegt zu werden.» Am gleichen Ort wandte er sich auch an das Verantwortungsbewußtsein der Katholiken: «O wenn doch die Nächstenliebe und nicht die Feindseligkeit recht behielte! Der wirkliche Sieger ist der, der sich aus Nächstenliebe besiegen läßt, und nur, wenn es ein Sieg der Wahrheit ist. Der Sieg der Wahrheit aber ist die Nächstenliebe.» Dann gedachte er der fernen Wurzeln des Streits, erinnerte an Donatus, Caecilian: «Was aber waren Donatus und Caecilian? Menschen! Wie auch immer sie gewesen sein mögen, gut oder schlecht. Du aber sollst Christus folgen!» Er zitierte den heiligen Paulus, den Erklärungen darüber aufregten, welcher Partei innerhalb der Gemeinde dieser oder jener Christ angehöre: «Ich gehöre zu Paulus, ich zu Petrus ...» «Und ich gehöre zu Christus», hielt der Apostel dagegen. «Kann man Christus vielleicht teilen?»

Der entscheidende Punkt der Kontroverse war für Augustinus die *Einheit der Taufe*, des wichtigsten Sakraments des christlichen Glaubens. Der Taufe die Gültigkeit abzusprechen, gleichgültig, welche Würde der Priester hatte, der sie spendete, hieß nichts anders, als die Bedeutung der Taufe an und für sich zu leugnen. Denn nicht die größere oder geringere Heiligkeit des Zelebranten verleiht dem Sakrament seine Wirksamkeit. Vielmehr birgt sie in sich selbst die Kraft der Erneuerung, als sei es Christus in Person, der die Taufe spendet, ist sie doch ein Sakrament Jesu Christi. Deswegen kann im Notfall der außerordentliche den ordentlichen Taufspender vertreten, ein christlicher Laie etwa, ja sogar ein Häretiker, Heide oder Sünder, vorausgesetzt, er oder sie will das tun, was nach Christi Willen geschehen soll. Damals entstand jener Teil der Glaubenslehre, den später die Theologen der Scholastik in die berühmte Formel fassen sollten: *«non ex opere operantis, sed ex opere operato»*, das heißt, die Wirksamkeit des Sakramentes liegt nicht in der Person des Spenders, sondern in dem Sakrament selbst begründet.

Augustinus verbot allen Unbeteiligten, den Ort der Versammlung zu betreten. Er ordnete sogar an, nach Möglichkeit die nähere Umgebung zu meiden, um nicht mit Streitsüchtigen zusammenzutreffen – um weder zu provozieren noch provoziert zu werden. «Wir sprechen für euch, ihr betet und fastet für uns, verteilt Almosen ...»

Die Donatisten bestanden darauf, daß alle Vorschriften und die gesamte Tagesordnung bis ins kleinste Detail von beiden Seiten festgelegt wurden.

Werfen wir zuerst einen Blick auf den Ort, an dem die Konferenz stattfand. Es gibt heute keine archäologischen Überreste mehr von den Thermen von Gargilla. Augustinus beschreibt das Gebäude, das im Zentrum der Stadt lag, als weiträumig, lichtdurchflutet und kühl (vgl. *C. part. Donat. post gesta* 25,43,35,58). Keine Kathedrale also, die den Gottesdiensten der einen oder anderen Glaubensrichtung diente, sondern – dafür hatte Marcellinus gesorgt – ein neutraler, weltlicher Ort.

Der kaiserliche Gesandte führte den Vorsitz unter Mithilfe eines Kollegiums von Beamten, die vermutlich aus Ravenna gekommen waren und nicht unbedingt der katholischen Glaubensgemeinschaft angehörten. Sie mochten vielleicht Arianer sein.

Man hatte vereinbart, daß der Verlauf der Diskussion einem Ausschuß von vierzehn Bischöfen, sieben von jeder Seite, anvertraut werden sollte, die jeweils im Namen der anderen sprachen. Sie wurden von ebenso vielen Bischöfen unterstützt, die als Sachverständige oder Berater fungierten. Jeweils vier katholische und donatistische Bischöfe sollten die Protokolle überprüfen, um Fehler oder Fälschungen zu vermeiden. Schließlich stellten beide Seiten vier Schreiber, die sich jeweils zu zweit mit den Schreibern des Richters abwechselten, damit spätere Klagen ausgeschlossen wären, die Reden seien etwa nicht wörtlich mitgeschrieben worden. Und eine letzte Vorsichtsmaßname war die Verpflichtung der Bischöfe, jeden Text zusammen mit dem Richter mit dem eigenen Namenszug gegenzuzeichnen, um nachträgliche Änderungen auszuschließen.

All dies erfahren wir in einem Brief Augustins, den er zusammen mit anderen Bischöfen am 14. Juni 412 an die Donatisten geschrieben hatte (vgl. *Epist.* CXLI,2). Darin machte er auch darauf aufmerksam, daß «die Protokolle der Öffentlichkeit zugeführt wurden in allen Orten, in denen eine Kenntnisnahme notwendig ist», und «da diejenigen, die sie unterschrieben haben, noch leben, wird die darin garantierte und bekräftigte Wahrheit auch für die Nachkommen noch gültig sein».

Die donatistischen Bischöfe zogen in einer großartigen Parade durch die Straßen von Karthago, zweihundertneunundsiebzig an der Zahl. Die Katholiken hingegen vermieden jegliches Aufsehen und traten nur vereinzelt auf. Sie waren zweihundertsechsundachtzig. Von der Gesamtzahl der afrikanischen Bischöfe fehlten einhundertzwanzig Würdenträger, die nicht teilnahmen, und vierundsechzig Ämter waren nicht besetzt.

Man darf sich über die große Anzahl christlicher Bischöfe in Afrika vor dem Einfall der Vandalen und der Moslems nicht wundern. Ein derart stattliches bischöfliches Kollegium spricht vielmehr für die günstige Lage des Christentums im Afrika des fünften Jahrhunderts.

Die donatistischen Bischöfe bedienten sich sofort der berüchtigten Methode der Obstruktion, um die eigentliche Diskussion der Themen, die auf der Tagesordnung standen, systematisch zu blokkieren. Verfahrenstaktische Spitzfindigkeiten, Überprüfung jeder einzelnen Unterschrift, namentliches Aufrufen eines jeden Bischofs. Der katholische Bischof antwortete dem Aufruf und mußte zudem noch von seinem donatistischen Amtsbruder, der ihm am nächsten stand, bestätigt werden. Für eine gewisse Komik sorgte ein donatistischer Bischof namens Felix, der sich Bischof von Rom nannte. Die katholischen Bischöfe beschränkten sich darauf zu erklären, daß die Würde des regierenden Papstes Innozenz davon unberührt bliebe, lachten und fuhren in der Tagesordnung fort. Der Abend brach herein, und die Sitzung wurde auf den folgenden Morgen vertagt. Die Donatisten verlangten eine Vertagung auf den 8. Juni.

Am 8. Juni wurde die Konferenz fortgesetzt. Die Donatistenbischöfe wollten sich nicht setzen, da sie an jenem Tag den Psalm «Ich setzte mich nicht unter die Sünder» rezitiert hatten. Sollte sich für sie vielleicht etwas an der Sache ändern, wenn sie stehen blieben? Augustinus ahmte den Tonfall des von ihnen zitierten Psalms nach und gab mit leichter Ironie zu bedenken: «Aber nun, da ihr eingetreten seid, könnt ihr euch auch setzen . . .» Aber die andern wollten stehen bleiben. Und aus Respekt vor den Bischöfen waren nun auch die Katholiken und selbst Marcellinus gezwungen, aufzustehen.

Auf Bitten Augustins hatten die katholischen Bischöfe äußerst großzügige Vorschläge unterbreitet. Würde die Entscheidung zu ihren Gunsten ausfallen, wollten sie sich verpflichten, bei der Führung einer Diözese einen donatistischen Kollegen hinzuzuziehen. Und sie wollten sogar ganz auf ihr Amt zugunsten des Donatisten verzichten, wenn dieser in der Lage sei, die Glaubwürdigkeit seines Christentums zu beweisen.

Augustinus, den die Katholiken als einen ihrer Wortführer beauftragt hatten, sprach im Geist der Nächstenliebe: «Ihr seid in der Nächstenliebe unsere Brüder. Gefährden wir nicht auf der Jagd nach unserer Ehre den Frieden Christi. Welche Ehre wird uns im himmlischen Frieden zuteil werden, wenn wir jetzt unsere Ehre mit irdischem Zank verteidigen?» (Vgl. *Serm.* CCCLVIII, *passim*). Und er hielt an diesem Geist der Nächstenliebe leidenschaftlich fest, wenn auch ohne jede Emphase und Rethorik. Er entkräftete die geschichtlichen Gründe für das Schisma, er gestand den Menschen ihre Schwäche zu – nicht aber dürften sie die durch Christus garantierte Wirklichkeit der Kirche gefährden. Er ehrte Cyprianus, auf dessen Autorität sich die Donatisten beriefen, wie er auch Petrus ehrte, aber er bedachte auch – und gab dies den andern zu bedenken –, daß in der Praxis auch ein Heiliger Fehler machen könne und daß ihre Demut sie sicherlich korrigiert hätte, wenn ihnen dazu das heroische Martyrium im Zeichen Jesu Christi wie im Falle Cyprians die nötige Zeit gelassen hätte. Und schließlich erinnerte er daran, daß auch die Entscheidung eines Provinzialkonzils durch ein übergeordnetes Konzil korrigiert werden könne, wenn es darum gehe, eine Wahrheit zu vertiefen, der nicht genügend auf den Grund gegangen worden sei, und man nun klarer erkenne, was zuvor nicht zu erkennen war. Dabei könne dies ohne überheblichen Fanatismus, ohne Mißgunst und Neid geschehen, vielmehr «mit heiliger Demut, katholischem Frieden und christlicher Barmherzigkeit!» (vgl. *Über die Taufe* II,3). Über die Theologie und die Spiritualität der Taufe hatte er soviel nachgedacht und geschrieben, daß er darin mehr als beschlagen war: er liebte dieses Sakrament aus ganzem Herzen; an ihm hatte er sich vor vierundzwanzig Jahren, als Ambrosius ihn in Mailand getauft hatte, als dem Ursprung und Quell des christlichen Lebens gelabt.

Vergeblich trat ihm Petilianus mit seiner Wortgewalt entgegen, um ihn zu unterbrechen, vergeblich hagelten die Schmähworte des Emeritus. Viele Bischöfe unter den Donatisten standen im Innern ihres Herzens schon auf seiner Seite, mehr als einer versuchte insgeheim sein Schluchzen zu verbergen ... Als Marcellinus die Donatistenbischöfe zur Erwiderung aufforderte, «trachteten diese danach, wieder von vorne zu beginnen, indem sie Dinge wiederholten, die schon gesagt und von den Katholiken widerlegt worden waren». Als nach mehrstündiger Beratung der Disput sich erschöpft hatte, wurde spät in der Nacht der eindeutige Sieg der katholischen Kirche verkündet. Dies war am 8. Juni 411.

Von der Konferenz wurde ein offizieller Bericht abgefaßt, der aufgrund der wortreichen Beiträge der Donatisten recht weitschweifig ausfiel. In einem Kompendium faßte Augustinus auf bewundernswerte Weise das Wichtigste zusammen. Auch in einem seiner Briefe (CXLI) schrieb er von der Beratung.

Kurz darauf sagte er in einer Predigt in Karthago: «Schwierig gestaltet sich die Eintracht auch zwischen Brüdern. Und warum? Weil sie *Erde* sein wollen und deshalb um der Erde willen streiten. Am Anfang hörte der Mensch ein Wort: Erde bist du und zu Erde wirst du! Aber den Christen wurde auch noch ein anderes Wort gesagt: Du bist der Himmel und in den Himmel wirst du kommen!» (vgl. *Serm.* CCCLIX,1).

Die Konferenz rüttelte an den Grundfesten der donatistischen Lehre. Viele Bischöfe und Gläubige traten zur katholischen Glaubensgemeinschaft über, und Augustinus sorgte dafür, daß sie wie Brüder aufgenommen wurden. Manches Mal mußte er einen Gläubigen ermahnen, der sich engherzig zeigte.

Es wäre allerdings naiv zu glauben, daß die ganze Woge von Haß und Gewalt nun plötzlich verebbt wäre. In Hippo selbst wurde der Priester Innozenz schwer verwundet und ein Amtsbruder namens Restitutus sogar ermordet. «Das sind Wahnsinnige», sagte Augustinus, «die den Verstand verloren haben. Die Liebe ist nun noch wichtiger geworden. Auch sie müssen geliebt werden!» (vgl. *Serm.* CCCLVIII,8). Und er bat Marcellinus und dessen Bruder, den Prokonsul Apringius, in einem Brief, hart gegen die Gewalt vorzugehen, nicht jedoch die Todesstrafe anzuwenden.

An Marcellinus schrieb er: «Wir können jede Einmischung hinsichtlich ihrer Hinrichtung unterlassen, da sie offenkundig nicht durch Anklage von unserer Seite ausgeliefert werden. Übe, christlicher Richter, das Amt eines guten Vaters! Zürne über das Verbrechen, aber vergiß dabei nicht, auch auf die Menschlichkeit Rücksicht zu nehmen!» (*Epist.* CXXXIII,1 und 2).

An Apringius: «Ich fürchte, daß sie (...) wegen der erwiesenen Mordtat durch Dein richterliches Urteil bestraft werden mögen.

Doch daß dies nicht geschehe, darum bitte ich als Christ den Richter und ermahne ich als Bischof den Christen. Sie haben mit ruchlosem Stahl Christenblut vergossen. Du aber halte selbst das Schwert des Rechtes um Christi Willen von ihrem Blute fern! Sie haben dem getöteten Diener der Kirche die Lebenszeit abgekürzt. Du verlängere den lebenden Feinden der Kirche die Frist zur Buße!» (*Epist.* CXXXIV,1 und 4).

Während seines Aufenthalts in Karthago befand sich der Bischof von Hippo eines Tages inmitten einer Schar von Geistlichen und Gläubigen, die gekommen waren, um ihm zu huldigen. Beim Anblick eines bestimmten Mönchs, der auf ihn zukam, mußte er instinktiv schaudern. Dieser Mann mit asketischem Gesicht und unstetem Blick hatte sich unter die Gruppe der Bewunderer gemischt, um Augustinus zu gratulieren und ihm die Hand zu küssen. Der Bischof von Hippo erkannte ihn nicht, da er ihn noch nie gesehen hatte. Später sagte er: «Ich blickte ihm einoder zweimal ins Angesicht . . .» (vgl. *De gest. Pelag.* XXII,46).

Jener Mönch war Pelagius. Eine Schlange, die vor den Westgoten Alarichs aus Rom nach Afrika geflüchtet war. Augustinus wußte nicht, daß er nach dem Sieg über die Donatisten sechs weitere mühevolle Jahre kämpfen mußte, um Afrika von dieser giftigen Schlange zu befreien!

«ICH WERDE BEI EUCH BLEIBEN»

Anfang Oktober kehrte Augustinus nach Hippo zurück. Sobald die Hufe der Reittiere auf dem Pflaster des Hofes zu hören waren, wußten die Mönche von seiner Heimkehr. Einer rief: «Der Bischof ist wieder da!» Alle umringten ihn und küßten ihm die Hand.

Augustinus spürte trotz der freundlichen Begrüßung eine Mißstimmung unter den Mönchen. Seit Mai war er nicht mehr hier gewesen! Sie grollten ihm in ihrer Liebe, die Vernunftgründen unzugänglich war. Sie hatten unter seiner Abwesenheit gelitten, wie Kinder, denen die Mutter fehlt. Es war für sie nicht einfach zu verstehen, daß er einen schweren Kampf ausfechten mußte – daß seine Abwesenheit von Hippo und seine Reisen von äußeren Umständen abhingen. Er hatte den Priestern und Gläubigen aus der Ferne einen Brief geschrieben, in dem er wiederholt betont hatte, daß seine körperliche Abwesenheit niemals persönliche Gründe hatte.

Die seit Jahren geplante Konferenz von Karthago war für die Kirche in Afrika ein wichtiger Moment gewesen, ein Moment des Dialogs zwischen den verfeindeten Glaubensbrüdern. Auch wenn keine vollständige und endgültige Versöhnung hatte erzielt werden können, so war sie doch ein Akt des guten Willen gewesen, der Reibungen und Schwierigkeiten auf beiden Seiten und damit auch die Gewalt vermindert hatte.

Nur durch die Liebe, dachte Augustinus, konnte das engmaschige Netz des Terrors durchbrochen werden. Zumindest einseitig auf den Dialog zu dringen, konnte als Ergebnis immerhin dazu führen, daß auch die andere Seite nachgab und beide Seiten sich genötigt sahen, ihre Gründe offen und ehrlich darzulegen. Es mochte der (wenn auch vielleicht mühsame) Anfang des christlichen Friedens sein, wenn es einen rein religiösen Frieden, der nicht zugleich die ganze menschliche Ordnung umfaßte, überhaupt geben konnte.

Alle wußten, wie groß sein Verdienst an dem Ergebnis der Konferenz war. Diesmal wurde er aber von den Seinen nicht als Triumphator begrüßt. Aber er wollte auch gar nicht im Mittelpunkt stehen und sich feiern lassen. Seine Demut und seine Seelengröße verboten es ihm.

Als er von seinem Reittier abstieg und diejenigen seiner Brüder umarmte, die er am meisten liebte und die ihm am nächsten standen, spürte er dennoch diesen Groll. Ein Mann von wirklich geistiger Größe macht sich über die gewöhnlichen Menschen keine Illusionen. Er muß geben und abermals geben, und nachdem er alles gegeben hat, verstehen und verzeihen. Mit seinen fünfundfünzig Jahren war er sich seiner Wirkung auf andere bewußt, der Sicherheit, die er durch seine Person auf sie ausstrahlte. Er gehörte zu den Menschen, die eine Leere ausfüllen und die sich, wenn sie einen Ort verlassen, für die zurückgelassene Leere verantwortlich fühlen, auch wenn die Rückkehr noch so gewiß ist.

In seinem weiträumigen, einfachen Zimmer empfing er den Mönch Heraclius, einen Priester von ungefähr vierzig Jahren. Augustinus schätzte ihn sehr, und wenn er sich von Hippo entfernte, übertrug er ihm die üblichen Ämter zur Leitung der Diözese. Er war überall beliebt, und Augustinus ernannte ihn später zu seinem Nachfolger.

Heraclius trat mit einem Bündel von Papieren ein. Er mußte ihn über die eingegangenen Briefe informieren, über die Situation der Priester, der Mönche und des Volkes. Als er eintrat, lächelte er, anstatt zu grüßen. Auch Augustinus antwortete mit einem Lächeln, doch sprach er seinen Namen aus, Heraclius, und legte dabei seine ganze Zuneigung in diesen Namen.

«Ich bin glücklich über deine Heimkehr, Vater! Alle unsere Brüder freuen sich. Bist du müde?»

«Ein bißchen, ja, Heraclius ... Aber wenn man liebt, wird man entweder erst gar nicht müde, oder man liebt selbst die Müdigkeit ... Ist hier alles beim alten?»

In diesem Augenblick hörte man auf dem Gang mehrere Menschen husten.

Augustinus horchte auf und sagte: «Ich höre draußen Husten ...»

«Ja Vater! In den nächsten Tagen wirst du gestört werden. Eine starke Erkältung geht um. Halb Hippo liegt krank im Bett, aber die Ärzte sagen, daß es nichts Ernstes sei ...»

«Heraclius, du mußt aufmerksam über die Gesundheit unserer Brüder wachen.»

Dann berichtete Heraclius von den eingegangenen Briefen, unter anderem von einem der adligen Melania, die sich gerade in Tagaste aufhielt.

«Streitereien?» fragte Augustinus.

«Der übliche Zank zwischen dem Mönch Speranza und dem Priester Bonifatius ...»

«Sie streiten immer noch?» meinte Augustinus und trommelte nachdenklich mit den Fingern auf dem Schreibtisch. Dann fuhr er fort: «Ich muß die beiden unbedingt zu Paulinus nach Nola schikken ...»

«Nach Nola?» fragte Heraclius.

«Nach Nola», bestätigte der Bischof, «zum Grab des Märtyrers und Heiligen Felix. Man sagt, daß der heilige Felix immer weiß, wer recht und wer unrecht hat, ich komme zu keinem Schluß ...»

«Wie Salomo?» fragte nun der Mönch.

«Wie Salomo! Aber vermeiden wir vor allen Dingen, daß der Streit zwischen dem Mönch und dem Priester bei dem Volk Aufsehen erregt. Ich muß Paulinus ohnehin einige Briefe und Handschriften schicken ...» (vgl. *Epist.* LXXVIII,3).

Augustinus schwieg, als würde ihm dieser Streit schwere Sorgen bereiten. Auch Heraclius schwieg und wartete. Der Bischof fuhr fort: «Hoffentlich machen die Leute daraus keinen Skandal! Sie haben Achtung vor unseren Mönchen, lieben und verteidigen sie. Erinnerst du dich, als Petilianus mir befahl zu schweigen?

‹Schweig›, sagte er zu mir, ‹du Vater dieser Mönche!› Und er maßte sich an, sie mit diesen Wandermönchen zu vergleichen, diesen langhaarigen Kreaturen, die so sehr den Circumcellionen ähneln. Ich brauchte zum Volk nur zu sagen: ‹Sie vergleichen eure Mönche mit ihren Circumcellionen. Sagt ihr, ob der Vergleich paßt . . .› Und schon brach der Applaus los.»

Heraclius meldete weiter: «Der Donatist Pancarius aus Germanicia hat geschrieben. Er verlangt die sofortige Versetzung des Priesters Secundinus und macht dunkle Drohungen. Er will ein Stück Land von der Kirche. Man müßte ihn zum Schweigen bringen . . .»

Augustinus nahm ein Blatt und setzte einen Brief auf. Nachdem er ihn vorgelesen hatte, reichte er ihn Heraclius: «Hochwohlgeborener Pancarius, bevor Seine Durchlaucht in Germanicia ankam, war der Priester Secundinus unter den Bewohnern überaus beliebt. Ich weiß nicht, warum sie nun, wie Du berichtest, ihn der verschiedensten Dinge beschuldigen. Achte lieber darauf, daß nicht das Haus und die Kirche dieses Priesters geplündert und zerstört werden . . .» (vgl. *Epist.* CCLI).

Heraclius berichtete auch von einem Priester namens Abundantius, der zwar der Rechtsprechung des Primas von Numidien unterstand, seine freie Zeit aber gerne auf dem Gebiet der Diözese von Hippo verbrachte. Er hatte das Geld, das ihm ein Bauer zur Aufbewahrung im Kloster anvertraut hatte, unterschlagen, ohne sein Handeln entschuldigen zu können. Kurz vor Weihnachten verabschiedete er sich von dem Pfarrer von Gippi. Obwohl er vorgab, in seine Kirche zurückzukehren, blieb er im Ort, wo er in dem Haus einer Dirne übernachtete, nachdem er dort schon zu Mittag und zu Abend gegessen hatte. Augustinus klärte die Angelegenheit, verweigerte ihm die erwünschte Pfarrei auf dem Land und das Empfehlungsschreiben für den Pfarrer von Armemano. Vielmehr schrieb er an seinen Bischof, damit er entsprechende Maßnahmen ergreife: «Was mich betrifft,» so endete der Brief, «so möchte ich keine Gemeinde von Gläubigen einem Priester von so schlechtem Ruf anvertrauen. Denn wenn etwas Schlimmeres passieren sollte, so würde es mich schmerzen und ich hätte die Schuld mir selbst zu geben» (vgl. *Epist.* LXV,1 und 2).

Nachdem Augustinus die wichtigsten Dinge rasch erledigt hatte und Heraclius sich bereits zurückziehen wollte, erklärte der Bischof, daß er von nun an versuchen werde, länger in Hippo zu bleiben, nur noch in dringenden Fällen verreisen wolle und daß er zudem die Absicht habe, am kommenden Sonntag vor dem Volk eine wichtige Rede zu halten, in der es vor allem um Priester und Mönche gehe.

Heraclius entfernte sich mit seinen Akten, kehrte aber kurz darauf eilig in Augustins Zimmer zurück: «Ich vergaß dir zu sagen, Vater, daß während du zu deiner Genesung auf dem Land warst, in Hippo ein gewisser Mönch namens Pelagius erschien. Er hatte ein längliches Gesicht, eine rötliche Hautfarbe und rötliches Haar. Er sagte mir gleich, daß er von deiner Abwesenheit wüßte, fragte aber, wann du zurückkehrtest. Er kam von Rom, war dort vor dem Gemetzel der Goten geflüchtet. Sein Gesicht ist von der Askese gezeichnet, aber sein unsteter Blick übt eine unangenehme Wirkung aus . . .»

Augustinus blickte Heraclius an, aber er sagte nicht, daß er Pelagius in Karthago kurz gesehen hatte und bei seinem Anblick erschaudert war.

Die Stille auf dem Gang draußen wurde von plötzlichen Hustenanfällen durchbrochen.

Am darauffolgenden Sonntag betrat Augustinus die *Basilika vom Frieden*, in der sich das Volk bereits versammelt hatte. Als die Gläubigen ihn zwischen den Säulen erblickten – in ein feierliches Gewand gekleidet, etwas müde und abgezehrt im Gesicht, aber mit einem Lächeln, das seine lange Abwesenheit entschuldigen sollte – brach lauter Beifall los und die Menge rief: «Es lebe Augustinus!» Der Bischof schritt langsam an den Menschen vorüber, spendete den Segen und streichelte die Kinder, an denen er vorüberkam. Der Gottesdienst begann.

Bei der Predigt fiel es ihm schwer, das Wort zu ergreifen. Länger noch als sonst ließ er seine Augen über die Gemeinde schweifen, suchte den Kontakt mit jedem einzelnen Gläubigen. «Ich bin euer Bischof,» begann er, «seit so vielen Jahren bin ich Bischof von Hippo. Nichts wird mich je von euch trennen . . .» Tosender Beifall im Volk. Eine Stimme rief: «Du bist unser Vater, du mußt bei uns bleiben ...» «Ich werde bei euch bleiben, ich werde niemals Bischof einer anderen Stadt sein. So Gott will, werde ich in Hippo sterben, bei euch sterben ...» Und mit lauter, deutlicher Stimme sagte er: «Wenn es nötig ist, werde ich auch mit euch sterben. Nie will ich ohne euch Rettung finden!»

Noch stürmischer hallte nun der Beifall in der Kathedrale wider. Dann verharrten alle in tiefem Schweigen, um Augustinus zuzuhören, der nun ruhiger fortfuhr: «Ich, euer Bischof, war noch jung, als ich nach Hippo kam. Ich suchte einen Ort, an dem ich ein Kloster gründen konnte. Alle irdischen Wünsche hatte ich verworfen, ich versuchte weder das zu werden, was mir damals möglich war, noch strebte ich an zu werden, was ich heute bin, ein Bischof. Ja, ich vermied es sogar, Orte aufzusuchen, wo der Bischofsstuhl gerade frei war. Ruhigen Herzens kam ich nach Hippo, denn hier gab es ja einen Bischof ...»

Eine Stimme unterbrach ihn: «Das wissen wir bereits, niemand bestreitet es ...»

«Gut, hört mir weiter zu. Ich will, daß eure Augen stets über dem Leben des Bischofs, der Priester und der Mönche wachen ...» Die Menge verstummte. Versunken und gespannt wartete sie, worauf er hinaus wollte. «Mir ist etwas zu Ohren gekommen ... Ein Windhauch genügt, damit Neuigkeiten zu mir dringen ... Doch ich bin nicht hier, um Namen zu nennen, der hat dies gesagt und dieser redet schlecht von jenem. Denn ich weiß, daß mir auch manches Falsche zu Ohren gelangt ... Es gibt Menschen, die absichtlich nach schlechten Beispielen suchen oder sie erfinden, damit sie selber ein zügelloses Leben führen können. Sie verleumden sogar andere, um sich selbst in guter Gesellschaft zu fühlen. Um es kurz zu machen, von Anfang an versuchte ich in meinem Bistum Mönche um mich zu versammeln, die meinem Beispiel folgten: ich besaß nichts, und auch sie sollten nichts besitzen.»

Wieder unterbrach ihn ein Rufer: «Auch das ist uns bekannt ... wir sind damit einverstanden ...»

«Doch ihr sollt auch das wissen: wenn ich früher meine Geistlichen verpflichtete, in der Gemeinschaft und in Armut zu leben, so denke ich heute anders darüber. Ich möchte niemanden zu etwas zwingen, ich möchte keine Heuchler um mich haben! Wem Gott nicht genügt, dem genügt auch die Kirche nicht. Wer nach Besitz strebt . . . dem steht es frei zu gehen, ich spreche ihm darum nicht die geistliche Würde ab. Würde ich das tun, so bin ich mir sicher, daß er anderswo Schutz finden würde, hier oder in einem anderen Bistum. Es würde nur heißen: ‹Was hat dieser Priester denn getan? Er möchte nicht bei dir, sondern außerhalb des Bistums nach eigenem Gutdünken leben. Sollte man ihm allein deswegen seine geistliche Würde entziehen?› Und ich sage: Soll er tun, was er will! Wer aber bereit ist, sich von Gott durch seine Kirche erhalten zu lassen und auf Besitz verzichtet, ihn an die Armen verteilt oder der Gemeinschaft gibt, der bleibe bei mir. Wer aber nicht dazu bereit ist, dem sei seine Freiheit wiedergegeben. Ich will keine Meineidigen um mich herum wissen, die bei Gott geschworen haben und ihr Wort nicht halten!»

Sie applaudierten und riefen: «Das wollen auch wir! Aber was ist so Schreckliches passiert?»

«Vergebt mir, meine Lieben, meine Redseligkeit. Es ist das Alter. Wie ihr seht, werde ich allmählich alt, dabei bin ich mit meiner schlechten Gesundheit schon lange nicht mehr jung . . .»

Das Volk spürte, woher seine Niedergeschlagenheit rührte, merkte, daß ein schweres Vergehen innerhalb des Klerus ihn verbitterte. Um ihm seine Zuneigung auszudrücken, rief es erneut: «Es lebe Augustinus! Es lebe Augustinus!»

Der Bischof fuhr fort: «An Verleumdern mangelt es nicht, sowenig es an Freunden mangelt. Wenn aber ein Freund unsere Art zu leben lobt und sagt, daß die klösterliche Gemeinschaft des Augustinus ein Leben führt, wie es in der Apostelgeschichte beschrieben steht, so wird ein bösartiger Verleumder – laßt mich keine Namen nennen –, so wird ein Verleumder ihm sarkastisch das Wort abschneiden und sagen: ‹Ah, du glaubst also, daß man so in Augustins Bischofskloster lebt, genau so, wie du sagst?› Und er wird den Kopf schütteln und abfällig lachen. ‹Warum lügst du?› wird er sagen, ‹warum spendest du unwürdigen Menschen falsches Lob? Gab es nicht in jenem Kloster einen gewissen Mönch, der sein Armutsgelübde gebrochen hat und ein Testament machte?› Was wird der Freund nun denken? Er wird verstummen. Und wenn er wieder den Mund aufmacht, wird er dann dem Bischof, der so leichtgläubig war, oder nicht vielmehr enttäuscht dem Priester, dem Erblasser, seinen Segen erteilen? Nun wißt ihr, meine Lieben, warum ich gezwungen war, euch diese Rede zu halten...»

Auf seine Worte folgte Schweigen.

Augustinus wollte, daß das Volk die Kirche von Hippo unverhüllt vor Augen hatte, denn das Volk selbst ist die Kirche. Als Priester war Aufrichtigkeit ihm ein Bedürfnis, und aufrichtig sollten auch seine Priester gegenüber dem Volk Gottes sein. Heilig mochte sein, wer dazu imstande war, aufrichtig aber konnte jeder sein. Seiner Ansicht nach, so sagte er einmal, übe ein falscher Priester auf das Volk dieselbe Wirkung aus wie eine Vogelscheuche in einem Weizenfeld.

Für die Ursache des Skandals und der vorausgegangenen Rede hatte einer seiner Priester namens Januarius gesorgt. Er hatte zwei Kinder: der Sohn war gleichfalls ein Mönch, die noch minderjährige Tochter im Nonnenkloster. Januarius hatte seinen ganzen Besitz der Kirche vermacht, außer einen Teil, den er für seine Tochter bereitgestellt hatte, damit sie darüber bei ihrer Volljährigkeit entscheiden konnte. Kurz vor seinem Tod setzte er sein Testament auf, mißachtete darin die Rechte seiner Tochter und entfachte dadurch einen heftigen Streit zwischen den Geschwistern um das Erbe. Für Augustinus war das ein schmerzlicher Vorfall, für das Volk ein Skandal. Der Bischof lehnte das Erbe des Januarius ab und verzichtete auf alles, und zwar aus zwei Gründen: erstens verabscheute er den ganzen Hergang des Geschehens, und zweitens war die Einrichtung des Klosters seinen Vorstellungen entsprungen, und gemäß diesen Vorstellungen sollte das Kloster geführt werden!

Er nahm die Gelegenheit wahr, um jenen Gläubigen ins Gewissen zu reden, die kurz zuvor noch die übermäßigen Bedenken ihres Bischofs kritisiert hatten. Tatsächlich fuhr er fort: «Wenn ich singe, so spendet ihr mir Beifall, aber mein Singen verleitet euch nicht zum Tanzen. Ich weiß, daß ihr sagt: ‹Darum hinterläßt niemand sein Erbe der Kirche von Hippo: weil der Bischof es gar nicht annimmt!› Friedliche Erbschaften nehme ich an, nicht aber jene, die nur ein Notbehelf sind und zu Lasten der Kinder gehen, die nicht! Und ihr, die ihr mich angreift, sollt wissen, nicht einmal das Erbe des Schiffbauers Bonifatius wollte ich annehmen. Die Kirche Jesu Christi soll weder Schiffswerften noch Schiffe besitzen, sie ist keine Reederei! Ihre Schiffe würden unweigerlich Schiffbruch erleiden! Die Kirche ist kein Geldverleih. Es ist nicht die Aufgabe des Bischofs, den Geldleiher zu spielen und die bittende Hand des Bettlers zurückzuweisen. Denn ich wiederhole, eine Kirche, die Geschäfte macht, erleidet unweigerlich Schiffbruch! Ich tue besser daran, so zu handeln, wie mein Gewissen mir befiehlt. Jeden Tag klopfen Menschen an unsere Tür, Menschen, die leiden und uns ihre Armut zu Füßen legen. Es zerreißt uns das Herz, nicht allen etwas geben zu können, viele ziehen traurig wieder fort. Aber es ist besser so! Sonst hätten wir nicht einmal das wenige, das wir den Wenigen geben können; wir würden sonst die Gefahr des völligen Schiffbruchs auf uns herabbeschwören ...»

Er sprach mit solchem Eifer, daß sich alle wie Angeklagte fühlten. Ihrem allzu menschlichen Interesse folgend, meinten sie, je reicher die Kirche sei, um so mehr könne sie «für uns Arme» tun. Augustinus dachte aber in völlig anderer Richtung, er hielt sich an das Evangelium. Nachdem er verschiedene Priester, Diakone und Geistliche des Klosters verteidigt hatte, denen zu Unrecht Unterschlagungen vorgeworfen worden waren, und er ihre Redlichkeit eindeutig bewiesen hatte, besiegelte er an jenem Sonntag seine Predigt mit den Worten: «Wenn in Zukunft einer, der sich zur Armut bekannt hat, sein Wort nicht hält und ich ihn dabei entdecke, so werde ich ihm nicht nur meine Einwilligung zu seinem Testament verwehren, sondern ihn auch aus dem Klerus ausschließen. Soll er tausend Konzile anrufen und gegen mich zu Felde ziehen, wo immer er will ... Mit Gottes Hilfe wird er dort, wo ich Bischof bin, kein Geistlicher mehr sein. Ihr habt verstanden, und auch sie haben verstanden» (vgl. *Serm.* CCCLV und CCCLVI).

Vorsichtiger Beifall wurde laut. Doch sogleich unterband Augustinus ihn mit einem Zeichen seiner Hand: «Ich will nicht euren Beifall», sagte er, «gebt mir eure Tränen.»

Obwohl es den Anschein hatte, als ob seine Ideen selbst seiner Stimme die Worte diktierten, wollten sie ihm nicht genügen: es war sein Herzenswunsch, eine Kirche zu erbauen und immer wieder neu zu entwerfen, die von der gegenseitigen Liebe der verschiedenen Mitglieder lebte, des Klerus und der Laien; beide sollten die gleiche Würde und Verantwortung in ihr besitzen. «Die Kirche hat innere und äußere Feinde; die äußeren sind leichter zu meiden, die inneren schwerer zu ertragen.» Aber seine Bitterkeit blieb nur Bitterkeit, nie schlug sie aus in Gewalt.

An jenem Abend war beim Abendessen im Refektorium die Stimmung der versammelten Mönche heiter, und die Gespräche nach der üblichen Lesung klangen lebhafter als sonst. Man kommentierte Augustins Geste, wie er vor seiner Predigt einem Mönch das Buch mit der Apostelgeschichte förmlich aus den Händen gerissen hatte, um selbst den Abschnitt zu lesen, in dem das gemeinschaftliche Leben der ersten Christen beschrieben stand – eine für ihn ungewöhnlich impulsive Geste. «Ich möchte das lesen ...», hatte er voller Nachdruck gesagt (vgl. *Serm.* CCCLVI,1). Sie sprachen davon, wie er alle Mönche außer Januarius verteidigt hatte. Er hatte sie einzeln genannt und ihre Unschuld bewiesen: die Diakone Valentinus und Faustinus, Heraclius selbst und Patricius, seinen Enkel, und schließlich den Presbyter Leporius. «Sie sind so, wie ich sie mir wünsche! Niemand soll mehr schlecht von ihnen reden. Diese Mönche haben nur ein Zuhause, mein Zuhause, das des Bischofs. Sonst nichts, sonst haben sie nur Gott!» (vgl. *Serm.* CCCLVI,10).

Und noch einmal ergriff er das Wort, um persönlich den Tag zu beschließen: «Gestern antwortete ich auf einen Brief des Tribun Marcellinus. Er ist ein guter Mensch, ein leidenschaftlicher Katholik und inniger Freund. Nach dem Gemetzel in Rom dringt er in mich, daß ich ein Werk mit dem Titel *Der Gottesstaat* in Angriff nehme. Es ist eine große und schwierige Aufgabe, aber ich werde es versuchen, Gott zu gefallen. Aber zuerst, meine lieben Brüder, möchte ich den *Gottesstaat* mit euch zusammen entwerfen. In meinem Brief an Marcellinus zitierte ich eine Satire von Juvenal: ‹Die Völlerei ist auf uns niedergegangen, grausamer als alle Waffen rächt sie die von uns besiegte Welt. Es mangelt uns an keinem Verbrechen und an keiner Missetat, seitdem aus Rom die Armut verschwunden ist.› Die Armut, Brüder, bewahrt sie euch als Tugend der Rechtschaffenheit. In der Armut sind wir frei. Die

Armut steigt von dem Kreuz, an das der Leib Christi geschlagen wurde. An ihn klammern wir uns, um einen Halt zu finden in einer Welt, die gezeichnet ist vom Untergang. Die Armut schenkt uns Eintracht im Staat hier auf Erden und die Nächstenliebe, die uns das Tor zum Himmelsstaat erschließt... Leider habe ich von Marcellinus auch eine traurige Nachricht erhalten: der Kommissar Heraklian stellt ein Heer auf, er plant einen Aufstand gegen Rom. Es drohen Zeiten der Gewalt und der Trauer für Afrika wie für das gesamte Reich. Wir aber erbauen in unserer materiellen und geistigen Armut den *Gottesstaat*» (vgl. *Serm.* CXXXVIII,16 und 17).

DER GOTTESSTAAT

Drei Dinge beschäftigten Augustinus zu Beginn dieses zweiten Jahrzehnts des fünften Jahrhunderts: zum einen die Arbeit an seinem schwierigen Werk, dem *Gottesstaat*; zum andern der unglückselige Aufstand Heraklians, der an der Spitze des römischen Heeres in Afrika gegen die Zentralregierung des Reichs kämpfte, mit dem Ziel, die Provinzen jenseits des Meeres in einen autonomen Staat zu verwandeln; und schließlich die verleumderische Verwicklung seines teuren Freundes, des Tribuns Marcellinus, in eine Verschwörung, wodurch nicht nur seine Freiheit, sondern auch sein Leben in Gefahr war. Diese Gedanken verschloß er in seinem Herzen. Während der erste voller religiöser Spannung war, versetzten ihn die beiden anderen in Furcht und Sorge.

Doch blieb er seinem Vorsatz treu, für das Volk dazusein und Hippo nicht zu verlassen. An dem Provinzialkonzil in Karthago Anfang November 411 über die Thesen des Pelagius hatte er nicht teilgenommen, auch wenn ihm die Gefahr einer neuen Häresie zusätzliche Sorgen bereitete. Er hatte nur kleinere Reisen unternommen, darunter einen kurzen Besuch in Fussala, wo der neue Bischof Antonius geweiht wurde. Vielleicht nahm er auch an dem Provinzialkonzil in Zerta teil. Andere kurze Reisen brachten ihn in die nähere Umgebung, nach Utica und Karthago, wo er auch predigte. Zwischendurch schrieb er wichtige Briefe, die an Umfang und Inhalt regelrechten Abhandlungen gleichkamen.

Mit dem *Gottesstaat*, dem «schwierigen Unternehmen», wie er es selbst nannte, hatte er schon im Sommer 412 begonnen, mit der gleichen Inspiration, mit der Titus Livius seine *Historiae*, Thomas von Aquin seine *Summa* oder Dante seine *Göttlichen Komödie* in Angriff genommen hat, wenn nicht gar mehr. Langsam kam er auch in seinem anderen großen Werk voran, der *Dreieinigkeit*, einer rein theologischen Arbeit, die er bereits vor Jahren begonnen hatte. Es kann nicht oft genug gesagt werden, wieviel Wunderbares der Geist dieses Mannes zeit seines Lebens hervorgebracht hat. Denkt man allein an diese beiden Werke, den *Gottesstaat* und die *Dreieinigkeit*, so erscheint er uns wie ein Dirigent, der mit zwei verschiedenen Partituren gleichzeitig zwei verschiedene Orchester dirigiert.

In seinem Rechenschaftsbericht, den *Retractationes*, begründet er sein Werk und erklärt die Themen der zweiundzwanzig Bücher des *Gottesstaates:* «In der Zwischenzeit wurde Rom durch den Einbruch der brandschatzenden Goten unter Führung des Königs Alarich und durch die katastrophale Niederlage zerstört. Die Anbeter einer Vielzahl falscher Götter, jene Menschen, die wir gewöhnlich Heiden nennen, bemühten sich, das Unglück in Zusammenhang mit der christlichen Religion zu bringen, und begannen mit ungewohnter Schärfe und Bitterkeit den wahren Gott zu lästern. Das war der Anlaß, warum ich mich, verzehrt vom Eifer um das Haus Gottes, zu dem Entschluß genötigt sah, gegen die Lästerungen und Irrtümer die Bücher über den *Gottesstaat* zu schreiben. Dieses Werk beschäftigte mich während mehrerer Jahre, weil vielerlei dazwischen kam, was nicht verschoben werden durfte und dessen Erledigung Vorrang beanspruchte» (*Retr.* II,43).

Der an die Christen gerichtete Vorwurf, das Reich sei wegen des Abfalls vom antiken Götterkult untergegangen, ist allerdings nicht ganz von der Hand zu weisen.

Oft schon gelang es mächtigen Herrschaftssystemen, gleichzeitig inneren Zusammenhalt und Expansion nach außen dadurch zu erreichen, daß sie den Völkern falsche Ideale gaben, die sie blind und fanatisch machten. Das gleiche geschieht auch heute noch: theokratische Ideale, Messianismus der Klassen, rassische Überlegenheit gaben Diktaturen die Krone, die in den Augen vieler unwiderstehlich schien.

Virgil rühmte Äneas, der durch göttlichen Ratschluß zum Gründer Roms auserwählt worden war. Ernst zu nehmende Geschichtsschreiber wie zum Beispiel Titus Livius, die von dem politischen und militärischen Aufschwung Roms berichten, konnten auch annehmen, daß es sich bei diesen Mythen um bloße Märchen handelte. Grundlage des Geschichtsverständnisses des Titus Livius ist die göttliche Fügung, die das römische Volk zum «Herrscher der Welt» erkoren hat: «Angenommen, man muß einem Volk das Recht zugestehen, seine Ursprünge zu weihen und zu glauben, es stamme von den Göttern ab», schreibt Livius. «Dann müssen angesichts des gewaltigen militärischen Ruhms des römischen Volkes die anderen Völker es wohl ruhigen Herzens hinnehmen, wenn Rom Mars als Vater seines Gründers und als eigenen Vater wählte, so wie sie das Römische Reich selbst hinnehmen müssen» (vgl. *Proem.* 7).

Erfolgreiche Diktaturen setzen nicht nur ihre Herrschaft, sondern auch ihre Theologie mit aller Gewalt durch.

Die Mythen, die tiefer wurzeln als Dogmen, weil sie in einer irrationalen und gefühlsbeladenen Glaubenssehnsucht verankert sind, haben diesem ungemein religiösen Volk nicht nur zu seiner Macht, sondern auch zu seiner Kultur verholfen.

Aus dieser Kultur, die aufbauend auf der «Gunst der Götter» Menschliches und Göttliches, Laster und Tugenden vermischte, entstand die Reaktion zahlreicher konservativer und rückwärtsgewandter Gruppierungen. Es ging nicht darum, ob die Existenz Christi oder die des Mars wahrer, sondern wer von beiden mächtiger sei: Mars war der Gott des Krieges, Christus der des Friedens. Und die Römer waren auch dann im Krieg, wenn Frieden herrschte *(Si vis pacem, para bellum)*.

Die Zerstörung Roms durch Alarich hatte den hohen Anspruch des Ewigen Rom als unbesiegbare Macht zunichte gemacht. Das warf auch auf seine Zukunft ein düsteres Licht.

Deshalb wollte Kaiser Julian, der dem Christentum abgeschworen hatte, das Heidentum mit aller Macht wieder einführen, nachdem Konstantin das Christentum als Staatsreligion ausgerufen hatte. Und daher auch der Widerstand aus intellektuellen Kreisen gegen die Zerstörung des Altars der Göttin Victoria im Atrium des Senats in der Zeit des Symmachus, im achten Jahrzehnt des vierten Jahrhunderts.

Augustins Gründe, sein größtes Werk, den *Gottesstaat*, in Angriff zu nehmen, sind nicht nur theologischer, sondern auch moral- und staatsphilosophischer Natur.

Er erkannte die Tugenden der Helden des antiken Rom, der eigentlichen Wegbereiter jener großartigen politischen Wirklichkeit, der zweifellos von der Vorsehung eine historische Bedeutung zugedacht worden war.

Und er scheute sich nicht, an die helleren Saiten der römischen Seele zu rühren *(«indoles romana laudabilis»)*, wenn er dazu aufruft, diesen alten und ehrbaren Tugenden nachzueifern: «Danach sollst du lieber begehren, preiswürdige echte Römerart, Geschlecht eines Regulus, Scaevola, Scipio, Fabricius!» (*Der Gottesstaat* II,29,1).

Er wollte damit zum Ausdruck bringen, daß nicht von wahrem Glauben die Rede sein könne, solange der Glaube nicht zu guten Sitten anrege; hier aber sei gerade von den Sitten die Rede, die auch die politische Ordnung eines Volkes brauchte.

Und wenn nun einige Römer das Christentum anklagten, so hatte das nichts mit den Sitten der Gründerväter zu tun, jener ausgezeichneten Römer, die durch ihre einzigartige Tugend, wie schon Sallust hervorhob, das Wunder vollbracht hatten.

Augustinus widmete sein Werk im Vorwort Marcellinus, «meinem geliebten Sohn», der leider nur die ersten beiden Bücher lesen konnte, bevor er hingerichtet wurde.

Das Werk entwirft eine großartige Vision von der Menschheitsgeschichte im Licht des biblischen Gottes und des Evangeliums. Insofern ist es weniger eine Philosophie als eine *Theologie der Geschichte.* Der Gottesstaat, «verquickt» mit dem weltlichen Staat, bis dieser endgültig in den himmlischen Staat verwandelt ist. Die treibende Kraft der Geschichte ist die Kirche Jesu Christi in ihrer immerwährenden Sorge um ihre Kinder, die guten und die schlechten, in ihrem Bemühen, die schlechten zu gewinnen und die guten nicht zu verlieren, und schließlich in ihrer Apotheose mit dem Triumph Christi am Ende unserer Zeit.

Die äußere Motivation seines Werks liegt sicherlich in der Plünderung Roms und in den sich daraus ergebenden weltanschaulichen Konsequenzen im Bewußtsein der damaligen Menschen, die noch erschreckender als die politischen Folgen waren. Doch reifte das Werk schon länger im Geist Augustins: die Idee dazu war ihm bei der Lektüre der Bibel, der Psalmen, des Evangeliums und der Paulusbriefe gekommen, auch bei manchen Worten des Donatistenbischofs Ticonius, eines besonnenen, zugänglichen Mannes, und nicht zuletzt durch die vielen Erfahrungen, die er während des Streits mit den Donatisten machte, als die Schismatiker die Kirche der Reinen für sich beanspruchten. In seinem Brief *Epist.* CXXXVIII aus dem Jahr 412 an Marcellinus ist der Entwurf des großen Werks bereits umrissen.

Aufs Ganze gesehen läßt sich sagen, daß Augustinus im *Gottesstaat* seine Untersuchungen, die er in seinen *Bekenntnissen*, ausgehend von sich selbst, den persönlichen Erfahrungen des einzelnen widmete, nun auf die ganze Weltgeschichte ausweitet. So wie das Leben des Menschen von zwei Wirklichkeiten abhängt, von Gnade und Sünde, so ist die Geschichte der Menschheit durch das Gute und das Böse bedingt.

Während Augustinus in der Abgeschiedenheit seiner Klosterzelle Gedanken für sein Werk sammelte, scharte Heraklian, der militärische Kommissar von Afrika und Kommandeur der dortigen Garnison, seine Söldnertruppen zum Aufstand gegen Rom um sich. Die Schrecken des Krieges zogen nun auch in Afrika ein, das inzwischen mehr dem Christentum als dem Römischen Reich angehörte. Der Aufstand begann im Frühjahr 413.

Das Interesse Augustins galt sicherlich auch der Menschheit und ihren mächtigen Führern, mehr aber war ihm an der Verteidigung der Wahrheit gelegen. Mißtrauisch beobachtete er den wachsenden Einfluß der pelagianischen Häresie. Als Antwort auf eine Abhandlung des irischen Mönchs, in dem dieser die These vertritt, daß die menschliche Natur der Hilfe Gottes nicht bedürfe, fügte er den bereits in Arbeit befindlichen Werken ein weiteres hinzu, *Über die Natur und die Gnade*, das er im Jahr 415 beenden wird.

Was hatte Heraklian zu diesem Abenteuer getrieben, das ihm schließlich das Leben kostete? Das Reich war geschwächt, gewiß, aber im Grunde war Alarich über Rom nur hinweggeschritten, und manch einer mochte sagen: «Als wäre nichts geschehen!» Augustinus selbst hatte prophezeit: «Rom ist vielleicht noch nicht zerstört, sondern nur auf die Probe gestellt worden.» Heraklian aber, so bezeugt Hieronymus, war gierig und wild. Aus Dokumenten geht hervor, daß ihm im Jahr 413 die Leitung des Konsulats übertragen worden war. Seitdem war er von maßlosem Stolz erfüllt. Diese Ehre hatte ihn aber auch mit Argwohn erfüllt: machte der Hof ihm ein Zugeständnis, um ihn aus dem Weg zu räumen – *promoveatur ut amoveatur*, komplimentierte man ihn fort? An seiner Seite stand sein Schwiegersohn Sabinus, der ebenso unternehmungslustig wie gerissen und ein schlechter Ratgeber war.

Er begann mit der üblichen Taktik aller afrikanischen Aufrührer, dem Getreideembargo. Dann schiffte er sich auf der Halbinsel ein, um gegen die Truppen des Honorius zu kämpfen, und kaperte alle kaiserlichen Schiffe, die in den Häfen auf der Reede lagen. Im Vertrauen auf sein großes, doch bunt zusammengewürfeltes Heer marschierte er nach Rom. Nördlich der Hauptstadt, bei Otricoli, stieß er auf die Truppen des Reichs. Von Panik ergriffen, wichen seine Soldaten schon beim ersten Angriff zurück. Wenn man den Quellen Glauben schenken kann, fielen damals 50 000 Söldner.

Heraklian flüchtete feige, erreichte alleine die Küste und schiffte sich nach Afrika ein. Die von Honorius gedungenen Mörder folgten ihm und ermordeten ihn in einem bis heute nicht identifizierten Gebäude in Karthago, das in einer Quelle als *aedes memoriae* bezeichnet wird.

Der Aufstand wird auf das Jahr 413 datiert. Der General, der die Truppen des Honorius anführte, Marinus, wurde als Belohnung für den errungenen Sieg kurz darauf zum neuen *comes* der afrikanischen Provinzen ernannt. Er wurde dem ehemaligen Präfekten des Prätors Caecilian als Kommissar zur Seite gestellt mit der Aufgabe, die Macht des Imperiums wieder zu sichern.

Die Ergebnisse der Konferenz von Karthago waren durch diese Ereignisse zum Teil gefährdet, da die Donatisten nun ein leichtes Spiel hatten, sich gegen die frühere Verwaltung und die Katholiken zu stellen, die, wie sie klagten, seit jeher begünstigt worden waren. Unklar war in jedem Fall die Haltung Caecilians, der seinem Vertrauten Marinus nahezu hörig war.

Augustinus durchlebte Tage des Leids. Der größte Feind, den es nach Auffassung der Donatisten zu schlagen galt, war Marcellinus und mit ihm sein Bruder Apringius: Marcellinus hatte jene Konferenz geleitet, in der sie verloren hatten, sein Bruder war im Jahr 411 Prokonsul gewesen. Caecilian übertrug seinen Haß gegen Heraklian nun auch auf Marcellinus.

Schon im Jahr 412, als die ersten Aktionen des Aufrührers bekannt wurden, hatte Ravenna Heraklian zum Staatsfeind erklärt, und jeder war dazu ermächtigt, seine *satellites*, seine Anhänger, anzuzeigen. Die beiden Brüder wurden verhaftet und ins Gefängnis gebracht. Angeklagt wegen Hochverrats, sollten sie hingerichtet werden.

Der Bischof von Hippo machte seinen ganzen Einfluß und seine ganze Autorität geltend, um ihr Leben zu retten. Er begab sich deswegen nach Karthago und bat Caecilian um ihre sofortige Freilassung. Dieser versprach, sich dafür einzusetzen, und riet ihm, sich an den Hof in Ravenna zu wenden. Ein Bischof und ein Diakon wurden dorthin entsandt.

Marcellinus wurde zum Ziel von Verleumdungen aller Art, die sogar den moralischen und privaten Bereich betrafen. So wurde etwa behauptet, er habe seine Frau mit einer anderen betrogen. Deswegen wollte Augustinus, der dem Gerede zwar keinen Glauben schenkte, aber dennoch um seine Seele besorgt war, ihn im Gefängnis besuchen, damit Marcellinus ihm ein ehrliches Zeugnis ablegte und er ihn trösten konnte. Die ergreifende Erzählung dieser Begegnung zeugt von Augustins Größe als Priester und Freund: «Da solche Sünden verbreitet unter den Menschen sind, war ich besorgt. Als ich alleine mit ihm im Gefängnis darüber sprach, fragte ich ihn, ob ihn nicht noch einige Sünden bedrückten, derentwegen er Gott mit einer besonderen und einzigartigen Buße beschwichtigen wolle. Er aber, der ein Mann von außerordentlicher Sittsamkeit war, errötete über den Verdacht, der obwohl falsch, mir zugetragen worden war. Er nahm dennoch meine Ermahnungen mit größter Dankbarkeit entgegen. Dann ergriff er mit einem ernsten und bescheidenen Lächeln meine Rechte mit seinen beiden Händen und sagte: ‹Ich erkläre bei den heiligen Geheimnissen, die mir durch diese Hand gespendet wurden, daß ich außer mit meiner Ehefrau keine körperliche Gemeinschaft gehabt habe, weder vor noch nach der Eheschließung.›» (*Epist.* CLI,9). Augustinus fährt fort mit einem Bericht über Apringius, der noch jung und ein Lebemann war. Er gab daher zu, daß er Tadel verdiene. Doch konnte er nicht verstehen, weshalb Marcellinus dieser Prüfung unterzogen werde, wo er sich doch immer vorbildlich verhalten habe. Darauf erwiderte dieser mit den bewunderungswürdigen Worten: «Glaubst du, daß mir Gott die Gnade verleiht – vorausgesetzt, daß deine Ansicht über mein Leben auf Wahrheit beruht –, durch mein Leiden und vielleicht durch das Vergießen meines Blutes hier auf Erden meine Sünden abzubüßen und nicht im künftigen Gericht dafür bestraft zu werden?» *(ebd.)*.

Unterdessen verbreitete sich die Nachricht von der Begnadigung durch den Hof in Ravenna, die durch die Fürsprache der beiden Vertreter des katholischen Episkopats erlangt worden war. Die Nachricht von dem kaiserlichen Erlaß war ihren Überbringern vorausgeeilt, und Augustinus freute sich aus ganzem Herzen. Doch sollte eine grausame Überraschung folgen: die Ankündigung der plötzlichen Vollstreckung des Urteils gegen Marcellinus, einen Tag vor dem Fest des heiligen Cyprianus, am 13. September 413, war um so bitterer, da ihr die kurze Freude über seine Freilassung vorausgegangen war. Es war Marinus gelungen, der Ankunft des Dokuments zuvorzukommen, und nach einem Schnellverfahren hatte er die beiden Brüder umbringen lassen. Die Donatisten jubelten. Die Vermutung des Historikers Orosius, Marinus sei von ihnen bestochen worden, leuchtet angesichts dieser Umstände durchaus ein.

Augustins Reaktion war ein heftiger Protest, ja eine Provokation, denn er machte Marinus für ein gemeines Verbrechen verantwortlich. Seine unumwundene Anklage beweist, welche Freiheiten er sich in seinen Reden herausnahm, um die Mächtigen zu brandmarken, wenn sie die Gerechtigkeit verletzten.

Um nicht jenen Verbrecher treffen zu müssen, reiste er sofort nach Hippo ab, wo er sich, voll Trauer und wortkarg, in seine Gebete und Studien vertiefte.

Das Gewissen mußte Caecilian sicherlich plagen. Seine Lage war um so peinlicher wegen seiner freundschaftlichen Beziehungen zu Augustinus, dessen Vertrauen offensichtlich betrogen worden war, und vielleicht auch wegen der undurchsichtigen Rolle des kaiserlichen Kommissars.

Caecilian schrieb Augustinus, beklagte sich über dessen kühle Haltung und darüber, daß er ihm nicht mehr schreibe. Augustinus antwortete ihm mit einem langen Brief, einer Zusammenfassung der traurigen Ereignisse, die die moralische Integrität des Marcellinus als Mann und Magistrat wiederherstellte und eine eindeutige Verurteilung des Marinus war. Bevor sich die Lage zugespitzt hatte, war Augustinus, um Provokationen zu vermeiden, betont vorsichtig vorgegangen und hatte die Behörden um Hilfe gebeten. Nun aber legte er die Karten auf den Tisch, und es zeigte sich, daß er über die Heuchelei und das abgekartete Spiel sehr wohl Bescheid wußte. Er versicherte Caecilian seiner Freundschaft, aber unter der Bedingung, daß er mit Marinus breche oder ihn zur Buße über sein niederträchtiges Verbrechen dränge. Er habe das Herz der Kirche verwundet. Sie, die so oft vermittelt hatte, damit ihren Feinden die Todesstrafe erspart bliebe, hatte nun kein Gehör gefunden, als sie eines ihrer Mitglieder, das zudem unschuldig war, retten wollte. Vor allem gebot Augustin Marinus, immer niederzuknieen, wenn er Marcellinus' Namen nannte. Caecilian gab er zu bedenken, daß seine Freundschaft mit Marinus, ihre langen Gespräche unter vier Augen, seine nicht zu leugnende Mitwisserschaft über die unsauberen Hintergründe, seine Versicherungen hinsichtlich der Ergebnisse, die Augustinus durch sein Eingreifen bewirken könne, und seine Erklärung, Marinus werde seine Entscheidung sicherlich noch einmal überdenken – daß alle diese Momente im Volk den Verdacht hervorgerufen hätten, er trage zumindest eine Teilschuld am Ausgang der Angelegenheit. Nun sei es an ihm, die Verdächtigungen zu entkräften (vgl. *Epist.* CLI).

Auch Marinus' Tage waren gezählt: er wurde aus seinem Amt entlassen und durch kaiserlichen Erlaß vom 20. Mai 414 aus Afrika abberufen. Er zog sich ins Privatleben zurück. Offensichtlich hatte sein Verhalten nicht die Zustimmung des Hofes gefunden.

Das Andenken an Marcellinus wurde öffentlich wiederhergestellt. Die Kirche aber sprach ihn heilig und erklärte ihn zum Märtyrer.

DAS ASKETISCHE IDEAL

Die Jahre vergingen in den üppigen Provinzen des römischen Afrika, das dem wankenden Imperium immer noch eine sichere Stütze war. Hier und da loderten lokale politische Kämpfe auf, wurden alte und neue religiöse Streitereien ausgefochten, voller Begeisterung christliche und heidnische Feste begangen. Zu den Männerklöstern waren nun auch solche für Frauen hinzugekommen, um deren Aufbau sich Augustinus besonders kümmerte. In einem dieser Klöster in Hippo war seine verwitwete Schwester Vorsteherin, einer Überlieferung zufolge Perpetua mit Namen. Auch eine seiner Nichten hatte sich dem Klosterleben geweiht. Das asketische Ideal entsprach dem der Mönchskloster: Studium, Kontemplation und körperliche Arbeit.

In dieser Zeit schrieb Augustinus den berühmten Brief *Epist.* CCXI an die Ordensschwestern. Will man sich die tiefe Menschenkenntnis dieses Klostergründers vor Augen führen, braucht man sich nur den Anlaß seines Briefs zu vergegenwärtigen. Um die Wahl der Äbtissin hatte sich ein heftiger Streit entzündet, der zu einem regelrechten Aufstand ausartete. Augustinus begann sein Schreiben mit der Erklärung, warum er die Schwestern nicht im Kloster besuchen wollte, obwohl sie ihn immer wieder zur Schlichtung aufforderten. Er setzte keinen Fuß in das Kloster, um sie zu strafen, und nannte die Gründe frei heraus. «Wie hätte ich einen so großen Aufruhr unbestraft lassen können», schrieb er, «der noch schwerwiegender durch meine Anwesenheit in Eurer Mitte geworden wäre?»

Er zeigte, wie gut er die Psychologie des Streits bei Ordensfrauen kannte. Er dachte an das Gute, das ein Frauenkloster hervorbringen konnte, mußte aber feststellen, daß hier Unordnung und Zwietracht herrschte. Er klagte, durch ihr Verhalten raubten sie ihm «den Rest an Ruhe», der ihm geblieben sei, «zwischen den vielen Stürmen, von denen mein Herz bewegt wird».

«Ich bin gewohnt, mich an Euch zu erfreuen, mich an Eurer großen Gemeinschaft zu trösten, an Eurer keuschen Liebe, an Eurem heiligen Leben: was ist plötzlich in Euch gefahren?»

«Es wäre ein wirkliches Unglück: während wir uns darüber freuen, daß die Donatisten zur Einheit der Kirche zurückkehren, haben wir Spaltungen innerhalb der Klöster zu beklagen!»

Er nutzte die Gelegenheit zur Ermahnung. Als die tüchtige Äbtissin Felicitas das Kloster geleitet hatte, war es im Geist und an Zahl gewachsen. Sie mußte bereits ein hohes Alter erreicht haben, wenn Augustinus feststellt, daß alle Mitglieder des Klosters sie bereits dort vorgefunden hatten, entweder als Schülerin «meiner heiligen Schwester Oberin» oder schon im Amt der Äbtissin. Der Bischof brachte ihr große Achtung entgegen.

Offensichtlich hatte jemand die Ordensschwestern aufgehetzt. Aber wer? Ausgerechnet der Priester, der für die geistliche Fürsorge zuständig war. Er hieß Rusticus und war laut Augustinus seinem Namen entsprechend von rohem Charakter. Der Bischof hatte herausgefunden, daß es tatsächlich dieser Rusticus gewesen war, der mit gewissen neuen Plänen die Zwietracht gesät hatte. Dabei hatte er sein Amt erst kürzlich angetreten. «Er ist neu hier und wiegelt Euch gegen Eure Mutter auf! Warum fordert Ihr nicht lieber, daß er durch einen anderen ersetzt wird?» Aber Rusticus schwor, daß er nichts mit der Angelegenheit zu tun habe, ja, er war sogar bereit, sein Amt aufzugeben, um jegliches Gerede zu vermeiden.

Kurz zuvor hatte Augustinus einen Brief (CX) an Felicitas und Rusticus geschrieben, in dem er beide zur Geduld und zu gegenseitiger geschwisterlicher Hilfe ermahnte.

Der Brief CXI, dem Augustinus die Klosterregel (natürlich in der Fassung für Frauen) beigefügt hatte, hat den Gelehrten viel zu denken gegeben: ob nämlich Augustinus die Regel für die Nonnen geschrieben hatte und sie dann von den Mönchen übernommen wurden, oder ob es umgekehrt gewesen war. Die meisten Forscher nehmen heute an, daß Augustinus die erste Fassung für die Mönche geschrieben und sie dann zur Befolgung an die Schwestern weitergegeben habe. *

Wir haben bisher der Einrichtung der weiblichen Ordensgemeinschaften nur bei dieser menschlichen Episode gedacht, die für Augustinus Anlaß zu zwei Briefen war. Doch wollen wir hier betonen, daß diese geistliche Strömung noch lange Zeit fortdauerte. Berühmte Heilige wie Rita von Cascia und Clara von Montefalco waren Augustinerschwestern. Und sie ist auch noch in unserer Gegenwart zu spüren, im tätigen und missionarischen Leben der weiblichen Ordensgemeinschaften.

Unter den Augustinerinnenklöstern ragten nicht nur die von Cascia und Montefalco in Umbrien heraus. Zu nennen sind auch die Einsiedelei von Leccato bei Siena, deren im Gebüsch versteckten Mauern aus dem vierten Jahrhundert den Geist der Askese ausströmen, das frühchristliche Kloster der *Santi Quattro* in Rom, das wie eine Festung aufragt, und das ebenfalls in Rom gelegene Kloster *Santa Lucia in Selci* – abgesehen von den vielen anderen Klöstern in aller Welt.

Achtzig- und neunzigjährige Glaubensschwestern und solche, die gerade erst eingetreten sind, jung und schön. Ihre freiwillige, nur aus Liebe angenommene Gefangenschaft mutet wie eine Torheit oder ein Wunder an: tatkräftige und moderne Frauen, die Gitarre spielen, als Schriftstellerinnen arbeiten, humorvolle Karikaturen zeichnen, um mit den Menschen dieser Welt zu sprechen und von jener Liebe zu erzählen, die Augustinus erleuchtete und die das Band mit Christus knüpft.

«Singe und geh voran», ruft Augustinus ihnen zu.

Wie man seinen Schriften entnehmen kann, pflegte Augustinus viele Beziehungen mit geistlichen Frauen in aller Welt, die von tie-

* Vgl. A. Trapé, *Sant'Agostino. La regola*, Ancora, Mailand 1971.

fer Religiosität waren. Einige waren beim Sturm Alarichs auf Rom nach Afrika geflohen.

Die Mitglieder der Familie Anicia, viele von ihnen Senatoren und Richter, besaßen große Ländereien in Afrika. Anicia Faltonia Proba hatte sich nach dem Überfall auf Rom mit ihrer Schwiegertochter Juliana, der Witwe ihres ältesten Sohnes Olibrius, und der Enkelin Demetrias nach Afrika eingeschifft. Durch Hieronymus wissen wir, daß Heraklian die Flüchtlinge erpreßte und von den Frauen hohe Summen forderte. Proba zahlte für alle Mitreisenden. Ihr galt Augustins Brief CXXX über das Gebet. Der jungen Witwe Juliana hingegen widmete er das Buch über den christlichen Wert der Witwenschaft, das zusammen mit den beiden anderen Werken über den Wert der Ehe und über den Wert der Jungfräulichkeit eine schöne Trilogie bildet. Kurz, aber sehr schön ist auch der Brief CL, mit dem Augustinus Proba und Juliana für die Mitteilung dankt, daß ihre Enkelin beziehungsweise Tochter Demetrias den Schleier der jungfräulichen Weihe durch Aurelius, den Bischof von Karthago, empfangen habe: «Wenn es schon groß und ehrenvoll ist, mit dem Ruhm des eigenen Namens den Lauf der Jahrhunderte zu erfüllen, wieviel größer und ehrenvoller ist es, das Leben in körperlicher und seelischer Unbescholtenheit zu verbringen! Wie unvergleichlich ruhmvoller aber ist es erst, daß Christus die Jungfrauen in Eurer Familie auserwählte und nicht Männer, die den Titel eines Konsuls tragen.»

In Tagaste, ebenfalls nach der Plünderung Roms, hatte sich die Adlige Albina mit ihrem Schwiegersohn Pinianus und dessen Frau Melania, ihrer Tochter, niedergelassen. Immer wieder luden sie Augustinus ein. Es war Winter, ein rauher und feuchter Winter. In seinem Brief CXXIV schreibt Augustinus, daß er die Freundlichkeit schweren Herzens ausschlagen müsse: er leide wegen seiner schwachen Gesundheit allzusehr unter der Kälte. Und es gab noch einen anderen Grund. Er war erst vor kurzem von einer pastoralen Reise nach Hippo zurückgekehrt. Die Bewohner Hippos machten damals eine schwierige Zeit durch, sowohl wegen der Furcht vor den Barbaren wie auch wegen der Unruhen zwischen Katholiken und Donatisten. Zudem lagen viele mit Fieber zu Bett, und Augustinus wurde an die Worte des heiligen Paulus erinnert:

«Wer von euch erkrankt, daß nicht auch ich krank werde?» Die Donatisten hetzten indessen die Gläubigen auf, von denen Augustinus sich geliebt fühlte, um sie von ihm zu lösen. Es war wirklich ein ungünstiger Moment. Aber vielleicht ein andermal ... Doch vielleicht wollten sie, Albina, Pinianus und Melania, der Stadt die Ehre ihres Besuchs erweisen. Oder war Hippo ihrer nicht würdig? (vgl. *Epist.* CXXIV).

Und er tat gut daran, die Reise zu verschieben! Denn jene Edeldame Albina war ein wenig geschwätzig und sollte ihm noch Schwierigkeiten bereiten. Pinianus war reich und den Armen gegenüber großzügig. Die Bewohner Hippos wählten ihn zu ihrem Priester (sie scheinen dabei nicht ganz uneigennützig gedacht zu haben). Augustinus erklärte, daß er niemanden gegen seinen Willen zum Priester weihen könne, und Pinianus habe ihm mitgeteilt, daß er Afrika verlassen wolle, wenn sie ihn zwingen würden, Priester in Hippo zu werden. Albina verbreitete nun das Gerücht, daß die Bewohner von Hippo ihren Schwiegersohn rauben wollten, um an sein Geld zu kommen. Augustinus sah sich gezwungen, einzuschreiten: einmal, um den Verdacht zu zerstreuen, daß die Kirche von Hippo nach den Geldern des Pinianus trachte, zum andern, um Alypius, dem Bischof von Tagaste, zu erklären, daß Pinianus in Wirklichkeit freiwillig geschworen und schriftlich bestätigt habe, daß er in Hippo bleiben wolle – obwohl er später doch fortging. Und dieser schriftlichen Erklärung legte er noch eine gleichlautende Abschrift bei, um die redselige Albina zum Schweigen zu bringen (vgl. *Epist.* CXXVI).

Der Leser muß sich einmal vor Augen halten, welchen kleinlichen Streitereien sich dieser große Geist widmen mußte, ein so glänzender Bischof, der Autor des *Gottesstaates!*

Und während er sich mit Mönchen, Priestern, Fanatikern der einen oder anderen Sekte, mit habgierigen und ehrgeizigen Machthabern auseinandersetzen mußte, fehlte ihm die Zeit, um Ordnung in die Angelegenheiten Afrikas zu bringen!

Tag um Tag verrann die Zeit. Afrika, mit all seinen Problemen! Eingehüllt in die warme Stille der Wüste, erfüllt vom Gesang der Grillen und Zikaden ...

DIE ANTWORT DES INNOZENZ

Im Regierungspalast Karthagos war ein neuer Reichskommissar eingetroffen, der den glückbringenden Namen Dulcitius trug. Der Bischof von Hippo, der viel mit Prokonsuln, Kommissaren und Militärkommandeuren zu tun hatte und der einen gewissen Hang zum Aberglauben hatte, war erfreut darüber.

Jeder neue Vertreter des Reichs, der sich in Afrika niederließ, ob katholisch, arianisch oder halb barbarisch, nahm sofort mit Augustinus Kontakt auf – fast ausschließlich mit ihm, als müsse er, um sein Amt antreten zu dürfen, ihm sein Beglaubigungsschreiben vorweisen. Also beeilte sich der Neuankömmling genauso wie seine Vorgänger, dies zu tun. Ihre Beziehung war herzlich. Augustinus widmete ihm eine Abhandlung mit dem Titel *Die acht Fragen des Dulcitius*, und für seinen Bruder schrieb er das Buch *Enchiridion*, eine Abhandlung über *Glaube, Hoffnung und Liebe.*

Die Zahl der Donatisten hatte abgenommen und damit auch ihr Hochmut. Manch einer, der sich zuvor aus Angst vor Vergeltung nicht dazu entschlossen hatte, war in den Schoß der katholischen Kirche zurückgekehrt. Die Circumcellionen aber, die sich mehr dem Banditentum als dem Christentum verbunden fühlten, machten nach wie vor von sich reden. Noch immer waren die Reichsgesetze in Kraft, die die religiöse Einheit zusammen mit der öffentlichen Ordnung erzwingen sollten. Diese Gesetze fanden allerdings nicht die Zustimmung Augustins, der immer wieder unter-

wurde im darauffolgenden Jahr, 409, ein Gesetz erlassen, ein Freibrief für ungezügeltes Denunziantentum, Spionage durch den Staat unter dem Deckmantel religiöser Interessen: «Nicht nur Mitglieder der Geistlichkeit, jeder kann Anzeige erstatten im Falle von kriminellen Gewalttaten gegenüber der Staatsreligion» (Januar 409). Ja, wenn der Staat zum religiösen Eiferer wird ...

Das soll genügen, um die Schwierigkeiten zu nennen, denen Augustinus begegnete und denen die Kirche immer begegnet, wenn der Staat sich in religiöse Angelegenheiten mischt, nicht um der Religion willen, sondern um sich ihrer zu bedienen. Er sichert sich Denunzianten, Spione, Spitzel, um jede Gefahr für seine Sicherheit unter Kontrolle zu halten.

Eines Tages im Jahr 415 erreichte Augustinus im Bischofssitz ein Brief aus Syrakus. Gezeichnet war er von Hilarius, der weder Bischof noch Priester oder Diakon war, sondern ein Laie, dem die unverfälschte katholische Lehre am Herzen lag. «Ist es wahr, wie einige Christen hier in Syrakus behaupten, daß der Mensch frei von Sünde sein und leicht die Gebote Gottes befolgen könne, allein durch seinen Willen?» (vgl. *Epist.* CLVI). Das war die Lehre des Pelagius, jenes irischen Mönches, der mit seiner asketischen Lehre schon einige einflußreiche Prälaten in Rom (unter anderem einen späteren Papst) gewonnen hatte und der, nachdem er Rom während der Plünderung verlassen hatte, nun in der Welt umherreiste, um überall seine Basisgemeinden zu gründen.

Augustinus stellte besorgt fest, daß die Schlange zu weit aus ihrem Versteck hervorgekrochen war. Doch hatte er ihr Gift bereits analysiert.

Er hatte Pelagius im Jahr 411 kurz gesehen, als in Karthago das Streitgespräch mit den Donatisten zu Ende ging. «Wenn sein Name fiel, waren die Leute immer voll des Lobes. Damals hielt er sich noch in Rom auf», sagte Augustinus. «Dann erzählte man sich, daß er die göttliche *Gnade* leugne. Obwohl es mich schmerzte (und ich wollte denen, die mir davon berichteten, nicht glauben), hoffte ich doch, es aus seinem Munde zu hören oder zumindest ein schriftliches Zeugnis zu erhalten ... Als er nach Afrika kam, hielt er sich in meiner Abwesenheit in Hippo auf. Ich erfuhr von den Meinen, daß er keinerlei Erklärungen abgegeben hatte, ja daß er im Gegenteil schneller weitergereist war, als man geglaubt hatte. In Karthago sah ich ihn, soweit ich mich erinnere, ein- oder zweimal» (vgl. *Gest. de Pelag.* XXIII).

Es gab einen anfänglichen Briefwechsel zwischen Pelagius und Augustinus. Pelagius erging sich darin in Schmeicheleien. Augustinus spielte auf die Komplimente an und benutzte sie in seiner Antwort zu einer ersten Auseinandersetzung mit den Thesen des Mönchs: «Ich bitte Dich vielmehr, für mich zu beten, damit Gott *(durch seine Gnade)* mich zu dem macht, wofür du mich hältst.» Augustinus ist freundlich, er nennt ihn «sehnlichst erwarteter Bruder». Dieses kurze Schreiben (vgl. *Epist.* CXLVI) tischte Pelagius den Vätern des Konzils von Diospolis am 20. Dezember 415 auf, sozusagen als Empfehlungsschreiben für die Reinheit seines Glaubens: «Ich kenne Augustinus», wollte er sie glauben machen, «und auch Augustinus schätzt mich.»

Die Anrede – «sehnlichst erwarteter Bruder» – wurde Augustinus zum Vorwurf gemacht. Dieser erwiderte: «Ja, wenn ihr wüßtet, wie sehr ich ihn in Wirklichkeit ersehnte. Ich hatte großes Verlangen, mit ihm unter vier Augen zu sprechen, um ihm einiges zu sagen . . .» (vgl. Maur., Anm. zu *Epist.* CXLVI).

Augustinus wußte sehr wohl, daß der irische Mönch sich in Rom über seine *Bekenntnisse* lustig gemacht und gelacht hatte über sein Gebet, das er einst wie einen Schrei zu Gott gesandt hatte: «Gib, was Du befiehlst, und dann befiehl, was Dein Wille ist!» Augustinus berichtet davon in seinem Werk *Die Gabe der Standhaftigkeit* (XX,53).

Was war nun die Quintessenz der pelagianischen Lehre? Im wesentlichen bestand sie in der Leugnung der Erbsünde und ihrer Folgen. Sie besagte, daß es der Gnade nicht bedürfe, also der Hilfe Gottes, die er dem Menschen aus Liebe ständig zuteil werden läßt, indem er ihn zum Guten anhält und ihm Standhaftigkeit verleiht. Weiter besagt sie, daß man – wenn überhaupt – unter dem Begriff der Gnade die natürlichen Gaben des Menschen zu verstehen habe, wie etwa Verstand und Wille. Adams Sündenfall sei einzig seine persönliche Schuld und habe bei seinen Nachfahren keinen Mangel an natürlichen oder übernatürlichen Gaben nach sich gezogen. Er sei höchstens als schlechtes Beispiel zu betrachten, das uns ein wenig umsichtiger Stammvater gegeben habe. Daher sei die Erlösung Christi auch nur ein gutes Beispiel, ein Ideal und Ansporn für den Menschen, der zwar faul geworden sei, der sich aber durch seine Willenskraft wiedererwecken und retten könne. Kurz, ein Rousseau *ante litteram*: die Natur des Menschen an sich ist unbeschadet, doch hüte er sich vor der Gesellschaft, die ihn korrumpiert!

Pelagius wie Rousseau preisen die Natur und behaupten, daß sie allein und ohne Zutun Gottes genüge, da der Mensch unverdorben sei . . .

Die Reaktion auf den Rousseauschen Optimismus war der Sadismus, benannt nach dem Marquis de Sade, der mit allen Mitteln beweisen wollte, wieviel Freude die *Wollust* am Leid der anderen bereite. Sade und Nietzsche, die jedes ethische Prinzip ins Lächerliche ziehen, dienten als philosophische Grundlage für so manche Grausamkeit an Menschen, die von «Übermenschen» begangen wurden, und zwar im Namen der gemeinen Natur, die durch die Leugnung Gottes zum Tier geworden ist.

Der Pelagianismus war also schlimmer noch als die Lehre der Donatisten, eine einzige Fehlinterpretation der Bibel, des Evangeliums, des heiligen Paulus. Augustinus konnte von dieser Häresie sagen: «Kaum entstanden, ist sie schon ein Dickicht!» (vgl. *Gest. de Pelag.*).

Pelagius wurde durch einen brillanten Verteidiger unterstützt: Celestius, der mit seiner Wortgewandtheit Bischöfe und Priester in seinen Bann schlug. Sogar ein so heiliger Mann wie Paulinus von Nola, der durch seine Zusammenarbeit mit Ambrosius fest in der christlichen Lehre verwurzelt war, fühlte sich durch Pelagius' Freundschaft geehrt und erkannte nicht, welchen Fehler er beging (vgl. *Epist.* CLXXXVI,1,2–3).

Welche Art von Askese mochte Pelagius, der selbst auch als Asket auftrat, wohl im Sinn gehabt haben? Die *Gnade Gottes* brauchte er ja nicht und ebensowenig das *Gebet*, um diese zu erbitten, weil die Gnade keinen Nutzen hatte und auch nicht gefordert werden mußte. Die *Wollust der Sinne* ebenfalls nicht, da sie eine Folge der Ursünde, diese aber nur eine ganz persönliche

Angelegenheit des Urahnen Adam ist. Welche Askese also? Vielleicht eine Art Yoga, um den Willen zu stärken? Mehr wohl kaum. Und doch machte die Lehre soviel Eindruck ...

Der Mönch und Häretiker hielt sich nun in Jerusalem bei dem Bischof Johannes auf. Doch nicht weit von Jerusalem entfernt lag Bethlehem, und in Bethlehem lebte Hieronymus, der Löwe von Dalmatien, der bereits Pelagius anknurrte.

Außerdem kam aus Spanien ein junger und hochbegabter Mönch namens Horosius nach Hippo, um sich Augustinus anzuschließen. Mit einem Blick erkannte der Bischof, was in ihm steckte. Er unterwies ihn und schickte ihn als seinen Vertreter nach Jerusalem. Horosius besuchte zuerst Hieronymus und suchte dann Johannes auf, dem er den Katechismus erläuterte. Johannes war nun gezwungen, im Juli 415 eine Versammlung des Jerusalemer Klerus einzuberufen. Horosius berichtete dort von dem Urteil der Synode von Karthago aus dem Jahre 411 und erläuterte Augustins Lehre. Als er dessen Namen nannte, wurde er jäh von Pelagius unterbrochen: «Augustinus? Was interessiert mich Augustinus!» Das war ein Fehler gewesen, der in der Versammlung für Aufruhr sorgte. Johannes wollte die Verantwortung für die gewagten Worte übernehmen und rief: «Augustinus bin ich!» Ohne zu zögern, antwortete da Horosius: «Wenn du in die Person des Augustinus schlüpfst, dann folge auch seiner Lehre!» Die Debatte ging in Verwirrung und Mißverständnissen unter.

In der Zwischenzeit hatten zwei nach Palästina pilgernde Bischöfe aus Gallien, Heros und Lazarus, denen gleichfalls die rechte Lehre am Herzen lag, eine Zusammenfassung der gefährlichsten Thesen des Pelagius erstellt. Diese übergaben sie nicht Johannes, der dem irischen Mönch geradezu hörig zu sein schien, sondern dem Erzbischof Eulogius von Cäsarea, der eine Synode von vierzehn Bischöfen in Diospolis einberief. Unglücklicherweise waren weder Horosius, der in Afrika Bericht erstattete, noch die beiden Bischöfe aus Gallien anwesend, weil der eine erkrankt war und der andere sich um ihn kümmerte. Pelagius hatte mit seinen Ausflüchten ein leichtes Spiel. Er präsentierte seine Schriftstücke, einschließlich jenes Briefes von Augustinus, mit denen er beweisen konnte, welche Achtung ihm die Bischöfe entgegenbrachten.

Geschickt distanzierte er sich von den Thesen des Celestius, und mit einem eiligen Bekenntnis zur orthodoxen Lehre entging er nicht nur einer Verurteilung, sondern wurde außerdem auch als Mitglied der katholischen Gemeinschaft am 20. Dezember 415 bestätigt.

Beunruhigt über die Nachrichten des Honorius aus dem Orient, beeilten sich die afrikanischen Bischöfe nun, das Urteil von 411 durch zwei weitere Konzile zu bekräftigen: Das erste fand im Juli 416 im Beisein von neunundsechzig Bischöfen in Karthago statt, und an dem zweiten, das kurz darauf in Mileum abgehalten wurde, nahmen einundsechzig Bischöfe teil. Von dem ersten wurde Papst Innozenz I. ein Bericht mit den Irrtümern des Pelagius und den entsprechenden Urkunden geschickt, von dem zweiten sandte Augustinus persönlich einen Brief. Doch in der Befürchtung, daß Pelagius seine römischen Beziehungen spielen lassen würde, um einer endgültigen Verurteilung zu entgehen, wurde dem Papst ein dritter Brief vorgelegt, der von den Bischöfen Aurelius, Augustinus, Alypius, Evodius und Possidius unterzeichnet war. «Die Güte Eures Herzens wird uns diesen Brief vergeben, der länger geworden ist, als es Eure Heiligkeit vielleicht gewünscht hätte. Wir wähnen keineswegs, mit dem schwachen Strom unserer Worte die Quelle Eurer Erleuchtung vermehren zu können. Aber in diesen Zeiten der Versuchungen, von denen wir durch Ihn befreit werden mögen, an den wir uns mit den Worten wenden: ‹Führe uns nicht in Versuchung›, wollten wir nur Euer Urteil hören: ob die Erleuchtung, die uns zuteil wird, der gleichen Quelle entströmt, wie die Eure, die Euch in so hohem Maße erfüllt! Alles, was wir wünschen, ist Eure Zustimmung und eine Antwort, die uns tröstet: ob wir alle die gleiche Gnade erlangen können» (vgl. *Epist.* CLXXXVII,19).

Die Antwort von Papst Innozenz war eine klare Verurteilung von Pelagius und Celestius. Er war froh darüber, daß in dieser Angelegenheit die Autorität des Heiligen Stuhls befragt worden war: « . . . daß Ihr im Zweifel nach dem Weg fragt, der einzuschlagen sei . . .» (vgl. *Epist.* CLXXXII,2).

Innozenz fügte noch einen Brief an die fünf Unterzeichner des privaten Schreibens hinzu und einen weiteren an Augustinus und

Aurelius. Die Verbindung zwischen Rom und dem christlichen Afrika war fest und freundschaftlich.

Augustinus nahm die päpstlichen Schreiben zur Hand, las sie und freute sich von ganzem Herzen. Die raffinierte Schlauheit des Pelagius hatte ihn beunruhigt. Am 13. September des gleichen Jahres 416 hielt er am Grab des Cyprianus in Karthago eine Predigt über die pelagianische Häresie: «Es ist die Gnade, die uns rettet. Sie ist ein Geschenk Gottes und kommt nicht von uns!» Zufrieden gab er bekannt: «Es wurden die Entscheidungen zweier Konzile an den Heiligen Stuhl geschickt. Von dort erreichten uns die endgültigen Urteile. Die Sache ist abgeschlossen! Möge der Himmel wollen, daß es auch das Ende der Irrtümer sei» (vgl. *Serm.* CXXXI,6).

Die Formel lebt noch heute, wenn auch leicht abgeändert, als Grundsatz in der Sprache der Juristen fort: *«Roma locuta, causa finita est!»* (Rom hat gesprochen, der Fall ist entschieden).

Und doch schien plötzlich die ganze Angelegenheit wieder neu aufgerollt zu werden. Im Jahr 417 starb Innozenz, sein Nachfolger wurde Zosimus. Pelagius schrieb dem neuen Papst selbstbewußte Protestbriefe, Celestius kniete zu seinen Füßen und machte sich für die Sache stark. Zosimus zweifelte und schickte den Bischöfen in Afrika einen vorwurfsvollen Brief, sie hätten voreilig gehandelt. Er gebe ihnen zwei Monate Zeit, in Rom zu erscheinen, um ihre Anklage gegen Pelagius zu rechtfertigen. Die – seiner Meinung nach – überstürzte und energische Art, in der im Fall des Pelagius entschieden worden war, hielt er für unangemessen.

Doch selbst vor der zaudernden Haltung des Papstes hatte Augustinus größten Respekt, und er verspürte darum keinerlei Groll. Nachdem Zosimus aber die Angelegenheit nochmals überdacht hatte, erkannte er schließlich, welche Seite im Recht war, und schloß sich dem Urteil seines Vorgängers Innozenz an. Die Pelagianer zogen nun gegen Augustinus und den Papst zu Felde.

Eine Fortsetzung fand der Streit in der Auseinandersetzung, die der Bischof von Hippo mit dem glänzenden Bischof von Apulien zu führen hatte, mit Julian von Eclanum. Dieser junge Geistliche, der alle Sympathie Augustins besaß, war der Sohn katholischer Eltern, Freunden des Bischofs von Hippo. Nachdem er aber die pelagianische Lehre angenommen hatte, lehnte er sich gegen den Bischof auf und beschimpfte ihn mit den Worten: «Du armseliger Neger, Sohn einer Säuferin!» Augustinus erwiderte: «Es ist nicht die Farbe der Haut, es sind die guten Gründe des Verstandes, die über die Probleme entscheiden . . .» Der Streit sollte bis zum Jahr 428 andauern.

Bedingt durch die Suche nach einer Vermittlung kamen dann in Gallien die «Semipelagianer» auf. Die Auseinandersetzungen nahmen kein Ende. Das große Problem selbst aber blieb ungelöst, ja, es weitete sich sogar noch aus im Bewußtsein der Menschen, in den Betrachtungen der Philosophen, in den Fragen nach dem *Warum* des menschlichen Lebens. Es lebt bis heute fort und wird auch in Zukunft nicht gelöst werden: das Geheimnis von Gnade und Freiheit! Augustinus gab nicht vor, Geheimnisse erklären zu können. Dieses Geheimnis aber sollte in die Erfahrungen der großen Mystiker einfließen, wie Katharina von Siena, Johannes vom Kreuz und vor allem Teresa von Avila, die Augustins Leben studiert hatte und ihm ergeben war – und nicht zuletzt in die Philosophien der großen modernen Denker wie Pascal und Kierkegaard.

Cicero behauptet: «Es gibt keinen Unsinn auf der Welt, den nicht schon irgendein Philosoph von sich gegeben hätte.» Und wir können hinzufügen, daß die Theologen ihnen in nichts nachstehen. Denn Theologen wie Philosophen, Vertreter der Kirche und weltliche Gelehrte, Häretiker, Begründer neuer Theorien – sie alle überbieten sich darin, Augustins Gedanken zu plündern und zu interpretieren, jeder auf seine Art. Und am meisten haben aus ihnen natürlich die Kirchenlehrer geschöpft. Die Präsenz und der Einfluß Augustins ist in der Kultur jeder Epoche, auch der unsrigen, so stark, daß man ihn – um ein Bild aus dem Evangelium zu gebrauchen – mit der Sonne und dem Regen vergleichen kann, die der himmlische Vater über die Guten wie die Bösen verteilt.

Ein kürzlich erschienenes Buch von Simone Weil * stellt erneut in unverhüllter und spannender, oftmals sehr einfühlsamer Weise diese dramatischen Überlegungen über die Extreme des menschlichen Daseins an, über die Beziehungen zwischen Gott und

* Simone Weil, *Schwerkraft und Gnade*, München 1952.

Mensch, zwischen Gut und Böse, zwischen der *Schwerkraft des Leibes* (*la pesanteur*, die «gottfliehende» Macht) und der *Gnade*.

Gott und der Mensch: zwei Sprachen, aber eine einzige Grammatik, und beide deuten sich gegenseitig. Ihre Gemeinsamkeit ist das *Mysterium*, das nicht die *Evidenz* verdunkelt, sondern sie mit ihrem Licht verklärt. Ein Problem, das weniger schwer auf dem lastet, der in Demut das Geheimnis und auch die Liebe hinnimmt. Die Demut, die das Wort des heiligen Johannes annimmt: «Gott hat uns zuerst geliebt!»

«Gott – er ist immer der erste, der uns liebt.» Es kann nicht anders sein. Und die Freiheit des Menschen? Es ist eben diese Liebe, die sie schafft, sagt Augustinus. «Das ist das Gewicht, das uns zieht, unser Gesetz der Schwerkraft!»

VON DEN BLUTIGEN SPIELEN DER WELT

Vielleicht bereute Papst Zosimus, Augustinus so schweren Vorwürfen ausgesetzt zu haben, vielleicht sah er den Fehler ein, den er begangen hatte, und verbrachte nun eine unruhige Nacht. Er konnte nicht schlafen und überlegte, wie der Schaden wiedergutzumachen sei. Schließlich kam ihm der Gedanke, Augustinus einen besonderen Auftrag anzuvertrauen: er sollte päpstlicher Legat in Cäsarea in Mauretanien werden. Welche Aufgabe hatte er genau zu erfüllen? Wir wissen es nicht. Die Ereignisse dieser Reise, von denen Augustinus uns berichtet, interessieren uns mehr, doch waren sie sicher nicht die Hauptursache. Irgendeinen Grund wird sich Zosimus ausgedacht haben, aber den wahren Grund (der diplomatische Vorwand, um sich bei dem großen Bischof Gottes zu entschuldigen), bewahrte er in seinem Herzen.

Eine lange Reise, auf dem Rücken der immer gleichen Reittiere, unter der immer gleichen afrikanischen Sonne. 418 Jahre waren seit der Geburt Christi vergangen, 64 seit der Geburt Augustins. Alypius, Possidius und andere Bischöfe begleiteten ihn.

Die *Caterva!*

Die Szene mutet an wie eine Novelle von Pirandello. Die *Caterva* von Cäsarea war ein tragisches, doch fast heiliges Spiel. Alle strömten auf den Platz, den größten dieser schönen Stadt. Auf zwei gegenüberliegende Seiten verteilt, schleuderten sie Steine gegeneinander, Freunde, Verwandte, Brüder, Väter, Kinder, alle kunterbunt durcheinander, ohne Parteien zu bilden, wie es der Zufall wollte.

Die *Caterva* wurde jedes Jahr gefeiert, wie der *Palio* von Siena oder das Fest der *Ceri* in Gubbio: Folklore und Touristenattraktion. Das Fest begann jedes Jahr an einem festgesetzten Tag und dauerte mehrere Tage, ohne Unterbrechung. Ein Stammesbrauch, von den Vorvätern überliefert.

«Dulce et decorum est pro patria mori!» sagten die Römer: Süß und ehrenvoll ist es, für das Vaterland zu sterben! Aber für die Bewohner Cäsareas war es süßer und ehrenvoller, spielend zu sterben. Und tatsächlich bedeutete dieses Spiel für viele den Tod.

Als Augustinus den Aufmarsch erblickte, erschauerte er. Derlei blutige Veranstaltungen, und waren sie auch nur Spiele, hatten ihm nie gefallen. Als er jung war, hatte er die Theater besucht, nie aber die Amphitheater.

Er stellte sich auf die Schwelle der Kathedrale, auf die oberste Stufe, und bevor das Signal zum Angriff gegeben wurde, rief er mit der ganzen Kraft seiner schwachen Lungen: «Wartet, nur einen Augenblick!»

Die eine Hälfte der Gesichter wandte sich nach rechts, die andere nach links, je nachdem, welchem der beiden Lager die Spieler angehörten: Alle Blicke waren auf den Bischof gerichtet. «Was mischt sich der Priester hier ein», sagte einer. Als würde sich in einer Arena von Toledo ein tierfreundlicher Bischof, dem Stierkämpfe zuwider sind, beim Auftauchen des Stieres auf die Stufen stellen und mit einem Handzeichen, mit einem Ruf das Spiel unterbrechen! Augustinus aber tat genau das. Und er rief der fanatischen Menge zu: «Cäsarea in Mauretanien, meine lieben Freunde, ist die schönste Stadt des Reichs ... Auf diese eure Gebäude seid ihr stolz, die Fruchtbarkeit und den Zauber eures Landes lobt ihr ...»

Augustinus selbst erzählt, daß er alle Beredsamkeit, von der er in seiner Jugend geträumt hatte, nun in die Waagschale warf. Er fühlte sich wie ein Cäsar, der zu seinen Legionären spricht, wie ein Cicero, der vor den Senat hintritt. In feierlichem Ton hielt er diese Rede auf dem großen Platz. Und nicht mit jener ruhigen Stimme, mit der er sonst in der Kirche das Evangelium auslegte ...

«Doch sehe ich jetzt», fuhr er fort, «eure schöne Stadt von der Grausamkeit eurer Gesichter verunstaltet. Ein Spiel wollt ihr machen und verkleidet euch als wilde Tiere! Aber was habt ihr vor, meine Freunde? Überlaßt das den Barbaren, die schon ungeduldig an die Tore des Reichs klopfen. Ihr seid keine Barbaren, sondern ein zivilisiertes Volk.»

Die Menge klatschte Beifall, viele ließen ihre Steine fallen. Er sprach mit glühendem Eifer. Da stand wieder der Augustinus von vor vierzig Jahren, der berühmte Redner aus Karthago. Jene alte Eitelkeit, die er besiegt hatte, kam noch einmal zurück. Er bemerkte sie nicht einmal, oder er glaubte, daß auch die Eitelkeit Gott dienen kann. Er wollte keinen Beifall, er wollte Tränen. Denn nicht der Redner packt seine Zuhörer am meisten, der einen Beifallssturm auslöst, sondern derjenige, der sie zu Tränen rührt.

Voller Eifer fuhr er fort: «Ihr spielt euer Spiel. Spiele sind schön, das weiß ich, denn als ich jung war, habe ich selbst oft gespielt. Aber schaut: ihr habt doch gespielt, ihr habt schon gespielt! Seht ihr nicht die Mutter dort, die ihr blutendes Kind an sich drückt? Dort, dort, ich sehe sie! Und seht ihr nicht den jungen Mann, der sich über seinen sterbenden Vater beugt? Er selbst hat ihn getroffen, da er auf der feindlichen Seite stand. Denn dies ist ja ein Spiel, und Spiel ist Spiel, jedes Spiel hat seine Regeln, und die Regeln dieses Spiels lauten, sich dort aufzustellen, wo man sich gerade befindet, weder den eigenen Vater noch den eigenen Sohn siegen zu lassen oder ihn zu verteidigen. Man spielt *Caterva*, nicht Liebe! Die Liebe wird nach dem Spiel wieder einkehren. Dann werden wir wieder sehen, aber Verletzte und Tote werden wir sehen! Wir werden unsere Toten sehen, Brüder!»

Sie weinten! Alle, Katholiken, Donatisten und Heiden drängten zu ihm, um ihm die Hände zu küssen. Der Schweiß rann ihm in Strömen von der Stirn ... Er kehrte in sich, flüchtete in die Kirche, um diesen Augenblick, da ihn die Eitelkeit des Rhetors überwältigt hatte, zu beweinen. Die Menge strömte ihm nach und fand ihn bereits im Gebet vertieft.

Eitelkeit oder Nächstenliebe? Er berichtet von diesem Ereignis wie von einem Höhepunkt der Redekunst: «Und nun sind es schon fast acht, ja vielleicht noch mehr Jahre her, seitdem daselbst ... nichts Derartiges mehr versucht wurde» (*De doctr. christ.* IV,24).

Wie oft kam ihm noch die *Caterva* von Cäsarea in den Sinn. Sie hatte er bändigen können. Und auch andere Aufwallungen, einige vielleicht aber nur zum Teil. Seinen eigenen inneren Kampf, der so viele Jahre zurücklag – denn auch allein mit sich selbst steht man einem Gegner gegenüber –, diesen Kampf, der genau vor zweiunddreißig Jahren in Mailand ausgebrochen war, hatte die Gnade Gottes gebändigt. Er lebte in Frieden mit sich, in Frieden mit Gott.

Aber all die anderen blutigen Spiele! Die Kriege innerhalb des Reichs, in denen Bruder gegen Bruder kämpfte, die Kriege in seinem Afrika ... der Aufstand von Gildo, von Heraklian ... Wieviel Blut wurde vergossen!

Und die Religionskriege? Sie wurden immer von der Politik zu ihren Zwecken mißbraucht: religiöse Werkzeuge der Macht. Er dachte an die Kriege, die vor seinen Augen geführt wurden: Heiden gegen Christen, Donatisten gegen Katholiken. Wirkliche Kriege, in denen Blut vergossen wurde, in denen es Verwundete, Tote gab. Wer hatte nun Recht? Das Gesetz des Mißbrauchs durch die Mächte der Welt wird herausgefordert, wo immer eine religiöse Streitigkeit entsteht, besonders innerhalb einer Glaubensgemeinschaft und besonders, wenn Armut und Ungerechtigkeit hinzukommen – es hätte die Circumcellionen nicht gegeben ohne die Herausforderung der sozialen Ungerechtigkeit.

Überall Bruderkriege! Überall die *Caterva* ... Der Gedanke ließ ihn nicht los, während der Ereignisse draußen, während er mit sich alleine war und meditierte, oder in seiner Kammer, wenn er schrieb. Er hatte es sich zur Aufgabe gemacht, sie zu bändigen. Etwas hatte er tun können, mit Gottes Hilfe. Aber die Friedensabkommen, die Waffenstillstandserklärungen, die Schlichtungen, sie existierten mehr auf den Pergamenten in den Archiven als in den Herzen der Menschen. Der Friede ist schwierig. Und in der Zukunft? Wieviele blutige Spiele stehen noch bevor? Was wird aus Rom, aus seinem Afrika, aus der Welt? Die Natur hatte ihn mit einem wachen Sinn für das Wesen der Geschichte begabt. Sie zu verstehen – sie zu deuten – auch sie vorauszudenken.

Diese Arbeit, an der er gerade saß, der *Gottesstaat*, war sehr schwierig. Doch er war ein ganzes Stück vorangekommen. Einige Bücher waren schon veröffentlicht und wurden in aller Welt gelesen. «Wenn ich noch einmal von vorne anfangen müßte!» Manchmal glaubte er zu verzweifeln – so viele blutige Spiele!

Doch hatte diese Aufgabe seinen natürlichen Sinn für die Geschichte geschärft. Auf gewisse Weise, dachte er, schließt ein Historiker mit der ganzen Geschichte Frieden.

Der *Gottesstaat* umfaßt Themen aus der Bibel, der römischen Geschichte, der Geschichte des Christentums, der antiken Philosophie, der klassischen Literatur, Physik, Chemie und Kunst – eine kosmische Ökumene im ursprünglichen Sinn des Wortes: Er wollte alles und jeden umarmen. Eine Art Jüngstes Gericht, in dem er im Gebet vor Gott jedem einzelnen gerecht zu werden suchte. Nicht einmal das Heidentum schmähte er: er rühmte die natürlichen Tugenden der alten Römer und schrieb über Philosophen, Dichter, Literaten, als wären manche von ihnen weltliche Propheten gewesen.

Er war sich bewußt, daß er ein großes Werk schrieb, das die Jahrhunderte überdauern würde, zum Nutzen der Generationen, die nach ihm kommen sollten. Wenn sie es lesen würden ... Ja, er glaubte an den Fortschritt.

Dann betete er zu Gott, er möge ihn vor der menschlichen Versuchung der Eitelkeit bewahren.

Am 26. September 426 fand in der *Basilika vom Frieden* eine bedeutende Zeremonie statt: die Ernennung des Priesters Heraclius zum Nachfolger Augustins auf dem Bischofsstuhl von Hippo. In den Kirchenakten der Diözese existiert darüber ein Bericht in dem Brief CCXIII.

Am Tag zuvor hatte Augustinus das Volk zusammengerufen, um ihm seinen Beschluß mitzuteilen, sich einen Helfer zur Seite zu stellen.

Das Volk eilte in großer Zahl herbei, und Augustinus freute sich darüber. Am Anfang seiner Predigt sagte er, es sei unnötig, erst von anderen Dingen zu sprechen, man würde ihnen ohnehin keine Aufmerksamkeit schenken: denn das Ereignis, das alle interessierte und neugierig machte, war die Ernennung des Nachfolgers.

Es war eine feierliche Zeremonie, wie bei einer Proklamation.

Augustinus sagte nur: «Jeder muß sterben und jedes Alter ist gut. Dennoch warten wir in der Kindheit darauf, heranzuwachsen, und wachsen wir heran, so warten wir auf die Jahre der Jugend. Erfreuen wir uns aber der Jugend, so wollen wir erwachsen werden, und sind wir erwachsen, so warten wir auf die Reife. Nach der Zeit der Reife aber kommt das Alter. Jedes andere Alter weiß einen neuen Abschnitt vor sich, nur das Alter nicht, wie lang es auch sein mag.» Danach verkündigte er: «Ich wünsche mir als meinen Nachfolger Heraclius!» Sodann berichten die Akten: «Das Volk rief dreiundzwanzigmal: ‹Gott sei gedankt! Christus sei gelobt!› Dann sechzehnmal: ‹Christus, erhöre uns! Es lebe Augustinus!› Dann noch weitere achtmal: ‹Dich zum Vater, Dich zum Bischof!›»

Folgender Bericht des Schreibers wurde uns überliefert: «Nachdem wieder Schweigen eingekehrt war, fuhr Augustinus fort: ‹Es ist nicht nötig, daß ich mich in Lob über ihn ergehe. Ich bewundere seine Weisheit und achte seine Bescheidenheit. Ich sage nur eines: Ich weiß, daß mein Wunsch auch euer Wunsch ist ... Wie ihr seht, halten die Schreiber alles fest, was ihr sagt und was wir sagen. Es gehen weder meine Worte noch eure Einwürfe verloren.› Darauf riefen die Gläubigen sechsunddreißigmal: ‹Gott sei gedankt! Christus sei gelobt! Christus, erhöre uns! Es lebe Augustinus!‹ Allein der letzte Ausruf wurde dreizehnmal wiederholt ...»

Der Bischof, der Klerus und das Volk machten nun den Eintrag in das Kirchenbuch. «Als es wieder still geworden war, sagte Bischof Augustinus: ‹Ich möchte, daß mein und euer Wille durch dieses Kirchenprotokoll festgehalten werden. Was aber den uns verborgenen Willen des Allmächtigen angeht, so beten wir darum, daß Gott möge dauern lassen, was er in unserer Mitte schuf.› Die Gläubigen riefen sechzehnmal: ‹Wir danken dir für deine Wahl. So sei es!› Sechzehnmal, und dann sechsmal: ‹Dich zum Vater! Heraclius zu unserem Bischof!› Dann kündigte er an, daß Heraclius nicht sofort die bischöfliche Weihe erhalten könne, da dies die Kirchengesetze verböten. ‹Er wird Bischof, wann Gott es will!› Nun fuhr er fort, daß der Beschluß, den er zusammen mit dem Volk gefaßt habe, ihm, Augustinus, erlaube, sich nun ganz dem

Studium der Heiligen Schrift zu widmen. Frühere Abmachungen dieser Art waren nie eingehalten worden. Jetzt durfte ihn niemand mehr dieser freien Zeit berauben. Und er schloß mit den Worten: ‹Feiern wir nun die göttliche Handlung auf dem Opferaltar. Ich ermahne euch in eurer Nächstenliebe, alle eure Sorgen und Fragen nun zu vergessen. Bittet den Herrn für diese Kirche, für mich, für den Priester Heraclius›» (vgl. *Epist.* CCXIII).

Im dritten Jahrzehnt dieses Jahrhunderts konnte Augustinus – wie in einer reichen Ernte – schwierige und wichtige Werke zu Ende führen. Einige von ihnen hatte er schon vor vielen Jahren begonnen: Arbeiten für die Kirche der Zukunft.

Augustinus war ein Autor mit langen und kurzen Schreibphasen. Das hing nicht von der Fruchtbarkeit oder der Inspiration des Augenblicks ab, sondern davon, ob das Buch, das er schreiben sollte oder schon schrieb, mit Blick auf die allgemein interessierende Lage, einen bestimmten Fragesteller oder auch das ganze Volk mehr oder weniger dringlich war. Die Arbeit an einem Werk konnte also wegen der Dringlichkeit eines anderen unterbrochen werden.

Immer war er ganz auf das Werk konzentriert, weil das Herz darüber entschied, welche Arbeit am dringendsten war. Er war wirklich ein uneigennütziger Arbeiter im Weinberg Gottes!

Vom Beginn bis zur Fertigstellung eines Werkes konnten Jahrzehnte vergehen: *Über die Dreieinigkeit* entstand zwischen 399 und 426, *Über die christliche Lehre* zwischen 397 und 427, und *Der Gottesstaat* etwa zwischen 412 und 427. Die kompositorische Harmonie wurde dadurch nicht beeinträchtigt.

Eines Tages im Jahr 426 rief er Alypius, Possidius, Evodius und einige andere Bischöfe und Schüler zu sich nach Hippo. Er wollte mit ihnen und den Mönchen ein Fest feiern, weil er soeben die Arbeit *Über die Dreieinigkeit* abgeschlossen hatte.

Dieses berühmte Werk hat das Volk zu einer höchst bedeutungsvollen Legende inspiriert: von dem Kind am Strand, das mit Hilfe einer Muschel versucht, das Wasser des Meeres in eine Sandmulde zu füllen. Augustinus, der in Gedanken versunken den Strand auf und ab geht und über das große Geheimnis meditiert, bleibt stehen und fragt nach dem Ziel seines Tuns. Das Kind erklärt es ihm mit schlichter Einfachheit: die kleine Mulde solle das ganze Meer aufnehmen. Der große Theologe ist darüber amüsiert und erklärt ihm die Unmöglichkeit des Unternehmens. Da hält ihm das Kind seine eigene Anmaßung vor: «Und wie kannst du in deinem kleinen Kopf das ganze unermeßliche Geheimnis Gottes bergen?» Ein Küstenstreifen des Tyrrhenischen Meeres zwischen Civitavecchia und Orbetello, in der Nähe des schönen Vorgebirges von Ansedonia, nennt sich *Strand des heiligen Augustinus.* Die Legende wiederum hat viele Künstler inspiriert – man denke nur an das herrliche Gemälde von Rubens in der Nationalgalerie von Prag oder an das Fresko von Benozzo Gozzoli in San Gimignano, auf dem das fragende Kind in der Gestalt des Jesuskindes dargestellt ist.

Dieses große theologische Werk über den Glauben (einen Glauben wohlgemerkt, der in der Auslegung Augustins dem menschlichen Verstand Genüge tut) beginnt mit einer Provokation: «Wer diese meine Abhandlung über die Dreieinigkeit lesen will, soll zuerst wissen, daß meine Feder wachsam sich gegen die Verdrehungskünste jener wendet, welche es verschmähen, vom Glauben auszugehen, und so durch ihr vorwitziges und verkehrtes Verlangen nach Verstehen in Irrtum fallen» (*De trinitate* I,1).

Ein interessantes Detail ist die Tatsache, daß die ersten zwölf Bücher (von insgesamt fünfzehn) Augustinus gestohlen und heimlich veröffentlicht wurden – vielleicht von ungeduldigen Lesern. Augustinus war darüber verstimmt und wütend, ja, er war anfangs so verärgert, daß er an dem Werk nicht mehr weiterschreiben, sondern den Diebstahl anzeigen und eine neue Arbeit beginnen wollte. Dann aber sagte er sich, daß dieser Diebstahl nicht aus Habgier, sondern aus ebenso verständlichen wie verdienstvollen Motiven geschehen war. Und mit dieser Einsicht ließ er die Sache auf sich beruhen. Die unbekannten Diebe waren sicher Freunde.

Hinsichtlich der Lehre von der Dreieinigkeit waren die Arianer Häretiker; mit einigen von ihnen stritt Augustinus noch im hohen Alter. Viele der verbündeteten barbarischen Völker waren arianischen Glaubens. Augustins Werk über die Dreieinigkeit aber ist rein theologisch-mystischer Natur und keine Streitschrift.

Wir können sicher sein, daß bei Vollendung des Werkes das

legendäre Kind vom Strand sich zusammen mit Augustinus gefreut hat. Er hatte sich dem leuchtenden Geheimnis so sehr genähert und war doch nicht von ihm geblendet worden: «Herr, mein Gott, meine einzige Hoffnung! Vor Dir steht meine Kraft und meine Schwäche: die eine wahre, die andere heile! Vor Dir steht mein Wissen und mein Nichtwissen: wo Du mir geöffnet hast, nimm mich auf, wenn ich eintrete; wo Du mir den Zutritt verschlossen hast, öffne, wenn ich anklopfe. Deiner möge ich mich erinnern, Dich einsehen, Dich lieben! Wenn wir also zu Dir gelangen, dann wird das viele, das wir sagen und zu dem wir nicht gelangen, zu Ende sein, und bleiben wirst Du allein, der Du alles in allem bist. Ohne Ende werden wir dann eines sagen, Dich mit einer Stimme preisend, selber auch in Dir eins geworden. Du, Herr, Gott, Du der Eine, Du Gott Dreieinigkeit!» (*De trinitate* XV,28,51).

Er schrieb und schrieb ... Er war alt, er hatte das siebzigste Lebensjahr überschritten.

Wie dankbar war er, sich ausruhen zu dürfen, in Gedanken versunken allein in seinem Zimmer, wie ein Höhlenforscher, der eine leuchtende und wunderbare Grotte erforscht, sein scharfer Verstand im Spiel mit Gott wie ein Kind mit seinem Spielzeug.

Vom Hafen drangen die Stimmen der dort arbeitenden Matrosen und Fischer zu ihm, die Laute und Gerüche einer Hafenstadt ... Es klopfte an seiner Tür ... «Stört den Bischof nicht, er schreibt gerade! Außerdem ist er bei schlechter Gesundheit», sagte der Mönch, den man ihm zur Seite gestellt hatte.

Und dennoch: immer wieder Reisen, von Hippo nach Karthago, nach Fussala, nach Uzalis, nach Tuburnae ... «In Tuburnae erwartet dich der Reichskommissar Bonifatius, der künftige Statthalter der afrikanischen Provinzen!»

Er schrieb und schrieb ...

Der ungestüme junge Bischof Julian schoß von Apulien seine Giftpfeile auf ihn ab. Er haßte ihn, verletzte seine familiären Bande, mischte Worte Gottes mit persönlichen Beschimpfungen gegen ihn. Eine Gelegenheit zu Demut und Nächstenliebe, ihm nicht zu antworten. Wie sehr hatte er ihn geliebt ... Wie verletzend er auch war, er mußte antworten!

Er ordnete die letzten beschriebenen Pergamente der *Dreieinigkeit* oder des *Gottesstaates* in ein Regal und nahm die Feder zur Hand, um Satz für Satz Julian zurechtzuweisen, geduldig, barmherzig und manchmal auch heftig ... «Deine Eltern, die Katholiken waren, schämen sich Deiner ...» Doch wollte er ihn nicht zertreten, er gehörte nicht zu den Gewalttätigen der *Caterva*, auch wenn Julian mit Steinen warf.

Opus imperfectum contra Julianum: Seine Streitschrift gegen Julian, die er bis zu seinem Tod nicht mehr fertigstellen konnte. *Imperfectum* nicht nur deshalb, sondern auch, weil er nicht alles aussprechen wollte, was er dachte.

Auch wir wollen darauf verzichten, die bittere Beziehung zu dem pelagianischen Bischof bis in alle Einzelheiten zu beleuchten.

«Den Irrtum sollen wir hassen, den Irrenden aber immer lieben.»

Und was wird in jener Nacht des Jahres 427 in ihm vorgegangen sein, als er die letzte Zeile des *Gottesstaates* schrieb? Er legte die Feder nieder, ließ das geringe Gewicht seines Körpers auf seinem Schemel ruhen und die müden Arme sinken. Er war alt und zufrieden. Er sagte: «Welche Mühsal!»

Für ihn war der *Gottesstaat* schon längst nicht mehr in der Vergänglichkeit der irdischen, blutigen Spiele befangen. Er war schon der Himmelsstaat: «Dort werden wir ausruhen und sehen; sehen und lieben; lieben und loben. Das wird das Ende ohne Ende sein» (*Gottesstaat* XXX,5).

«GIB MIR, O HERR, DEN FRIEDEN DER RUHE»

Bonifatius ist die historische Figur, die das Ende der römischen Epoche in Afrika verkörpert. Mit seinen großen Qualitäten als Mensch und Soldat war er zunächst dem Hof in Ravenna treu ergeben, doch später wurde er wegen Meinungsverschiedenheiten mit der Kaiserin Galla Placidia zum Rebellen. Weil Intriganten bei Hof ihn des Verrats verdächtigten, griffen ihn die Truppen des Reichs an, und er bat in Spanien die Vandalen um Beistand. Nachdem diese aber nicht als Verbündete, sondern als Eroberer in sein Gebiet eingedrungen waren, geriet er in Not und bereute seinen Plan, nicht zuletzt wegen der beunruhigten Ermahnungen Augustins. Vergebens versuchte er, die Vandalen wieder zu vertreiben (er hatte sich in der Zwischenzeit mit Galla Placidia ausgesöhnt). Doch zu spät! Er erlebte den Todeskampf des römischen Afrika in Hippo, von wo aus er seine Unternehmungen nun mit einer starken Garnison Soldaten leitete. Er hatte den Ort weniger aus strategischen Überlegungen als aus dem Wunsch heraus gewählt, in der Nähe des großen alten Bischofs diesen historischen Moment zu erleben, der so tragisch für ihn, aber noch tragischer für das Reich war. Die Vandalen ließen sich als die neuen Herren in den schönen Provinzen Afrikas nieder. Angriff und Verwüstung waren an der Tagesordnung, bis schließlich der Islam das Land eroberte. Über Jahrhunderte war Afrika von Rom abgeschnitten.

In jenen Jahren zwischen 430 und 440 starb auch die gerade voll

erblühte Kirche von Afrika. Sie hatte das gesamte Christentum und seine Lehre befruchtet und gestärkt, war es auch oft nur durch die Konflikte, die sie in beide hineingetragen hat.

Ein Mann von Augustins Format konnte nur vor einem solch apokalyptischen Hintergrund sterben. Es hat beinahe den Anschein, als habe das Schicksal ihm einen Platz gerade in dieser herausragenden Epoche der Geschichte zugewiesen, um durch ihn das Fortleben der Menschen zu beweisen: Erbe einer untergehenden Welt, Zeuge einer gerade geborenen Welt – im Namen der weiterlebenden Kultur. Und, nach seinem Willen, im Namen der christlichen Idee.

Kehren wir aber nach diesem geschichtlichen Abriß zur Chronik der Geschehnisse zurück.

Bonifatius war im Jahr 417 als einfacher Tribun nach Afrika gekommen. Seine Anwesenheit bestätigt uns Augustinus, der wie immer, und sei es nur beiläufig, eine sichere Quelle ist, die uns erlaubt, den Ablauf der Ereignisse zu rekonstruieren (vgl. *Epist.* CLXXXV und CLXXXIX).

Seine Aufgabe war es, über die römischen Provinzen Afrikas zu wachen und die Barbaren hinzuhalten. Eine Aufgabe, die er sehr gut erfüllte, «indem er kämpfte» und sich «Respekt verschaffte» (vgl. *Epist.* CCXX).

Wir wissen, daß sich Bonifatius im Jahr 422 in Spanien aufhielt, wo er an der Seite des *comes* Castinus gegen die Vandalen Krieg führte. Doch konnte er die Unfähigkeit und die Arroganz dieses Mannes nicht ertragen, und er verließ ihn, um nach Italien zurückzukehren. Castinus wurde besiegt und die Iberische Halbinsel war endgültig für das Reich verloren – und damit zugleich ein Vorposten für die Verteidigung Afrikas. Afrika und Spanien hatten sich gegenseitig verteidigt.

Kaiser Honorius starb am 15. August 423 im Alter von neununddreißig Jahren. Er hatte im Streit mit seiner Schwester Galla Placidia gelebt und sie in die Verbannung geschickt. Bonifatius war der Prinzessin ergeben geblieben und hatte ihr Hilfe und Schutz zukommen lassen.

Sicher befand sich Bonifatius aber im Jahr 424 in Afrika, diesmal nicht als Beamter mit einem speziellen Aufgabenbereich, sondern nun als Verantwortlicher an der Spitze der Regierung der afrikanischen Provinzen. Da die Geschichte Afrikas zwischen den Jahren 424 und 427 keine besonderen Ereignisse aufweist, ist anzunehmen, daß die starke und weise Regierung des Bonifatius für eine Epoche der Ruhe hatte sorgen können.

Der Winter 427/28 war auch für Afrika hart. Augustinus stand in seinem vierundsiebzigsten Lebensjahr, für die damalige Zeit ein sehr hohes Alter.

Als ihn der Bischof Nobilius einlud, seine neue Kathedrale einzuweihen, lehnte Augustinus mit einem sehr kurzen und verbindlichen, doch fast offiziellen Schreiben diese Bitte ab: «Ginge es allein um meinen Willen, so würde mein schwacher Körper kommen. Doch die Krankheit hält ihn davon ab. Wäre nicht Winter, so könnte ich kommen, und wäre ich jung, so müßte ich mich um den Winter nicht kümmern. Eine Reise im Winter aber kann ich nicht auf mich nehmen in meinem frostigen Alter» (vgl. *Epist.* CCLXIX).

Aber war es nur das Alter? War es nur der Winter? Trotz seiner schwachen Konstitution besaß Augustinus große Widerstandskraft gegen Erschöpfung, und bis zum Schluß blieben ihm schwere Krankheiten erspart: «An allen Gliedern des Leibes unversehrt, mit ungeschwächtem Augenlicht und Gehör», beschreibt Possidius sein Alter, das er als «blühend» bezeichnet (*Vita* XXXI,4). Vielleicht war es das Vorgefühl eines schrecklichen Ereignisses, das ihn sein «Eifer», sein «Mut», die «Klarheit und Kraft seines Verstandes» ahnen ließen? Die Ahnung von einer weiteren *Caterva*, die zu bändigen ihm diesmal nicht gelingen würde?

Dem Bericht über den Tod Augustins schickt Possidius ein langes Kapitel voraus, in dem er von den Ratschlägen berichtet, die der Greis dem Bischof von Tiabe, Honoratus, noch mit auf den Weg gab. Dieser hatte ihn gefragt, ob angesichts des ständigen Vordringens barbarischer Völker ein Bischof, Priester oder sonstiger Vertreter der Kirche flüchten dürfe, um sein Leben zu retten. Aus Furcht vor dem drohenden Unglück, das bereits seinen Lauf genommen hatte, waren viele Menschen, darunter auch Geistliche, in Panik geraten.

Augustins Antwort, die er Honoratus in einem Brief mitteilt, ist ebenso eindeutig wie klug, wobei er verschiedene mögliche Situationen durchaus voraussieht: «Wenn auch nur ein kleiner Teil des Volkes Gottes an unserem Aufenthaltsort zurückbleibt und unser Dienst ihm so notwendig ist, daß es ohne ihn nicht wohl aushalten mag, so darf es nicht ohne den guten Hirten bleiben. Es bleibt uns nichts, als zu dem Herrn zu sprechen: ‹Sei uns, o Gott, ein Schutz und eine Festung!›» (*Epist.* CCXXVII,1).

Der Brief, der auf das Jahr 429 datiert ist, geht dann auf verschiedene Einzelheiten ein. Wenn es aber darauf ankommt, gilt immer nur das eine Wort: Gott ist der einzige Ausweg! Der Schmerz, nicht um seiner selbst willen, sondern um des Ideals willen, das ihn trägt, wird zum Zeugnis für die Liebe zu Gott, ein Martyrium, das Gott belohnt.

Schon angesichts von Fanatikern, die sich aus Protest das Leben nehmen, sagte er: «Den wirklichen Märtyrer macht nicht das Leid aus, das er erfährt oder sich selbst zufügt, sondern der Grund, weshalb er sich dem Leid aussetzte.»

Der Himmel über Afrika verfinsterte sich, und plötzlich brach der Sturm los. Am Hof von Ravenna herrschten Intrigen. Die Hauptpersonen waren die Kaiserin Galla Placidia, Mutter von Valentinian III., und ihr General Ezius, der in Bonifatius einen Rivalen hatte. Bonifatius war zwar weit weg, aber er war mutig. Auch in der Ferne bedeutete er eine Gefahr. Außerdem hatte er in einem schwierigen Moment Galla Placidia geholfen. Man mußte also diese Beziehung zerstören, die von der Dankbarkeit der Herrscherin geprägt war. Ezius beschloß, Bonifatius nach Rom kommen zu lassen. Dieser würde sicherlich nicht kommen – doch dann wäre er ein Rebell, der versuchte, Afrika zu seinem eigenen Königreich zu machen. Ezius schämte sich nicht, ihm heimlich als vermeintlicher Freund zu schreiben und ihn zu warnen, nur ja nicht zu kommen: «Sie rufen Dich nach Rom, um Dich aus dem Weg zu räumen!»

Bonifatius fiel auf den Winkelzug herein. Statt Gehorsam zu leisten, weigerte er sich zu kommen.

«Dann ist es also wahr! Ezius hat recht!» Und schon wurde ein Heer gegen Bonifatius entsandt. Der Statthalter Afrikas rief die Vandalen: Teilen wir uns die afrikanischen Provinzen – das

Reich ist nur noch ein Gerippe! Darauf hatten die Vandalen gewartet.

Von dem Bruch zwischen den Regierungen Afrikas und des Imperiums profitierten nicht zuletzt die aufrührerischen Eingeborenenstämme, die im Süden zwischen der Wüste und den äußersten Grenzen des Römischen Reichs siedelten. Erneut entbrannte das Feuer von Gewalt und Chaos auf dem Land.

Augustinus griff ein. Seiner Ansicht nach war ein Fehler, auch ein politischer, immer mit einem anderen verknüpft. Er war ein Arzt, der auf gründliche Diagnosen hielt. Die Wurzel des Bösen findet sich nicht immer dort, wo das Böse auftritt. Trotz ihrer Freundschaft machte er Bonifatius offene Vorwürfe: Als Witwer hatte er sich mit einer Arianerin wiederverheiratet, und ihre gemeinsame Tochter war von einem arianischen Priester getauft worden. Und nun plünderten die afrikanischen Barbaren das Land, und weit und breit war niemand zu sehen, der für Ordnung sorgte und Befehle gab: Er, der einmal mutig gegen die Verbrechen vorgegangen war, war ein Feigling geworden, der tatenlos zuschaute. Die Reichsregierung hatte ihn beleidigt? Sollte er es vergessen und die Ordnung wiederherstellen! (vgl. *Epist.* CCXX).

Es mußte einen weisen Mann wie Augustinus hart ankommen, die Dummheit der Politiker zu verstehen – damals Bonifatius, Ezius, Galla Placidia – die unüberbietbare Dummheit der Menschen, die da vorgeben, die Welt zu regieren, wobei sie sie ihrem unersättlichen und einfältigen Ehrgeiz zuliebe in die Hölle schikken. All die sinnlosen Blutbäder!

Es kam zu einem Akt der Versöhnung zwischen dem Reich und Bonifatius, und zwar durch die Vermittlung des Darius, eines Magistrats, der zu diesem Zweck aus Gallien nach Afrika geschickt worden war. Mit ihm stand Augustinus in einem freundschaftlichen Briefwechsel. So dankte er ihm für einige «Heilmittel», die er ihm geschickt hatte, und für eine Spende zugunsten der Bibliothek (vgl. *Epist.* CCXXX,6; und *Epist.* CCXXXI,7).

Leider konnte Augustinus der winterlichen Kälte wegen Darius in Karthago nicht treffen, «diesen in seiner Wohltätigkeit wahren Christen». Er wollte ihm aber ein Geschenk machen: ein in Kalligraphie abgeschriebenes und besonders schön gebundenes Exemplar seiner *Bekenntnisse* in Kleinformat, das er mit einer liebevollen Widmung versah: «Du erhältst hiermit, Darius, mein lieber Sohn und hochwürdiger Herr – ein Christ nicht nur dem Scheine nach, sondern kraft der Dir eigenen Nächstenliebe – das Buch mit meinen Bekenntnissen, das Du Dir gewünscht hast» (vgl. *Epist.* CCXXXI,6).

Ein so großes Ansehen genoß dieser Bischof, daß er, ohne den Ort seines religiösen Auftrags zu verlassen, auch auf die Angelegenheiten der weltlichen Macht Einfluß nehmen konnte!

Den genauen Ablauf des Geschehens können wir heute nicht mehr nachvollziehen. Wir wissen nicht, ob zum Zeitpunkt dieser Intervention Geiserichs Vandalen bereits auf afrikanischem Boden marschierten. Auf jeden Fall aber standen die Dinge bereits so, daß der endgültige Zusammenbruch nicht mehr zu verhindern war.

Sicher ist, daß im Mai 429 die Vandalen über den afrikanischen Sand galoppierten, um alles an sich zu reißen, was Rom geschaffen hatte, und es wie eine Heuschreckenplage zu zerstören. Hinzu kam ein Dickicht von gegenseitigem Verrat in den kaiserlichen Reihen, in den treuen wie den aufrührerischen Verbänden. Die Truppen, die gegen Bonifatius ausgesandt worden waren, wurden von drei Generälen befehligt: Marvortius, Gallius und Sanecius. Die ersten beiden starben aufgrund eines Verrats von Sanecius, der selber, als ihm Bonifatius auf die Spur kam, hingerichtet wurde.

Durch Vermittlung des Darius fanden Verhandlungen zwischen Bonifatius und Sigisvultus statt, dem neuen General der zweiten Expedition aus Italien. Aber die Flut von Vandalen rückte näher; nur die Pausen, in denen sie Beute machten, verzögerten ihren Vormarsch. Sie waren von unglaublicher Grausamkeit: Kirchen, Klöster, Friedhöfe wurden entweiht und ausgeraubt; Bischöfe, Priester, hochstehende Persönlichkeiten waren ihre Opfer; sadistisch quälten sie Greise, Frauen und Kinder; die herrlichsten Gebäude steckten sie in Brand und machten sie dem Erdboden gleich. Kein Zeichen der römischen Zivilisation durfte fortbestehen.

Während ihre Truppen einen Landstrich nach dem andern niedermähten, vereinte sich das Schweigen der Sahara mit dem Schweigen der menschlichen Verzweiflung.

Bonifatius, der auf offenem Feld geschlagen wurde, verschanzte sich in Hippo, das im Juni 430 belagert wurde.

Hippo hielt stand. Augustins Haus, sein Bischofssitz und Kloster, glich einem Herzen: zitternd zwar, doch immer noch pochend im Gebet und in der Nächstenliebe.

Possidius war herbeigeeilt, um dem heiligen Bischof beizustehen. Und wir müssen darin ein Zeichen erkennen, daß er auf diese Weise Zeuge jener letzten Tage werden konnte. Neben den geistlichen und weltlichen Wechselfällen, die uns von dem Menschen Augustinus überliefert sind, neben den gesprochenen und geschriebenen Worten, die uns auf wunderbare Weise durch sechzehn Jahrhunderte hindurch unversehrt erreicht haben, verdanken wir Possidius' Feder eine ebenso schlichte wie lebendige Schilderung des schrecklichen geistigen und körperlichen Todeskampfes, den er zu durchleiden hatte (vgl. *Vita* XXVIII; XXIX; XXXI).

«Es geschah, daß ein ungeheures feindliches Heer, mit Waffen aller Art und im Kriege geübt, der unmenschlichen Vandalen und Alanen, untermischt mit Goten und mit Teilen verschiedener Völker auf Schiffen aus dem überseeischen Spanien in Afrika einströmte und es überflutete.» Possidius berichtet nun, mit welcher Grausamkeit sie den Krieg führten. Dann fährt er fort: «Diese furchtbaren Einfälle und Verfolgungen verstand und beurteilte der Mann Gottes in bezug auf ihre Ursache und Fortdauer nicht wie die anderen, sondern ging bei ihrer Betrachtung in die Höhe und die Tiefe, sah in ihnen hauptsächlich, wie sie die Seelen mit Gefahren und tödlichen Anläufen bedrohten, und Tränen wurden mehr als früher sein Brot Tag und Nacht. Den sich bereits dem Ende nähernden Rest seines Greisenalters durchlebte und ertrug er als die bitterste und traurigste Erfahrung. Denn er sah die völlige Zerstörung der Städte und den Untergang ihrer teils niedergemachten, teils vertriebenen und zerstreuten Bewohner samt ihren Landgütern; er sah die von den Priestern und Dienern verlassenen Kirchen, die in alle Winde zerstreuten heiligen Jungfrauen und Asketen, hier durch Foltern Getötete, dort durch das Schwert Ermordete und dazu die in die Gefangenschaft Geführten, die mit

Verlust der Reinheit und Würde ihrer Seele und ihres Leibes den Feinden schlimme und harte Sklavendienste tun mußten. Die Hymnen Gottes und die Loblieder waren in den Kirchen verstummt ... Die Gottesdienste hörten auf, und die heiligen Sakramente wurden nicht mehr begehrt ... Manche hatten sich in die Wälder der Gebirge, in die Schlupfwinkel und Höhlen der Felsen oder an andere Orte zu ihrem Schutze geflüchtet. Doch dort entbehrten sie des nötigen Unterhalts, und es war unmöglich, ihnen zu Hilfe zu kommen.

Nur drei von den einst zahllosen Kirchen wurden nicht zerstört: die von Karthago, Hippo und Cirta; auch die Städte selbst blieben durch göttlichen und menschlichen Schutz bestehen» *(ebd.)*.

Augustinus ermahnte alle, diese schwere Prüfung im Zeichen Gottes zu durchleben, und erinnerte an die Worte des Weisen: «Der wird nicht groß sein, der es für das größte Unglück hält, wenn Bäume und Steine fallen und die Menschen sterben».

Er erinnerte sich daran, wie zur Zeit des Ambrosius die Kirchen in Mailand belagert worden waren, dachte an den furchtlosen Glauben jenes Bischofs, wie er die Seinen mit Gesang ermutigt hatte. Ihm eiferte er nach, und so sang auch das Volk in der Kirche von Hippo Hymnen an Gott. Der Gesang drang bis in die Wüste, und die Barbaren sagten zueinander: «Ruhig, jetzt singen sie ...» Und sie hielten ein und hörten zu.

Die Tragödie eines Volkes, das von Krieg und Belagerung heimgesucht wird, war damals nicht geringer als heutzutage. In unserer Zeit nehmen die Völker den Krieg schon als normal hin, obwohl die Grausamkeit der Kämpfe und der Unterdrückungen noch zugenommen hat.

Zu Recht fürchtete Augustinus, wie Possidius berichtet, um das Seelenheil des Volkes. Wenn das Böse wütet, kann der Glaube verlorengehen.

Das Wirken dieses Mannes, der sein Leben lang für die Menschlichkeit eingetreten war, trug gewiß zur Tröstung der Bevölkerung von Hippo und zur Linderung ihres Leides bei. Doch nicht als humanitärer Notbehelf. Er kannte das wirkliche Ziel des Lebens: Gott als Preis, seine Schönheit, seine Freude, die Himmelsstadt! Und er hatte die Fähigkeit, diese «Heimat» zu beschreiben, mit dem Schwung seiner kühnen, mystischen Vorahnungen von der Liebe und Schönheit, ohne dabei von der sinnlichen Erfahrung abzusehen, die ihnen als Gleichnis vorausgeht. «Was aber liebe ich, wenn ich Dich liebe? Nicht körperliche Wohlgestalt noch zeitliche Anmut, nicht den Glanz des Lichtes, das unseren Augen so angenehm ist, nicht die lieblichen Melodien des ganzen Reiches der Töne, nicht den Duft von Blumen, Salben und Gewürzen, nicht Manna und Honig, nicht Glieder, die zu freundlicher Umarmung einladen: nicht das liebe ich, wenn ich meinen Gott liebe. Und dennoch liebe ich eine Art von Licht und Klang und Duft und Speise und Umarmung, wenn ich meinen Gott liebe» (*Conf.* X,6,8). Von diesen Dingen schrieb und predigte er, vor allem aber spürte er sie.

Der Himmel, den man nicht beschreiben kann – die Ekstase des heiligen Paulus: er hatte Dinge gehört, die sich unmöglich wiederholen ließen. Das Erlebnis der Ekstase in Ostia – das *Unaussprechliche* der ewigen Freude – ließ Augustinus auf die Erfahrungen der Sinne zurückgreifen, um die richtigen Worte zu finden. Wer litt, dem bot er «Gott – Schönheit – Liebe» an, die hier und jetzt schon genossen werden konnten, so sicher und vollkommen würde ihr Besitz sein. So fand auch die Häßlichkeit der Welt einen Platz auf seinem Gemälde, wie Licht und Schatten.

Nach einer dieser Predigten rief eine Stimme: «Du bist stärker als Geiserich!»

Doch war er allein, in seiner Einsamkeit, dann beweinte er mit heißen Tränen den gewaltigen Zusammenbruch.

Einmal aber in jenen Tagen war er beim Essen so niedergeschlagen, daß er sich seinen Brüdern anvertraute: «Ihr sollt wissen, daß ich eben jetzt in unserem Unglück den Herrn bitte, er möge entweder die von den Feinden belagerte Stadt in seiner Gnade befreien oder, wenn es ihm anders gut scheint, seine Diener stark machen, um seinen Willen bis zum Ende zu ertragen, oder mindestens mich aus dieser Welt zu sich nehmen» *(Vita, ebd.)*.

Seine Brüder verstanden ihn, denn sie wußten, wie sehr er litt, mehr als jeder andere. Sie wollten ihm beistehen in seinem furchtbaren Zwiegespräch mit Gott. Sie umringten ihn, nicht nur, weil sie von Furcht ergriffen waren, sondern auch, um in der Liebe ihres Vaters einen Ausweg zu finden. «Du unser Bischof, du unser Vater . . .» riefen sie.

Je größer die Not ist, desto stärker wird auch der Glaube, der den schwarzen Schleier hebt, mit dem Gott sein Antlitz verhüllt. Sie sahen ihn, den vom Alter gebeugten Mann, sahen sein trauriges Lächeln. Sie wußten, daß der Mann Gottes bei ihnen war. «Wo immer ein Teil des Volkes Gottes ist, darf der Hirte nicht fehlen.» Die Stadt war für sie zum Gefängnis geworden. Das prächtige Hippo, die zweite Stadt in Afrika, war klein geworden wie eine über der stürmischen See erbaute Pfarrei: das Meer hatte sie noch nicht gestreift, doch es schloß sie ein, wollte sie verschlingen.

Die Fischer gingen nicht mehr zu ihren Booten . . . Und die Boote rieben sich nun nicht mehr aneinander – jenes Bild, das Augustinus in seinen Predigten so oft heraufbeschworen hatte.

«Augustinus, Augustinus!» Ein teurer Name, den die Mütter ihren Kindern vorsagten, den die Erwachsenen sich zuflüsterten, um sich Mut zu machen.

Und in jener Apokalypse ahnten sie undeutlich etwas Großes, ja Schönes: diesen Menschen! Im wütenden Sturm waren wir um ihn und er in unserer Mitte . . .

Eines Tages, es war der dritte Monat der Belagerung, kam Augustinus nicht aus seiner Kammer hervor. Und nun nahm im Schatten der *Basilika vom Frieden* ein Geschehnis seinen Anfang, das in seinem biblischen Bezug an die Geschichte vom Tod der Patriarchen erinnert.

Augustinus lag mit Fieber zu Bett; es war seine letzte Krankheit. Rasch verbreitete sich die Nachricht, überall rief sie Entsetzen hervor. Es war, als seien die Vandalen verschwunden und das wahre Unglück stehe noch bevor. «Wenn Augustinus stirbt, wenn Augustinus uns verläßt, dann . . .» Sie sahen ihn nicht mehr auf seiner Bank in der Kathedrale, stumm wie ein Prophet in sein bitteres Zwiegespräch mit Gott versunken, wenn sie selbst zu beten aufgehört hatten und in vollkommenem Schweigen ihn betrachteten. Er war nicht mehr in der Kathedrale bei seinem Volk. Und sie begriffen. Es war, als habe er sie vergessen.

Weinend erschien Possidius auf der Kanzel. Aber Possidius war nicht Augustinus.

Er sagte: «Er hat mir befohlen, niemanden ihn seine Kammer zu lassen. Er möchte beten, nur beten. Und er hat mir gesagt, daß er euch liebt.»

An einem anderen Tag berichtete Possidius: «Heute hat er den Bibliothekar zu sich gerufen und ihn gebeten, die Handschriften in Sicherheit zu bringen und die von ihm geschriebenen Bücher sorgsam aufzubewahren. In seinen Schriften, so hat er gesagt, seid ihr. Ihr habt sie mit ihm zusammen geschrieben. Es sind die Worte, die er seit so vielen Jahren zu euch sagte und die ihr gehört habt. Er sagte: ‹für die, die nach uns kommen . . .›»

Ein anderes Mal sagte er: «Unserem Vater geht es schlechter. Er hat den Armenpriester rufen lassen. Kein Testament, alles gibt er der Kirche, den Armen.»

Sie trugen Possidius auf: «Küsse ihm die Hände von mir», «Bitte ihn, daß er für meine Sünden betet», «Sag ihm, daß wir ihn immer lieben!» Es gab viele Tränen. Die Vandalen schienen nur noch nebensächlich zu sein. Possidius antwortete: «Er liebt euch!» Dann fügte er hinzu: «Für euch gibt er sein Leben Gott, für die Kirche, die ihr seid, die er immer liebte, aber er möchte, daß die Kirche es weiß. Es dürstet ihn nach Liebe, nach Licht . . . Und nach Buße. Er hat den Schreiber gebeten, ihm die Psalmen der Buße auf große Pergamente zu schreiben, um sie an die Wand hängen zu lassen. Von seinem Lager aus betrachtet er die Bögen. Mit großen und leuchtenden Augen schaut er sie an und meditiert über die Worte, die darauf stehen . . . Er bittet um Barmherzigkeit. Und manchmal sagt er: ‹Das Erbarmen bist Du, Herr, und ich bin die Erbärmlichkeit . . .› Er bittet Gott um Vergebung für alle, für die Kirche der Heiligen und Sünder, für die Welt. Er bittet für die Manichäer, die Donatisten, die Pelagianer, die Arianer. Und für die Menschen der Gewalt.»

Es war der 28. August 430.

Ein Leib, ausgezehrt von den Jahren, den Mühsalen, den heiligen Wünschen, der kaum noch seinen wachen Geist bei sich zu halten vermochte. Doch spürte er mehr als sich selbst die liebende Gegenwart des Erhabenen.

Ein quälendes Bedürfnis, geliebt und beschützt zu werden. Er fühlte, wie eine Hand seinen Kopf mit einer altvertrauten Liebkosung berührte, einer Liebkosung, die er kannte ... er schüttelte leise den Kopf.

Und die letzte Ekstase: «INTIMIOR INTIMO MEO!»

Eine unmerkliche Bewegung der Lippen zeugte von seinem inneren Verlangen: «Spät habe ich Dich geliebt, o Schönheit, so alt und doch immer neu, spät habe ich Dich geliebt ...

Du hast mich mit lauter Stimme gerufen und meine Taubheit zerrissen.

Du hast geblitzt und geleuchtet und meine Blindheit verscheucht.

Du hast mir süßen Duft zugeweht; ich habe ihn eingesogen, und nun seufze ich nach Dir.

Ich habe Dich geschmeckt, und nun hungere und dürste ich nach Dir.

Du hast mich berührt, und ich bin entbrannt in Deinem Frieden» (*Conf.* X,27,38).

An jenem Tag war in der Umgebung von Hippo keine menschliche Stimme zu hören. Nur das Summen der Insekten wob eine wehmütige Stille. Irgendwo, weit fort: wer weiß?

Und an jenem Tag schwiegen auch die Vandalen in ihren Lagern um Hippo, nicht anders als so viele Mönche. Und auch die Waffen schwiegen.

Der Himmel war klar, und das ruhige Meer verbreitete einen salzigen Geschmack in der Luft. Sanft und rhythmisch wogten die Wellen gegen die Klippen bei der Mole. Zwei Boote, nur zwei, lagen verlassen da und rieben sich aneinander.

«Paßt gut auf die Bibliothek mit meinen Handschriften und meinen Reden auf: in ihnen bin ich für euch lebendig.»

Aufgerollte Pergamente: wie traurige Orgelpfeifen. Handschriften wie Harfen, Blätter wie vibrierende Saiten, gestimmt in der Harmonie alles Wissens, der Vernunft und des Glaubens.

Die Vandalen belagerten Hippo vierzehn Monate lang und sperrten auch den Zugang zum Meer.

Ein Zeitalter war zu Ende. Ein neues wurde geboren.

Jenes große Herz aber hatte endlich seine Ruhe in Gott gefunden.

BIBLIOGRAPHIE *

Werke des heiligen Augustinus

Opera omnia, Patrologia Latina, Bd. XXX-XLVII.

Opere, hrsg. v. d. Cattedra Agostiniana, Città Nuova Editrice, Rom.

Miscellanea Agostiniana (Bd. I: *Sermones S. Aug. post Maurinos reperti;* Bd. II: *Studi*), hrsg. v. d. Curia Agostiniana, Rom 1930.

Des heiligen Kirchenvaters Aurelius Augustinus ausgewählte Schriften, in *Bibliothek der Kirchenväter*, München 1911 ff.

Deutsche Augustinus-Ausgabe, Paderborn 1955 ff.

Werke über den heiligen Augustinus und sein historisches Umfeld

AMBROSIUS,: *Opera Omnia*, Bibliotheca Ambrosiana, Città Nuova Editrice, Rom.

BALTHASAR, H. U. VON: *Gloria*, Bd. II, Jaca Book, Mailand 1978.

BERETTA, L.: *Sant' Agostino e Cassiaco*, Ass. Storico-culturale di Cassago, Brianza 1982.

BORGOMEO, P.: *L'église de ces temps dans la prédication de St. Augustin*, Etudes Augustiniennes, Paris 1972.

BOYER, C.: *Sant' Agostino e i problemi dell'eccumenismo*, Studium, Rom 1969.

BROWN, P.: *Religione e società nell' età di Sant' Agostino*, Enaudi, Turin 1972.

CASAMASSA, A.: *Agostino*, Stichwort in der *Enciclopedia Italiana.*

* Die angegebene Bibliographie beschränkt sich auf die vom Autor konsultierten Werke.

CREMONA, C.: *Sant'Agostino al confessionale*, Rogate, Rom 1984.
DANIELOU, J./MARROU, H.: *Nuova Storia della Chiesa* (Bd. I: *Dalle origini a San Gregorio Magno*), Marietti, Turin 1980².
DASSMANN, E.: *La sobria ebbrezza dello spirito (spiritualità di Sant' Ambrogio)*, Monastero Romite Ambrosiane, Sacro Monte di Vares 1975.
GILSON, E.: *Introduzione allo studio di Sant' Agostino*, Marietti, Casale Monferrato 1983.
GUARDINI, R.: *Die Bekehrung des Aurelius Augustinus, der innere Vorgang in seinen Bekenntnissen*, München 1959³.
—, *Gläubiges Dasein*, München 1951.
GUITTON, J.: *Le temps et l'éternité chez Plotin et Saint Augustin* (in: *Œuvres complètes*), Desclée De Brouwer, Paris 1978.
—, *Dialoghi con Paolo VI*, Mondadori, Mailand 1967.
HADOT, P.: *Plotin ou la simplicité du regard*, Etudes Augustiniennes, Paris 1973.
HAMMAN, A. R.: *La vie quotidienne en Afrique du Nord au temps de St. Augustin*, Hachette, Biarritz 1979.
HIERONYMUS, ST.: *Le Lettere*, Città Nuova Editrice, Rom.
JEDIN, H.: *Kleine Konziliengeschichte*, Freiburg 1986.
LAMIRANDE, E.: *L'Eglise céleste selon Saint Augustin*, Etudes Augustiniennes, Paris 1963.
MARROU, H. J.: *Augustinus in Selbstzeugnissen und Bilddokumenten*, Reinbek bei Hamburg 1986.
—, *Saint Augustin et l'Augustinisme (Maîtres Spirituelles)*, Paris 1957.
MASNOVO, A.: *Sant'Agostino*, La Scuola, Brescia 1970.
MAZZARINO, S.: *Trattato di storia romana*, Bd. II, Tumminelli, Rom 1962.
MCNAMARA, M. A.: *L'amicizia in Sant'Agostino*, Ancora, Brescia 1970.
MIRABELLA-PRAEDI: Il battistero ambrosiano di S. Giovanni alle Fonti, Fabbrica del Duomo, Mailand 1974.
MONACHINO, V.: *S. Ambrogio e la cura pastorale a Milano nel secolo IV*, Centro Ambrosiano di Documentazioni e Studi religiosi, Mailand 1973.
MONCEAUX, P.: *Saint Augustin et le donatisme*, in *Histoire Littéraire de l'Afrique Chrétienne*, Paris 1923.
MONTINI, G. B.: *Nove ritratti di Sant'Ambrogio*, Mailand 1974.
MOREAU, M.: *Le dossier Marcellinus*, Etudes Augustiniennes, Paris 1973.
PAREDI, A.: *Sant'Ambrogio e la sua età*, Hoepli, Mailand 1960.
PELLEGRINO, M.: *Le Confessioni di Sant'Agostino*, Studium, Rom 1956.
PERLER, O.: *Les voyages de St. Agustin*, Etudes Augustiniennes, Paris 1979.
POQUE, S.: *Le Langage Symbolique dans la prédication de St. Augustin*, Etudes Augustiniennes, Paris 1984.
PORPHYRIUS TYRUS: *Über Plotins Leben*, Hamburg 1958.
PORTALIÉ, E.: *Augustin*, Stichwort in *Encyclopédie de Théologie Catholique*, I, 1902.
RATZINGER, J.: *Populo e casa di Dio in S. Agostino*, Jaca Book, Mailand 1978.
ROMANELLI, P.: *Storia delle province romane in Africa*, L'Erma, Rom 1959.
—, *In Africa e a Roma*, Rom 1981.

SOLIGNAC, A.: «Introduction», in *Œuvres de St. Aug., Les Confessions*, Bibliothèque Augustinienne, Desclée De Brouwer, Bruges 1962.
TESTARD, M.: *Saint Augustin et Cicéron*, Bd. I u. II, Etudes Augustiniennes, Paris 1973.
VAN DER MEER, F.: *Sant'Agostino pastore d'anime*, Ed. Paoline, Rom 1971.

Biographien des heiligen Augustinus

BROWN, P.: *Augustinus von Hippo. Eine Biographie*, Leipzig 1982.
CONCETTI, N.: *S. Augustini vita*, Tolentino 1919.
DE ROMANIS, A. C.: *Sant' Agostino nella vita e nelle opere*, Scuola Salesiana del libro, Rom 1931.
PAPINI, P.: *Der heilige Augustinus*, Luzern 1961.
PINCHERLE, A.: *Sant'Agostino d'Ippona vescovo e teologo*, Laterza, Bari 1981.
POSSIDIUS: *Augustins Leben*, Berlin 1930.
PRONETTO, P.: *Augustinus, Botschaft eines Lebens*, Würzburg 1986.
SCIACCIA, M. R.: *Augustinus*, Bern 1948.
TRAPÉ, A.: *Sant' Agostino. L'uomo, il pastore, il mistico*, Ed. Esperienze, Fossano 1976.